1. 黒龍江省阿城市所在 金上京会寧府故城・皇城南門址（北から）
（撮影：森部豊）

2. 内蒙古自治区赤峰市克什克騰旗内の金界壕址（東から・右手が北側）
（撮影：武田和哉）

3. 金上京会寧府故城南城南壁西門址の発掘調査状況（上が北）
（趙永軍論文参考図版）

4. 金代三彩詩文陶枕
（白鶴美術館所蔵：町田論文参考図版）

5. 金上京出土瓦当・滴水
（趙永軍論文参考図版）

6. 門頭溝区潭柘寺 広慧通理法師塔（上・1175年）と大理石の幢：奇公長老塔（下・1179年）
（阿南コラム参考図版）

7. 門頭溝区白瀑峰禅寺 円正法師霊塔（1146年）
（阿南コラム参考図版）

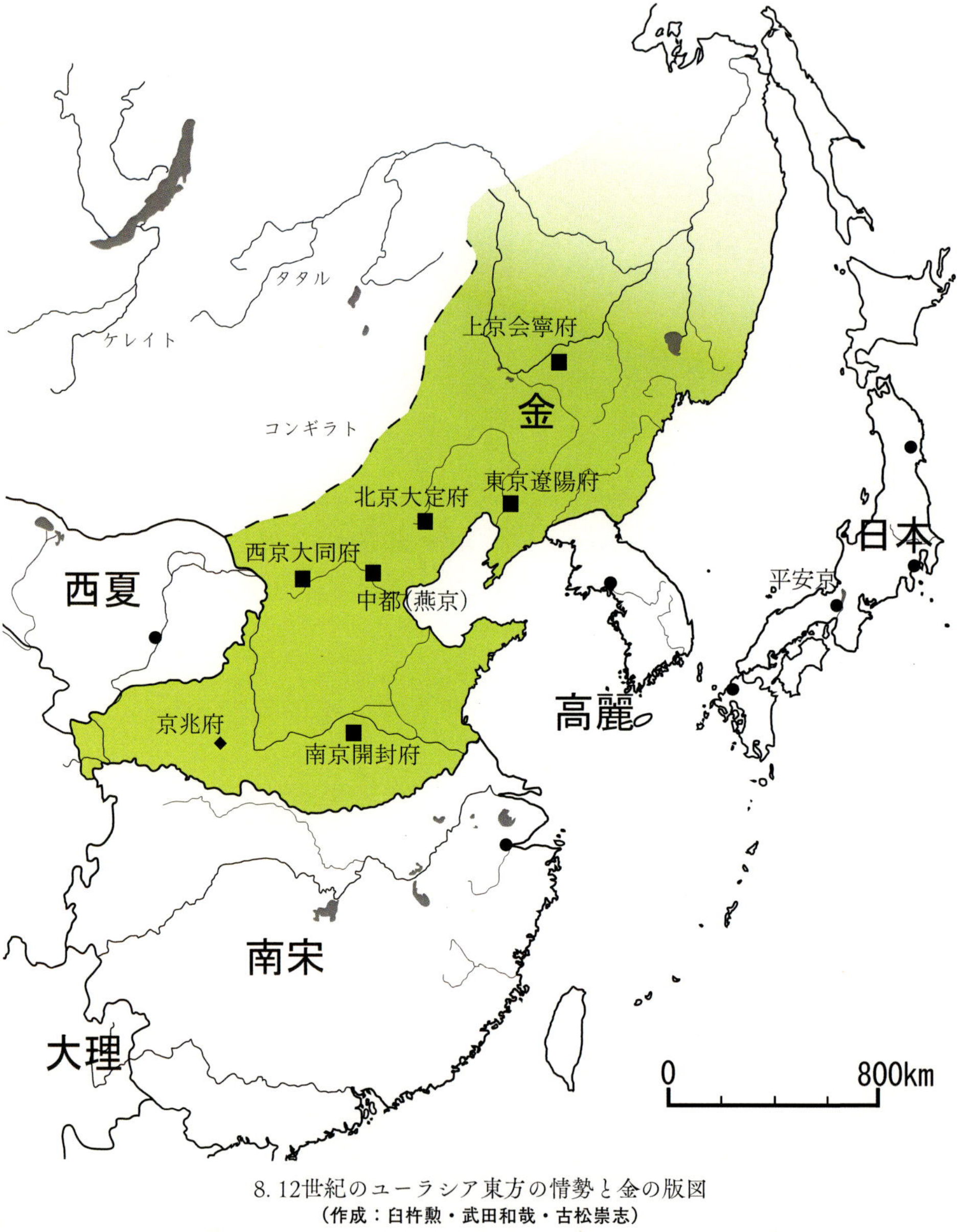

8. 12世紀のユーラシア東方の情勢と金の版図
(作成：臼杵勲・武田和哉・古松崇志)

金・女真の歴史とユーラシア東方

［編集］古松崇志
臼杵　勲
藤原崇人
武田和哉

金上京会寧府故城南方に所在する祭天壇址

金・女真の歴史とユーラシア東方

［目次］

序言

十二世紀前半、北東アジアより勃興した金国（金朝）は、大国である契丹（遼）と北宋を滅ぼし、旧契丹領と旧北宋領の淮河以北を支配下に入れて、モンゴル帝国の勃興に至るまでおよそ一〇〇年にわたって繁栄した。

金国は、先行する遊牧王朝である契丹の影響を受けながら、中国王朝の制度・典章も吸収し、北東アジアのツングース系部族集団を中核とした王朝としては、初めて広くユーラシア東方に覇（*）をとなえた。モンゴル帝国の中国支配に与えた影響や、女真にルーツを持つマンジュ人が建国した大清国《ダイチングルン》（清朝）に先立つ先駆者としての位置づけなどを考えれば、そのユーラシア史上における重要性はけっして小さくない。にもかかわらず、中規模の版図と一〇〇年の歴史にとどまったこともあり、前後の王朝の契丹国やモンゴル帝国、並存した宋朝に比べれば影が薄いうえに、史料がきわめて少ないこともあり、その歴史研究は長い間おおむね手薄であった。

前代の契丹（遼）をあわせた遼金史研究が本格的に始まったのは、二十世紀前半の日本である。中国東北部の満洲進出を背景に、日露戦争後に満洲の歴史地理研究、満洲国成立後に満蒙史研究が重点的に推進され、遼金史研究はこれらの重要な一部分として、後の研究の基礎となるような成果が挙げられた。その後、戦後の長い停滞期を経て、二十一世紀に入ってから中国と日本を中心に研究が活性化する。日本の場合、戦前の蓄積にくわえ、戦後もモンゴル帝国史をはじめとして内陸アジア史・中央ユーラシア史研究の伝統が連綿と受け継がれ、その基礎のうえに遼金史が重視されるようになる。研究の活発化の背景としては、第一に、中国やロシアで考古学研究が進展するとともに、日本の研究者による現地調査や現地研究者との交流が容易になり、石刻史料や考古資料などの新史料をひろく活用できるようになったことが挙げられる。第二に、王朝断代史観を打破するとともに、多国が並存する時代状況に着眼して国際関係や文化交流の研究のようなアプローチが用いられるほか、漢文史料のみならず契丹語・女真語・モンゴル語など多言語資料の活用を目指す動きが出てくるなど、研究の視野が拡大したことが挙げられる。

遼金史研究の活況は、新出史料がより豊富な契丹（遼）史研究で先行した。二〇一三年には『契丹［遼］と十〜十二世紀の東部ユーラシア』（『アジア遊学』一六〇）が出版され、好評をもって迎えられた。それから六年を経た現在、契丹史に比べると金代の歴史研究は依然としてかなり立ち遅れている。それでも、遼・宋・金・元の各王朝を貫く研究、金代を起点に時代を下らせて近世華北社会を通観する研究、金代の遺跡を対象とした現地調査にもとづく考古学研究など、あらたな視角から金史・女真史研究に取り組む研究者が複数現れ、それぞれ研究を深化させつつある。こうした動向をふまえ、今回、本書『金・女真の歴史とユーラシア東方』を企画立案し、出版することとなった。ここで、簡単に論文・コラムの内容を紹介し、本書全体の見取り図を提示しておこう。

第一部では金代の政治・制度・国際関係について取り扱う。冒頭の**古松論文**は金国（女真）の興亡を、周辺諸国との関係を含めたユーラシア東方史の文脈のなかで把握しようと試みる概説である。

女真は、中国正史で「東夷」として現れる挹婁《ゆうろう》、勿吉《もっきつ》、靺鞨《まっかつ》に後続する集団として位置づけられ、十世紀より中国文献に現れる。靺鞨から女真への継承関係は、考古学研究によっても明らかにされている。渤海を滅ぼした契丹は、**高井論文**が明らかにするように、聖宗時代に北東アジアで経略を進めて支配を確立していく。これ以後、女真集団は契丹の配下に入った熟女真《じゅくじょしん》と、その外側の生女真《せいじょしん》とに区別して認識されることになる。日本中世史で知られる「刀伊《とい》襲来」は、この聖宗時代に沿海部の女真集団が海をこえて九州北部へ襲来した事件だが、**蓑島コラム**はこれを上述の契丹による北東アジア経略と関連付けて考察する。

この時期以後、契丹皇帝は、定期的な季節移動のなかで、春の行幸先（春捺鉢《ナボ》）として、毎年のように松花江流域の湿地帯にやって来るようになる。そこから遠くない地域を本拠地としていた生女真の按出虎水《アルチュカ》完顔《ワンヤン》部は、契丹との交流

＊中国本土、朝鮮半島、マンチュリア、東シベリア、モンゴリア、河西回廊、東トルキスタン、チベット、雲南、インドシナ半島などパミール以東のユーラシア大陸東部をゆるやかに指し、東部ユーラシア、東ユーラシアとも呼ばれる。中央ユーラシア史と東アジア史（または中国史）のどちらかの動向を中心とみなすことなく、双方をひろやかにフラットに視野に入れて歴史を考究することを目指す空間概念として構想された。

を背景に、交易によって利益を挙げ、その政治文化を吸収して十一世紀末から台頭し、周辺の部族集団を付き従えていく。そうした部族集団には女真のみならず非女真集団も含まれる。**井黒論文**が明らかにするように、そのなかで重要なのが牡丹江流域の胡里改《フリカイ》で、その製鉄技術を吸収したことが按出虎水完顔部の躍進の一因となった。

その後、阿骨打《アグダ》（太祖）が族長の地位を継ぐと、契丹に叛旗をひるがえして、金国を建国する。つづいて遼東を平定し、渤海人や熟女真も包摂した女真連合体を形成して勢力を拡大し、精強な騎馬軍団を武器に短期間のうちに契丹・北宋の二大国を滅ぼして、ユーラシア東方に覇をとなえるに至ったのである。建国当初の金国は、按出虎水完顔部の宗室を中核とする部族体制を政権の基盤としていた。その後、熙宗から海陵王の時期に、中国王朝の制度を大規模に導入して、それ以前の皇帝と宗室有力者による合議体制から皇帝中心の集権的な体制へと変容していくことになる。この点にかかわり、**武田論文**は、金の建国から滅亡までの統治機構の移り変わりを官制を中心に入念にあとづけている。軍事制度としては匈奴以来の遊牧王朝の伝統をふまえた十進法による猛安・謀克制が敷かれ、金の軍事的な成功を支えた。**武田コラム**はこの制度の沿革と特質を論ずる。なお、契丹より金へ投降した契丹人・奚人勢力は、モンゴル高原の遊牧勢力に対する防衛を担う軍事力として西北辺境に配置され、重要な役割を果たすいっぽうで、西方のカラ＝キタイの影もあり金国政権がその処遇に苦慮していたことは、**吉野コラム**が明らかにするところである。

金は西夏・高麗につづき南宋と盟約（一一四二年、皇統和議）を結ぶことで、十一世紀以来のユーラシア東方の多国体制が形を変えて存続する（金・高麗関係は**豊島コラム**参照）。その後、海陵王の南伐を経て、世宗の即位後、より平等に近い関係で南宋と盟約を結び直す（一一六五年、大定和議）。しかし、明確な上下関係を定めた皇統和議における金宋両国の関係が基本的には変わらずに受け継がれ、以後も南宋皇帝は、金の使者から国書を直接受け取る屈辱的な儀礼を強いられつづける。**毛利論文**は、南宋皇帝孝宗の心性に分け入って、一一八九年の孝宗の皇太子（光宗）への譲位は、この儀礼挙行に対する彼自身の忌避感が主因であるとの説を提起する。

つづく第二部では、金国支配下の社会・文化・言語について論ずる。金による華北支配は、女真軍人（猛安謀克）の大量移住など、華北社会に改変をもたらしたものの、宋代以来の在来文化を破壊することはあまりなく、科挙を実施して華北の漢人士人層を政権に取り込むなど、融和的な政策をおこなった。金国政権はまた、中国王朝由来の制度典章を多く採用し、たとえば都の南郊で天を祀る郊祀を挙行した（郊祀を行わなかった契丹とは異なる）。**飯山論文**は、世宗時代に郊祀にともなって大赦をおこなう際に、民衆の老人に軍官の位階を賜るというユニークな制度に着目し、世宗が華北社会の人びとに理想の皇帝像を印象づけようと試みたことを示す。さらに、章宗時代以後も、女真文化復興運動が進められるいっぽうで、女真支配者層に漢文化が深く浸透し、政治的には衰退期とみなされる金代末期の華北で、宋代文化の流れを継承しつつ文学や芸術の新たな興隆がみられた。**高橋幸吉コラム**がとりあげる元好問は、金の滅亡前後に活躍した金代随一の詩人であり文人である。

金代の文化は北宋のみならず、契丹もあわせて継承したものだった。それが端的に表れるのが、人びとの生活や精神世界に深く根を下ろしていた仏教である。**藤原論文**は、契丹と北宋の異なる仏教の双方を受け継いだ金代仏教の特質を明らかにする。金代仏教の痕跡は、**阿南コラム**が紹介するように、都の中都が置かれた北京郊外の遺跡として数多く残っている。民衆とかかわる宗教としてもうひとつ重要なのが道教である。**松下論文**は、全真教を中心に金代にあらたに勃興した道教の宗派の動向を紹介するとともに、従来の「新道教」という研究枠組の問題点を指摘する。金代の仏教・道教は、いずれも次の元・明以後に大きな影響を及ぼしており、中国宗教史上重要な位置を占めていることを見逃してはならない。

支配者の女真人が話した女真語は、建国後に創製された女真文字によって記され、漢文や契丹文と並んで用いられた。残念ながら金代の同時代の資料は比較的少なく、後世の明代にまとまった資料が残されている。**吉池論文**は『女真館訳語』を中心とする明代女真語資料を手がかりに、女真語の言語としての特質や金代の女真文字解読の手法を論ずる。**更科コラム**はこの『女真館訳語』の言語資料としての特徴を明らかにする。

第三部は、考古学の手法を中心とする遺跡や文物にかんする論考を集める。金国興隆の地に築かれた最初の都城である上京城遺址は、城壁や遺物の保存状態が比較的良好である。**趙論文**はこれまでの金上京についての研究を整理したうえで、最近の中国黒龍江省文物考古研究所による建築遺構の発掘調査とその成果について報告する。十二世紀半ばに新造されて都が置かれた中都については、**渡辺コラム**が文献史料を中心に考察し、現在の北京に若干残る史蹟についても紹介している。

いっぽう、前世紀末以来、精細な考古学調査・研究が進められているロシア極東の金代城郭都市遺跡については、**臼杵論文**が現地調査をふまえ、山城や平城の軍事的な機能・性格を考察するのみならず、城内の住居遺址の調査から住民の生活の実相にも迫り、文献史料から知り得ない貴重な歴史情報を提供する。**中澤コラム**は、城郭のほか集落や寺院跡も含めたロシア沿海地方の金代遺跡の包括的な紹介である。そのほか、先述した北辺防衛のために、金代の後期に大興安嶺の東南に沿って界壕と呼ばれる長大な壁が築かれ、現在も城壁や付随する砦跡などの遺跡が広い範囲にわたり残存する。**高橋学而コラム**は現地調査の知見をまじえて界壕を紹介し、その軍事的機能にも説き及ぶ。

金代の文物については、**中澤論文**が北東アジアの女真の在地社会で用いられた土器の材質や器種について綿密に論ずる。金国建国後に供膳具として在来土器にかわって陶磁器が普及したとの指摘は、文献史料では分からない物流の問題を考える材料となる。いっぽう**町田論文**は、中国本土を中心とする金代施釉陶磁器の技法・生産・流通について論じ、北宋や南宋と比較することで金代陶磁器の特質を明らかにする。**高橋学而論文**は、金属器のうち、比較的出土例の多い銅鏡と官印について考察するが、とくに官印は文献史料を補う貴重な史料となりうるもので重要である。三篇の論考はともに、金代の物質文化を掘り下げ、モノから立ち上げる歴史研究の大きな可能性を示している。

第四部では、金が滅んでから後の、北東アジアの女真集団の歩みを概観する。**中村論文**は、東夏・元・明前期の女真の動向を追う。関連する文献史料は僅少だが、文物や古地図を含めた多彩な史料の活用が印象的である。つづく**杉山論文**は、ポスト＝モンゴル時代から、ヌルハチのマンジュ勃興およびホンタイジの大清国《ダイチングルン》建国に至る女真《ジュシェン》・マンジュの動向を概観する。かつての金国の栄光の記憶が明代女真人のあいだで伝承されていたという指摘は興味深い。清の建国後、この自らのルーツにかかわる金国の歴史を自分たちの言語である満洲語《マンジュ》に翻訳した満文『金史』については、**承志コラム**が論ずる。北京の第一歴史檔案《とうあん》館や台北の中央研究院に蔵される稿本についての情報は貴重である。

以上のように、本書は、総勢二十四名の研究者による総計二十七篇の論文・コラムがさまざまな切り口から金および女真の歴史を論じ、日本における研究の最前線を示す多彩な論集となった。もとより取り上げた論点の偏りは免れず、論ずべくして論じられていない課題も数多く残されている。財政・経済史についての論著が皆無で、文化史も手薄なのは問題があろう。しかし、依然として研究の浅い分野でもあり、今後のさらなる研究の進展を期したい。いまだに知名度の低い金・女真の歴史であるが、本書をきっかけに、多くの読者がこの分野に関心を持っていただければ幸いである。

本書の企画・立案・編集は古松崇志、臼杵勲、藤原崇人、武田和哉の四名でおこなった。この企画を立ち上げようと構想を練るなかで、二〇一七年九月、編者のうち武田・藤原・古松の三名は、中国の黒龍江省・吉林省で現地調査をおこなった。短時日の駆け足の調査ではあったが、金・女真史にかかわって現地の地理環境や考古学研究の最新情報など、多くの知見を得ることができた。とりわけ、黒龍江省文物考古研究所所長の趙永軍氏と知遇を得て、現地調査隊による金上京の発掘調査の最新成果についてご教示いただけたのは、大きな収穫だった。今回の論集に、趙氏の貴重な論考をご寄稿いただいたのはその縁からである。あらためてお礼を申し上げたい。なお、私たちの調査行程の詳細については、調査をともにした森部豊氏による報告論文を参照されたい（森部豊「黒竜江省・吉林省における契丹（遼）・金時代の遺跡の現状と調査――遼・金時代史研究の新しい潮流をめぐって――」『関西大学東西学術研究所紀要』五一号、二〇一八年）。

本書のような論集の刊行が実現した背景として、遼金西夏史研究会の存在にふれないわけにはいかない。この学会は、二〇〇一年に、当時遼（契丹）・金・西夏の歴史に関心を寄せる若手研究者を中心にして発足した。その後、現在に至るまで毎年一回研究大会を開催し、遼・金・西夏史を中心に、その周辺にかかわる研究者が集い、研究交流をはかってきた。本書の執筆者の多くがこの学会にかかわっており、学会での研究者どうしのつながりが本書に帰結したと言える。二〇二〇年三月には、記念すべき二十回目の遼金西夏史研究会大会が開催される予定で、今後も研究交流の場として継続・発展していくことを期待したい。

最後に、本書の企画段階より完成に至るまで、勉誠出版の吉田祐輔氏の多大なご助力を賜った。このようなマイナーなテーマについての論集の出版をお引き受け下さったことに、厚くお礼申し上げたい。

古松崇志

1196	金・明昌7/承安1	タタルが離反。完顔襄を派遣してこれを討伐(オルズ河の戦い)。
1198	金・承安3	大興安嶺西のコンギラトやカタキンなどの勢力を討伐。
1206	金・泰和6, 蒙古・太祖1	南宋が大定和議を破棄して北侵。 モンゴルのテムジンがクリルタイで推戴され, チンギス=カンを名乗る。
1208	金・泰和8, 蒙古・太祖3	南宋と和議成立(泰和和議), 伯(金)・姪(南宋)関係に改める。章宗崩御。 世宗第七子の永済(衛紹王)が即位。
1211	金・大安3, 蒙古・太祖6	モンゴルの金に対する侵攻が始まる。
1213	金・崇慶2/貞祐1, 蒙古・太祖8	衛紹王が殺害され, 章宗の異母兄の吾睹補(ウドゥブ・宣宗)が即位。 モンゴル軍が中都を包囲。
1214	金・貞祐2, 蒙古・太祖9	モンゴルと講和。モンゴル軍の撤収後, 宣宗以下は南京に退避(貞祐の南遷)。
1215	金・貞祐3, 蒙古・太祖10	蒲鮮万奴が遼東で自立して大真国を樹立(～1233)。 モンゴル軍が中都を陥落させる。
1223	金・元光2, 蒙古・太祖18	宣宗崩御。第三子の寧甲速(ニンチャス・哀宗)が即位。
1232	金・正大9/天興1, 蒙古・太宗4	モンゴル軍が南京を攻略。哀宗が南京から脱出, 翌年, 帰徳府を経て蔡州へ。
1234	金・天興3, 蒙古・太宗6	モンゴル軍と南宋軍が蔡州を包囲。哀宗が自害して金が滅ぶ。
1287	元・至元24	元が遼陽等処行中書省を設置。
1403	明・永楽1	建州衛・兀者衛を創設, これ以後, 女真人の明への入貢が盛んに。
1411	明・永楽9	宦官イシハを派遣してアムール河口近くのティルにヌルガン都司を設置。
1413	明・永楽11	イシハがティルの丘陵に永寧寺を建立, あわせて「勅修奴児干永寧寺記」を立石。
1432	明・宣徳7	イシハがヌルガン都司と永寧寺を再建。翌年「重建永寧寺記」を立石。
1583	明・万暦11	ヌルハチ(太祖)挙兵。
1588	明・万暦16	ヌルハチがマンジュ五部を統一, マンジュ国成立。
1616	後金・天命1, 明・万暦44	ヌルハチがハンに推戴され, 後金(大金)を建国。
1619	後金・天命4, 明・万暦47	サルフの戦いで明軍を撃破。イェヘ国を滅ぼしジュシェンの統合を成し遂げる。
1626	後金・天命11, 明・天啓6	ヌルハチ崩御。子のホンタイジ(太宗)が嗣位
1635	後金・天聡9, 明・崇禎8	リンダン=ハーンの遺児エジェイが後金に帰順,「大元伝国之璽」を献上。
1636	清・崇徳1, 明・崇禎9	ホンタイジが宗室旗王・モンゴル諸王・漢人藩王の推戴をうけて皇帝に即位, 国号を大清と定める。

(藤原崇人作成)

関係年表

西暦年	元号年	できごと
1074	契丹・咸雍10, 北宋・熙寧7	劾里鉢(ハリボ・世祖), 完顔部長位を継ぐ。
1092	契丹・大安8, 北宋・元祐7	劾里鉢没。頗剌淑(ボラス・粛宗, 劾里鉢の同母弟), 完顔部長位を継ぐ。
1094	契丹・大安10, 北宋・紹聖1	頗剌淑没。盈歌(インガ・穆宗, 劾里鉢の同母弟), 完顔部長位を継ぐ。
1103	契丹・乾統3, 北宋・崇寧2	盈歌没。烏雅束(ウヤス・康宗, 劾里鉢の長子), 完顔部長位を継ぐ。
1113	契丹・天慶3, 北宋・政和3	烏雅束没。阿骨打(アクダ 劾里鉢の次子), 完顔部長位を継ぐ。
1115	金・収国1	阿骨打, 皇帝に即位(太祖)。国号を大金と定め, 収国と建元。
1117	金・天輔1	遼東を平定。
1119	金・天輔3	女真大字を公布。
1122	金・天輔6	契丹の中京・西京・燕京を平定。
1123	金・天会1	太祖崩御, 弟の呉乞買(ウキマイ・太宗)が即位。
1125	金・天会3	天祚帝をとらえ, 契丹を滅ぼす。
1126	金・天会4	開封を陥落させ北宋を滅ぼす。徽宗・欽宗以下3000人を北方に連行。
1127	金・天会5	傀儡国の楚を建国(同年中に消滅)。華北各地の経略開始。 趙構(南宋の高宗)即位。
1130	金・天会8	傀儡国の斉を建国(～1137), 黄河以南(山東・河南・陝西)の統治を委任。
1132	金・天会10	西走した契丹皇族の耶律大石が中央アジアに西遼(カラ=キタイ)を建国(～1211)。
1135	金・天会13	太宗崩御, 太祖嫡孫の合剌(ハラ・熙宗)が即位。
1138	金・天眷1	女真小字を公布。
1139	金・天眷2	河南・陝西を南宋に返還。南宋との和議推進派の宗磐・撻懶らを誅殺。
1140	金・天眷3	返還した河南・陝西を奪還するため南宋に侵攻。
1142	金・皇統2	南宋との和議成立(皇統和議), 君(金)・臣(南宋)関係を取り結ぶ。
1149	金・皇統9/天徳1	従兄弟の迪古乃(ディグナイ・海陵王)が熙宗を弑逆して即位。
1153	金・貞元1	燕京に遷都し, 中都と号す。
1156	金・正隆1	新官制を頒行。
1157	金・正隆2	旧都上京において宮城・女真王族の邸宅・熙宗所建の大儲慶寺などを破壊。
1161	金・正隆6/大定1	契丹人叛乱勃発。皇統和議を破棄して南宋に侵攻。 東京留守の烏禄(ウル・世宗)が自立。揚州で海陵王が殺害される。
1164	金・大定4	女真字訳の経書を頒行。女真字学校を再興。
1165	金・大定5	南宋との和議成立(大定和議), 叔(金)・姪(南宋)関係に改める。
1171	金・大定11	女真進士科を設置。
1185	金・大定25	大金得勝陀頌碑を建立。
1188	金・大定28	女真太学を建てる。
1189	金・大定29	世宗崩御。皇太孫の麻達葛(マダガ・章宗)が即位。
1191	金・明昌2	契丹語文の使用を禁止。

金朝皇帝系図

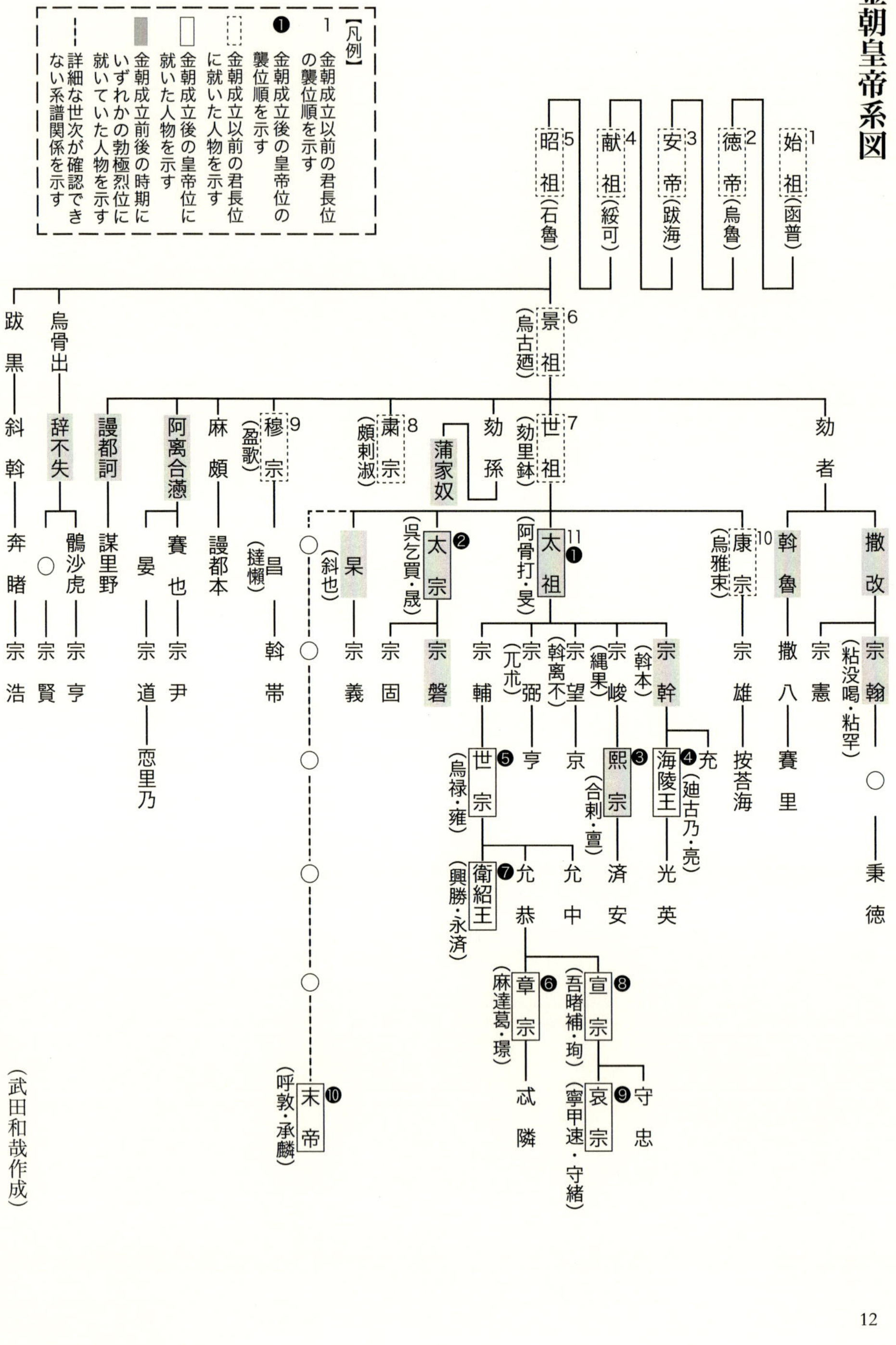
【凡例】
1 金朝成立以前の君長位の襲位順を示す
❶ 金朝成立後の皇帝位の襲位順を示す
金朝成立以前の君長位に就いた人物を示す
金朝成立後の皇帝位に就いた人物を示す
金朝成立前後の時期にいずれかの勃極烈位に就いていた人物を示す
詳細な世次が確認できない系譜関係を示す
1 始祖(函普)
2 徳帝(烏魯)
3 安帝(跋海)
4 献祖(綏可)
5 昭祖(石魯)
6 景祖(烏古廼)
烏骨出
跋黒
劾者
7 世祖(劾里鉢)
劾孫
8 粛宗(頗剌淑)
9 穆宗(盈歌)
麻頗
阿离合懣
謾都訶
辞不失
斜斡
撒改
斡魯
10 康宗(烏雅束)
11 ❶ 太祖(阿骨打・旻)
蒲家奴
❷ 太宗(呉乞買・晟)
杲(斜也)
昌(撻懶)
謾都本
賽也
晏
謀里野
鶻沙虎
○
奔睹
宗翰(粘没喝・粘罕)
宗憲
撒八
宗雄
宗幹(斡本)
宗峻(縄果)
宗望(斡离不)
宗弼(兀朮)
宗輔
宗磐
宗固
宗義
斡帯
宗尹
宗道
宗亨
宗賢
宗浩
賽里
按荅海
充
❹ 海陵王(迪古乃・亮)
❸ 熙宗(合剌・亶)
京
亨
❺ 世宗(烏禄・雍)
恋里乃
○
光英
済安
允中
允恭
❼ 衛紹王(興勝・永済)
秉徳
❻ 章宗(麻達葛・璟)
❽ 宣宗(吾睹補・珣)
❾ 哀宗(寧甲速・守緒)
守忠
忒鄰
❿ 末帝(呼敦・承麟)
(武田和哉作成)

金朝皇帝一覧

	廟号	女真名 漢　名	父母・続柄	生没年	在位年	元号	皇后
初代	太祖	阿骨打 旻	父：劾里鉢〔*世祖〕 母：拏懶氏〔*翼簡皇后〕 第二子	1068 ～ 1123	1115 ～ 1123	収国1115～1116 天輔1117～1123	*聖穆皇后 唐括氏 *光懿皇后 裴満氏 *欽憲皇后 紇石烈氏 *宣献皇后 僕散氏
第2代	太宗	呉乞買 晟	父：劾里鉢〔*世祖〕 母：拏懶氏〔*翼簡皇后〕 第四子	1075 ～ 1135	1123 ～ 1135	天会1123～1135※	*欽仁皇后 唐括氏
第3代	熙宗	合剌 亶	父：縄果（宗峻） 〔*徽宗〕 母：蒲察氏〔*恵昭皇后〕 第一子	1119 ～ 1150	1135 ～ 1150	天会※1135～1137 天眷1138～1140 皇統1141～1149	悼平皇后 裴満氏
第4代	廃帝 海陵庶人 （海陵王）	迪古乃 亮	父：斡本（宗幹） 母：大氏 第二子	1122 ～ 1161	1150 ～ 1161	天徳1149～1153 貞元1153～1156 正隆1156～1161	皇后徒単氏
第5代	世宗	烏禄 雍 〔褎〕	父：訛里朶（宗輔） 〔*睿宗〕 母：李氏〔*貞懿皇后〕 子	1123 ～ 1189	1161 ～ 1189	大定1161～1189	*昭徳皇后 烏林荅氏
第6代	章宗	麻達葛 璟	父：胡土瓦（允恭） 〔*顕宗〕 母：徒単氏〔*孝懿皇后〕 第二子	1168 ～ 1208	1189 ～ 1208	明昌1190～1196 承安1196～1200 泰和1201～1209	欽懐皇后 蒲察氏
第7代	衛紹王	興勝 永済 〔允済〕	父：烏禄（雍）【世宗】 母：元妃李氏 第七子	？ ～ 1213	1208 ～ 1213	大安1209～1211 崇慶1212～1213 志寧1213	王后 徒単氏
第8代	宣宗	吾睹補 珣	父：胡土瓦（允恭） 〔*顕宗〕 母：劉氏〔*昭聖皇后〕 第一子	1163 ～ 1224	1213 ～ 1224	貞祐1213～1217 興定1217～1222 元光1222～1223	皇后王氏 明恵皇后 王氏
第9代	哀宗	寧甲速 守緒 〔守礼〕	父：吾睹補（珣）【宣宗】 母：明恵皇后王氏 第三子	1198 ～ 1234	1224 ～ 1234	正大1224～1232 開興1232 天興1232～1234※	皇后 徒単氏
第10代	末帝	呼敦 承麟	父：某＝世祖六世孫 母：不明 不明	？ ～ 1234	1234	天興※1234	不明

＊印：追諡または追尊　　　　（武田和哉作成、『金史』による）

金国（女真）の興亡とユーラシア東方情勢

古松崇志

ふるまつ・たかし――京都大学人文科学研究所准教授。専門は十～十三世紀ユーラシア東方史。主な著書・論文に『中国経済史』（共著、名古屋大学出版会、二〇一三年）、「契丹・宋間の国信使と儀礼」（『東洋史研究』七三巻二号、二〇一四年）などがある。

女真の按出虎水完顔部は、契丹との交流をつうじて急成長し、金国を建国する。金は契丹・北宋を滅ぼして十二世紀のユーラシア東方に覇をとなえたが、南宋・高麗・西夏と盟約を結んで共存する多国体制が継続した。宗室の合議体制から皇帝を頂点とする集権体制へと変質した金国だが、世宗朝以後は軍事力を支える女真文化の維持と遊牧民勢力に対する北辺防衛が重大な課題となり、最後は新興の遊牧王朝モンゴルに滅ぼされた。

はじめに

本稿は、十二世紀前半から十三世紀初頭にかけてユーラシア東方に覇をとなえた金国（女真）の歴史について、その政治動向を中心に大づかみに描き、本書全体の見取り図を提供しようとする試みである。ここで重視するのは、金国の歴史を、広く中国本土、モンゴリア、マンチュリア、朝鮮半島などを含むユーラシア東方の歴史展開の文脈のなかでとらえることである。

とりわけ以下の四点に留意しながら論述を進めたい。第一に、女真族の按出虎《アルチュカ》水完顔《ワンヤン》部が勃興し、金を建国して成功を収めることができたのはなぜなのか、建国以前から説き起こして検討する。第二に、建国当初の金国支配者集団の形成と、以後の統治機構の整備および政治体制の変容を跡づける。第三に、八世紀後半より十三世紀前半までのユーラシア東方は多極化の時代で、金が栄えた時期はその最終局面に当たるが、その覇権がいかなる特質を持つものだったのかを考察する。第四に、金の政治動向に大きな影を落とし、政権の存亡にかかわる重大な意味を持った北方のモンゴル高原情勢に注意し、金による北方辺防体制の整備とその破綻の過程を見ていく。

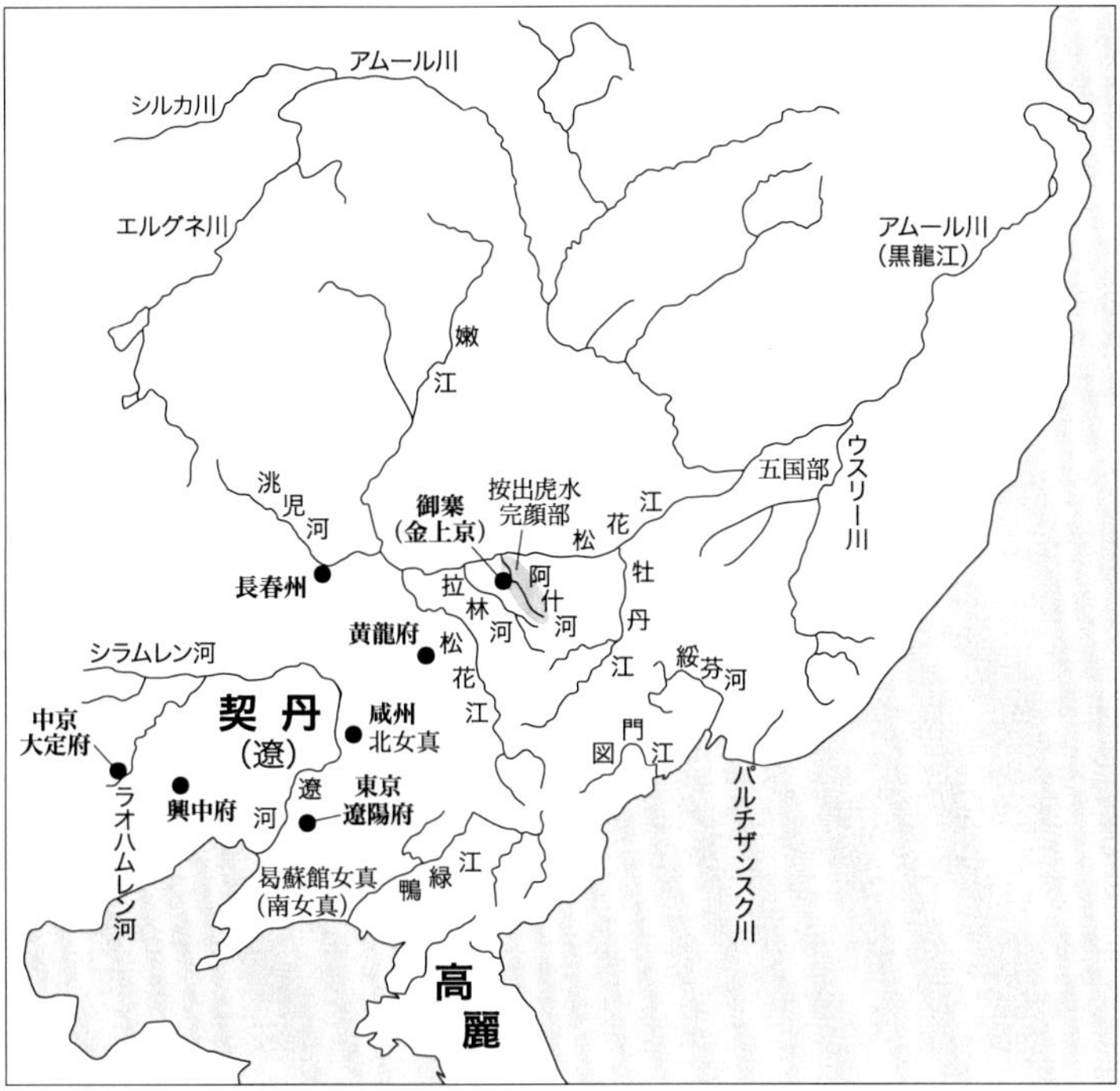

図1　12世紀初頭（遼代末期）の北東アジア

一、契丹の東北支配と女真集団

（1）女真の登場

十世紀以後のユーラシア東方では、モンゴル高原の東南部より勃興した遊牧王朝契丹国（遼）が、騎馬軍事力を武器に、大興安嶺山脈南部の山麓地帯（内蒙古自治区東部・遼寧省西部）を中核にして、マンチュリアの一部（吉林省・遼寧省一帯）や中国本土北部（北京・大同地区）にまで版図を広げ、ユーラシア東方に覇をとなえた。

女真は、この契丹の東北辺境内外に広く分布した集団であり、東北アジア広域に分布するツングース系諸族（ツングース諸語に属する言語を話す諸民族）に分類される。女真の居住域は、現在のロシア沿海部、中国東北部、朝鮮半島北部にまたがり、七世紀末からおよそ二〇〇年栄えた渤海国の支配下にあった靺鞨《まっかつ》と総称される部族集団の後裔と考えられている。

原語のジュルチン（Jurčen～Jurčin）が訛って音写された「女真」の名称は、唐滅亡後の十世紀より漢文文献に現れる。東北平原の東方に連なる山岳・丘陵地帯に分布する女真の生活空間は、主に山から河川が流れ出して形成される大小さまざまの河谷にあり、水系ごとに部族集団を形成していた。この一帯は、年間降水量が五〇〇ミリを越え、落葉樹林や針葉樹林が広がり、動植物資源に恵まれていた。そうした生態環境のもと、女真人は狩猟や牧畜、粗放な農耕を生業とした。広域に分散しながらも、言語や習俗の共通性から同じ女真の名で認識されたが、政治的に統合されることはなかった。

(2) 契丹の東北支配と熟女真

契丹の東北支配は、九二六年の渤海覆滅にはじまる。当初は東丹国を置いて間接統治をはかったが、渤海遺民の抵抗にあい、彼らを国内各地に強制移住させた。最大の移住先が遼東平原で、東丹国の都は遼陽に移された。契丹は州県を置いて渤海人や漢人の入植者を支配下に置き、遼東平原の開発が進展した。のちに東丹国は解体されて、遼陽は東京となり、遼東一帯は契丹の直接支配下に入る。

この遼東地区の東部・南部には女真集団が分布し、十世紀末にかけて契丹の支配下に入っていく。彼らは、旧来の部族組織を維持して、州県の管轄下には入らなかった。平時は農牧業に従事し、有事のさいに兵士を供出する義務を負い、契丹の軍事力の一翼を担った。契丹の統制下にあった咸州（遼寧省開原）の北女真、遼東半島の南女真、鴨緑江流域の鴨淥江女真などは、「係遼籍女真」や「熟女真《じゅくじょしん》」と呼ばれた。

(3) 生女真と按出虎水《アルチュカ》完顔《ワンヤン》部

十一世紀の段階で、契丹の東北辺境で直接支配が及んだのは北流松花江流域までであり、東に位置する東流松花江流域、牡丹江流域から沿海部にかけて散開居住する女真集団は、契丹の教化が及ばないという意味で「生女真《せいじょしん》」と呼ばれた。

生女真のうち、十一世紀末より台頭してくるのが、のちに金を建国することになる按出虎水《アルチュカ》完顔《ワンヤン》部である。彼らは、ハルビンの東を北流して松花江に流れ込む按出虎水（阿什《アシ》河）の河谷平野を拠点とした集団である。

契丹は、一〇二〇年代より来流河（拉林《ラリン》河）の西側に沿って塹壕と辺堡（とりで）を築き、その内側に諸部族の集団を配して守りを固めた。いっぽうで、按出虎水完顔部は契丹との距離が近く、貢納や交易をおこなうとともに、族長は契丹から節度使の官号を授けられ、契丹と頻繁に交流していた。

(4) 春捺鉢と海東青

遊牧民の風習を保持していた契丹皇帝は、一〇二〇年代以後、春の宿営地「春捺鉢《ナトボ》」（捺鉢は契丹語で皇帝の宿営を意味する）として、現在の洮児《トール》河が嫩《ノン》江や松花江に流れ込む一帯に広がる湿地帯へ盛んに行幸するようになり、拠点都市として長春州（吉林省白城市洮南市）が建設される。毎年、年が明けると皇帝の一団はこの湖沼地帯へやって来て、氷に穴を開けて魚を釣り、天鵝《てんが》（白鳥）の鷹狩りを楽しんだ。魚を捕らえたあとには頭魚宴《とうぎょえん》と呼ばれる祝賀の宴会が開かれ、近隣の生女真をはじめとする部族集団の部族長や使者が馳せ参じて、貢納などをおこなった。春捺鉢の一連の行事は、契丹皇帝にとり生女真集団に対して威令を示すとともに、その動静をうかがう政治的な儀礼の意味も持っていた。

契丹の生女真に対する辺防最前線の寧江州《ねいこうしゅう》には、榷場《かくじょう》が設けられて交易がおこなわれた。生女真から真珠、人参、金、貂皮、海東青などがもたらされた。なかでも、契丹人が重視したのが、鷹狩で用いる海東青と呼ばれるハヤブサであった。その最大の産地は、当時五国部という部族集団が居住した松花江と黒龍江が合流する一帯にあった。契丹は毎年使者を派遣して海東青を調達し、生女真諸部族に「鷹路《ようろ》」と呼ばれる交通路の維持を命じた。その要衝を占めた按出虎水完顔部は、初めは契丹の海東青の確保に協力していたのである。

要するに、生女真居住地域の近くに契丹の春捺鉢が置かれるのにともない、十一世紀半ばごろより契丹と生女真の接触が増えて交易が活発化した。按出虎水完顔部は、契丹との交易で利益をあげるとともに、契丹の政治文化を吸収して勢力を伸ばし、十二世紀初頭に急成長を遂げたと考えられる。

（5）『金史』世紀の世界

金の建国者の阿骨打《アグダ》が登場する以前の按出虎水完顔部の歴史は、熙宗朝に編まれた『祖宗実録』に記され、その内容は正史『金史』冒頭の世紀に残されている。ただし、世紀に記載される内容は口頭伝承にもとづく伝説物語としての性格が強く、すべてを史実としてとらえることはできない。

阿骨打の祖先として最初に現れるのが始祖函普《ハンプ》の三兄弟の説話である。三兄弟は高麗（高句麗を指す）に生まれ、高麗に残った兄阿古廼《アグナイ》の後裔が遼東の熟女真の曷蘇館《ハスカン》女真になったのに対し、函普と弟保活里《ボホリ》の二人は旅立ち、函普は僕幹《ブガン》水（牡丹江）に至り、その子孫がさらに移動して按出虎水完顔部となり、保活里の後裔が耶懶《ヤラン》水（ロシア沿海部のパルチザンスク河）完顔部となったとされる。遠く離れた部族が共通の祖先を持つという三兄弟別離の説話は、阿骨打による建国の過程で、広域に分散する女真集団をまとめあげるために作られた政治色の濃い開国伝説である。

そのほか、歴代の部族長たちの事跡を描く記述は、按出虎水完顔部が周辺の諸部族集団との激闘を勝ち抜いて、金国建国の礎を築いていく国づくりの物語である。それによれば、阿骨打の父劾里鉢《ハリボ》（世祖）から兄盈歌《インガ》（穆宗）にかけての時代（一〇七四～一一〇三年）に、松花江流域を中核に東方の沿

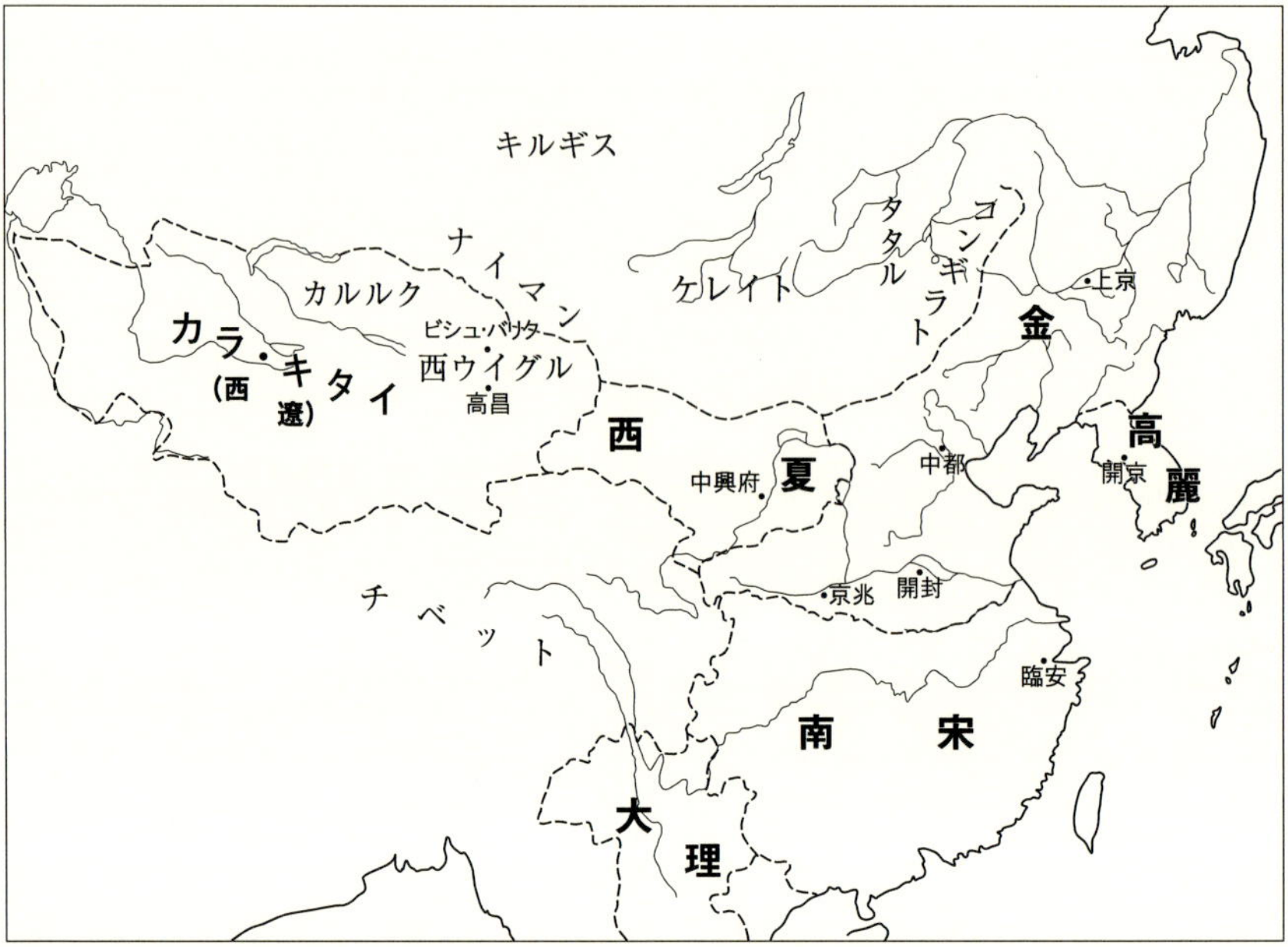

地図2　12世紀のユーラシア東方

海部まで勢力を伸ばし、按出虎水完顔部が主導する生女真の部族連合体を形成するに至ったことが知られる。

二、金国の建国と拡大

(1) 阿骨打の登場と対契丹挙兵

一一一三年、劾里鉢の第二子阿骨打（太祖）が按出虎水完顔部の族長を継承する。彼は時にすでに四十六歳で、父や兄に従って苦難に満ちた戦いをくぐり抜けてきた経験豊富な指導者であった。以前より契丹との間で、生女真からの亡命者返還と海東青調達をめぐる騒擾が生じており、阿骨打の継承の翌年、不満が高まった按出虎水完顔部を中心に、ついに生女真の契丹に対する叛乱が勃発する。

阿骨打は兵を起こすと、まず寧江州を攻め落としたあと、契丹の討伐軍を春捺鉢の地に近い出河店《しゅつがてん》で撃退する。一一一五年、阿骨打は皇帝に即位し、国号を大金、元号を収国と定め、内外に契丹からの独立を宣言する。

この事態に契丹皇帝の天祚帝《てんそてい》は、みずから数十万規模の大軍を率いて征伐に向かう。阿骨打は南に進んで契丹の辺防拠点黄龍府《こうりゅうふ》を陥れたあと、国内の叛乱のために撤退した天祚帝の親征軍を追尾し、これをおおいに打ち破った。厭戦気分が蔓延した契丹軍の自滅であった。

(2) 遼東平定と女真・渤海集団の吸収

親征軍の大敗により契丹の東北支配は動揺し、東京遼陽府で渤海人の叛乱が起こる。金軍は遼東へ軍を進め、これを攻め滅ぼして、東京を陥れた。その翌年の一一一七年、阿骨打は「大聖皇帝」を名乗り、天輔と改元する。遼東平定を受けての二度目の建国宣言である。遼東に多く居住する渤海人や熟女真に対して同族性を訴えかけ、より大きな女真連合国家を形成していくことになる。その意味で、遼東平定は、金の国づくりの過程で重要な画期であった。

金軍は、これに対し再度派遣された契丹の討伐軍を蒺藜山《しつりざん》の戦いで退け、遼西の地までを支配下に入れる。ここに及んで、契丹が和議を提起し、金の要求に従って阿骨打の皇帝冊封を承認するところまで交渉は進んだが、契丹が金側の求めた対等な関係を認めず、最終的に交渉は決裂する。金の指導層は、かつて契丹に仕えた遼東の渤海人らを起用し、和平交渉を進めながら、文書や使者の交換、儀礼制度など、外交の慣習を理解していく。この時期に金で女真文字(大字)を創製したのは、契丹への対抗意識の現れである。

(3) 契丹の滅亡と北宋との同盟

一一二〇年、対契丹戦争を再開し、上京(内蒙古自治区赤峰市巴林左旗)一帯を攻略し、さらに一一二二年には中京(同赤峰市寧城県)を陥れる。契丹軍は、女真集団をまとめ上げた金の精強な騎馬軍事力を前に戦意を喪失し、ほとんど自壊する形で敗北を重ね、契丹の本貫地たる大興安嶺南麓一帯が金の支配下に入り、天祚帝は恐れをなして西方へ逃亡した。以後も金の進撃はつづき、同じ年には西京(山西省大同市)を陥落させ、年末には燕京(北京市)を難なく平定する。翌年、阿骨打が亡くなり、弟の呉乞買《ウギマイ》(太宗)が即位する。その後も、オルドス方面に拠った天祚帝の追撃をつづけ、西夏を味方につけて、逃げ場を失った天祚帝を捕縛し、一一二五年に契丹は滅亡する。

これに先立ち、金が遼東を攻め落としたころ、その情報が南の北宋朝廷に届いた。燕雲回復の好機とみた北宋の徽宗政権は、海路経由で金に使者を派遣し、軍事作戦での提携を持ちかける。数度にわたる使者の往還を経て、一一二〇年に金と北宋の間で契丹挟撃の密約が成立する。しかし、そのあと北宋は南方での反乱のため約束どおりに進軍できなかったばかりか、おくれて燕京攻撃に乗り出した際には契丹軍に大敗するという失態を犯している。結局、金は北宋の力を借りることなく燕京を平定したのである。

にもかかわらず、金は当初の約束を守り、燕京一帯を北宋に割譲した。ただし、北宋側には、契丹に贈っていたのと同額の歳幣《さいへい》（銀二十万両、絹三十万匹）のほか、燕京から得られる税収のかわりに銭百万緡を毎年金へ送るという条件がついた。金は燕京から多くの人間を北方へ連行し、燕京はほとんど「空城」の状態で北宋に引き渡された。

（4）北宋の覆滅

その後、北宋は歳幣などを納めないばかりか、金の反乱軍と通ずるなど、背信行為を重ねた。北宋に割譲された燕京一帯は、遼東出身の常勝軍が横暴をきわめ、きわめて不安定な情勢にあった。かくて、天祚帝を捕えて後顧の憂いのなくなった金は、北宋に対する南伐の兵を起こすと、常勝軍が金に降って燕京は陥落する。つづいて黄河を越えて南下した金軍は、一一二六年正月に宋の国都開封を包囲する。金軍南侵の報に接した北宋朝廷では、徽宗が皇太子の欽宗に譲位し、いったんは莫大な賠償金の支払いなどを条件に和議が成立したが、すぐに決裂する。同年八月、再度南伐の軍を起こした金軍は、閏十一月に開封を攻め落とし、上皇徽宗と皇帝欽宗の父子以下三〇〇〇人を捕縛し、宮廷の財宝とともに北方へ連行した。ここに、一六〇年つづいた宋朝はいったん滅亡したのである。

（5）国初の統治体制と軍事組織

建国当初の金では、皇帝を中心にして、女真語で勃極烈《ボギレ》という官に任じられた按出虎水完顔部の王族有力者との合議をつうじて意志の決定がおこなわれていた。この段階では、皇帝は部族会議の主催者たる族長としての性格が色濃かった。また、按出虎水の本拠地御寨《ぎょさい》にはまだ宮殿がなく、天幕の中にオンドルを設けて暮らしていた。燕京を占領した際にも、阿骨打は天祚帝から奪取した皇帝専用の天幕を城外に立て、臣僚や使節を引見した。阿骨打は遊牧君主の契丹皇帝の後継者を自認していたのである。

金の精強な騎馬軍団は、契丹や宋を圧倒した。軍事力の根幹を支えたのは、猛安・謀克と呼ばれる軍事組織である。一〇〇～三〇〇戸程度を一謀克に、十謀克を一猛安に編制し、戦時に戸ごとに兵士を供出するしくみである。猛安が女真語で「千」を意味することからも明らかなように、匈奴以来の遊牧王朝伝統の十進法による軍事組織に由来するものであった。初め生女真の部族集団の軍事組織として発足したが、軍事拡大を遂げていく過程で、旧契丹支配下の渤海、熟女真、契丹、奚、漢人といった諸族の軍事集団を取り込み、猛安・謀克に組み込んでいった。のちに猛安・謀克を編制する特権を許されたのは、女真、契丹、奚のみとなるが、依然として金の軍隊には渤海人や漢人のほか北方遊牧民諸族を含むさまざまな種族《エスニシティ》を包含していた。人口の少ない生女真を中核とする金が軍事的に成功した要因は、この点にあった。

三、ユーラシア東方の多国体制の存続

（1）対南宋戦争と華北の状況

北宋の滅亡後、その残存部隊や義勇軍が徽宗の子の趙構（高宗）を立てて、宋朝が復活した（南宋の成立）。しかし、開封の回復はならず、金軍を恐れた高宗らは北方を棄て長江以南へと逃れる。金は高宗を追って、一一二八年から二度にわたり江南まで出兵した。南宋軍は敗走を重ね、高宗は海路温州まで逃げ延びる始末であった。ただし、金は南宋を滅ぼすことまではできず、一一三〇年の夏に撤兵してから、江南侵攻はいったん収束する。

その後の華北に目を向けると、黄河以北については金の支配下に入り、征服戦争で活躍した宗室の宗翰（粘没喝《ネメガ》）と宗望（斡魯補《オリブ》）がそれぞれ西京と燕京に元帥府を置き、その下に行政機関の枢密院を置いて、新占領地の軍事支配を開始する。その後、宗翰が漢地支配を一手に握り、大きな権力をふるうようになる。いっぽう、黄河以南については、傀儡王朝の楚を立てるが、長くは続かなかった。一一三〇年、宗翰が後ろ盾となって、旧北宋の文官の劉豫《りゅうよ》を皇帝に冊封して斉を建国し、黄河以南（山東・河南・陝西）の統治を委任する。金は斉を前衛に置いて、南宋に対する切り崩しを行わせ、南への拡大を企図したが、所期のねらいは実現しなかった。

（2）政治闘争と対外関係の変転

一一三五年、太宗が亡くなると、阿骨打の嫡孫の熙宗（亶《たん》、合剌《ハラ》）が即位する。熙宗を後継者としたのは宗翰の意向が大きかった。ところが、熙宗の即位後、漢地で専権をふるう宗翰に対し、反対派勢力が攻撃に出る。宗翰を根拠地西京から引き離し、漢地における兵権を剥奪したのである。一一三七年、宗翰派に粛清の波が及び、宗翰は憤死する。そして、彼の意向で立てられた斉国は廃され、汴京《べんけい》（開封）に行台尚書省が設けられて河南・山東・陝西の統治に当たることになった。こうして、金は旧契丹領と旧北宋領のうちの淮水以北を版図に収めたのである。

北宋滅亡以来、華北では猛安・謀克に編入された女真人の兵士とその家族の本格的な入植がはじまった。土地を支給された女真人は村寨《そんさい》と呼ばれる防御施設を備えた居住地に住み、在地の漢人とは明確に区別されていた。華北の農村社会では、十二世紀前半の戦乱で人口が減少して農地が荒廃したが、政府は人戸の招撫と墾田の奨励、灌漑水路の新設や再建など、生産体系の立て直しに努めた。

宗翰を追い落として実権を握り、斉国廃止を進めたのは、

宗室の宗磐（蒲魯虎《フルフ》）や昌（撻懶《ダラン》）であった。彼らの主導により、金の南宋に対する方針は、従来の覆滅を目指す強硬路線から共存を図る融和路線へとおおきく転換していく。南宋が和議を提案してくると、宗磐らは二年前に亡くなった徽宗の亡骸の引き渡しや黄河以南の地の割譲など、軍事的に劣勢に立たされていた南宋にとり破格の好条件が提示された。これを受けて、南宋朝廷では金の内情に通じた講和派の秦檜《しんかい》が宰相に抜擢され、一一三八年末に旧斉領のうち黄河以南の地と陝西を南宋に割譲するという条件で、両国の和議が成立したのである。金と南宋の最初の和議であり、年号をとって天眷和議と呼ばれる。

(3) 皇統和議の成立

ところが、翌年に金の朝廷で政変が起き、太祖の子の宗幹（斡本）と宗弼（兀朮《ウジュ》）が中心になって、和議を推進してきた宗磐、昌らを謀反のかどで殺害したのである。こうして、南宋との和議はいったん破棄されてしまう。そして、一一四〇年、金は再び戦端を開く。宗弼がみずから大軍を率い、黄河以南の地を取り戻し、さらに淮水を越えて南侵する。しかし、南宋軍から予想外の抵抗を受けて、金軍は退却を余儀なくされる。

ここにおいて、南宋遠征で手痛い敗北を喫し、北方のモンゴル高原方面に遊牧民の脅威をかかえていた金と、講和派の秦檜を首班とする南宋の思惑が一致し、両国は再び講和交渉へと動き出す。両国の使節が往還して交渉が進み、双方ともに戦争放棄を主眼とした内容を神に誓う形式の文書を交換し（南宋の誓表、金の誓詔）、一一四二年に盟約が締結されたのである。具体的な内容は、淮水を両国国境とし、南宋が金に対して臣従し、南宋が歳貢（銀二十五万両、絹二十五万匹）を贈ることなどであった。金と南宋の第二次和議であり、年号をとって皇統和議と呼ばれる。金が南宋の存在を公式に容認した画期的な盟約であり、南宋は以後、臨安（杭州）に腰を落ち着けて、王朝の支配体制を整えていくことができた。

(4) ユーラシア東方の多国体制

金は南宋との和議に先立ち、西夏や高麗を臣従させていたが、西夏・高麗が誓表を提出し、金がこれに対して誓詔を賜うという南宋との和議と同様の形式をとっており、いずれも相手国と盟約を結ぶことで外交関係を樹立したことが分かる。盟約の締結は、十一世紀初頭の契丹と北宋のあいだで結ばれた澶淵の盟に由来する。ただし、同じ盟約とは言っても、契丹・宋間の対等な関係とは異なり、金と南宋、高麗、西夏との間はいずれも君臣関係であり、明確な上下関係があったことには注意を要する。いずれにせよ、澶淵の盟以後、十三世紀のモンゴル統合以前のユーラシア東方は、盟約の時代と呼ぶべき時代だったのである。重要なのは、金が軍事力で周辺諸国を臣従させたにもかかわらず、盟約を結ぶことで他国の君主や独自の政府組織の存続を認めたことである。澶淵の盟をひとつの柱とする十一世紀のユーラシア東方の多国体制は、若干の変動をともないながらも、十二世紀のユーラシア東方でも存続したのである。

(5) カラ＝キタイ(西遼)とユーラシア東方情勢

いっぽう、はるか西方ではカラ＝キタイ(西遼)が台頭する。契丹の王族出身の耶律大石は、滅亡の危機に瀕した天祚帝のもとを離れて自立し、重装騎兵を率いてモンゴル高原に達し、周辺の遊牧民集団を糾合して一大勢力を形成する。その後、さらに西へと進み、一一三二年、中央アジアのカラハン朝の首府ベラサグンを制圧し、帝位につき自らグル＝ハンを号するに至った。ここにカラ＝キタイや西遼の通称で知られる中央アジアの契丹政権が成立した。その後、カラ＝キタイは強力な軍事力を背景に、ウイグルやカルルクなど中央アジアのトルコ系集団を直接あるいは間接の支配下に置いて、モンゴル帝国の拡大に至るまでのおよそ八十年間、東西トルキスタンに覇をとなえた。こうして、十二世紀から十三世紀初頭のユーラシア東方は、金とカラ＝キタイという二大強国が、河西回廊の西夏を間に挟んで東西に並び立つ構図となったのである。

四、都城の建設と支配体制の確立

(1) 熙宗朝の制度改革と上京の建設

熙宗朝では、宗室有力者の宗幹や宗弼の後ろ盾のもとで、それまでの勃極烈制を廃し、唐制にならった三省が設置されるなど、中央政府の組織が整備されたほか、地方行政、法制、祭祀、服制、暦法など多方面にわたって中原王朝の制度が導入された。

とくに注意すべきなのは、君臣間の区別を明確にして、皇帝の権力と権威を強化しようとしたことである。新たに按出虎水完顔部の根拠地である御寨の地に都城を建設して上京とし、太宗の時代にすでに建てられていた宮殿をさらに拡充したことは、それを目指したものにほかならない。上京の建設事業では、宮殿のほか、皇城の周りに高い城壁を築き、あらたな都城プランにもとづき南北二つの外城を造営し、太廟や社稷といった祭祀施設を創建した。

都城を建設したとはいえ、皇帝以下の女真支配者層はずっと城内に居住したわけではなかった。熙宗は、契丹の春捺鉢と同じ松花江流域の湖沼地帯で春に狩猟を楽しむ「春水」や、夏から秋にかけて山で避暑する「秋山」などに出かけ、狩猟遊牧民の風習に根ざした移動生活を維持していた。女真支配者層の中原王朝の制度典章への傾斜は明らかだが、この段階ではその漢化を強調しすぎてはならない。

(2) 海陵王の中都遷都

熙宗時代にはじまった集権化政策は、次の海陵王（亮、迪古乃《ディグナイ》）によって、より徹底して進められていく。宗幹の子である海陵王は、一一四九年、酒浸りになって心を病み、宗室や大臣を次々と粛清して朝廷を恐怖に陥れた熙宗を殺害し、即位した。熙宗朝では、中原王朝の制度を導入する改革を進めたものの、じつのところ依然として宗室が大きな力を持っていて、太宗以前同様に皇帝権力は限定されたものでしかなかった。あらたに即位した海陵王は、即位後すぐさま太宗や宗翰の子孫などの宗室を虐殺するとともに、宗室からの権力剥奪を強引に推し進めた。また、漢地支配の最高機関だった汴京（開封）の行台尚書省を廃止して中央政府に統合し、中書と門下を廃止して尚書省に一本化する官制改革を断行した。そのほか、天地を祀る南北郊祀や社稷祭祀を制定し、科挙の殿試を実施し、法駕儀仗を設け、紙幣（交鈔）を発行し、国子監を設置し、州県に孔廟を建てるなど、中原王朝の制度をさらに導入していった。

一一五三年には都をそれまでの上京から燕京の地に移し、新しい都城を建設して中都とし、王朝の中枢を中国本土に移した。中都は宋の都開封をモデルにして造営され、外城を拡大し、あらたに皇城と宮城を建設した。新しい宮城の規模は周長およそ五・五キロで、その面積は明清紫禁城とほぼ一致し、壮麗をきわめた。上京は海陵王にとって打破すべき対象である女真宗室の巣窟として、熙宗が造った宮殿や女真王族の邸宅などが徹底的に破却された。ここに金の政治体制は大きく転換したのである。

(3) 海陵王の野望とその挫折

女真王族はほぼすべて華北に移住させられ、金の中核をになう女真人の軍事力もことごとく華北へと移動した。中都遷都と王朝の重心の南への移動は、海陵王にとり、次なる目標である中華統一への布石であった。そして、文字通りの唯一の天子となるべく、南宋覆滅を目指して盟約を破棄し、一一六一年、南京（開封）よりみずから南宋征伐の軍を率いて出発した。これに先立ち、全国に向けて、軍隊の総動員と兵器や軍馬の調達が命ぜられた。また、軍艦を造って水軍も組織しており、陸海両路からの南宋攻撃を目指した。さらに、南への遷都を視野に入れて、百官を中都から南京へと移動させた。まさしく国力を挙げての南征であった。

しかし、有能果断を自負する海陵王は明らかに強引すぎた。あまりに厳しい動員令と徴発令は全国各地で大きな不満を呼び起こし、各地で叛乱があいついだ。とりわけ、西北辺防に当たる契丹軍団の大叛乱の勃発は深刻で、海陵王はすぐさま討伐軍を派遣するものの、鎮圧に失敗してしまう。また、東京（遼陽）では、留守（長官）の任にあった阿骨打の嫡孫で海陵王の従弟にあたる雍（烏禄《ウル》）が、遼陽の女真人や渤海人の支持を得てクーデタを起こし、皇帝に即位する（世宗）。こうして北方の動乱が政権を揺るがす事態をもたらしていたにもかかわらず、海陵王は無理に南進を続け、長江のほとりまで達した。いよいよ江南への侵攻にとりかかろうというところで、配下の部将に殺され、天下統一の夢はあえなく潰え去ったのであった。

五、北辺防衛問題と女真文化の復興

(1) 大定和議の成立

東京で即位した世宗は、海陵王が殺されたあと、首都の中都に入った。海陵王の強引な体制変革と対外戦争は、国内に深刻な傷跡を残した。後を受けた世宗一代の課題は、存亡の危機に瀕した王朝を立て直すことであった。

まずは南北両面の戦争を終わらせる必要があった。南方では、海陵王の殺害をうけて金軍が北に向かって引き揚げると、南宋軍が淮水以北へ侵攻してきた。先に北方の契丹人の叛乱を鎮定してから、金は南方戦線に注力し、一一六三年に宿州符離の戦いで南宋軍に壊滅的な打撃を与え、これを撃退することに成功する。内政の立て直しと北方辺防の安定化を優先させたい金は戦争継続を望まず、新帝孝宗をはじめ主戦派が台頭していた南宋でも、譲位した太上皇帝（高宗）の意向で再び講和派が力を得て、両国間で和平交渉が始まった。結果として、一一六五年、国境は元通り淮水とし、金と南宋の皇帝は叔《おじ》（父の弟）と姪《おい》という擬制家族関係となり、歳貢を歳幣と改めて銀と絹それぞれ五万両、五万匹を減額するという条件で盟約が結ばれた。年号をとって大定和議という。金は南宋の臣従を解消するなど大幅に譲歩したが、一一四二年の皇統和議の基本的な枠組は維持され、あくまでも金が上位であることには変わりはなかった。

(2) 契丹人の叛乱と北辺防衛

世宗政権にとり、最大の難題は北辺の防衛であった。金は、国初よりモンゴル高原中央部に勢力を伸ばせず、耶律大石がモンゴル高原に走ったときにも、これを追討することができなかった。前代の契丹と異なり、以後も金はモンゴル高原の遊牧民集団を統制下に入れられず、消極策に終始し、大興安嶺の東側に沿って防御線を引かざるを得なかった。その背景には、カラ=キタイ（西遼）の存在があった。トルキスタンに移動したカラ=キタイがモンゴル高原を直接支配することはなかったが、その影響力は遊牧民集団に及んでいた。

北辺の防衛を担ったのは、契丹人や奚人のほか、トルコ系、タングト系などさまざまな遊牧部族を含む「糺軍《ジュ》」と呼ばれる軍事集団であり、いずれも契丹から投降した軍事勢力に由来する。契丹人をはじめとする北辺の遊牧軍事集団は、群牧（官営牧場）での馬の生産もにない、金の軍事力の根幹を支える重要な役割を果たしていた。

海陵王の南伐への強制動員は、北辺の契丹軍団の大反乱を引き起こし、大興安嶺山麓周辺の広域が大混乱に陥った。即位後の世宗は、すぐさま一年半におよんだ叛乱を平定したが、以後も金の朝廷では契丹人への不信感がつのり、契丹猛安謀克の廃止が画策されるなどした。しかし、北辺防備を任せられる軍事力は他になく、結局はとりやめになり、契丹人の懐柔をつづけた。

ところが、一一七七年、北辺を巡視中の契丹人がカラ=キタイへ亡命する事件が起こり、朝廷に衝撃が走る。それ以前にも契丹人の叛乱勢力がカラ=キタイへ走ろうとしており、東西の契丹人の連携は、王朝の存亡をゆるがしかねない深刻な事態だった。契丹人の懐柔策が失敗に終わったことを悟った世宗は、西北辺境を守る契丹集団を解体して上京などへ移住させ、女真人との通婚を奨励し、契丹を女真に吸収しようと図る。しかし、この試みは結局あまり効果を挙げなかったようだ。

いずれにせよ、世宗は一貫して北辺の防衛に意を用いており、辺堡の整備と駐屯軍の充実に努めた。南宋との和議締結以後、世宗はほぼ一年おきに夏にシリンゴル草原の金蓮川の地へ巡幸している。金蓮川は西北辺防をになう西北路招討司が置かれた要地であり、世宗の北辺情勢の重視を示すものである。

（3）女真文化復興政策

前の熙宗、海陵王の二代にわたり、女真宗室どうしの血なまぐさい闘争や虐殺が繰り返され、女真としてのまとまりが失われたのみならず、女真人の華北への大規模な移住によって、固有の言語や風習が失われつつあった。

世宗は、このような危機に直面して、王族・貴族をはじめ軍事力を担う女真集団を王朝の柱として団結させることが、王朝存続のために不可欠であると考えた。そのために打ち出されたのが、女真文化の復興政策である。世宗は、純朴な女真の古の気風を取り戻すことを繰り返し人びとに訴え、その具体策として女真語と女真文字の普及に力を入れた。漢籍の女真文字への翻訳、女真字学校の復興を手始めに、女真語の科挙試験の女真進士科を設け、女真語による立身出世を可能にし、都に女真国子学を、地方に女真府州学を設けた。さらに、一一七三年には海陵王に破却された上京を五京のひとつに復し、宮殿を改めて建て直した。上京は女真の旧地として重視されるようになり、一一八四年から翌年にかけて世宗自身が女真文化復興を鼓吹すべく上京に行幸している。

（4）章宗朝の北方経略

一一八九年、世宗が崩じ、孫の章宗（璟、麻達葛《マダガ》）が即位する。章宗は世宗の政策を継承し、女真文化の発揚に努め、それまで公文書で女真字、漢字と並んで用いられていた契丹文字を廃したほか、女真姓（完顔、紇石烈など）の漢姓への改姓の禁止を徹底した。いっぽうで章宗みずからは、漢詩文や書画を善くするなど漢人士大夫の文化を愛好する文人皇帝であり、女真人への漢文化の浸透を体現する存在でもあった。

政治面では、地方監察機構の提刑司の新設、諸王を掣肘するための王傅や府尉官の設置、行政法規としての泰和令の頒行、宮廷蔵書の充実など、政治制度の整備や文化事業に取り組んだ。とりわけ、提刑司や泰和令はつづくモンゴル時代初期の中国統治にも受け継がれる点で重要である。

いっぽうで、章宗朝は外患に苦しめられた時代であった。世宗が安定化のために苦心しつづけた北辺では、章宗の即位以後、タタル、コンギラトなどモンゴル高原東部の遊牧民集団による侵犯が激化する。これに対し、章宗は、一一九五年から一一九八年にかけて三度にわたり遠征軍を大興安嶺の西側まで派遣して、遊牧民集団の本拠地を攻撃した。なかでも一一九六年には、ヘルレン河を越え、オルズ河までタタル軍を追撃して、これを打ち破っている。遠征軍の主将で宗室の襄《じょう》が記した漢文・女真文合璧の岩壁碑文が近年古戦場ちかくで発見され、新たな史実が判明している。

しかし、遠征の効果は限定的で、以後もモンゴル高原の遊牧民集団の侵攻に苦しめられ続ける。そのため、防御施設として界壕と呼ばれる防壁を築いた。おおむね大興安嶺山脈の東側に沿って築かれた界壕の総延長は三〇〇〇キロメートルを越える。その一部は世宗朝に造られはじめていたが、大部分が造営されたのは章宗朝のことで、一二〇〇年頃までに長大な界壕防衛線が完成した。ただし、数万規模に及ぶと考えられる大量の軍隊を配置して防衛に当たる必要があり、界壕の建造とともにその防衛線維持のためには莫大な費用を必要とした。おりしも黄河の氾濫が頻発したこともあり、金は財政難により次第に苦境に陥っていくことになる。

六、滅亡への道

(1) 南宋の侵攻

金が北方に不安をかかえて、国内が動揺しているという情報は、使者を毎年往還している南宋朝廷に伝わった。ときに南宋で実権を握っていた韓侂冑《かんたくちゅう》が、自身の求心力向上と中原回復の悲願達成という思惑から、金に対して戦争を仕掛ける。宋側からの金領侵犯と小競り合いが二年ほどつづいた後、一二〇六年に南宋が盟約を破棄し、北に向かい大規模な進軍を開始する。

金は、北辺防衛に当たる乣軍まで動員して南宋軍を迎撃し、戦闘を優位に進め、南宋の軍事作戦は完全な失敗に終わった。一二〇八年、金が講和の条件として、開戦の責任者である韓侂冑の首を求めたのに対し、南宋で政変が起こり、韓侂冑が暗殺され、その首は金側へ送り届けられた。その結果、あらためて盟約が締結され、歳幣は銀、絹ともに十万を増額してそれぞれ三十万両、三十万匹とし、賠償金として銀三〇〇万両を献じ、金と南宋の間の擬制親族関係は叔《おじ》(父の弟)・姪《おい》の関係から伯《おじ》(父の兄)・姪《おい》へと改めて、国境線はもとのまま維持することになった。こうして、金と南宋の間で四度目の和議が成立した。

(2) チンギス=カンの中都包囲

いっぽう、このころモンゴル高原では、遊牧民集団どうしの戦いがつづき、金の遠征軍派遣の影響もあって勢力図が激変した。群雄割拠の状況のなかで台頭したのがモンゴル部のテムジンであった。テムジンは、一一九六年のオルズ河での金とタタルの戦いに際して金側に味方し、金から「ジャウト=クリ」(百夫長)の称号を与えられている。その後もしばらくは金の属部として友好関係にあったテムジンは勢力をたくわえ、主君のケレイト部のオン=カンにとってかわったあと、モンゴル高原の遊牧民集団の統合を成し遂げる。一二〇六年、テムジンは即位してチンギス=カンを称し、イェケ=モンゴル=ウルス(大モンゴル国)を建国したのである。

金が南宋と盟約を結んでわずか三年後の一二一一年、チンギス=カンは、金へと侵攻を開始する。これに先立ち、金に服属していた陰山一帯のオングト(景教(ネストリウス派キリスト教)を信仰していたことで知られるトルコ系部族集団)がモンゴル側につき、金の北辺防備を担った契丹人をはじめとする遊牧民集団が一斉にモンゴル側に寝返ったことで、金は北辺の守りを失うという最悪の事態に陥った。モンゴル高原で強大な遊牧王朝が出現したことで、金の弱点だった北辺防衛の脆弱性が露呈したのである。その結果、チンギス=カン率いるモンゴル軍は、大興安嶺東側の金の防衛線をほとんど戦うことなく突破し、一二一三年、一気に都の中都を包囲する。おりしも、中都では、モンゴル軍迎撃の失敗を問責されることをおそれた金の将軍が、世宗の子で時の皇帝であった衛紹王を殺害し、章宗の異母兄に当たる宣宗が擁立されたところであった。もはやモンゴル軍に対抗する術をもたない宣宗政権は、モンゴルに財宝を献じるとともに、衛紹王の娘を差し出して和を請うた。チンギス=カンはこれを受け入れて、いったん兵を引き、金は辛うじて危機を脱した。

(3) 汴京遷都から滅亡へ

ところが、恐慌をきたした金の朝廷は、モンゴルとの約定を破って都を汴京(開封)へと遷してしまう。年号をとって貞祐の南遷と呼ばれる。その翌年の一二一五年、金の背信に怒ったモンゴル軍が再度侵攻してきて中都を陥落させ、河北や山東一帯を蹂躙する。各地の人びとは恐れをなして黄河の南側へ殺到し、汴京一帯は一挙に数百万規模の人口をかかえることになり、深刻な食糧問題が発生した。

金の困窮をみた南宋は、これを機に歳幣の支払を停止する。一二一七年、金はこれを口実にして北方での失地を回復すべく南宋に侵攻するが、反撃を受けて戦局は膠着状態に陥った。両国の関係は、以後回復することはなかった。

このころ、黄河以北の河北・河東・山東一帯では、中都付近をモンゴルの進駐軍が占領したのをのぞき、モンゴル軍の席巻を受けたあとには、金が地方統治をほぼ放棄したために無政府状態に陥り、各地で武装自営集団が自立して群雄割拠の様相となった。たとえば山東では、武装勢力の領袖の李全が台頭し、淮水以北一帯まで勢力を伸ばして、江南と山東を結ぶ海上交通路を掌握し、一時的に南宋に帰順し、金と戦うこともあった。こうして台頭した漢人軍閥勢力や道教の一派の全真教、仏教の一派の禅宗といった宗教教団が、寄る辺なき人びとの受け皿として大きな役割を果たした。このような状況のもとで、金はモンゴル、西夏、南宋、華北軍閥勢力と四方を敵に回して窮地に陥っていった。

一二一九年よりチンギス=カンが中央アジア方面へ遠征したため、金に対するモンゴルの圧力は一時的に弱まった。しかし、一二二五年に七年にわたる西方遠征より帰ったチンギス=カンは、まず西夏を目標に南征を開始し、一二二七年にこれを滅ぼす。そして、チンギス=カンが亡くなり、子のオゴデイが即位すると、本格的な金の覆滅作戦に乗り出す。モンゴル軍は北方から三軍に分かれて華北へ侵攻し、一二三二年に汴京が包囲されて陥落し、金の最後の皇帝哀宗は逃げ延びたものの、一二三四年に河南の蔡州の地で自害し、ついに金は滅亡した。

モンゴルの侵攻から金の滅亡に至るおよそ二十年あまりにわたる金元交替期に、華北では多くの地域で戦乱のみならず無政府状態となったこともあり、混乱がつづいて深刻な荒廃に見舞われ、人口は激減した。華北社会の復興は、モンゴル政権が取り組む課題となった。

おわりに

十三世紀にモンゴル帝国がユーラシア大陸を統合し、五〇〇年近くつづいたユーラシア東方の多極化の時代は終焉を迎えた。金の滅亡からおよそ四十年後に、第五代モンゴル皇帝のクビライの大元ウルス（元朝）が南宋を滅ぼして、中国全土を統一する。ただし、はやくにモンゴルの支配下に入った旧金領の華北がモンゴル語で契丹に由来する「キタイ」と呼ばれたのに対し、旧南宋領の江南は「マンジ」と呼ばれたことからも明らかなように、モンゴル政権は両地を別の地域と認識し、軍事、行政、経済などの面で同様の支配体制を敷くことはなく、金と南宋の南北分断の痕跡はモンゴル支配下でも残されたのである。南北統合の課題は次の明代に持ち越されることになる。

金が滅亡したあと、華北の広域にモンゴル王公の所領（投下領）が設定されるなど、華北社会は新たな支配者を迎えて大きく変容した。しかし、十三世紀後半にクビライが大元ウルスを建国し、新しい都の大都を中都の北隣に建設し、王朝の中枢を華北に移すと、金国に仕えた官僚の系譜を引く漢人や女真人がクビライ政権で取り立てられて、大元ウルスの国づくりに参画し、金国に由来する制度典章が選択的ながら数多く取り入れられた。とくに大都城の造営には、立地そのものを含め、金の中都からの影響が色濃い。

また、金滅亡後の女真人の歩みは、王朝の軍事力の中核になって華北に移住した女真人と、東北に残留した女真人とで大きく異なっていた。前者は、金末の時点ですでに漢化が著しく、金の滅亡後には漢地で土着化していく。これに対し後者は、モンゴル帝国の軍事、行政支配のもとに組み込まれつつ、モンゴル帝国の滅亡後に至るまで女真としての言語、風習、自己認識を維持し続ける。そのなかからのちに清朝を建国することになる建州女真が台頭するのであった。

参考文献

池内宏『満鮮史研究　中世第一冊』（岡書院、一九三三年）
井黒忍「金初の外交史料に見るユーラシア東方の国際関係——『大金弔伐録』の検討を中心に」（『遼金西夏研究の現在』（三）、二〇一〇年）
白石典之「斡里札河の戦いにおける金軍の経路」（『内陸アジア史

研究』三一号、二〇一六年)
外山軍治『金朝史研究』(東洋史研究会、一九六四年)
古松崇志「女真開国伝説の形成――『金史』世紀の研究」(科研特定領域研究「古典学の再構築」研究成果報告書『論集古典の世界像』、二〇〇三年)
松田孝一「西遼と金の対立とチンギス・カンの勃興」(『13—14世紀モンゴル史研究』一号、二〇一六年)
三上次男『金史研究』一〜三(中央公論美術出版、一九七〇・一九七二・一九七三年)
三上次男・外山軍治「金正隆大定年間に於ける契丹人の叛乱」(『東洋学報』二六巻三号・四号、一九三九年)
毛利英介「大定和議期における金・南宋間の国書について」(『東洋史研究』七五巻三号、二〇一六年)
吉野正史「巡幸と界壕――金世宗、章宗時代の北辺防衛体制」(『歴史学研究』九七二号、二〇一八年)
于杰・于光度『金中都』(北京出版社、一九八九年)
景愛『金上京』(生活・読書・新知三聯書店、一九九一年)
孫昊『遼代女真族群与社会研究』(蘭州大学出版社、二〇一四年)
陶晋生『女真史論』(稲郷出版社、二〇〇三年、初出一九八一年)
余蔚「完顔亮遷都燕京与金朝的北境危機――金代遷都所渉之政治地理問題」(『文史哲』二〇一三年五期)
劉浦江『松漠之間:遼金契丹女真史研究』(中華書局、二〇〇八年)
劉浦江『宋遼金史論集』(中華書局、二〇一七年)

契丹［遼］の東北経略と「移動宮廷（行朝）」

——勃興期の女真をめぐる東部ユーラシア状勢の一断面

高井康典行

たかい・やすゆき——早稲田大学文学学術院・日本大学文理学部・首都大学東京人文社会学部非常勤講師。専門は契丹［遼］史。主な著書、論文に『渤海と藩鎮——遼代地方統治の研究』（汲古書院、二〇一六年）、「『行国』科挙——遼・金・元における科挙の期日と挙行地について」（『唐代史研究』二一、二〇一八年）などがある。

契丹［遼］の政治中心たる宮廷は固定した都市にはなく季節移動をおこなっていた。この「移動宮廷」は外交・軍事上の機能も有していた。本稿では女真を含む東北アジアの諸集団と契丹［遼］の緊張関係の一つのピークであった聖宗期（九八三〜一一三一）を中心に契丹［遼］の東北政策と「移動宮廷」の関係を考察する。

はじめに

遼末の天慶二年（一一一二）春、契丹［遼］（以下、遼と略称す）の天祚帝《てんそてい》は混同江において女真の酋長を閲見し、酒宴を催した。宴も酣になったころ天祚帝は参会した酋長たちに順に歌舞を披露させたが、完顔阿骨打《ワンヤンアグダ》に順番が回ってくると阿骨打は再三固辞して命に従わなかった。天祚帝は阿骨打に異志ありとみなし、これを誅殺しようとしたが枢密使（遼代官制における宰相格の官のひとつ）蕭奉先の反対意見を容れて思いとどまった（『契丹国志』巻一〇天祚皇帝上、天慶二年春の条、『遼史』巻二七天祚紀一、天慶二年二月丁酉の条）。

周知のように、その二年後に阿骨打は挙兵して遼を打倒し、彼が建国した金国はやがて東部ユーラシアの覇権を掌握することになるので、このエピソードは両者の未来を読者に（おそらく意図的に）印象づけるものとなっている。実はこのエピソードには遼の対女真政策を考える際のカギとなる記述が含まれている。それは「天祚帝が混同江において女真の酋長を閲見した」という部分である。当該箇所の史料原文は

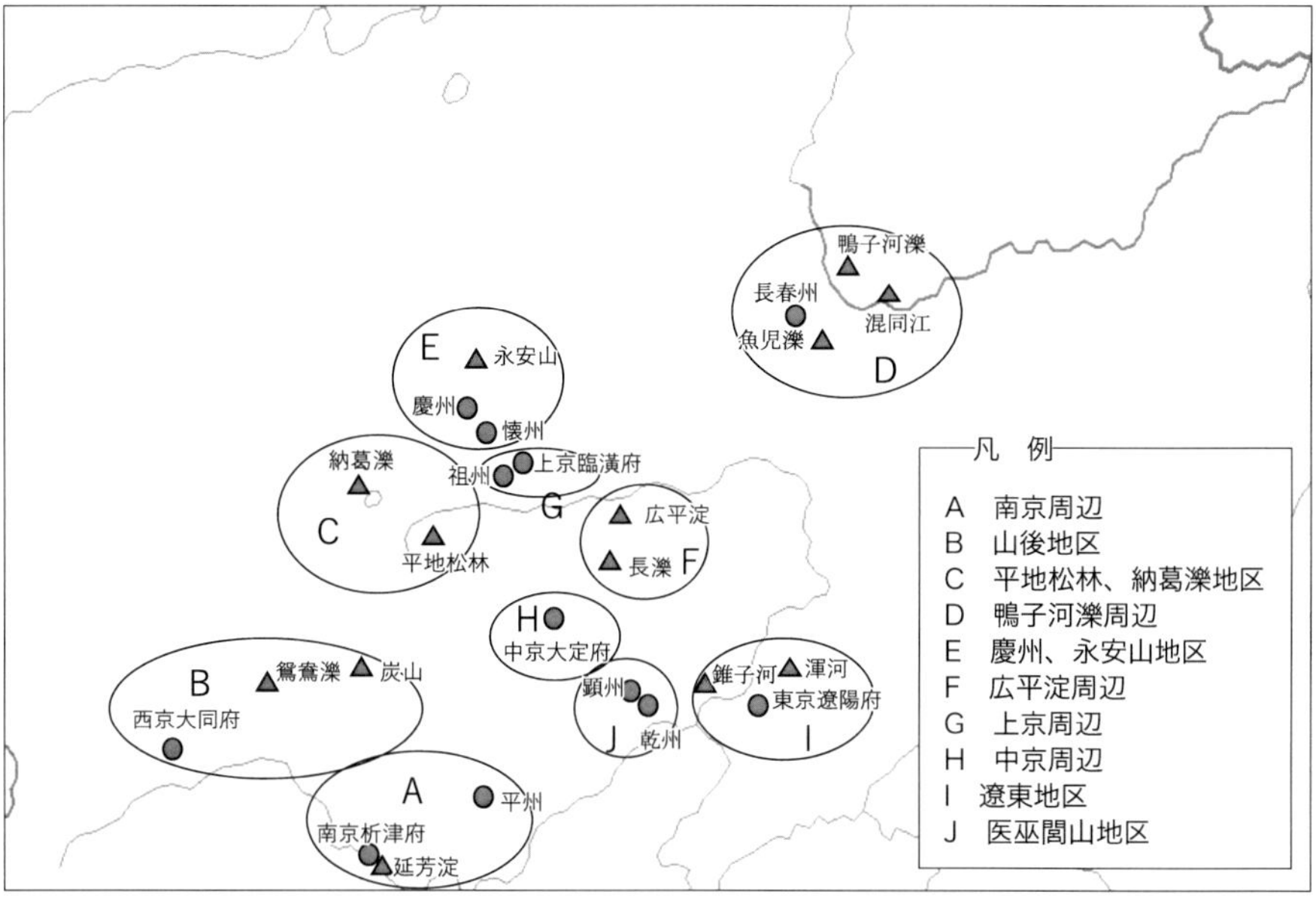

図1　主な契丹［遼］の行朝駐蹕地

「天祚如混同江釣魚、界外生女真酋長在千里内者、以故事皆来会」（引用は『契丹国志』のもの）となっており、遼帝が「混同江」（吉林省松原市付近の松花江）に行幸した際には女真の酋長が謁見に来るのが慣例であったことがうかがえ、「混同江」への行幸が遼の女真統治において一定の意味を有していたことを想定しうる。さらに重要な点は、「混同江」周辺への行幸は遼後半期において、ほぼ例年の行動だったことである。

遊牧民である契丹人は遼建国後に中国的な「都城」を設置はしたものの、[1] 宮廷は遊牧民の伝統に従い季節ごとの営地（遼代の史料では「捺鉢《なはつ》」と表記される）を移動し、政治の中心は「都城」ではなく、この「移動宮廷（本稿では以下、行朝と称す）」にあった。[2] 捺鉢の設置場所や行朝の移動はある程度固定した複数のパターンがあり（**図1**）、十一世紀初以降、春捺鉢：混同江・魚児濼（**図1**D地区）→夏捺鉢：永安山（E地区）または納葛濼《のうかつはく》（C地区）→秋捺鉢：慶州諸山（E地区）→冬捺鉢：広平淀《こうへいでん》（F地区）という東北ルートを中心として、五・六年年に一度の割合で春捺鉢：鴛鴦濼《えんおうはく》（B地区）→夏捺鉢：炭山または納葛濼（C地区）→炭山（B地区）→冬捺鉢：南京（A地区）または西京（B地区）という西南ルートを移動するパターンが定着していく。[3] 行朝の移動ルートの設定理由は複数の要因を考慮しなければならないであろうが、前述のような混同江における女真酋長との会見の定例化という現象から、女真をはじめとした東北方面の諸集団（以下、東北アジアの諸集団と称す）に対する統制の比重の相対的な増加が、遼代後半期において行朝の東北ルートが多く選択された理由の一つであると指摘されている。(4)『遼史』巻三五兵衛志中、御帳親軍・宮衛騎軍の条によれば、行朝の動員可能兵力は御帳親軍が五十万、宮衛騎軍が十万となっており、この一部が行朝に扈従していた。(5)したがって行朝は単に政治中心というだけでなく、数万から数十万規模の大軍でもあり、その移動は遼の外交・軍事戦略上の意味を有していたのである。

遼の東北経略と行朝に一定の関連があるとすれば、東北ルートの移動が恒例となる以前についても検討する必要がある。とくに遼の第六代聖宗の時代（九八二〜一〇三一）は、東北アジアの諸集団の遼への敵対行動が激化し、遼はそれに対応するかたちで東北経略を推進し、当該地域における覇権を確立していく時代であった。そこで本稿では、聖宗期を中心に遼の東北経略と行朝の関係について明らかにしていきたい。

一、遼代の東北アジアの諸集団の状況

はじめに遼代の東北アジアの諸集団の概要を、主に遼側の認識にもとづく分類によって示しておこう。八世紀中葉以降、東北アジアの覇権を握っていた渤海が九二六年に遼により滅ぼされるのに前後して、この地域に女真（女直）、鉄驪《てつり》（鉄利）、兀惹《うじゃ》などの呼称をもつ集団が出現する（**図2**）。

女真は後述のように渤海旧領に広範囲にわたり居住しているが、「女真」の呼称自体は十世紀になって初めて出現する。女真の来歴については、渤海滅亡後に渤海人が遼領に徙民されたり、高麗などに逃亡したことにより、この地域の人口が激減したのを契機に他地域（黒龍江中下流方面）から流入したという外来説と、(6)徙民を免れた渤海旧領の住人が「女真」と称した（あるいは他者から「女真」と呼ばれた）という在来集団中心説という二つの見方に分かれている。(7)九世紀末以降、新羅や高麗の北辺に「黒水」「達姑」といった本来は渤海の北方に居住する集団の名を称する人々が出現しており、それが外来説の有力な根拠となっている。ただし、これらの集団が史料に出現しはじめた時点では、渤海の統治は安定しており、渤海末期の混乱に乗じて民族規模での大移動をしたとはいえず、渤海の統治・辺防の一環として集団の一部が移民してきたものと考えられる。(8)また、遼による渤海人の徙民は一定の規模ではあるが、地域の中心都市（府・州）の住民を中心としたもので、県レベル以下の集落の住民には及ばず、在地社会はそのまま維持されたと考えられるので、(9)後者の在地集団

図2　遼代の東北アジア

中心説の方が妥当であろう。

『契丹国志』巻二二、四至隣国地理遠近の条や『武経総要』前集巻二二、女真の条などによれば、遼代の女真集団は遼に対する服属の度合により二種に大別されていた。服属の度合いが強いものが熟女真《じゅくじょしん》（係遼籍女真）、服属の度合いが弱いものが生女真《せいじょしん》と呼ばれた。熟女真はさらに吉林省四平市から遼寧省瀋陽市北部の「北女真」、遼東半島の「南女真」（これに所属する集団のなかで著名なものとして曷蘇館部があげられる）、鴨緑江下流域（広義としては鴨緑江流域全体という見解もある）の「鴨緑江女真」と、居住地域によって分類されていた。なお、鴨緑江女真が九世紀末に遼の経略を受けてその統制下に編入されたこと（後述）からうかがえるように、生女真から熟女真へとその立場を変化させる集団も存在する。

生女真(10)は、後に金の中核となった阿什河流域の按出虎完顔部のほか、咸興平原方面の三十部女真（長白部女真）、咸鏡北道から曷懶《かつらん》河流域の蒲盧毛朶部、渾発河上流域の回跋部、などの諸集団に分類されていた。(11)

遼代の東北アジア地域には他に松花江中下流域の鉄驪（鉄利）・兀惹、黒龍江・アムール河中下流域の五国部（剖阿理・奥里米・越里篤・盆奴里・越里吉の五つの集団で構成される。なお、集団の漢字表記は、後述のように史料間で表記が異なる場合がある）などの集団が存在した。『契丹国志』巻二二、四至隣国地理遠近の条には「東北は生女真国に至る……また東北は屋惹国、阿里眉国、破骨魯等の国に至る。国ごとに各一万余戸。西南は生女真国界に至る。衣装・耕種・住居・言語は女真人と異なる」として屋惹（兀惹と同音なので同一集団の異表記と考えられている）や阿里眉・破骨魯（これも五国部を構成する奥里米・剖阿理の異表記と考えられている）といった五国部が、女真とは言語や生活形態を異にする集団とみなされていたことを伝える。

その他に、鴨緑江中流域には十世紀後半から十一世紀前半にかけて渤海国の後裔を標榜する定安国が存在し、鴨緑江から渤海湾を経て山東半島につながる交易ルートを押さえていた。定安国の対宋交渉は大抵女真（この女真は三十部女真であると考えられている）の使節を伴う形で行われており、定安国と女真が密接な関係を有していたことがうかがわれる。[12]

二、聖宗統和年間における契丹［遼］の東北経略

遼の渤海旧領支配は靺鞨《まっかつ》系の在地支配者に対外交易の便宜と安全を保障することにより支配を強化・維持するという渤海国時代の統治方針[13]を継承し、前述の女真をはじめとした在地の支配者層に対して安定した交易を提供の対価として遼の支配を受容させることで成り立っていた。しかし、これは反面、交易の維持が遼の渤海旧領・遺民支配にとって死活問題であることをも意味する。それが表面化するのが九六〇年代以降である。それ以前比較的順調であった対「中国」交易の不安定化にともない、渤海旧領に居住する東北アジアの諸集団は第五代景宗の保寧年間（九六九～九七八）から遼に対する攻勢および、後周・宋との積極的な交渉をおこない、遼の東北支配は動揺をきたした。[14] 聖宗朝――とりわけ前半期に相当する統和年間（九八三～一〇一二）における東北政策の課題は、これらの諸勢力の鎮圧ないしは招撫により東北地域の安定をもたらすことにあった。上記の反遼勢力の政権の基盤は、対中国交易の維持管理にあったので、この時期の遼の東北政策における最優先課題は、東北の勢力と中国の交渉の遮断にあった。本節では、先行研究によりつつ、この時期の東北経略を概観する。[15]

（1）統和元年・二年の女真遠征

統和元年（九八三）十月から二年（九八四）四月にかけて遼は鴨緑江下流の女真への遠征を行っている。当初は高麗遠征と称していたが、実際の攻撃対象は女真であった。上記の遼の基本方針から考えて、高麗攻撃と称していたのは女真を油

断させるための口実と考えられている。

(2)統和三・四年の女真遠征(定安国攻略)

統和三年(九八五)七月に高麗遠征の準備が命じられるも、八月になって女真に攻撃対象が変更される。遠征軍は一月に帰還、生口十万、馬二十万匹を獲たと報告される。史料上は女真遠征となっているが、その戦果の大きさから実際の攻撃対象は鴨緑江中流域の交通の要衝である渤海時代の西京鴨渌府(吉林省集安)を拠点とした定安国であったとされる。当初、高麗遠征と称していたのは、前回と同じく相手を欺くための陽動と考えられている。

(3)統和六年の女真遠征

統和六年(九八八)八月以前に行われる。捷報と同時に「瀕海女直」の来貢が記録されていることなどから、主要な攻撃対象は鴨緑江下流の女真と考えられている。

(4)統和九年の鴨渌江河口の三城築城

統和初年から行われてきた鴨緑江中下流域の諸勢力の攻略の総仕上げとして、統和九年(九九一)二月に東北地域と宋との主要な交通路である鴨緑江の交通を遮断するために河口に威寇・振化・来遠の三城が築かれる。ただし、それ以降においても宋と女真の交渉記録が見えることから、三城築城の目的が完全に果たされたわけではなかった。これが、次に述べる高麗遠征につながっていく。

(5)統和十年・十一年の高麗遠征

統和十年(九九二)十二月から翌十一年(九九三)正月にかけて行われるが、高麗との外交交渉により高麗の遼への称臣とひきかえに鴨緑江左岸の女真の地を高麗領と認定することで決着する。一見すると、遼側にはあまり実利の無いものであるが、鴨緑江遮断という方針から考えれば、高麗を勢力下におくことにより、鴨緑江左岸地域の女真に対する圧力を加えることが可能になったということができる。

(6)統和十三年・十四年の兀惹遠征

統和十三年(九九五)七月に兀惹が鉄驪(鉄利)を攻撃したのを契機として、その罪を責めるのを口実として開始された遠征。兀惹は保寧七年(九七五)に遼に対して反乱を起こした燕頗等の集団の亡命を受け入れて以降、東北地域の渤海復興を旗印とした反遼勢力の中でも中心的な存在として目され、遼に対してしばしば侵攻をおこなっている。したがって、この遠征は統和初年以来の東北経略の最終段階として企図されたものといえる。遠征に先立ち前年の統和十二年(九九四)十二月には東北方面の軍の動員を強化すべく東方に駐屯する奚軍の再編成を行うなどの準備を行っており[16]、遠征自体は鉄驪の訴えを受けてのものであるが、兀惹攻撃は予定の行動であったということができる。しかし、遠征軍は兀惹の抵抗に遇い敗退する。兀惹は遠征軍を撃退したものの、当面は遼への服属を申し出ることで窮地をしのぐことになる。この遠征で統和年間における遼の東北地区への経略は一区切りをつけ、しばらくは大規模な攻勢をかけることはなかったが、鴨緑江の封鎖が奏功し、兀惹などの反遼勢力は次第に衰退し、遼の東北支配は安定に向かう。『遼史』巻一三聖宗紀四、統和十五年（九九七）九月丙寅の条には「東辺の戍卒をやめた」という記述が見えるが、こうした辺防軍の削減措置はこの時期における東北地域の緊張緩和を裏付けるものといえよう。

三、「行朝」と東北経略の関係

表1は聖宗期の遼の行朝の移動をまとめたものである。一見して明らかなように、統和年間は南京・山後地区を中心とした西南方面を、開泰年間は上・中京地区と遼河下地区を中心とした東南方面を、太平年間は上京・鴨子河地区を中心とした東北方面を移動していることがうかがえる。この移動地区の変化については、各時期における遼の主要防衛・攻略対象（統和年間＝宋、開泰年間＝高麗、太平年間＝女真）との関連が指摘されている。[17] 大局的には、先行研究による指摘は妥当であるが、細部について検討すると、若干、異なる事情がみえてくる。以下、各時期における行朝の移動と東北経略の関係を考察していこう。

（1）澶淵の盟以前

統和年間において注目すべきは、統和初年の女真遠征の時期における行朝の重心が東方にあることである。景宗朝末の乾亨元年（九七九）七月に北漢平定の余勢を駆った宋軍による南京包囲を受けて以来、澶淵の盟締結までの間、遼の行朝がほぼ一貫して南方に比重を置いている中で、聖宗初年の状況は趣を異にしている。もちろん聖宗即位当初は即位儀礼や先代である景宗の葬儀などのために、契丹族の本拠地である上京方面や景宗陵の所在地である医巫閭山地区の乾州へ赴いたということができる。しかし、同時期に東方経略を進行させていたことを考えれば、ある程度はそれをふまえたうえでの上京・東京方面への移動とみることも可能であろう。

この当時、燕雲十六州奪還を目指していた宋にとり、遼廷が南方から去ったこの状況は好機であった。宋太宗は雍熙三年（遼統和四年、九八六）正月に北伐の命を下し、当初は燕雲十六州の一部地域を占領するに至った。北伐をこの時期に行った直接の理由は史料には明言されていないが、この間の事情を伝える『宋会要輯稿』蕃夷一契丹、雍熙三年正月の条に、

表1　聖宗朝の行朝と東北政策　　凡例：A～J……図1に準ず。K……その他、不明

西暦	遼元号	春	夏	秋	冬	東北経略	備考
978	乾亨元年		G		A		7月、宋による南京包囲
979	2年	A	B		A		10～11月、南伐
980	3年	A	B	B	A		
982	4年	A	B	B	B→J		4～5月、南伐。10月、景宗崩御、聖宗即位
983	統和元年	J	I→F→G	E	J	10月～2年2月、高麗（実際には鴨緑江女真）遠征	
984	2年	F			F		
985	3年	F	F→G	F→I	I	8月～3年正月、高麗（実際には鴨緑江女真）遠征	
986	4年	F	A	B	A		3～7月、宋の燕雲奪回作戦。11月～5年正月、南征
987	5年	A	B	C	A		
988	6年	A	A	B	A	8月、女真遠征の捷報至る。	9月～7年正月、南征
989	7年	A	B	B	A		5～7月、南征
990	8年	A	B	K	A		
991	9年	A	B	B	K	2月、鴨緑江河口に築城	
992	10年	A	B	B	B	12月～11年正月、高麗遠征、鴨緑江女真分割。	
993	11年	A	B	B	B		
994	12年	A	B	B	B→A		8月～、モンゴル高原方面経略
995	13年	A	B	K	A	7月～14年4月、兀惹遠征	
996	14年	A	B	K	A		
997	15年	A	B	B→C		9月、東辺の戍卒を停止	正月～2月、河西党項の反乱平定。5月～18年6月、適烈の反乱、適烈・阻卜平定
998	16年	F	F→G→C→B	K	A		
999	17年	A	B	B	A		9月～18年正月、南征。
1000	18年	A	B	B			
1001	19年		B	B	A		10月、南征。
1002	20年	A	B	B→C	J		4月、南征。
1003	21年	B	B	B	A		4月、南征。
1004	22年	A	B	B	A→K		閏9月から南征。12月、澶淵の盟締結
1005	23年	A	B	B	A		

1006	24年	B	B	B	A		
1007	25年	A	B	K	H		中京建置
1008	26年	F	G→E	K	H		
1009	27年	F	H	K	H		
1010	28年	J	H	H→J →I	K	8月～29年正月、高麗親征	
1011	29年	I→J		C	F→J →F		
1012	30年/開泰元年	F	G		H		
1013	2年	I	E	E	F		
1014	3年	I	E	C	H		
1015	4年	I		E	G	正月～4月、高麗遠征。5月～高麗遠征	
1016	5年	I→J	E	E	G	5月～高麗遠征	
1017	6年	I→J	E	E	G		
1018	7年	G→I	K	F	G	12月～8年3月、高麗遠征	
1019	8年	I	E	E→F	H		
1020	9年	H→B		C	H→F		
1021	10年／太平元年	I	E	H	H		
1022	2年	D	E		G		
1023	3年	D	E	E	I		
1024	4年	D	E	E	I		
1025	5年	D	E	C	A		
1026	6年	B	E	E	I	2月、混同江・疏木河間に築城。4月、蒲盧毛朶部に対して兀惹戸の引き渡しを要求。	
1027	7年	D	E	E	I		
1028	8年	D	E	C	H		
1029	9年		E	E	J		
1030	10年	F	J	C			
1031	11年／景福元年	D		E			6月、聖宗崩御

凡例：A～J……図1に準ず。K……その他、不明

太平興国九年、知雄州賀令図とその父岳州刺史懐浦および薛継昭・劉文裕・侯莫・陳利用らが相継いで下のような上言を行った「（中略）それに加え虜主は年少で、国事はその母が決裁しており、大将軍韓徳譲は（虜主の母の）寵幸によって用いられ、国人はこれを疾《にく》んでおります。その隙に乗じて幽薊の地を奪還することを願います。また情報によれば、隆緒とその母である蕭氏は、国の中では毎歳冬には大抵西楼、あるいは幽州北廟城に居て、薪水に就き、漁猟に出かけるたびに、常に月余にして帰還し、春になると遥楽河に行き、鴨猟を行います。夏は炭山、すなわち上涇に居り、それぞれの地に屋室・宮殿があります。（中略）」帝はこれを聞き遂に詔を三道に下し遠征を行うことにしたのである。

とみえ、太平興国九年（九八四）頃から北伐が具体化しはじめたことがうかがえる。(18) これは、すなわち九八四年以降、宋は北伐の機会の到来を待っていたことを示すであろう。九八六年の北伐は場当たり的な思いつきではなく、用意周到な計画にもとづくものであり、また、上記の記述中に行朝の所在地についての情報も含まれていることからみて、遼の宮廷の所在地も常に念頭においていたものと考えられる。

これを、遼側からみた場合、東北経略のために宋への防備が手薄になった隙を突かれたことになる。これをふまえれば、統和六年以降の東北経略において、行朝が常に宋と相対する南京や炭山付近に留まり続けたことは、統和四年に宋の進攻を招いた反省をふまえたものと考えることが可能である。これは、宋との一連の戦闘が行われた統和四年から七年（九八九）の間のみならず、遼が宋に対して大きな攻勢に出ていない統和八年（九九〇）から十五年（九九八）の間（まさに東北経略が進行中の時期が含まれている）も、行朝が南方に留まっていることや、東北経略の一応の終結宣言ともとれる、統和十五年九月の東辺の戍卒の引き揚げ以降に、行朝が上京方面に移動したことなどから裏づけることができよう。また統和年間は、**表1**に見られるように東北方面だけでなく、西北のモンゴル高原への経略なども同時に進行しており、十八年（一〇〇〇）までに平定がひと段落している。したがって、行朝と東北経略の関係と同じことが、西北経略においても成り立っていることも付言しておく。

(2) 統和年間末から開泰年間

統和二十八年（一〇一〇）から二十九年（一〇一一）にかけて、高麗顕宗即位の際の混乱（前王の弑殺による国王廃立）に対する問罪を口実として、遼による高麗遠征が行われる。一時は高麗の都である開京を陥落させるなどしたが、最終的には高麗に撃退される。この遠征の失敗は、遼の冊封下から脱して、宋との交渉を再開した高麗を通じて女真が宋との交易を復活させるという事態をもまねき、遼の東北支配にとって少なからず影響を与えることとなる。この状況を打開すべく開泰四年（一〇一五）から八年（一〇一九）にかけて遼は高麗に対して連年出兵するが敗退を繰り返す。最終的には顕宗の高麗王位を承認するかわりに、高麗が遼へ称臣することで決着する。この間の行朝は前述のように東南方面を中心とした移動を行っており、経略方向と行朝の移動が一致している。これは、統和年間とは異なり、宋との和平により南方に対する防備が軽減されたことが一因であったと考えられる。

(3) 太平年間以降

太平二年（一〇二二）以降、遼末に至るまで遼の行朝は基本的に上京・鴨子河地区を中心とした東北方面を移動する。前述のように、鴨子河地区に春捺鉢を置く目的の一つは、完顔部女真や五国部といった東北方面の諸集団を統制することにあった。しかし、遼が東北経略のために軍事行動を起こす際の状況を検討すると、以下のように行朝の南下と連動する事例が目立つ。

(a) 太平六年の混同江・疏木河間での築城と蒲盧毛朶・兀惹への圧力

太平六年（一〇二六）に、遼は東北辺の女真に対する攻勢を行っている。その間の事情について、『遼史』巻一七聖宗紀八、太平六年二月己酉の条は下のように伝える。

迷離己を同知枢密院とし、黄翩を兵馬都部署、達骨只を副官、赫石を都監に任じ、軍を率いて混同江、疎木河の間に築城させた。黄龍府は堡障三・烽台十を設けることを要請し、詔を下して農閑期に建設を行った。東京留守八哥・黄翩が兵を率いて女直の地をめぐり、人・馬・牛・家を数多く捕らえ、降戸二百七十を得た、と上奏した。詔を下してこれを奨諭した。

また、同書同巻、太平六年四月戊申の条には

蒲盧毛朶部には兀惹戸が多数あったので、詔を下してこれを索《もと》めた。

とみえ、女真系の部族である蒲盧毛朶部に対して兀惹戸の引き渡し要求を行うことで、圧力をかけている。これらの一連の行動は、兀惹の衰退を受けて東北方面に勢力を拡張した遼がその支配をいっそう強固にするためのものととらえることができよう。(19)

この間の宮廷の移動状況は、太平五年（一〇二五）十月は

南京に駐蹕し、六年（一〇二六）正月は鴛鴦濼に、四月には永安山にと、対東北経略が遂行されたと考えられる太平五年の冬から六年の春にかけて、行朝は南方に所在していることがうかがえる。

(b) 興宗重熙年間における対蒲盧毛朶部政策

興宗重熙十年（一〇四一）前後において、遼は当時の女真の有力部族であった蒲盧毛朶部に対して、圧力を加えている。まず『遼史』巻一九興宗紀二、重熙十年二月庚辰朔の条に、

> 蒲盧毛朶部に詔を下して、曷蘇館戸の（蒲盧毛朶部に）没入した者を復業させた。

とあるのを皮切りに、

> 斡魯・蒲盧毛朶部の二使は来貢の時期を違えた、宥して彼らを帰還させた。（同書同巻、重熙十二年五月辛卯の条）
>
> 遣東京留守耶律侯哂、知黄龍府事耶律欧里斯に兵を率いて蒲盧毛朶部を攻撃させた。（同書同巻、重熙十三年四月己酉の条）

として、その圧力の度合いを強めている。蒲盧毛朶部に対して遼が厳しい態度をとった理由は史料では明記されていないが、この当時の東北地域の不穏な情勢がその背景にあるようである。

『遼史』巻一八興宗紀一、重熙九年（一〇四〇）十一月甲子の条に、

> 女真が辺境地域に侵入した、黄龍府の鉄驪軍を出動させてこれを防がせた。

として、女真の侵入を伝えている。この記事からでは、これが単発的な事件にみえるが、『続資治通鑑長編』巻一五六、慶暦五年（一〇四五）閏五月癸丑の条に、

> 欧陽脩がかつて以下のように上言した、「……（遼は西夏の）李元昊と夾山の小族を争い、交戦するに至っております。しかし敗戦を重ね、兵士と軍馬を失い、国内は疲弊し、山前（南京＝燕京地区を指す）に対して苛斂誅求を行い、漢人たちは怨み怒りを抱いております。かつて北人が漢人を殺した場合は（財物であがなうという）罰を与えられるのに対し、漢人が北人を殺した場合は死罪となっておりました。最近聞くところによりますとこの二つの法を逆に適用して漢人の歓心を買おうとしておりますが、漢人の心を収拾することはできず、北人の怒りを買ってしまっています。また聞くところによると今年の春に女真・渤海の類が所在で離叛して攻劫をおこない、近ごろようやく、やや鎮定されたとのことです。……」

として、この頃女真や渤海が反乱を起こしたことを伝えている。欧陽脩の上言時期は明確にされていないが、重熙十三年

表2　重熙年間の行朝と東北政策

西暦	遼元号	春	夏	秋	冬	東北経略	備考
1040	重熙9年	F→D	E		F		
1041	10年	F		J	H	12月、蒲盧毛朶部に対し、曷蘇館戸の返還を求める	12月～11年11月、関南十県をめぐり宋と交渉(「増幣交渉」)
1042	11年	H→	B	B→A	A		
1043	12年	A	B	E	F	5月、蒲盧毛朶部の使者を譴責	
1044	13年	D	E	B	B	4月、蒲盧毛朶部を攻撃	9月～11月、西夏親征
1045	14年	B	E	F			
1046	15年	D	E	E	F		
1047	16年	D	E	E			
1048	17年	D			B		
1049	18年	B		K			7～8月、西夏親征、19年10月頃まで断続的に戦闘継続
1050	19年	D	D→E	E→J	G→F		
1051	20年	D		E	F		
1052	21年	D	E	E	F		
1053	22年	D	E	E	K	この頃、鴨緑江方面の女真に対する控制の強化	
1054	23年	D	E	E	H→F		

凡例：A～J……図1に準ず。K……その他、不明

(一〇四四)の興宗の西夏親征について言及しているので、それ以降の事態を示したものといえる。時期的には欧陽脩のいう女真・渤海の反遼闘争は上述の蒲盧毛朶経略と関連があるものと考えられ、またその規模も看過し得ないものであったとみられる。

この間の朝廷の所在地は年ごとに変化しており一定していないが(**表2**)、重熙十一年から十二年夏にかけて南方に移動していること、十三年秋には西京方面に移動していることに注目しておくべきであろう。

重熙十年から十一年にかけての南方への移動は、関南十県の奪回を称して軍の動員を行い、その一方で宋との増幣交渉を行った時期に相当する。[20]また、重熙十三年は秋から冬にかけて西夏遠征を行なっている。これまでみたような聖宗朝以降の東北経略と行朝の移動状況を勘案すると、この時期の東北経略も行朝の南下と連動したものと考えられる。ただし重熙年間の場合は、興宗が西夏へ親征したことからもうかがえるように、軍事行動の重心が南・西南方面にあるので、宋・西夏への軍事的圧力をかける際に、背後の東北アジアの諸集団が不穏な行動を取る

のを防止するための措置と見るべきであろう。

おわりに

以上、みたように聖宗朝以降における遼の東北経略は対宋関係を常に意識して遂行されており、大抵の場合、行朝が南方にいるときに東北への出兵が行われた。行朝の南下は一見すると対宋戦略を主眼とするように考えられがちであるが(勿論、それを目的とした場合も多数見られるのも事実である)、その背景にはむしろ東北地域をはじめとした、他の方面の経略と関連している可能性を常に意識しておく必要があろう。

注

(1) 周知のように、遼は「上京」(内蒙古自治区赤峰市巴林左旗)、「東京」(遼寧省遼陽市)、「南京(燕京)」(北京市)、「中京」(内蒙古自治区赤峰市大寧県)、「西京」(山西省大同市)という、漢語で都城を意味する「京」を冠する都市を設置している。

(2) 傅楽煥「四時捺鉢総論」(『遼史叢考』中華書局、一九八四年)、肖愛民『遼朝政治中心研究』(人民出版社、二〇一四年)などを参照。

(3) 前掲傅楽煥「四時捺鉢総論」を参照。

(4) 池内宏「遼代混同江考」(『満鮮史研究』中世第一冊、吉川弘文館、一九三三年)、武玉環「春捺鉢与遼朝政治――以長春州、魚児泊為視角的考察」(『遼金史論集〈一四〉』中国社会科学出版社、二〇一六年)などを参照。

(5) 行朝扈従者の構成については拙稿「遼の斡魯朶の存在形態」(『渤海と藩鎮――遼代地方統治の研究』汲古書院、二〇一六年)などを参照。

(6) 南宋初に洪皓が『松漠紀聞』中において女真の族源を唐代の黒水靺鞨とする説を記しており、外来説はこれを踏襲している。

(7) 范恩実『靺鞨興嬗史研究――以族群発展、演化為中心』(黒竜江教育出版社、二〇一四年)、孫昊『遼代女真族羣与社会研究』(蘭州大学出版社、二〇一四年)を参照。

(8) 赤羽目匡由「渤海・新羅接壌地域における黒水・鉄勒・達姑の諸族の存在形態――渤海の辺境支配の一側面」(『渤海王国の政治と社会』吉川弘文館、二〇一一年)を参照。

(9) 『遼史』巻三八地理志二東京道には「某州……本渤海某州地(或いは「渤海置州」「渤海号某州・府」)。……故県若干、[県名の列挙]、皆廃。」という記述が頻出する。これは「渤海某州・府」の住民を当地に徙民したことを示すが、県については「皆廃」と記している。これは県レベルの集落の住民を徙民できなかったために、徙民先で県を構成しうるだけの人口を確保できなかったことを示す。

(10) 生女真は前掲の『契丹国志』ではもっぱら遼の東北辺の女真集団をさす呼称として用いられているので、その記述による限りでは阿什河流域の按出虎完顔部を中心とした女真集団を指すことになる。ただし、『武経総要』の記述では「熟女真を除く山林に居住して(遼に)服属していないものを生女真という」としている。どちらの記述にもとづくかにより、生女真の範囲が論者により異なっているのが現状であるが、本稿では後者にもとづいて生女真を分類する。

(11) 池内宏「高麗成宗朝における女真および契丹との関係」

（『満鮮史研究』中世第二冊、吉川弘文館、一九三七年）、同「蒲盧毛朶部について」（前掲『満鮮史研究』中世第二冊）、日野開三郎「契丹の回跋女直経略について（一）〜（三）」（『史淵』四六〜四八、一九五一年）、前掲注6孫昊『遼代女真族羣与社会研究』など参照。

(12) 和田清「定安国について」（『東洋学報』六―一、一九一六年）、池内宏「余の遼聖宗征女直考と和田学士の定安国考について」（前掲『満鮮史研究』中世第一冊）、日野開三郎「定安国考」（『日野開三郎東洋史学論集』一六、三一書房、一九九〇年）、三上次男「高麗と定安国」（『高句麗と渤海』吉川弘文館、一九九〇年）。蓑島栄紀「渤海滅亡後の東北アジアの交流・交易」（『アジア遊学』六、勉誠出版、二〇〇一年）などを参照。

(13) 鈴木靖民「渤海国の首領に関する予備的考察」（『朝鮮歴史論集（上）』龍渓書舎、一九七九年）、李成市『東アジアの王権と交易』（青木書店、一九九七年）、同「渤海の対日本外交への理路」（『古代東アジアの民族と国家』岩波書店、一九九八年）などを参照。

(14) 拙稿「世界史の中で契丹［遼］史をいかに位置づけるか――いくつかの可能性」（荒川慎太郎・澤本光弘・高井康典行・渡辺健哉編『契丹［遼］と十〜十二世紀の東部ユーラシア』アジア遊学一六〇、勉誠出版、二〇一三年）、同「十世紀の東北アジアの地域秩序――渤海から遼へ」（前掲『渤海と藩鎮――遼代地統治の研究』）を参照。

(15) 池内宏「遼の聖宗の女直討伐」（前掲『満鮮史研究』中世第一冊）、同「遼聖宗の高麗征伐」（同上）、同「鉄利考」（同上）、同「高麗成宗朝における女真および契丹との関係」（同上）、同前掲「余の遼聖宗征女直考と和田学士の定安国考について」、日野開三郎「兀惹部の発展」（前掲『日野開三郎東洋史学論集』一六）、同「統和初期における契丹聖宗の東方経略と九年の鴨緑江築城」（同上）、同前掲「定安国考」、金渭顕『契丹的東北政策――契丹与高麗女真関係之研究』（華世出版社、一九八一年）、前掲蓑島栄紀「渤海滅亡後の東北アジアの交流・交易」、前掲高井康典行「十世紀の東北アジアの地域秩序――渤海から遼へ」などを参照。

(16) 拙稿「遼朝の部族制度と奚六部の改組」（『史観』一三七、一九九七年）を参照。

(17) 王新迎「従遼聖宗前期捺鉢看南京城的職能及機能」（『首都師範大学学報（社会科学版）』二〇〇四年増刊号、二〇〇四年）、前掲武玉環「春捺鉢与遼朝政治――以長春州、魚児泊為視角的考察」などを参照。

(18) 『続資治通鑑長編』巻二七雍熙三年正月戊寅の条もほぼ同内容を伝えるが、賀令図等の上言の時期について漠然と「先是」として、時期を明確にしていない。

(19) これらの太平六年の遼の東北政策については前掲池内宏「遼代混同江考」を参照。

(20) 陶晋生『宋遼関係史研究』（中華書局、一九八三年）、洪性珉「遼宋増幣交渉から見た遼の内部情勢と対宋外交戦略――遼の漢人劉六符の役割を中心に」（『史学雑誌』一二六、二〇一七年）などを参照。

◎コラム◎

「刀伊襲来」事件と東アジア

蓑島栄紀

みのしま・ひでき——北海道大学アイヌ・先住民研究センター准教授。専門は日本・北東アジア古代史、アイヌ史。主な著書・論文に『古代国家と北方社会』（吉川弘文館、二〇〇一年）、『アイヌ史を問いなおす——生態・交流・文化継承』（勉誠出版、二〇一一年）、「古代北海道地域論」（『岩波講座日本歴史20 地域論』岩波書店、二〇一四年）、『「もの」と交易の古代北方史—奈良・平安日本と北海道・アイヌ』（勉誠出版、二〇一五年）、「七世紀の倭・日本における「粛慎」認識とその背景」（『古代国家と北方世界』同成社、二〇一七年）などがある。

　一〇一九年（寛仁三）三月二十七日、朝鮮半島方面から五十余艘の船団が対馬に現れ、各所に放火し、官吏や人民を殺害した。次いで壱岐が襲われ、壱岐守藤原理忠らの官吏や僧、人民の多くが殺害された。船団は四月七日になって筑前の沿岸部に襲来し、八日に博多湾の能古島に拠った。大宰権帥《だざいのごんのそち》藤原隆家らとの戦闘を経て海上に逃れた船団は、十三日には肥前松浦郡を荒らし、多数の人民を略取して去った。

　襲来した船団について、当初日本側は高麗のものではないかと疑ったが、捕虜となった高麗人の証言などから、その実態は高麗人のいう「刀伊《とい》」であることが判明した。「刀伊」は朝鮮語で夷狄を意味し、ここではロシア沿海地方や中国東北地方の女真（女直）を指す。この女真船団は、はじめ高麗の沿岸を襲い、さらに北部九州に至ったのである。

　寛仁三年四月十六日の「大宰府言上撃取刀伊国賊徒状解」（『朝野群載』巻二十・異国）の記すところでは、女真の船は長さ十二尋から八・九尋で、三十〜四十本の櫂を並べ、一船に五十〜六十人から二十〜三十人が乗っていた。当時の女真船に関する貴重な記述である。彼らは牛馬や犬を殺して食べ、老人や児童を殺害し、男女の壮者を略取して船に乗せ、さらにはおびただしい米穀を奪ったという。

　『小右記』寛仁三年六月二十九日条によると、対馬では三四六人が略取、一三四人が殺害され、銀山も焼かれた。壱岐では一二三九人が略取、国守を含む一四九人が殺害（壱岐で無事な者は三十五人にすぎなかった）。筑前では六九五人が略取、一八〇人が殺害。そのほか肥前の松浦郡も大きな被害を受けたが、脱文があり全貌は不明である。殺害された者より略取された者の数がずっと多く、また強壮の者が略取されている。さきの大宰府解では刀伊が児童を殺害したとあるが、『小右記』の記述では多数の「童」も略取されている。人物の略取は、労働力の確保や奴婢としての貿易が目的だったのであろう(池内　一九二〇)。

この女真船団は、帰路に待ち構えていた高麗水軍により壊滅し、のちに高麗は二五九人の日本人捕虜を送還した。一般に「刀伊の入寇」などと呼ばれるこの事件を、本稿では「刀伊襲来」事件と呼称する。

この事件に関しては、早くに池内宏による全般的な検討があり(池内　一九二〇・一九二六)、日本側の状況については、土田直鎮が、事件に際しての朝廷、北部九州の様子や対応を詳述している(土田　一九六五)。また対外関係史の視点では、森克己によって、日本と高麗との関係の画期としての意義が指摘されている。すなわち、高麗が建国以来、日本との通交を望んでいたのに対し、日本側は高麗に根強い猜疑心を抱いていた。しかし「刀伊襲来」の事後処理を契機として、日本と高麗との友好関係が進展していったというものである(森　一九六六)。ただし、これに関してはその後、この事件によっても日本の敵対的な異国観、高麗観は変化しなかったとの評価が与えられている(村井　一九九六)。また最近、この事件における高麗側の友好的な対日外交姿勢についても、あくまで当時、高麗が遼(契丹)の侵攻に直面していたことに起因するという見方がある(篠崎　二〇一四)。「刀伊襲来」事件の実像や背景は、こうした同時代の東アジア的な状況のなかで把握されなければならない。

「刀伊襲来」事件に際し、日本側が当初、高麗に対して疑念を持った背景には、九九七年(長徳三)における高麗牒状の文言への不審と、同年秋に発生した奄美島人による西海道諸国への襲来事件とがあった(森　一九六六)。奄美島人襲来事件の概要は、「奄美島の者」が筑前・筑後・薩摩・壱岐・対馬の諸国に乱入して殺人・放火をおこない、財物を奪い、三〇〇人に及ぶ人民を略取したというものである(『小右記』長徳三年十月一日条)。あわせて、これ以前に大隅で四〇〇人の人民が略取される事件のあったことも報告された。これを当初、朝廷は高麗による侵略と誤解し、その後も高麗兵船五〇〇艘が日本に向かっているという風説が飛ぶなど、日本側は高麗への猜疑を強く示している(なお池内宏は、この事件も実態は刀伊による海寇であったと推定したが(池内　一九二〇・一九二六)、それは誤りである)。

近年、この奄美島人襲来事件については、奄美の在地系住民だけが起こしたものではなく、その背後に東アジア的な海域世界の連帯があったとする意見がある。奄美近海は螺鈿《らでん》原料のヤコウガイの産地として知られ、その交易は七世紀やそれ以前にさかのぼる(高梨　二〇〇五)。また、この事件前後の時期には、奄美大島の東に位置する喜界島の城久《ぐすく》遺跡群が発展をみせており、そこでは九州の西彼杵半島などで産する滑石製の石鍋や、中国製の白磁、十一世紀に奄美群島の徳之島で生産が開始されるカムィヤキ窯製品などが大量に出土する。カムィヤキ窯製品の生産には高麗系技術の関与も指摘されている。すなわち当時の奄美地方では、日本・高麗・宋をまたぐ越境的な交易者が活動しており、広域的なネットワークにおける拠点のひとつとしての様相を呈した（田中　二〇一二）。こうした背景を踏まえれば、日本側が事件に際して高麗の関与を警戒したのは当然のことでもあった。

　このように、九九七年およびその前後の奄美島人襲来事件については、当時の東アジア的な交易世界の存在を前提に起きたものである可能性がきわめて高い。では、一〇一九年の「刀伊襲来」事件の背後には、どのような国際的な条件が横たわっていたのであろうか。

　この時期、女真は高麗の沿岸で活発な「海寇」をおこなっており、一〇一八年には日本海に浮かぶ于山国《うざんこく》（鬱陵島）を襲撃するなど、その活動を激化させていた（池内　一九二〇・一九二六）。一〇一九年の「刀伊襲来」事件は、その延長で起きたものと位置づけられる。そもそも女真は、その祖先集団とみなされる時代から、船で近隣の民族を襲うことがあった。すなわち、『三国志』魏書挹婁《ゆうろう》伝には、古代北東アジアの挹婁について、「其の国船に乗り寇盗するに便《なら》ひ、隣国之を患ふ」とあり、『同』東沃沮《ひがしよくそ》伝には、北沃沮が挹婁の襲来を恐れ、夏季には山の中に入って守備することが記されている。

　その後の北東アジアでは、挹婁や沃沮の後裔である「勿吉《もっきつ》」（南北朝期）、さらには「靺鞨《まっかつ》」（隋・唐代）の活動が盛んとなる。勿吉は東夷中で最強と称され、隣国から恐れられており、高句麗と戦い（『魏書』勿吉伝）、また夫余《ふよ》を滅ぼした（『魏書』高句麗伝）。隋代の靺鞨もしばしば高句麗や契丹に侵略した（『隋書』靺鞨伝）。その一方で、靺鞨の諸グループは、それぞれに精力的な対外交渉をおこない、高句麗・新羅や突厥、隋・唐とも通交した。七世紀末に渤海が成立すると、靺鞨は次第にその支配下に編成され、自由な行動を規制されるようになっていったが、九二六年の渤海滅亡前後から、靺鞨―女真による自律的な活動は再び活性化するようになる（李　一九九八）。

　このようにみると、渤海のくびきから逃れた靺鞨―女真が、自由な海賊的活動をおこなうのは自然な流れととらえられるかもしれない。『三国志』の挹婁に関する記述には、すでにのちの女真による「海寇」を彷彿とさせるものがある。しかし、「刀伊襲来」事件をこうした一面のみから説明するのは、あまりに本質主義的であり、歴史的な視点を欠いた理解となってしまう。この時期の女真には、北部九州にまで海賊的活動の手を広げるような、やむにやまれぬ、差し迫った事情があったとみるべきであろう。

　女真の高麗に対する「海寇」の史料

的な初見は、『高麗史』世家・穆宗八年（一〇〇五）に、咸鏡道南部の登州を襲撃したという記事であり、渤海の滅亡から約八〇年を経ている。これについて、顕宗二年（一〇一〇）の遼の侵攻による高麗側の史料・記録の焼失を想定し、実際にはこれ以前から、女真の海賊的活動はもっと頻繁であったとする意見もある（池内　一九二〇、三上　一九七三）。しかしながら、女真による「海寇」が事実としてこの時期に激化したという可能性は否定できない。

　私見では、十一世紀初頭における女真の海賊的活動の引き金となったのは、十世紀末の遼による鴨緑江流域に対する軍事行動である。十世紀の鴨緑江流域には、旧渤海の五京の一つ、西京鴨淥府を本拠地とする定安国《ていあんこく》が存在した。鴨淥府は渤海時代の「朝貢道」に位置し（河上　一九八九）、鴨緑江を下って黄海に出、山東半島の登州に到る交通ルートの拠点であった。鴨緑江ルートは、渤海滅亡後においても、女真の対中国交渉にとって最重要の幹線としての役割を担っていた。そのため十世紀代の女真は、鴨緑江流域を押さえた定安国と協調関係を結び、五代〜宋との盛んな通交と交易活動を実現していたのである（日野　一九五〇・一九五二）。

　ところが、遼の聖宗（在位九八二〜一〇三一）が即位してまもなく、遼は数次にわたる外征で定安国を攻撃し、九九一年には、鴨緑江流域に「威寇・振化・来遠」の「三城」を築いて「戍卒」を置いた（『遼史』統和九年二月甲子条）。これによって、女真による宋への朝貢ルートは閉ざされてしまう（日野　一九六二）。同年に宋に来朝した女真首領の羅野里鶏らは、遼が女真と宋の通交を怒り、「三柵」を築き、兵三〇〇〇を置いて朝貢路を絶ったため、「海に汎《うか》びて」（高麗経由であろう）入朝したと報告した。彼らは宋に出兵を乞い、共同して三柵を除くことを願ったが、宋は出兵しなかったので、「其の後遂に高麗に帰」したという（『宋会要輯稿』蛮夷三・女真・淳化二年条）。また『続資治通鑑長編』大中祥符八年（一〇一五）十一月癸酉条にも、高麗使とともに入宋した東女真首領の阿盧太（阿盧太）が、遼が鴨緑江沿岸に「浮橋」を作り「寨」を築いたので、これを破壊したいが兵力が足りないと訴えている。

　女真の海賊的活動は、まさにこの時期を境として顕在化していることに注目すべきであろう。女真は、挹婁・靺鞨などの祖先集団の時代以来、中国などとの長距離交易を生業のひとつとしていた。すでに『三国志』魏書挹婁伝には、「挹婁貂」という良質なテンの皮が中国にも知られた特産品であったことが記されている。このような女真社会にとって、宋との交易はきわめて重要であり、それを失うことは自己の存立の基盤にかかわる深刻な事態となった。つまり、一〇一九年の「刀伊襲来」事件とそれにつながる女真の一連の「海寇」は、遼の軍事行動によって宋との交易ルートが断たれた彼らの混乱・矛盾が、もっとも過激なかたちで表出したものであったといえよう（蓑島　一九九九）。

もちろん、女真のなかには高麗に平和的な接近をはかる者もいた。上述の羅野里鶏や阿盧太（阿虚太）、一〇一七年に宋と通交した女真首領梅詢（『宋会要』蛮夷三・女真・天禧元年十一月癸亥条）など、この時期の女真はほとんどの場合高麗使に同道して入宋している（日野　一九六四）。鴨緑江ルートを閉ざされた女真は、宋との接触のために、高麗を介したルートをとらざるをえなかった。また高麗王顕宗（在位一〇〇九～一〇三一）の時代、とくに顕宗九年（一〇一八）および二一年（一〇三〇）の前後には、女真から高麗へおびただしい軍馬・兵器が交易品としてもたらされている。その背景には、この時期にたびたび遼の侵攻を受けていた高麗と、交易を求める女真との利害の一致があった（三上　一九七三）。したがって、女真による高麗への海賊的活動は、高麗との関係が不調の場面や、高麗と円滑な関係を結べなかったグループにおいて、とくに顕著にみられたのであろう。

また、高井康典行は、十世紀末から十一世紀前半にかけて、数度にわたり遼による女真への直接的な軍事行動があったことを重視している。それが女真社会に大きな混乱を引き起こし、高麗への帰服や「海寇」につながったことも考えられる（高井　二〇〇四）。

こうした状況下に、高麗は女真への防備を固め、また積極的な攻勢に出ることもあったが、軍事的な対応だけでなく、女真との関係そのものを再構築する努力も払われた。十一世紀前半、高麗では八《はっ》関会《かんえ》という仏教を介した国家儀礼が整備され、女真首領、耽羅《たんら》人、宋商客などがこれに参加し、それを高麗は朝貢として認識した（『高麗史』礼志・仲冬八関会儀）（奥村　一九七九）。これは、女真にとって、高麗とのあいだで安定的な交易が保障されることを意味した。八関会の整備に代表される女真と高麗との新たな関係の樹立と並行するように、女真による高麗への「海寇」は鎮静化していく（蓑島　一九九九）。

その一方で、対中国交渉の幹線を断たれた女真は遼への従属を深めていった。先述の『宋会要』蛮夷三・女真・淳化二年条は、女真が「其の後遂に高麗に帰」したとするが、ここでの「高麗」を『続資治通鑑長編』では「契丹」としている（日野　一九六一）。また、『契丹国志』巻十には、女真が遼人の強く求める「海東《かいとう》青《せい》」（鷹狩に使う優れたタカ）を入手するため、その産地である北方の五国部と戦闘していたことが記される。五国部はアムール川中流域など考古学上のパクロフカ文化の地域に当たる可能性が高い。十一世紀には、遼の直接的な支配下になかった女真集団の多くも、遼の意向や要求に従わざるをえない状況に置かれていったのであろう（蓑島　二〇一二）。

以上のように、遼による鴨緑江遮断は、女真にとって、遼への従属を進め、同時に高麗やアムール地方との関係を強める要因となった蓋然性がある。中澤寛将は、ロシア沿海地方南部のニコラエフカ文化（金代以前の初期女真文化）において、格子目状叩き技法をもつ土器群が存在し、それがアムール川中流域や朝鮮半島北東部にも広がりをみせることを指摘している（中澤　二〇〇九）。このことは、上述のような女真による高麗や五国部との関係の深まりと対応する側面があるかもしれない。

なお最近、高井康典行は、靺鞨―女真のような北東アジア諸集団に対して、中国（や日本など）との交易の便宜と安全を保障することで支配・統合をはかる国家戦略を「渤海的秩序」と名づけている（高井　二〇一六）。高井は、遼は本来、渤海旧領の支配のため「渤海的秩序」を継承していたが、九五〇年代に中国（五代十国）との交渉が不調となった結果、女真の離反を招いたとする。先述した女真と定安国の協調関係も、これ以後に成立したものとみるのである。そして、宋と澶淵の盟（一〇〇四年）を結んだ遼は、もはや「渤海的秩序」を復活せず、女真らを「再征服」し、自己を中心とする新たな秩序のもとに従属させていったとする。興味深い見通しであるが、すでに紙数も超過しているので、これに関する検討は今後の課題としたい。

十世紀末から十一世紀初にかけて、九州の沿岸で起きた二つの「襲来」事件は、日本史において深く関わりあっている。しかし東アジア史的にみれば、二つの事件の背後には、それぞれ大きく異なる歴史状況が横たわっていた。「奄美島人襲来」事件は、奄美地方が東アジアの海域世界と密接不可分に結びついていたがゆえに起きた事件であるといえる。それに対して「刀伊襲来」事件は、刀伊＝女真が東アジアの海域世界から切断されるという苦境のなかで生じた事件だったのである。

引用・参考文献

池内宏「遼の聖宗の女直征伐」（『史学雑誌』二六―六、一九一六年。のち同『満鮮史研究　中世一』、岡書院、一九三三年に再録）
池内宏「高麗朝に於ける東女真の海寇」（『満鮮歴史地理研究報告』八、一九二〇年。のち同『満鮮史研究　中世二』吉川弘文館、一九三七年に再録）。
池内宏「刀伊の賊――日本海における海賊の横行」（『史林』一〇―四、一九二六年。のち同一九三三前掲書に再録）。
奥村周二「高麗における八関会秩序と国際環境」（『朝鮮史研究会論文集』一六、一九七九年）
河上洋「渤海の交通路と五京」（『史林』七二―六、一九八九年）
篠崎敦史「刀伊の襲来からみた日本と高麗の関係」（『日本歴史』七八九、二〇一四年）
高井康典行「一一世紀における女真の動向――東女真の入寇を中心として」（『アジア遊学』七〇、二〇〇四年。のち同二〇一六左掲書に再録）

高井康典行『渤海と藩鎮――遼代地方統治の研究』（汲古書院、二〇一六年）
高梨修『ヤコウガイの考古学』（同成社、二〇〇五年）
田中史生「七～一一世紀の奄美・沖縄諸島と国際交易」（『国際交易と古代日本』吉川弘文館、二〇一二年）
土田直鎮『王朝の貴族（日本の歴史5）』（中央公論社、一九六五年）
中澤寛将「渤海滅亡後の女真社会と地域間関係――「ニコラエフカ文化」の格子目状叩き土器をめぐって」（『中央史学』三二、二〇〇九年。のち同『北東アジア中世考古学の研究――靺鞨・渤海・女真』北海道出版企画センター、二〇一二年に再録）
日野開三郎「定安国考」（『東洋史学』一・二・三、一九五〇・一九五一年。のち同『東洋史学論集 一六 東北アジア民族史（下）』三一書房、一九九〇年に再録）
日野開三郎「統和初期における契丹聖宗の東方経略と九年の鴨淥江口築城」（『朝鮮学報』二一・二二合輯号、一九六一年。のち同一九九〇前掲書に再録）
日野開三郎「宋初女真の山東来航の大勢とその由来」（『朝鮮学報』三三、一九六四年。のち同一九九〇前掲書に再録）
三上次男「高麗顕宗朝における高麗・女真間の貿易」（『金史研究 三』中央公論美術出版、一九七三年）
蓑島栄紀「渤海滅亡後の北東アジアの交流・交易」（『アジア遊学』六、一九九九年。のち同『古代国家と北方社会』吉川弘文館、二〇〇一年に「渤海滅亡後の北東アジア諸民族と長距離交易」と改題・改稿して再録）
蓑島栄紀「十～十一世紀の北東アジア情勢と「北の中世」への胎動」（『北から生まれた中世日本』高志書院、二〇一二年）
村井章介「一〇一九年の女真海賊と高麗・日本」（『朝鮮文化研究』三、一九九六年）
森克己「日麗交渉と刀伊賊の来寇」（『朝鮮学報』三七・三八、一九六六年。のち新編森克己著作集編集委員会編『続日宋貿易の研究』勉誠出版、二〇〇九年に再録）
李成市「渤海の対日本外交への理路」（『古代東アジアの民族と国家』岩波書店、一九九八年）

女真と胡里改

——鉄加工技術に見る完顔部と非女真系集団との関係

井黒　忍

鍛鉄を業とする職能集団であった胡里改《フリカイ》は、敦化地方を拠点として、鉄製武具の製造および販売を半ば独占的に行っていた。渤海および契丹文化の周辺に起こった新興勢力の完顔部は、軍事行動や同族説話の宣伝といった方法により、渤海時代以来の高度な文化や技術を継承した胡里改や渤海などの非女真系集団を取り込み、その技術を吸収することによって成長を遂げたのである。

はじめに

生女真《せいじょしん》完顔《ワンヤン》部を中心とした金の建国と北東アジアの諸集団の統合は、十二世紀初頭の東部ユーラシアに遼、宋二大帝国の崩壊という激震をもたらすこととなる大事件であった。こうした一連の歴史事象に関して、これまで金の政治制度や対外関係、軍事戦略といった視点から研究が積み重ねられてきた。ただしその一方で、遼、宋両国の度重なる失策や軍事的弱体ぶりが特筆されることで、あたかも完顔部が北東アジアから中国北部にまで至る広大な領域を棚ぼた式に手中に収めたかのように理解されてきた感も拭えない。これは裏を返せば、完顔部の側から見た、つまりその内在的な成長の要因を明らかにするという試みが低調であったことを意味しよう。

では、完顔部勃興の内在的要因として、いかなる点を挙げることができるだろうか。河内良弘は金の国家形成の富源として、その第一を按出虎水《アルチュカ》（阿什河）の砂金に、第二を完顔部の根拠地である阿城の鉄に求める。(1) このうち、鉄に関して

いぐろ・しのぶ——大谷大学文学部准教授。専門は中国近世史・環境史。主な論文に「金初の外交史料に見るユーラシア東方の国際関係——『大金弔伐録』の検討を中心に」（荒川慎太郎・高井康典行・渡辺健哉編『遼金西夏史研究の現在』三、東京外国語大学アジア・アフリカ言語文化研究所、二〇一〇年）、『分水と支配——金・モンゴル時代華北の水利と農業』（早稲田大学出版部、二〇一三年）、「受書礼に見る十二～十三世紀ユーラシア東方の国際秩序」（平田茂樹・遠藤隆俊編『外交史料から十～十四世紀を探る』汲古書院、二〇一三年）などがある。

注目すべきは、『金史』巻一・世紀の記事である。これによれば、生女真にはもともと鉄がなかったが、太祖阿骨打《アグダ》の祖父である景祖烏古廼《ウグナイ》が完顔部を率いていた頃、甲冑を売りに来た「隣国」の者から大枚をはたいてこれを購入するとともに、族人たちにも購わせた。こうして鉄を手に入れると、弓矢を作製し武具を整備して兵力を強めていったため、この前後から生女真に帰属したいと願う者が多くなってきたというのである。つまり、生女真の一集団に過ぎなかった按出虎水完顔部が強大化した契機は、他集団からの鉄製品の購入と鉄資源の確保にあったというのが、金の公式見解であったのである。

近年、白石典之は考古学と文献学の両面から、鉄資源の入手と鉄器生産システムの確立がチンギスの高原統一とモンゴル帝国の成立を導いた要因の一つであったことを解明した(2)。完顔部勃興と鉄との関係性についても、すでに戦前に小川裕人と日野開三郎によって検討がなされ、完顔部が鉄製品を購入した隣国を胡里改《フリカイ》に当て、その根拠地を敦化地方に求めるとともに、そこに渤海以来の製鉄に関する伝統の継承を見出すといった卓見が示された(3)。ただし、両氏の研究においては、胡里改に対する理解が不十分であった。直截に言えば、胡里改が女真とは異なる集団(以下、非女真系集団と呼ぶ)であることに意を注がなかったため、女真完顔部が女真に非ざる胡里改から鉄製品を購入し強大化したという事実が持つ本質的な意義を理解するに至らなかったのである。

そこで以下、小川・日野両氏の成果を参考にしつつ、胡里改の語義や住地の分析、生産技術との関係を明らかにし、集団としての胡里改の分析を試みる。あわせて近年の北東アジア考古学の豊かな成果を参照しながら、鉄資源とその加工技術に着目し、完顔部による北東アジア諸集団の統合のプロセスを明らかにする。これは十世紀から十七世紀に至るまで、北東アジアの歴史にその名を刻み続けた女真とはいかなる集団であったのかという根本的な問いに繋がる作業である。茫洋として捉えどころのない女真という集団を女真に非ざる者たちの動きから逆照射し、その姿を浮かび上がらせてみたい。

一、胡里改をめぐる諸問題

(1) 胡里改の語義

まずは胡里改の語義について考えてみよう。三田村泰助によれば、胡里改とは胡里huri《ママ》と改kaiとの合成語で、胡里については、『女真館雑字』宮室門に「忽里は閣」とあり、満洲語kurenに館や城の義があることから、これを城郭の意に解する。また、改kaiに関しては、ツングース語族のゴルド

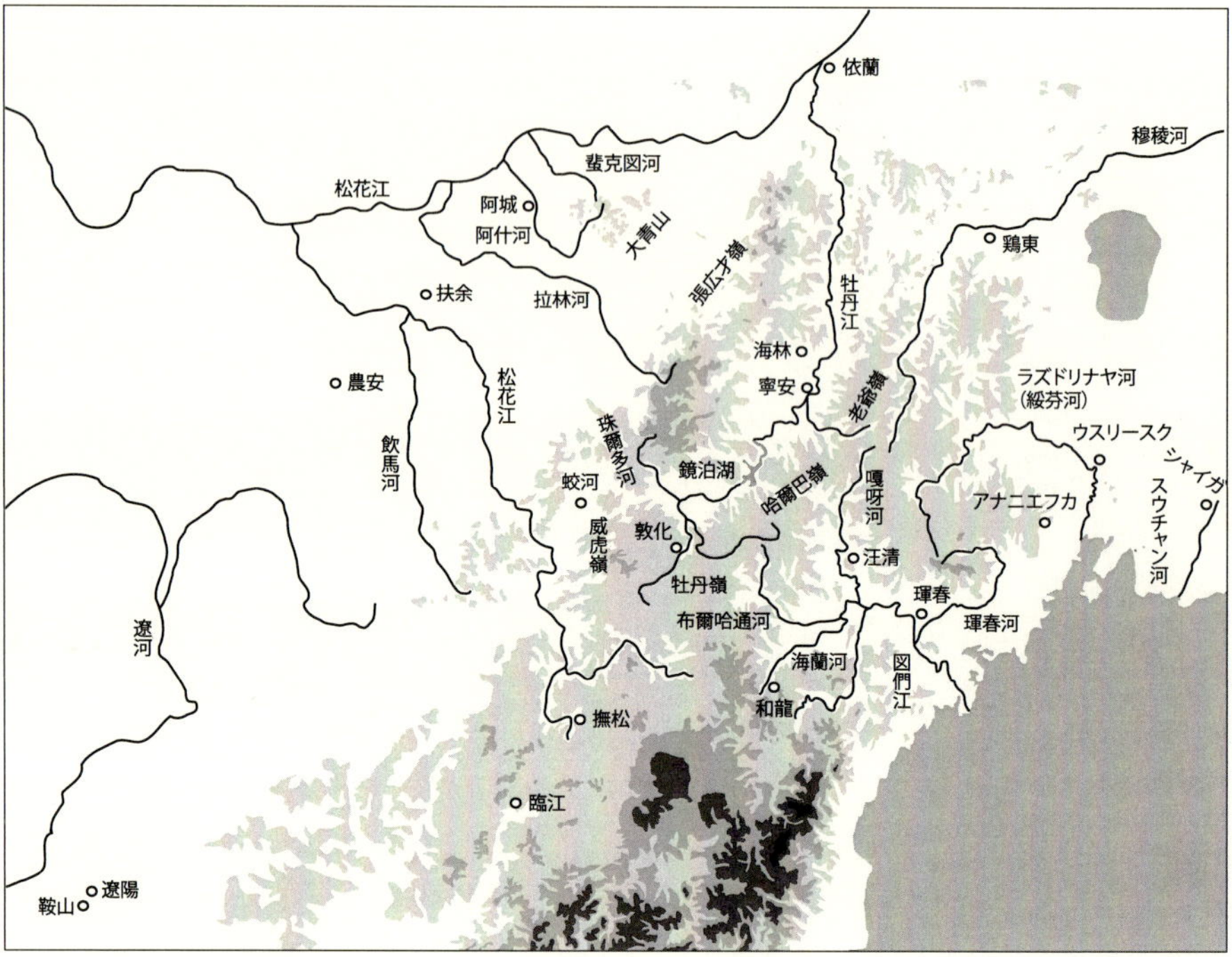

図1　北東アジア関連地図

語に人を意味するkai、ヘヂ語にhaiがあることから、人ないし部、国の義であろうとして、胡里改を城郭の民と解するのである。(4) 筆者も胡里改を胡里と改の合成語とする見解には従うが、胡里と改、それぞれの語義の解釈については疑問が残る。

まず、改に関しては、三田村に先立ち、和田清も『金史』の兀的改（烏底改）の語を解して、ツングース語にて森を表すwejiと人を表すkaiの合成語とする。(5) ただし、管見の限りでは、ゴルド語（ナナイ語）やヘヂ語（ヘジェ語）を始めとして、その他のツングース諸語にもkaiやhaiに相当する語彙を見出すことができず、これを人の意に解する根拠を確認することができない。

そこで、この語の解釈に関して参考となるのが、忽土皚の語である。阿骨打が遼に対して挙兵した後、必勝の誓いを発した得勝陀の地は女真語で忽土皚葛蛮と呼ばれることとなる。この地に建てられた「大金得勝陀頌碑」を解読した田村實造は、忽土皚を福を意味するトルコ語起源のqutに虎・滸・胡・火・古・喀などで表記される指小辞ko / ka / ga / goがついた形と解した。さらに、i音を満洲語ではすでに失われた古形が女真語に保存されたものと解し、忽土皚を「福ある」、「福を得たる」という意味でとらえたのである。[6]これを援用すれば、胡里改は「胡里ある」もしくは「胡里を得たる」の意味となる。

次に胡里の語義である。上述のように三田村はこれを城と解したが、実は『女真館雑字』の地理門には、満州語で城を表すhecenに対応する「黒車你hečeni」の語がある。また、満洲語には他にも城を意味する語として、モンゴル語に由来するhotonがあり、それぞれ「黒車安」、「和団」として金代女真語にも在証されている。[7]このように城を意味する女真語が存在するにも関わらず、あえて閣を意味する忽里をもって城郭と解することには疑念を抱かざるをえない。さらに、忽里を城と解する説から派生して、城郭が多く集まる牡丹江と松花江の合流地点である遼の五国城に胡里改の地を比定することにも同意できない。

(2) 姑里甸の位置

この問題を考える上で鍵となるのが、胡里の同音異字の姑里と漢語で平野や草地を意味する甸とを組み合わせた姑里甸の語である。『金史』世紀によれば、遼から惕隠の官位を得て、諸部族に対する制圧の手を広げた昭祖石魯《シル》(景祖の父)は、張広才嶺や長白山脈を越えて日本海沿岸部のラズドリナヤ河(綏芬河)やスウチャン河(パルチザンスク河)流域にまで軍を進め、この地方の諸集団を味方につけることに成功する。しかし、その帰路において病を得た上に賊に襲撃されるという苦難を味わい、ついに道中に命を落とすこととなる因縁の地こそが姑里甸であった。

その具体的な位置に関しては、『金史』巻六七・烏春伝に「徳隣石の北、姑里甸の民」の語が見える。すでに松井等が考証するように、徳隣石(徳林石)とは、鏡泊湖の北、渤海の上京龍泉府の西南に広がる玄武岩の台地を指す。[8]長白山の噴火により形成された地形であり、周囲は一〇〇キロにも達し、大小の穴に水が溜まって池のようであったとして石頭甸子とも称された。その特異な形状から、多くの史書に記録され、その位置が完全に特定できる数少ないランドマークである。したがって、徳隣石の北の平野とは寧安盆地を意味することとなる。

ここが姑里の甸、すなわち閣(たかどの)の野と称された理由は、かつて壮麗な宮殿群が立ち並んだ渤海の上京龍泉府の遺址とその伝承が存在したからであろう。清代初期に寧古塔《ニングタ》の地に流された張賁も楼台や宮闕の様を呈する雲気が遺跡の上空にたなびくのを遠望し、門址や城壁が残るこの地を現地の人びとは東京と呼んだと記録する。[9]これを踏まえれば、胡里改とは「閣(たかどの)のある」、もしくは「閣(たかどの)を持つ」という意味となり、これは宮殿の民とでも言うべき人びとを指すと考えられるのである。

臼杵勲は、同じく牡丹江流域に位置する黒龍江省海林市振興村の集落遺址から出土した土器の特徴から、渤海滅亡後にもその伝統を引く集団の居住が継続していたことを指摘する。(10)こうした渤海の政治・文化の中心地であった牡丹江流域における渤海文化の継承者こそが、宮殿の民ともいうべき胡里改であったのである。なお、『女真館雑字』宮室門には、宮殿の宮や殿を表す女真語も収録されるが、それぞれの音は「宮」、「殿」とあって、漢語のままである。宮殿を指す語として閣huliが用いられた理由も、女真語の語彙に宮や殿に相当する語が存在しなかったからではないかとも考えられる。

(3) 非女真系集団としての胡里改

唐にならった都城制や律令制を導入するなど、高い水準を誇った渤海文化を継承する者としての胡里改の優越感は、彼ら自身の言説にも現れる。『金史』烏春伝によれば、跋黒ら完顔部内における反世祖勢力と結んで敵対姿勢をあらわにした烏春《ウチュン》に対して、世祖劾里鉢《ハリボ》(阿骨打の父)は意を曲げて婚姻を申し出る。しかし烏春は全く取り合わないどころか、「犬や豚の子と一緒でどうして我が子が育とうか。胡里改と女真が身内になどなれるはずもない」と一笑に付したというのである。胡里改は女真とは異質な集団であり、しかも世祖ら女真完顔部を見下す存在であったこととなる。

胡里改以外にも、五国や鉄利、兀惹など、文化的に女真とは異質な集団が渤海滅亡後の北東アジアに広く存在していたことは、すでに多くの研究者が指摘するところである。この内、兀惹がその高い文化的素養をもって知られるように、彼らは決して立ち後れた存在ではなかった。むしろ、牡丹江・図們江流域を中枢として形成された渤海の影響を受けて、より早くに文化的水準を高めたのは彼ら非女真系集団であった。他方、松花江・アムール川流域に展開した生女真とそのルーツたる黒水靺鞨は、渤海や契丹から見て文化的にはその辺縁に位置する存在であった。北東アジアにおける契丹の勢力伸長に伴い、その東辺に位置することとなった按出虎水完顔部は、遼の軍事力と政治的権威を後ろ盾として次第にその勢力を強めていくが、その過程においては文化的優位性を有する非女真系集団の取り込みが不可欠であった。

その一例を遼東の渤海人に対する女真完顔部の対応に見ることができる。金建国の二ヶ月前、一一一四年十月に遼の東辺の橋頭堡ともいうべき寧江州(吉林省扶余市伯都訥古城)を攻略した後、阿骨打は遼軍中の渤海人を説得させようと同じ渤海人の梁福と斡答剌を派遣する。その時に彼らに述べさせた言葉として知られるのが「女真と渤海とはもともと一家を同じくする」の語であった。両者の関係が北魏時代の勿吉七部に遡り、女真は黒水部、渤海は粟末部の後裔であって同族関係にあるとして、女真完顔部への帰属を求めたのである。また、これと同時に完顔婁室に同地域の熟女真に対する招諭が命じられていることも見逃せない。

こうした同族説話による遼東の渤海人の取り込みは、これに巻き込まれまいとする渤海人高永昌の遼陽における自立と完顔部への敵対という状況を生み出すこととなる。一方、高永昌に招かれたものの、そこに勝機を見いだせなかったのが遼東半島にあった曷蘇館《ハスカン》女真であった。彼らは自身のルーツを女真完顔部の始祖函普《ハンプ》の兄阿古廼《アグナイ》であるとする同祖説話を持ち出し、同族であるとする渤海人よりもさらに密邇する関係性をもって完顔部への来帰を求めるに至ったのである。

渤海など非女真系集団や文化的先進地である遼東の女真集団、渤海時代に早くから開発が進んだ日本海沿岸部の女真集団(11)らの吸収・統合に際して、双方から同族・同祖説話の流布や宣伝という方法が用いられたのである。その背景には、血縁的紐帯をそれぞれの集団の内外にむけてアピールすることで、伝統や歴史性の希薄な生女真完顔部に帰属するという行為に対して生じるであろう心理的葛藤と物理的対立をやわらげ、これを正当化するという意図が存在したと考えられる。

二、鉄をめぐる胡里改と女真

(1) 胡里改の鉄加工技術

非女真系集団としての胡里改の特徴はその技術力、特に鉄の鍛冶技術にあった。『金史』烏春伝によれば、阿跋斯水の温都部の人である烏春は鉄の鍛造をなりわいとしていたが、飢饉に際して完顔部に身を寄せることを余儀なくされる。その後、完顔部においても引き続き鍛造を行い、景祖から温都部を率いる部長としての認可を得て、故郷への帰還を果たした。すでに小川や日野が指摘したように、景祖時代の鉄製品の購入と鉄資源の確保という出来事が、この「隣国」温都部の帰属によるものであったことは疑いない。加えて重要なのが、景祖が烏春の帰還に際して彼の族人で甥であった盆徳を派遣して送り返させたという事実である。これはすでに盆徳に代表される胡里改の一部が完顔部の側に帰属していたことを意味する。

景祖の死後、完顔部と烏春との友好関係はもろくも崩れ去る。世祖が甲冑九十領を携え完顔部を訪れた加古部の鍛工の烏不屯からこれを購入すると、これを聞いた烏春は「甲冑はすべて我がものである。来流水以南、匹古敦水以北は、すべて我が土地である。どうしてみだりに我が甲冑を奪っておきながら、速やかにこれを返そうとしないのか」と世祖を責めたてた。来流水とは拉林河、匹古敦水とは蜚克図河を指し、阿城を挟んで南北を流れる河川である。完顔部の勢力を阿什河流域のみに押し込めるのみならず、甲冑に至っては全てが自らのものであるとまで大言したのである。結果は強圧的な姿勢に押された世祖がやむなく甲冑を烏春に与えることとなる。当時の両者の力の差は明らかであり、烏春の力の源泉は、鍛造を業とする工人集団を擁し、鉄製武具の製造と販売とを半ば独占的に行っていたことに求められるのである。

そもそも烏春の名自体が、鉄加工技術との密接な関係性を裏付けるものであった。孫伯君によれば、烏春とは女真語の兀称困 ukčin、満州語の ukšin に当たり、その意味は「甲」であるという。(12) つまり、甲冑という名を持つ人物に率いられた鍛造技術を持つ工人集団が景祖時代の完顔部の勃興を支え、世祖の代にはこれに対峙したことになる。完顔部にとって鉄製武具の確保し、勢力の伸張を図るためには、是が非でも胡里改の取り込みが求められたであろう。

また、直接的な言及はないものの、やはり鍛工と称された烏不屯の属する加古部も胡里改に属する一集団であった可能性が高い。『元史』巻一七四・夾谷之奇伝によれば、その先祖は女真加古部の出身で、後に音の変化によって夾谷姓を名乗ることになったという。すでにモンゴル時代には女真とみなされていた加古部であるが、夾谷姓との関係は明らかであり、この夾谷姓を有する人物に金の世宗と章宗の時代に活躍した「胡里改人」の夾谷清臣がいる。鍛鉄はひとり温都部のみならず、加古部の特技でもあったのであり、これは集団としての胡里改が、鉄加工技術に秀でた職能集団であったことを意味する。

(2) 胡里改の住地

ともに胡里改に属した温都部と加古部はその住地も近接していた。完顔部内の反対勢力である桓赧・散達兄弟と結んで南北から完顔部を挟撃せんとした烏春を阿城の南の蘇素海甸に撃破した世祖は、その息の根を絶つべく自ら軍を率いて馬紀嶺を越え窩謀海村に至る。ここで胡論加古部の勝昆勃董は蟬春水烏延部の富者郭赧とともに自らの住地が烏春の住地に近いので、一軍を分けて彼らの住地を経由して烏春を攻めるよう提言したのである。

先の夾谷之奇の祖先の原住の地としても見える馬紀嶺とは、寧安盆地の東南にそびえ、図們江・牡丹江・穆稜河の三河の分水嶺にあたる老爺嶺に当たる。また、蟬春水は図們江の支流の嘎呀河を指し、胡論は胡論嶺、すなわち敦化高原の東にそびえ、牡丹江と布爾哈通河の分水嶺である哈爾巴嶺に比定されることから、敦化高原の東部、牡丹江流域と図們江流域を分かつ地域に加古部が展開していたこととなる。

また、ここに近接するという烏春ら温都部の根拠地である阿跋斯水（阿不辛河、阿不塞水）は、敦化盆地において北から牡丹江に流れ込む珠爾多河の支流の額穆索河に比定される。そこからは西に向かって威虎嶺を越え、蛟河の小盆地を経て松嫩平原に出ることができ、牡丹江の流れに沿って北東に進めば寧安盆地を経て、アムール流域に達する。さらに、東の哈爾巴嶺、南の牡丹嶺を越えれば図們江支流の嘎呀河や布爾哈通河の流域に至るといった、まさに四通八達の交通の要衝であり、渤海が建国された「旧国」の地であった。この敦化盆地には、牡丹江の北岸に位置する敖東城や南岸に位置する永勝遺址など、金代の遺跡が点在する。これらの遺跡と温都部との直接的な関連性は見いだせてはいないが、盆地を含む敦化高原一帯が温都部の活動の中心地域であり、胡里改全体としては、寧安盆地をも含む牡丹江上・中流域にその集団が展開したと考えられよう。

完顔部による北東アジア統合の過程における敦化の地政学的重要性を物語るエピソードがある。世祖の右腕とも言うべき歓都は、別軍を率いる都統に任じられ、敦化の西辺を画する威虎嶺西麓の斜堆において烏春と窩謀罕を打ち破り、寧安盆地を経て南下してきた世祖の軍と阿不塞水において合流した。ここにおいて、完顔部は幾度となく辛酸をなめさせられてきた宿敵の烏春を破り、その根拠地である敦化を勢力下に納めることにようやく成功したのである。この時、勝利の記念と完顔部の強勢を示すため、阿不塞水において張公才嶺以東の諸集団が一同に会する一大セレモニーが開催され、日本海沿岸部のスウチャン河流域からは同祖集団とされた耶懶《ヤラン》完顔部の石土門らも駆けつけたのである。

（3）鉄関連の遺跡

鉄資源との関連性からも見ても敦化高原は興味深い位置にある。『新唐書』巻二一九・北狄伝に渤海の名産の一つとして挙げられるのが「位城の鉄」である。中京顕徳府の管下の鉄州位城県の場所は特定されてはいないが、顕徳府が吉林省和龍県の西古城に比定されることから、渤海時代の遺跡が集中する海蘭河流域の頭城盆地周辺に位城県が置かれたと考えられる。この地は図們江の支流である布爾哈通河の河谷を介して敦化高原に通じる。図們江中流域と牡丹江上流域は渤海揺籃の地でありその根幹とも言うべき土地であった。

小嶋芳孝のまとめによれば、渤海時代の鉄生産関係の遺跡として、寧安盆地の上京城址と琿春《フンチュン》市の温特赫部城の鋳造遺跡のほか、撫松県新安の製鉄遺跡と鍛冶遺跡、臨江市の二道河子墓群の製鉄遺跡、和龍市の西古城と福溝口の製鉄遺址、恵章の鍛冶遺跡、汪清県高城遺跡の鍛冶遺跡が確認されており、[13]長白山中に遺跡が分布していることが分かる。さらに、近年、敦化市西北の黄泥河鎮において吉林省最大の埋蔵量を有する塔東鉄鉱が発見されている。敦化の後背地ともいうべき長白山の鉄資源および木材資源こそが胡里改の富源であり、彼らは渤海以来の鉄加工技術を継承した工人集団を擁して、完顔部をもしのぐ強勢を誇ったのである。

村上恭通によれば、シャイガ城をはじめとする鉄生産遺構を持つ沿海地方の城址は、付近に鉄鉱石の産地を擁し、鍛造鉄器の製造までの工程が城内で完結していた。これに対して、黒龍江省阿城の製鉄址に見える鉄生産のあり方は、鉱山の近くでは製鉄のみを行い、それを各集落へ供給して鉄器を生産するという工程分化が見られ、流通網も整備されるなど、政治的なコントロールのもとに成立していたという。[14]

十九世紀末から四十年の歳月を北東アジアの探検と地質調査に費やしたエドワード・フォン・アーネルトも阿城の東南三五キロメートルに位置する小嶺地区に六〇パーセントの鉄含有を見込み、埋蔵量一〇〇トンと推定される極めて大きな鉄鉱山が存在することを指摘した。さらに鉱山の周囲に溶鉱炉の遺跡や精錬所の址を認め、ここが金代初期の主要な鉄の産出地であったと推測している。[15]その後、一九六〇年代初めの発掘調査によって、小嶺地区には最も代表的な五道嶺の鉄鉱・冶鉄遺址の他にも五十箇所以上の冶鉄遺址や坑道址が存在し、これらが金代の遺跡であることが明らかとなった。[16]

（4）完顔部と鉄資源

文献的には『三朝北盟会編』巻一八の『神麓記』に、献祖綏可（景祖の祖父）の時代に「炭を焼いて鉄を煉る」ことを人びとに教えたとあり、これに従えば按出虎水流域に拠点を定めた献祖の時代に、すでに精錬の技術を完顔部が有していたこととなる。しかしながら、これを傍証する資料を見つけることはできず、信ぴょう性は乏しい。そこで、冒頭に挙げた景祖時代の鄰国からの鉄製品購入に関する事績と考古学の成果を踏まえて完顔部と鉄との関係性を考えると、烏春や烏不屯ら胡里改から甲冑を購入していた完顔部は、盆徳ら胡里改の技術者を取り込むことで技術を習得し、購入した甲冑など鉄製品を再利用して弓矢など武具を製造する段階に至る。その後、阿城小嶺の鉄鉱山の開発・利用を推進して、活発な鉄生産を行うようになるという流れを想定することができよう。

さらにその後の対遼戦争の中で、金はより豊富な鉄資源を手に入れることとなる。遼は渤海を滅ぼした後、その民を集団ごと遷徙し、新たな居住地において製鉄に従事させていた。東京道に属する広州や同州東平県など、鉄鉱山が集中する遼河流域では鉄の供出が命じられており、現在でも中国有数の鉄生産地である鞍山（手山）も遼代に開発が進められたとされる。(17) こうして渤海人によって推し進められた北東アジア最大級の遼東の鉄資源の利用と開発は、女真完顔部による渤海人の取り込みによって金に継承されたのである。

烏春らが鍛造し販売した甲冑としては、小札甲冑を想定するができる。出土資料を集成し、形状分析を行った服部敬史によれば、渤海から遼、女真時代にかけての東北アジアでは、綴甲から縅甲への変化が起こり、さらに二列穿孔短冊形の「北方系小札」も出現したという。(18) ロシア沿海州の金・東夏時代の遺跡であるアナニエフカ城址では一つの工房址から十二基の鍛冶炉が検出されており、(19) シャイガ城址の工房からは、鎧の鉄板等の半製品の出土例も報告されている。(20)

鉄製甲冑を身につけた兵士は甲士と呼ばれ、とりわけ金建国以前の段階においてはその希少性ゆえに極めて重要な戦力とみなされた。こうした重装兵をいち早く整備したのも、鍛造を業とした烏春ら温敦部であった。松花江の北から反完顔部の旗を揚げた臘醅と弟の麻散から救援を求められると、烏春は彼らを助けるべく胡里甸の兵一一七名を遣わしている。臘醅を破った世祖はこの姑里甸の兵一一七人すべてを手中に収め、さらに彼らの部隊長であった斡善と斡脱の両名を遣わして姑里甸の人びとを帰順させたのであった。胡里甸の甲士がどの集団にとっても珍重される存在であったことを物語るエピソードである。

また、世祖の弟の穆宗盈歌《インガ》が図們江と琿春河の合流地点に拠った烏古論部の留可を攻めた際には、阿骨打に穆宗より甲士七十名が与えられた。阿骨打はこのうちの四十名を別軍の謾都訶へと送り、自らは残る三十名を率いて撤改の軍に合流したという。『金史』世紀によれば、穆宗時代の甲兵は一〇〇〇人に満たないという段階にあり、わずか数十名の甲士が特筆すべき戦力とされたのである。南宋の使者として金を訪れ、十数年にわたり抑留された洪皓が記した『松漠紀聞』によれば、女真にはもともと武器はあったが甲冑はなく、遼の皇族の一人が女真へと亡命したことによって五〇〇領もの甲冑を得て、これにより東部辺境の要衝たる寧江州を打ち破るという戦功を得るに至ったという。さらにこの後、硬軍や鉄浮図などと称された、人馬ともに鉄製武具で覆われた重装騎兵（鉄騎）軍団を備えた金軍は、遼、宋を数年の間に滅ぼし、北東アジアから華北に至る広大な領域を手にすることとなるのである。

三、胡里改から女真へ

(1) 胡里改の移住

金の建国後に胡里改の名は、行政区画である胡里改路の名で現れる。胡里改路は、蒲与路や合懶路、恤品路、曷蘇館《ハスカン》路とともに、大区画である上京路の下位に属する中区画ではあるが、牡丹江流域から松花江流域、さらにアムール川下流域にまで至る広大な領域を有した(21)。その路治は、牡丹江が松花江に流れ込む、現在の黒龍江省依蘭に置かれた。ここは北宋滅亡の後に徽宗と欽宗の両帝が宗室や后妃らとともに流され死亡した鶻里改《フリカイ》路であり、金の建国以前に剖阿里、盆奴里、奥里米、越里篤、越里吉ら五国部の拠点であった五国城の地に相当する。

『金史』巻九四・夾谷清臣伝によれば、胡里改路の気風を尋ねる章宗の下問に対して、胡里改の人である夾谷清臣は「昔に比べれば少しは礼儀をわきまえるようにはなりましたが、その勇敢さや力強さの点では昔に及びません」と答えており、この時点において胡里改が胡里改路に居住していたことは明らかである。ただし、問題となるのは、同じ牡丹江流域とは言え、金建国以前に温都部や加古部ら胡里改が拠った敦化高原一帯からはるかに離れた五国城に胡里改路が設定され、ここに胡里改が居住していた理由である。

これには烏春敗退以降の胡里改の集団移住が関係する。『金史』巻八・世宗本紀によれば、世宗は「速頻と胡里改の人々はみな勇敢で、かつて世祖の時代には大いに苦しめられたものだ。なんとか平定したものの、その後も叛服常なく、穆宗と康宗の代になってようやく完全に帰順した。先ごろもその一部を移住させたが、朕はさらにこれらの人々を上京に遷して国家長久の計としたい」と述べている。この前年の一一八五年にも速頻（ロシア沿海州ウスリースク）と胡里改の両路から三十謀克を選び、これを三猛安に再編して上京会寧府の北方、松花江を越えた率督畔窟の地に遷したばかりであった。

(2) 移住の目的と結果

こうした状況は世宗時代以前にも存在していた。温都部の移住先に関して、『金史』烏春伝には、烏春の子孫である温敦蒲剌の時代に長白山の阿不辛河から隆州の移里閔河に遷ったとある。隆州は現在の吉林省農安に当たり、遼代には黄龍府の名で呼ばれた地であり、移里閔河は松花江の支流である飲馬河に比定される。一一二五年に宋から金への使節として上京に赴いた許亢宗《きょうこうそう》が記録した『宣和乙巳奉使金国行程録』によれば、遼の時代に黄龍府は契丹東寨と称される東部辺境の要衝であり、この地には各地の戦争で捕虜となった「異国人」らが遷されてきていた。さらに、その周囲には北に鉄离や吐谷渾、東南に高麗や靺鞨《まっかつ》、東に女真や室韋《しつい》、東北に烏舎、西北に契丹・回紇《ウイグル》・党項《タングート》、西南には奚が居住する、多集団の雑居状態に置かれており、互いに漢語によって意志の疏通を行っていたという。

隆州の地の持つこうした歴史を踏まえれば、この多集団雑居の地に温都部が遷されたのには、渤海以来の伝統が息づく敦化の地から彼らを引き離すことで将来の脅威を取り除くとともに、移住先での集団間での連携を防ぐといった目的があったと考えられる。さらに、このように考えれば、同じく非女真集団の五国部の拠点であった五国城への遷徒の理由も明らかであろう。つまり、建国期には、非女真集団を原住地から離し、他の非女真集団らの土地に遷して雑居させることが図られたのである。これが建国から七十年を経た世宗時代になると、その勇武が評価され、国家根本の地である上京を含む北辺防衛のために胡里改が遷徒されることとなるのである。

図2　胡里改路之印（王錦厚・郭守信主編『遼海印信図録』遼海出版社、2000年、247頁より）

当時の胡里改路に含まれる黒龍江省鶏東県において、「貞祐五年（一二一七）二月」、「行六部造」の背款を持つ、六・七センチ四方の銅印「胡里改路之印」（図2）が発見されている。(22) この官印が製造された当時、中都を放棄して開封へと南遷した金にもはや北東アジアを抑える力はなく、一二一五年に天王を称して自立した蒲鮮万奴が国号を大真、年号を天泰と定め、遼東における女真人勢力を糾合して、耶律留哥および金、モンゴルとの熾烈な戦闘を繰り広げていた。

一方、「胡里改路之印」に金の宣宗の年号である貞祐が用いられていることは、この段階では胡里改路は金の側に留まっていたことを示しており、これは一二一七年四月に蒲察五斤を首班とする上京行省が設置されていることによっても裏付けられる。ただし、上京行省の名も一二一八年までしか確認できない。さらに依蘭県の旧城にて「天泰四年（一二一八）六月造」の背款を持つ「監造提控所印」が発見されていることから、[23]「胡里改路之印」が製造された翌年には胡里改路は蒲察万奴の勢力下に入っていたと考えられる。とは言え、金建国以前には、自他ともに女真とは異なる集団であるとされた胡里改が、金の最末期には完顔部発祥の地である上京一帯にあって、すでに傾きかけた大廈を支えるべき存在と化していたことは興味深い。

(3)「新」女真の誕生

ただし、女真と胡里改の区別は、烏春の死や胡里改の完顔部への帰属によって解消されていた訳ではなかった。『金史』夾谷清臣伝によれば、章宗の即位後、その娘が昭儀に取り立てられ後宮に迎えられたことにより、父である夾谷清臣には本朝人と同じ扱いを受けるという殊遇が与えられた。この出来事は『金史』巻一二〇・世戚伝の序では、夾谷清臣の「族」を国人と同じくするという恩恵を賜ったとも記され、本人のみならず、その族、すなわち族人である胡里改を国人と同じ扱いとするという恩典が与えられたこととなる。ここでの本朝人と国人がともに女真人を指すことは間違いない。金の建国から七十年以上の月日を経て、ようやく女真と胡里改の融合、より正確には胡里改の女真への同化がなったのである。これは世宗時代における胡里改の遷徙の目的の変化とも合致する動きであるとともに、金代を通じて非女真系集団が女真と変容していく過程を示した具体例であり、新たなる女真概念の誕生を示す事例ともみなしうる。

こうして生まれた「新」女真とも言うべき胡里改は、金の滅亡後にもその故地において存在感を示し続ける。モンゴル時代には松花江流域からアムール中下流域に桃温、胡里改、斡朶憐、脱斡憐、孛苦江の五つの軍民万戸府が設けられ、このうち胡里改、斡朶憐《オドリ》、桃温の三万戸府は後にイラン＝トゥメン（三万戸）と呼ばれた。[24]十四世紀末には斡朶憐と胡里改は松花江中流域を離れ、松花江上流域や図們江流域へと移動したが、この動きはツングース系諸集団に広く見られる北から南への移動という大傾向に沿うものであるとともに、金建国以前における彼ら胡里改の故地への回帰であったともみなし得る。

さらにこのイラン＝トゥメンから、胡里改万戸のアハチュを始祖とする建州衛、斡朶憐万戸の童モンケテムルの建州左衛とファンチャの建州右衛からなる建州三衛が成立する。このうち、建州衛の首長は金の宗室の出を名乗り、建州左衛の斡朶憐は「大金の支裔」であるという伝承が存在したという。[25]しかも、モンケテムルの漢姓である童は、『龍飛御天歌』の夾温に当たり、これは金代の夾谷姓（漢姓は仝で、童や佟に通じる）に由来するとともに、ギョロ姓に繋がるというのである。[26] この後、十六世紀後半には建州三衛の後身のマンジュ五部が形成され、その中から現れたヌルハチが全女真の統一と後金国の建国を成し遂げる。女真に非ざる者たちは、金代を経て女真へと同化し、ついにはその正統と位置づけられ、金と後金、女真とマンジュを繋ぐに至ったのである。

注

(1) 河内良弘「中国東北地方の歴史と文化――契丹・女真」(三上次男・神田信夫編『東北アジアの民族と歴史』山川出版社、一九八九年)二三〇―二三一頁。
(2) 白石典之『モンゴル帝国誕生――チンギス・カンの都を掘る』(講談社、二〇一七年)。
(3) 小川裕人「生女真勃興過程に関する一考察」(田村實造編『満蒙史論叢』一、日満文化協会、一九三八年)。日野開三郎「渤海・金の建国と敦化地方の産鉄」(『史淵』二八、一九四三年)。
(4) 三田村泰助「明末清初の満洲氏族とその源流」(『東洋史研究』一九―二、一九六〇年)七七頁。
(5) 和田清「兀惹考」(『東洋学報』三八―一、一九五五年)二頁。
(6) 田村實造「大金得勝陀頌碑の研究(上)」(『東洋史研究』二―五、一九三七年)一九―二一頁。なお、金光平・金啓孮『女真語言文字研究』(文物出版社、一九八〇年、一九九頁)では、皚ŋgaiを形容詞および名詞の接辞である満洲語ŋgaに相当するとし、その意味を「福が有る」と解する。
(7) 孫伯君『金代女真語』(遼寧民族出版社、二〇〇四年)二二〇―二二一頁。
(8) 松井等「満洲に於ける金の疆域」(『満洲歴史地理』二、南満洲鉄道株式会社、一九一三年)一六六―一六七頁。
(9) 『白雲集』巻七・東京記。
(10) 臼杵勲「女真の考古学」(菊池俊彦編『北東アジアの歴史と文化』北海道大学出版会、二〇一〇年)二三七頁。
(11) 井黒忍「耶懶完顔部の軌跡――大女真金国から大真国へと至る沿海地方一女真集団の歩み」(天野哲也・池田榮史・臼杵勲編『中世東アジアの周縁世界』同成社、二〇〇九年)。
(12) 前掲注7孫著、二七〇―二七一頁。
(13) 小嶋芳孝「渤海の産業と物流」(『渤海と古代東アジア――海・山・大地を越える人とモノの交流』アジア遊学六、一九九九年)七〇―七三頁。
(14) 村上恭通「女真の鉄」(潮見浩先生退官記念事業会編『考古論集――潮見浩先生退官記念論文集』潮見浩先生退官記念事業会、一九九三年)。
(15) 南満洲鉄道株式会社北満経済調査所編『満洲の探検と鉱業の歴史』(興亜書院、一九三九年)三七六―三七七頁。アーナート手記、有富光門訳『満蒙探検四十年』(大日本雄弁会講談社、一九三四年)一三九―一四〇頁。
(16) 黒龍江省博物館「黒龍江阿城県小嶺地区金代冶鉄遺址」(『考古』三、一九六五年)。
(17) 前掲注15南満洲鉄道株式会社北満経済調査所編、三六九―三七〇頁。
(18) 服部敬史「中国東北地方における古代・中世の小札甲」(『和光大学表現学部紀要』七、二〇〇六年)。
(19) 笹田朋孝「金・東夏の鉄生産」(『北東アジアの中世考古学』アジア遊学一〇七、二〇〇八年)六五頁。

(20) 松浦茂（書評）「В. Д. Леньков, *Металургия и металлобработка у чжурчжэнэй в XII веке: По материалам иследований Шайгинского городища*」（『東洋史研究』三五―一、一九七六年）一一三頁。

(21) 李英魁「金代胡里改路」（『北方文物』三、一九九四年）。

(22) 郝思徳「黒竜江鶏東出土両方金代官印」（『北方論叢』四、一九八〇年）。詳細に関しては、「北東アジア出土官印表」（札幌学院大学臼杵研究室「北東アジアの考古学」http://jinbunweb.sgu.ac.jp/~siberia/japanese/contents.html）をあわせて参照されたい。

(23) 張紹維・李蓮「東夏年号的研究」（『史学集刊』三、一九八三年）。前掲注22「北東アジア出土官印表」をあわせて参照されたい。

(24) 「混一疆理歴代国都之図」に胡里改（忽里改）万戸の誤記と考えられる「忽昌改万戸」の記載がある。劉迎勝「《混一疆理歴代国都之図》中的五国城等地」（劉迎勝主編『《大明混一図》与《混一疆理図》研究――中古時代後期東亜的寰宇図与世界地理知識』鳳凰出版社、二〇一〇年）五五―五六頁。なお、中村和之氏より当該地図中の記載に関する情報を得た。記して謝意を表す。

(25) 前掲注4三田村論文、七九―八二頁。

(26) 三田村泰助「清朝の開国伝説とその世系に就いて」（立命館大学人文科学研究所編『立命館創立五十周年記念論文集』文学篇、立命館、一九五一年）二二一頁。杉山清彦「明代女真氏族から清代満洲旗人へ」（菊池俊彦編『北東アジアの歴史と文化』北海道大学出版会、二〇一〇年）四六二頁。

【I　金代の政治・制度・国際関係】

女真族の部族社会と金朝官制の歴史的変遷

武田和哉

たけだ・かずや――大谷大学文学部教授。専門は人文情報学・歴史学・考古学。主な著書に、『草原の王朝・契丹国（遼朝）の遺跡と文物』（主編共著、勉誠出版、二〇〇六年）、『日本的時空観の形成』（吉川真司・倉本一宏編、共著、思文閣、二〇一七年）などがある。

女真族社会固有の統治制度が、金朝の成立を契機にどのように変遷していったかを概観するとともに、契丹（遼）の場合とも比較することで、その傾向や特徴を探る。金の官制は早期に中華的な体裁を整えつつも、その内実は部族制や出自原理に根差した部分が多く存在していた。また急激な版図拡大とそれに起因する社会変化等により、広大な領域を統治する体制を最後まで確立できなかったと言える。

はじめに

十二世紀に北東アジア世界に出現し、ごく短期間に契丹（遼）の旧版図と華北地域を支配下に収めた金という国を、いったいいかなる国家として歴史上位置づけるのかという問題は、非常に難しい学問的課題である。北方民族が中核となって成立した国家に関しては、その後に南方の中華世界の一部を統治するようになった場合、その固有の文化・言語だけでなく、官制や社会制度にも民族固有の要素を維持しているため、中華世界を統治していたとしても他の中華王朝と同列の存在としてみなすことは困難であろう。

他方で、一定の期間を経て中華世界の統治経験を積み、その社会の理解が進むにつれて、中華的な諸制度が定着していったり、漢語の使用や物質的・精神的にも中華的文化が浸透して、さほど遜色がない国家を構築していく経過が見られることも周知の事実である。

金は、時代的に先行する契丹（遼）〔以下、「遼」と略称する〕

や、後に興起してくるモンゴル（元）と同様に、北方民族が中核となって成立したところから、従来の研究では「征服王朝」という用語によってひとくくりに扱われることが多々あった。しかしながら、元々漢地に祖源を持ちそこから興起したか否か、または支配者層の血統・系譜が漢族か異民族か、といった視点からその国家の位置づけを行うことには、基本的に無理がある。また、このような国家について歴史的経過を概観すると、往々にして建国当初の社会状況とその後の状況が大きく変貌していることがある。

既に金の部族制や官制の研究については、二十世紀前半から中葉における日本人学者の優れた基礎研究があり[1]、また二十世紀の末頃から現在に至るまで、新たな視点からの追加研究も陸続として公表されている。なお、筆者はこれまで遼の部族制度や官制について関心を持ち、その社会構造なども併せて様々な考察を行ってきた。そうした視点から金について考察すると、双方には似て非なる点が非常に多く存在しているように思われる。

外形的事実から比較すれば、遼は国家としては約二二〇年継続し、統治した地域は北アジア世界と北東アジア世界の一部、そして燕雲十六州という限定された漢地の一部であった。それに対して、金の場合は国家としては約一一〇年継続し、統治した地域は北アジア世界と北東アジア世界、そして淮河以北の華北のほぼ全域である。しかも、大規模な徙民政策を実施した。歴史地図帳から版図全体を俯瞰して比較すると、あるいは双方に大差はないように見えるかもしれない。

しかし、習俗や言語、思想、価値観等が異なる民族が中華世界すなわち漢地を統治するには、限られた地域であっても相当な労力や困難を伴う。結果として、金が統治した漢地は遼の数倍以上の面積であったが、国家としての存続年数は遼の概ね半分である。このことは、金の社会内部における各種の変動が遼の社会以上に速い速度で進み、かつ広範に及ぶ甚大なものであったことをごく端的に示唆していよう。

さらには、同じ北方民族という範疇ではあるが、遼の建設を主導した契丹族が基本的には遊牧的生産様式の民族であったのに対し、金の建設を主導した女真族は半農半猟という生産様式の民族であった。言語・文化・習俗の面でも様々な相違点があり、これらは双方の国家がたどった歴史的経過に影響を与えたことは否定できない。

本章では、金の官制とその基盤であった女真族の部族制について分析しその歴史的変遷をふまえつつ、その特質について論じたいと考えている。

一、女真族の部族制と婚姻

まずは、金の建国において中核となった女真族について、その正史である『金史』やその他の史料からその社会の内部様相を概観する。女真族は、紀元後以降に中華で編まれた史書の中に登場する挹婁《ゆうろう》、勿吉《もっきつ》、靺鞨《まっかつ》などのいわゆるトゥングース系の諸族の系譜を引いている集団と考えられているが、（2）ここではその詳細について論じることは割愛する。

金成立直前の女真族内の諸相を記した史料としては、正史である『金史』に「世紀」がある。太祖以前の祖先や各代首長の事跡などが記されたもので、女真族のアイデンティティを知る上では重要な内容である。（3）ただし、部族制や婚姻制度を体系的に記述するという内容とはなっていない。また、官制について記した百官志の内容は、後期の章宗朝の様相が反映されているとみられ、金成立前後の政治体制についてはごく簡略に勃極烈《ボギレ》などの官職の存在を説明する程度である。

『金史』は、正史としては比較的整合性がとれた編纂史料として評価されてはいるものの、部族制の色彩が濃い国家成立前後頃の記事は全体的に少ない傾向にある。その点では、たとえば『遼史』には営衛志や兵衛志などの部族制と兵制について体系的な記述があり、また百官志などでも記述の矛盾や錯誤等がいくつも認められつつも、初期の制度の情報についても一定程度記されていて、諸制度の沿革に関する集積的な記述としての「志」が多く存在するのとは対象的である。こうした史料状況において、金の官制と部族社会に関して、いくつかのトピック毎に概略を述べる。

（1）女真族における部と姓の本質とその関係

中華世界の歴史史料において、異民族の社会集団を示す語として「部」という名称がある。この語は、金代だけでなく、古来より広く使用されてきた語である。また、この語は概ね「部落」の略称としても使用されてきている。「部落」とは、三国時代以降、清末まで各時代の歴史史料に多く見える語であるが、時代や地域によって規模・性質がかなり異なる集団についても広く使用されているように考えられる。

これに対して、遼代以降には「部族」という語が多く使用される語として登場する。『遼史』によれば、部は「部落」、族は「氏族」の略称であり、「部族」とは双方の概念の総称であって部で族である例、族であり部である例、族であるが部でない例、部であるが族でない四形態を例示する。（4）つまり、さまざまな性質の社会組織の存在を示唆している。

『金史』の場合では、「部落」・「部族」の双方の語とも見えるが、どちらかというと「部族」の表記が優勢である。特に、百官志には「部族節度使」なる職官が見えること、そして女真族がかつて遼の支配下に居た点からすると、その語が示すイメージは遼代の概念に近いのではないかと思われる一方で、女真族が元々契丹族のような遊牧民族でなく、その居所も草原環境ではないことから、それらを背景とした社会構造等の在り方が決して同様でない点には注意せねばならない。

　また、女真族内の「部」という集団が同様かつ似た規模の集団ばかりであったかというと、そうではない。たとえば、完顔《ワンヤン》部は『金史』の各所の記述を総合すると、各地に散在していたことが知られている。[5] ちなみに『金史』巻六七・留可伝の記事には、太祖の父である世祖の時代に起きた内乱に関する描写を見ると、徒単部という集団はさらに十四の部に分かれており、同様に烏古論部は十四の部、蒲察部は七部、完顔部は十二部とある。つまり、部の内部はさらにいくつかの部に細分化していたという社会構造が確認できる。

　これらの徒単・烏古論・蒲察・完顔の名が付された部は、人員規模としてはかなり大きいものであった可能性が高い。そしてこれらの部全体がまとまった居住地にいるのではなく、内部の細分化された部の単位で各所に散居していた。

　続いて姓について考察する。既に先行研究でも指摘されているように、[6] 北方民族では元来中華的な姓を持たない事例が大半である。遼の建設の中核となった契丹族もそうであったが、唐代にはその羈縻支配下で、王族が唐朝より国姓を下賜されたり、その他にも中華的な姓を名乗る事例が確認されている。[7] また、遼代では「耶律」・「蕭」の二姓が存在した。[8]

　ところで、完顔部の十二部については、同じく巻五九・宗室表の記事から、[9] 女真族には元来中華的な姓は存在していなかったことが認められ、完顔部がその部の名称を姓としたことで、他の部も倣ったとされる。また、完顔姓にもいくつかのカテゴリーがあり、同姓完顔と異姓完顔があること、また同姓完顔には宗室以外にも傍系の遠戚も含まれ、異姓完顔は部内でも宗室などとは血縁関係がない部人も含まれていたことを示唆する。

　たしかに、『金史』に列伝がある事例の記述を見ていると、姓がなく個人名だけを記す事例が多数確認されるが、それらの大半は「〇〇部人」との標記がなされていて、そのほとんどは後に姓として見えるものである。また、宗室の表記には姓がいちいち記されていない。さらには、完顔姓は漢人などにも下賜されている事例がみられる。

　『金史』百官志には、姓として九十八例が挙げられている（**表1**）。ちなみに、他史料にも姓の一覧を載せるものがあるが、『金史』の記述と比べて異同が少なからずある。また

『金史』の記述で興味深いのは、これらの姓について「白号の姓」・「黒号の姓」というふたつの分類をしている点である。これがどのような社会構造・習俗的背景からなされたものか詳細は不明であるが、文化人類学でいうところの双分制を想起させるような内容である。(10)

以上のことから、部の中にはさらに細分化した部が存在する二重構造となっていたこと、また上位の部の固有名称が金成立後のある時期から姓として使用されるようになったことがわかる。その時期は明確に特定の年を境として認定しづらいが、先行研究では概ね熙宗朝の頃であるとの指摘がある。(11)後述するが、折しもその時期は中華的な政治体制への転換が図られようとした最初の時期に該当している。

部の名称が中華的姓として使用されたことは、中華的制度の採用や文化的な要素が社会に流入していく過程で、中華的な習俗に則って同姓での婚姻はしないという体裁が整備されていった過程を示すものではあるが、あるいは既に前代の部の段階で族外婚的性質を有していた可能性も否定できない。(12)

（2）完顔部の様相

金の宗室を輩出することになる完顔部については、比較的記述が多いのでひとつのケースとして見ておく。まず前述の

表1　金史の伝える女真人の姓（注6藤原論文より引用）

	白号姓			黒号姓
序列	金源郡	広平郡	隴西郡	彭城郡
1	完顔	裴滿	吾古論	唐括
2	温迪罕	徒單	兀顔	蒲察
3	夾谷	温敦	女奚烈	朮甲
4	陁滿	兀林荅	獨吉	蒙古
5	僕散	阿典	黃摑	蒲速
6	朮虎	紇石烈	顏盞	粘割
7	移剌荅	納蘭	蒲古里	奧屯
8	斡勒	孛朮魯	必蘭	斜卯
9	斡準	阿勒根	斡雷	準葛
10	把	納合	獨鼎	諳蠻
11	阿不罕	石盞	尼厖窟	獨虎
12	卓魯回	蒲鮮	拓特	朮魯
13	特黒罕	古里甲	盍散	磨輦
14	會菌蘭	阿迭	撒荅牙	益輦
15	沈谷	聶摸欒	阿速	帖暖
16	塞蒲里	抹燃	撒剗	蘇孛輦
17	吾古孫	納坦	準土谷	
18	石敦	兀撒惹	納謀魯	
19	卓陀	阿鮮	業速布	
20	阿厮準	把古	安煦烈	
21	匹獨思	温古孫	愛申	
22	潘朮古	耨盌	拿可	
23	諳石剌	撒合烈	貴益昆	
24	石古苦	吾塞	温撒	
25	綴罕	和速嘉	梭罕	
26	光吉剌	能偃	霍域	
27		阿里班		
28		兀里坦		
29		聶散		
30		蒲速烈		
	26姓	30姓	26姓	16姓

※各姓の百官志吏部條の記載順を以って序列としている。

通り、金成立以前より存在した完顔部は既に内部がさらに十二の部に分かれていたという。太祖の七世代前の祖先となる始祖の函普《ハンプ》は、「世紀」の記述によると、もともと外部の者であったが、完顔部の居所に至り、部に迎えられたという。

完顔部の内部については全貌が明らかではないが、『金史』をざっと渉猟する限りでは、「泰神忒保水完顔部」・「神隱水完顔部」・「白達皆雅達瀾水完顔部」などの名称の完顔部が確認できる。その大半は、居所にある河川の名を冠しているが、他の徒単部などでも同様の事例が見える。これらは完顔部の中に細分化して存在する部であるとみなしうる。

始祖以降の記事を『金史』世紀で確認すると、始祖の曾孫の献祖の代に按出虎《アルチュカ》水のほとりに居を定めたとあり、さらにその孫の景祖（太祖の祖父）の代から記述が多くなり、内容的には遼からは生女直部族節度使にも任じられるなどの具体的記事が占めている。こうしたことから、太祖の系譜が完顔部内で名実ともに政治的に影響力のある勢力を築いたのはこの景祖の代であるとする考察がなされている(13)。その後、節度使の地位は第二子の世祖に継承され、さらに兄弟間での継承を経て、やがて太祖へと継承されていく。

また、この間にさまざまな抗争を経て多くの勢力を治下に収めていくが、それが完顔部全体としてのまとまりや統制原理が認められるような過程であったとは言い難い。

つまり、完顔部が統一された後に他部と抗争し女真族内部の統一が完成したというよりは、むしろその内部が細分化して各地に散居する部のレベルでの抗争と征服が徐々に進行し、その結果生女真《せいじょしん》の多くが太祖の系譜に服属するようになったように見受けられる。それには、同じ部であっても居所が散在しているという女真族特有の社会的環境が影響していた。そして、最終的に完顔部としては強固な一体性を持たない要因となったようにも推測される。

（3）二重構造の「部」とその統治

それでは、これらの部をどのような官職を帯びる者が統治していたのであろうか。『金史』巻四四・兵志には、

> 金の初年、諸部の民 它の徭役無く、壮者は皆兵にして、平居すれば則ち佃漁射獵を以て習いて労事と為すを聴し、警あれば則ち令を部内に下し、及び使いを遣わして諸孛菫に詣りて兵を徴せしめ、凡そ歩騎の仗糗皆取りて備うるなり。其の部長 孛菫と曰い、行兵すれば則ち称して猛安・謀克と曰い、其の多寡に従いて以て号と為し、猛安は千夫長なり、謀克は百夫長なり。謀克の副は蒲里衍と曰い、士卒之副從は阿里喜と曰う。

との記事が見える。著名な猛安・謀克制度について記した重

要な史料であるが、その詳細については本書の別コラムに譲るとして、部の長は「孛菫《ボギン》」(14)と称されていたことかわかる。ただし、ここでいう部とは、すでに先行研究によって完顔部などの中にあるさらに細分化した部の長であって、概ね世襲職のようであったという見解が提示されている。(15)

他方で、完顔部などの上位構造の部の統括者の職位や統治はどうであったか。先行研究では増井寛也が「勃極烈」を想定している。(16)ただし、この勃極烈とは後段で述べる金前期の中央官制における大臣的職位の名称でもあるが、既に増井が指摘しているように、これは金の成立前後では全く異なるものとして区別して考える必要がある。

このほか、『遼史』巻四六・百官志二の中には女直（女真）国内部の統治機構として左の七つの王府の存在を挙げる。

女直國順化王府　北女直國大王府　南女直國大王府
曷蘇館路女直國大王府　長白山女直國大王府
鴨淥江女直大王府　瀕海女直國大王府。

これは、金成立より一〇〇年程度前の時代の様相とみられ、しかも遼側の認識として述べられた内容である。このうち曷蘇館《ハスカン》路女直國大王府は早くから遼の支配下に入っていた女真族いわゆる「係遼籍女真（直）＝熟女真」と呼ばれる集団の中核に該当する。ただし、こうした王府の存在は『金史』世紀側の記述からは確認できない。また、太祖の系譜が代々帯びた節度使の地位との関係も不明である。これらの王府は遼の官制によるものであり、当時の様相を反映している可能性もあるが、他方では記事の対象自体が異なっている可能性もあるかもしれない。いずれにしても、『遼史』百官志の記述と『金史』の記述を直接対比するのは困難な状況である。

（4）部による支配から地方統治単位の路への移行

太祖が女真族内部を統一してその首長となり、国家としての金が成立して初代皇帝となるにおよんで、地方統治制度としての路制が整備される。以下、先行研究の見解に(17)従い、制度を概観すると、この路は太祖即位後の収国年間（一一一五～一一一六）以降に首都の上京周辺を中心に徐々に整備されていく。これらは、当時のさまざまな有力勢力の統合や軍制整備の過程とも密接に関連した動きとして理解されており、猛安・謀克の制度とも密接に関連がある。

路の統治には基本的に都統があたったが、この職官の名称とともに統治機関官衙も整備されるのはもう少し後の時期である。『金史』によれば、太祖の時期には路の統治者として「万戸」や「都勃（孛）菫」の官職名の存在が確認できる。このうち「万戸」は太祖が定めた制度であったが、当時その多くは世襲職であったとみられている。(18)また「都勃（孛）

董」は、その名称から前述の下部の部の統治者「孛董」の上位的地位とも目されるが、具体的なことは明らかではない。

こうして、様々な官職名が史料に見えるという複雑な様相の背景には、各地には金成立前からの諸般の経緯等が残り、有力勢力の統合には世襲その他の措置による懐柔が必要であったことが推察される。また規模や範囲の相違等、さらには対外戦役に伴う版図の急拡大などもあって、最終的に中央集権的な路として編成されその体裁が完全に整うのは版図が概ね確定してくる太宗の時期以降とみられる。

（5）小結

以上のように女真族の固有制度としての部族制と統治制度、および姓と婚姻を概観すると、女真族の居住形態の特性が背景に大きく存在している。後代のモンゴルを例に取ると、基本的には部単位で居住するまとまった領地が定められている。それに対して、金成立前の女真族の部とは、必ずしもそのような構造とはなっていない。前述の通り、完顔部などの部の中はさらにいくつかの部に分かれており、完顔部全体でまとまった地域に居住するのではなく、他の部の居住地とも入り組むような様相で、特に河川の流域を単位として各所に散居していたとみられる。下位の部が「〇〇水□□部」といった名称で標記されるのはこのためであろう。この点で、モンゴルなどの遊牧民族とは異なる様相である。その背景には、狩猟・漁労と農業を生業とし、よりよい居住環境を求めて部内の何らかのまとまりを持つ集団で各地に進出していった経過があるのではないか。

二、金の成立と官制の始建
——太祖・太宗朝の様相

本節では、金成立以前の部族制度に裏打ちされた統治制度が、どのような経過をたどって官制として発展したかを概観する。以下、各時期ごとにその特質と傾向を指摘したい。

（1）新たな勃極烈制度と皇親政治の展開

生女真が徐々に統一されていく中で、太祖は一一一三年に兄の死去により君長位を継承したが、その際に「都勃極烈」に就任したとの記事がある（『金史』巻二・太祖本紀）。ここにある「勃極烈」とは、前述の通り金成立以前の勃極烈とは異なる新たな存在である。『金史』巻五五・百官志一の序文や、巻一三五国語解・官称条には、次の**表2**のような複数の「勃極烈」の存在とその職掌を記す。これによると、筆頭の都勃極烈とは「冢宰《ちょうさい》」のごときであるという。つまり、君長として卓絶した地位という意味合いではなく、むしろ勃極烈という統治者集団の筆頭者というような解釈ができる。

こうした様相を裏付ける興味深い記事がさらにある。宋人による『松漠紀聞』によれば、君長についた太祖といえども臣下などと変わらない生活を行い、道ですれ違う際にも肩が触れ合う有様であったという。(19) またこうした様相は太宗の代でも同様であったというが、熙宗の代にはこうした状態を変革しようとしたという。(20)

これは伝聞記事でもあり、ある程度の潤色はあろうが、それでも科挙制度に基づく皇帝専制の中で生きてきた宋人の常識からすれば極めて驚くべき話であったことが推測される。さらには遼の初期と比較してもやはり驚くべき様相であるとも考える。遼成立の当初も、同様に官制が素朴であったことは否めないが、君長としての地位として遼建国以前の伝統である可汗の位が存在し、君長と臣下の間には相応の差があったと理解すべきであるからである。

このように、金成立初期段階での国家中枢の官職は勃極烈のみであった。そして、太祖・太宗の代の叙任の様相を見ると下記のような傾向が指摘できる。

・序列第二の諳版勃極烈《アンバンボギレ》（諳版とは女真語amban（「大きい」の意味）の音写）は、次代の皇位継承者が就く位となり、勃極烈制度が廃止される太宗朝末まで続く。

・勃極烈は基本的に宗室の構成員から任用されており、しかも景祖の兄弟から派生する傍系の血統からも登用され、宗室内から概ね均等に選任されている。（本書一二頁系図参照）

・物故者が出た場合、その近親または系譜の近い構成員が選ばれるなどして、結果として宗室内でのバランスが大きく変化しないような選任意図がうかがわれる。

表2　金朝初期の勃極烈とその一覧

	『金史』巻五五・百官志一・序文	『金史』巻一三五国語解・官稱条
都勃極烈	太祖以都 勃極烈嗣位。	總治官名，猶漢云冢宰
諳版勃極烈	太宗以諳版 勃極烈居守。諳版，尊大之稱也。	官之尊且貴者。
國論勃極烈	其次曰國論忽魯勃極烈，國論言貴，忽魯猶總帥也。又有國論 勃極烈，或左右置，所謂國相也。其次諸 勃極烈之上，則有國論、乙室、忽魯、移賚、阿買、阿舍、昃、迭之號，以為陞拜宗室功臣之序焉。	尊禮優崇得自由者。
胡魯勃極烈		統領官之稱。
移賚勃極烈		位第三曰「移賚」。
阿買勃極烈		治城邑者。
乙室勃極烈		迎迓之官。
札失哈勃極烈		守官署之稱。
昃勃極烈		陰陽之官。
迭勃極烈		倅貳之職。

例：撒改→宗翰（子）、辞不失→謾都訶（従兄弟）

つまり、金は成立後も依然として完顔氏宗室内の特に景祖の兄弟の血統内の皇親たちによるいわば「一門的集団指導体制」のような政権構造であったという点である。

たとえば、遼の場合も成立後の初期は宗室と皇族で要職が固められていたという点では同様であるが、外戚である国《こく》舅《きゅう》族の関与も大きかった面があるのに対して、金の場合はこの段階では外戚の直接的影響力はほとんど見えない。そして、この状態は基本的には太宗朝も続き、その次の熙宗朝では勃極烈制度が廃止されて中央官制の官衙名や職官名が中華的なものに改められた後も、建国の功臣の最後の一人であった太祖の子である宗弼が薨去するまでは、基本的には皇親が政権の枢要を占める政治構造は続いていくのである。

(2) 軍令官制の整備――各路都統から都元帥府へ

また、この時期になされた重要な官制整備としては、軍令官制の整備であろう。既に太祖の即位直前から遼との戦役に突入していた女真・金にとって、戦役体制の整備は喫緊の課題であった。まずは、各地に順次地方統治制度である路制を敷き、統括者である都統や万戸などを任命しつつ、兵制と不可分な統治制度の整備に着手したことは既に述べた。

その後、路が増加するにつれて、対遼戦役のための合理的な軍令制度が必要となった結果、太祖の天輔五年（一一二一）には内外諸軍都統という職位が設置され、太祖弟である杲（斜也）が就任し、またそれを支える副都統には有力な皇親が複数任用されている。杲はこの後太祖が崩御した後、太宗のもとでは諳版勃極烈になっている点からすると、次の皇位継承者であったはずであり、そうした人物を頂点に据えて軍令官制を束ねようとした意図については留意する必要がある。

天輔七年には太祖が崩御し、太宗が即位した翌年の天会二年（一一二四）には枢密院を置いている。これは、遼の旧領域の占領が進捗し、遼南京（現在の北京）に居た漢人官僚の投降を受けてその受け皿機関として整備し、そのトップにはかつての遼に仕えていた漢人を充てたものであった。[21]

さらに、天会三年（一一二五）には、ついに天祚帝《てんそてい》を捉えて遼を滅ぼした。ここで戦役はいったん止むかに思われたが、戦後処理をめぐって宋側の背信行為が露見し、金としては引き続き宋を伐つことに決した。そこで、内外諸軍都統府を都元帥府と名を改め、都元帥と左右副元帥の下に、各路の都統が任じられる体制として整備し、都元帥には引き続き杲が任じられた。また左副元帥には当時華北方面での戦役で功績を積み重ねており中央官制でも勃極烈の一員であった宗翰が、また右副元帥には太祖の子である宗望が任じられた（逝去後は、やはり太祖子である宗輔が就任）。

この都元帥府については、宋制を模倣したとの説もあるが、[22]結果としてこの軍令官制の中も基本的には皇親が主導する点では中央官制と同様であり、この時期の政権内部の構造の表面に中華的官職を装った体裁であったとも言える。

こうした政治体制のもとで、太宗の治世下では伐宋の戦役は進捗していくが、その主力は宗翰・宗幹・宗望・宗輔・宗弼・宗磐らの太祖の子や甥の世代であった。しかし、天会八年（一一三〇）に諳版勃極烈であった杲が薨去したことで、ひとつの重大な問題が生じる。それは新たな皇位継承者の選定という問題である。

翻って考えてみると、それまでの首長・皇帝位の継承の経過は、他王朝の事例と比較すると極めてユニークである（本書一二頁の系図を参照）。太祖の祖父である景祖の後は、その子の世代を兄弟間で継承され、穆宗のあとは、世祖の長子である康宗が継承し、そして太祖・太宗と継承され、杲へと受け継がれる予定であった。こうした兄弟間の継承を頻繁に行う原理は、長子相続が基本原理である宗法を重視する中華王朝には類例はみられない。

この段階では、次代の新たな皇位継承者として見込まれる具体的な候補としては太祖の子たちであった。長子の宗幹は庶子であり、嫡長子となる宗峻は早卒していた。結果として、宗峻の子である亶《たん》が諳版勃極烈となることで決着したが、その過程で有力な皇親間の対立が生じた。それは、後の皇位継承をめぐって相次ぐ混乱を招く遠因ともなるのであるが、詳細については次節にて述べる。

三、中華的官制の構築と皇親政治体制の終焉
――熙宗・廃帝海陵王朝

（1）熙宗による中華的官制への転換と政権構造の実態

太宗の後を継いだ熙宗は、勃極烈制度を廃止して、中華の制度に倣い、三師三公や領三省事・左右丞相の役職を置き、中書・門下・尚書の三省を置いた。最高位の領三省事には、勃極烈の職位にあった宗翰・宗幹・宗磐を任命した。まるでこの時に一気に中華的官制が発足したかのようにも見えるが、そのトップは太宗の時と相変わらず皇親であった。彼らは輩行上は熙宗の一世代上であり、しかも伐宋戦役で巨大な功績を挙げ続けてきていたから、若い天子が簡単に制御できる相手ではない。ただ、最大実力者の宗翰が軍務に直接関与しなくなった直後に薨去すると、その後政権内で主導権を持ったのは宗幹・宗弼兄弟であった。彼らは熙宗の伯・叔父であり、他の皇親の排除を謀っていたというむきもある。[23]こうした皇

親間での抗争が激しくなる中で注目に値するのは、天眷元年（一一三八）の科挙の導入である。これは中華的官制導入に伴い漢人を官僚に登用する目的とした意味がある。

依然として前代と同様に皇親による政治主導が続くが、皇統・天眷の二度の北宋との和議を重ねる過程で、その内容や国境線の画定をめぐって皇親間での議論が分かれ、政治抗争の芽ともなった。その最たるものは天眷二年の宗磐らの謀反である。宗磐は太宗の長子であり、もし中華王朝であれば父の後をついで皇位継承者ともなり得た立場ではあったが、結局抗争に敗れ、関与した皇親らとともに誅殺された。

この頃から熙宗も政治に対する関心を喪失し、代わって皇后である裴満皇后の政治への容喙が多くなった。皇統元年（一一四一）に宗幹が、皇統八年（一一四八）に宗弼が相次いで薨去する前後から、皇親と裴満皇后・外戚らの間の抗争が激しくなり、領三省事・三師・丞相らの異動が頻繁に行われるなどして、中央官制の人事は安定を失い混乱状態となった。この中で、皇統九年（一一四九）に熙宗は裴満皇后を誅殺して外戚勢力を一掃したが、いよいよその行動が常軌を逸する事態となり、結果的には前の領三省事であった熙宗従兄弟の亮が弑殺して自ら即位した。これが海陵王（廃帝）である。

また、軍令官制である都元帥府の様相に目を転じれば、永らく対宋戦役を主導してきた宗翰の転任後は、宗弼が元帥となり主導するものの、左右副元帥には宗室ではあるが皇親ではない阿离補《アリブ》と撒离合《サリハ》が任じられる（天眷三年）。折しも、天眷の和議により対宋戦役の重要性は低下しつつあり、さらには皇親も相次ぐ抗争などで失脚等をしたため、軍務に適した人材が欠乏しつつあったことが背景にあると考えられる。

なお、この時期の改革として注目すべき点は、行台尚書省の設置である。これは、対宋戦役で得た版図統治という問題に直面した際、宋より下ってきた劉豫《りょうよ》をして傀儡国家・斉を天会七年に発足させ、間接統治をさせていたものであるが、熙宗は天会十五年（一一三七）にこれを廃止して、その代わりの統治機関として行台尚書省を現地に置いたのである。当初これは複数存在したが、後に統合され組織も充実した。また、その最高位である領行台尚書省事には宗弼が任命され、その下には都元帥府の首脳とともに漢人が補されている。宗弼は当時は都元帥の地位でもあった。つまり、軍令官制のトップが新たな版図統治を行う官制のトップも兼ねるという制度であり、その点では合理的な体制であったとは言えよう。

ちなみに、この行台尚書省の形態による統治形式は後にモンゴル帝国でも採用され（行中書省）、元朝の漢地統治の際に活用された。[24] 行省自体は元末で廃止されるが、元代の行省の区域は明代以降も地方行政区域として継承され、今日の中国における省の原型となったものである。

（2）海陵王による急進的改革と失敗

海陵王は、太祖庶長子の宗幹の第二子である。彼自身は太祖の嫡孫との意識が高かったといわれ（『金史』巻五・海陵本紀）、熙宗の嗣位にはもともと不満があったとみられるが、政権内では相応に処遇されてきていた。順調に累進を重ねて皇統八年には右丞相となり、兄で左丞相の充とともに重責を担った。翌年に充が急逝し、また折からの政情不安の中で熙宗が政権内の要職にある者を次々と粛清する事態となり、このため海陵王は宗翰の孫である秉徳《へいとく》らとともにクーデタを計画し、熙宗を弑殺して自ら皇帝に就いた。

こうした一連の経緯を見ると、金の宗室における皇位継承過程は、まことに後代に甚大な禍根を残したと評せざるを得ない。かつての女真族は首長も部民もわけ隔てのない牧歌的雰囲気が背景の基底となり君長と臣下の間には区別はなく、その中で父子間の継承とともに兄弟間での継承も慣習として行われてきたのであろう。しかし、このことは皇位継承の候補者を増加させたことを意味する。加えて、漢地の占領と統治という過程の中で中華的な官制や制度の採用が行われていく中、直系相続を基本とする中華的宗法や君臣の別といった思想との接触もあったことであろう。そのような状況の延長上で、皇位継承者の資格があると自認する皇親が複数出現する結果となったのであり、前述の宗磐の謀反や海陵王の簒奪の伏線が形成されていたように理解できるのである。

皇位に就いた海陵王は、中央集権的な制度の確立を目指すこととなる。方向性としては前代の熙宗のそれと重なる部分がある。しかしながら、彼は晩年の熙宗よりも一層急進的であり、さらに政敵は容赦なく粛清した。即位直後の天徳元・二年には多数の皇親や宗室の構成員、そして各部出身の重臣らがその手に掛かってしまった。

即位直後には、占領地の統治を担ってきた行台尚書省と、久しく軍令官制として存在感を示して来た都元帥府も廃止された。都元帥府の権能は枢密院に移管された。このほか、それまでの中央官制の中書省や門下省の官衙、および領三省事や平章政事等の要職を廃止した。[25] こうした急激な改変と粛清は熙宗末期よりも大きな混乱をもたらしたほか、この間政権内の要職の多くは空位が目立ち政務は停滞した。

海陵王の治世期には、政権の主導は弟の兗、皇后徒単氏の父・徒単恭、耨盌温敦思忠、昂（奔睹）、僕散師恭らが順次担った。当初は近親者であったが、次第に太祖朝からの宿老とか宗室の傍系、さらには身近に仕えた者などの海陵王と個人的なつながりのある人物らが多くなっている。このようになると、もはや皇親・宗室や各部の有力者、様々な勢力の代表者たちが政権を支える体制とはなっていない。海陵王の周辺には有為ある人材は残っておらず、限られた側近らだけで政権を維持している状態であった。

こうした中で、正隆六年（一一六一）には周囲の反対を押し切り、宋を伐つべく大軍を率いて南征したが、緒戦での敗北や太祖の孫の雍（烏禄《ウル》 後の世宗）を担いだクーデタが重なり、その混乱の中で軍中にて弑殺された。

振り返ると、太祖・太宗の後を受けた熙宗と海陵王の時代は、政治的には混迷を深めた時代であった。対宋戦役により広大な華北地域が版図となったことで、これらを統治する必要に迫られたことから、前代の女真族的な政権構造からの脱却と中央集権的な政治体制と官制の構築は、いわば必然的な課題ではあったが、あまりに急激な社会環境の変化のもとでは、もはや克服できない側面もあったと言えよう。

結果として、皇親・宗室や功臣などが多く犠牲となる政変をいくつも経て、二代続けて皇帝が弑殺される事態ともなった。最終的に前代のような皇親のみによる集団指導的政権構造は是正できたかもしれないが、女真族内のみならず、宗室内にも根深い対立を残す結果となったのである。

四、急進改革の是正と安定的政権構造の構築――世宗期

海陵王に代わり皇位に即いたのは、世宗である。彼は、太祖の四子である宗輔の子である。彼は海陵王南伐時には北方の東京遼陽府に居り、いわば女真故地にいる宗室や各勢力に擁立されての即位であった。即位後には海陵王の実施した南伐の後始末を行い、大定五年（一一六五）には宋との和議（大定和議）を結ぶとともに、混乱の元凶となった各種の改変を是正する措置を次々と実施した。まずは軍令官制である都元帥府の復活が挙げられる。また、中央官制で宰執である平章政事も復旧された。しかし、混乱を避けることも意図してか、海陵王の改変をすべて復旧させることはせず、尚書省などは官員の充実などの必要最低限の改革にとどめた。

世宗の治世は三十年近くに及ぶが、彼がまず腐心したのは国内の宥和と安定である。中華文化を理解する一方で、女真固有文化の振興を模索した。また、既に導入されていた科挙制度については、漢人進士科に加えて女真進士科を加えて女真人の文人官僚育成を目指す（大定十一年）など、全体として文治主義的統治を目指した点には注目したい。

こうしたことは、中央官の任用や累遷にも反映されている。

中央官で宰執クラス以上の官員は、皇親・宗室だけでなく、外戚や各部の出身者、そして契丹人・渤海人・漢人などから広く登用した。彼らは、出自を同じくする先任の上位者が致仕や薨去等で政権を去ると、順次その後を追って累進している様相が確認される。特に、宰執以上の官員の選任においては、出自構成のバランスが損なわれないように配慮した形跡が色濃くうかがわれる。

こうして、宗室以外の女真人、そして女真人以外の出自者にも安定的に政権中枢に参画する途が開かれ、人心は安定したかに見えた。それでもなお様々な課題が多く存在していた。ひとつには前代の度重なる混乱による社会の疲弊があり、また同じ女真族でも社会の変化や複雑化によって貧富の差が激しくなる等の問題も表面化した。世宗は積極的に彼らを救済する施策を実施したが、効果はなかったとは言えないものの、根本的な解決とはならなかった。

結果的には三十年近くにおよぶ長い治世となり、またその期間が対外的にも内政的にも比較的平和裏に経過していったことで、彼の各種の施策はそれなりの成果はあったと評価されている。しかしながら、広大な版図の中に多数の異民族を抱える国家の統治に見合う官制や政権構造を構築・整備し得たかというと、些かながら疑問はある。

具体的には、国の中で最大の人口を擁する漢人の登用が、特に中央官制の中で進んでいない点であろう。世宗の代を通じて、宰執以上の高級職官に登用された漢人は十名に満たず、比率的には一割余程度しかない。この頃、金の版図は華北のほぼ全体におよび、漢人は人口的にははるかに女真人を凌駕する存在であった。それは、かつての遼代の漢地統治の時期に比べてもより高率であったはずであるが、漢人の政権中枢への登用は、遼代ほどには進捗していない。

既に科挙制度を導入して世宗即位時の段階で既に四半世紀が経過し、晩年期頃には半世紀に到達していたはずである。この点について、例えば遼の場合と照らし合わせると、聖宗の統和六年（九八八）に貢挙を導入したが、半世紀程度経過した興宗朝（一〇三一～一〇五五）頃の様相では宰執相当クラスに登用された漢人は概ね三割近くは存在している。[26]

官制の仕組みが遼と金では根本的に異なるため、単純な比較は難しいが、それでも版図内における漢地および漢人人口の占める比率が相対的に低い遼の場合ですらこの比率であったことを考慮すると、金の政権中枢に登用された漢人の少なさは注意すべき特徴ではないだろうか。

この背景としては、まず第一には、基本的に金の政権構造が成立期から続いた皇親などに偏重した構造を依然として払拭できていない点があり、さらには重要な軍事集団を形成する治下の契丹人などへの配慮も必要となったことから、世宗の治世では出自のバランスを重視するというこれまでにない人材登用がなされたといえども、相対的に漢人の高級職官への登用が低迷したと考えられる。

第二には、金の科挙制度に対する方針も、元々高級官吏の養成と登用に目標があったのではなく、華北地方の統治に関わる地方官への任用、そしてそれを通じた士人層の統制という目的に主眼が置かれていたからではないだろうか。(27)

五、モンゴル侵入による混乱と終焉
――章宗・衛紹王・哀宗朝

世宗により施行された改革は、一応の安定をもたらし、次代の章宗への政権移行自体は平和裏に行われたが、それ以降は皇位継承候補者の早世などもあって安定的な継承とはならなかった。次代の章宗朝には科挙制度などの整備が行われたが、前代までに構築された官制に関して大きな機構改革はなく、むしろ官員充実や官品規定などの制度整備が行われた。

折しも、モンゴルの侵入が顕著となり、このために北辺の防禦体制整備の必要が生じた。しかしながら、この時期の金の軍制の基盤となった猛安・謀克は弱体化しつつあり（後続の武田コラム参照）、かわって漢人などから壮丁を募る簽軍《せんぐん》の編成が多く行われた。簽軍の事例は既に太宗の時期に一時的なものとして存在するが、それを制度として復したのは世宗である（大定三年）。これは、海陵王弑殺に伴う混乱で一部の契丹人が叛乱を起こしたものを鎮圧するのが目的であった。その後永らくこの制度が活用されることはなかったが、章宗の頃から関連記事が見え始め、宣宗の代には常態化するとともに、これが金軍の中核的存在となっていく。

簽軍の本質は漢人の募兵であり、かつての金軍の中核を占めた女真人による軍団とは全く異質なものである。当然、その兵力は旧古とは比べようもなく、この後モンゴルの侵入になすすべもなく、金は北辺より浸食され、最終的にはかつての本拠地を失って華北の一部に拠った状態となり、滅亡へと至るのである。

おわりに

本章では、金成立以前の女真族の社会組織である部や姓との関連をみつつ、部族制の様相について概観し、さらにそれを母体として発足した金の統治組織・官制が、やがて中華的な名称・制度へと変わり、次第に皇親偏重的な任用制度から脱却していく様相を概観してきた。広大な漢地を領有し統治することがやはり大きな契機となって、固有の統治体制から中央集権的な制度への移行を目指したのであるが、成立当初の政権構造があまりに簡素であり、さらには短期間での広大な版図拡大といった事情が、その変革をより急進的な性格にさせたように感じられる。結果として、皇親や重臣間の凄惨な抗争を招き、その後の政権基盤の弱体化を招いたことは否めない。

金成立直後からの長期にわたる戦役と強力な兵団結成の基礎となったのは、いうまでもなくその部族制および猛安・謀克制度であった。しかし、様々な社会環境的変化は、この基盤自体の変質と空洞化をもたらしてしまう結果ともなった。

元来、部族制社会から発展した国家には、血縁や地縁といった要素が残るものであるが、それを中央集権的な体制に転換していけるかどうかが大きな鍵となろう。

その点で、金は成立期には完顔宗室家の集団指導体制ともいうべき政権構造であったのを、熙宗・海陵王期には中華王朝的な官制を採用することで、一見して中央集権的な制度を整えたかにも見える。ただし、依然として宗室構成員の占める比重は低くなく、次代の世宗の時期でも各出自に配慮した任用制度が運用されたとはいえ、血統的原理からはほとんど脱却ができず、漢人の政権中枢への任用・参画は限定的な実態であった。

かくして、金はその急激な版図拡張とそれに起因する社会環境の変化等が重荷となり、それらに対応しうる統治体制の構築とその制度運用が最後まで確立し得なかったと言えるのではないだろうか。

金は、遼に比べて早期に固有官制を解消し中華的官制を構築したかのように看做されているが、その内実にある漢人の高級職官への任用が遼よりも少ないという事態を、どのように理解すべきであろうか。それは、今後の重要課題である。

注

(1) 池内宏「金史世紀の研究」(『満鮮地理歴史研究報告』一一、一九二六年。のち『満鮮史研究』中世篇一、荻原星文館、一九四三年)、同「金の建国以前に於ける完顔氏の君長の称号について」(『東洋学報』二〇―一、一九三二年。のち『満鮮史研究』中世篇一)、外山軍治『金朝史研究』(東洋史研究会、一九六四年)、三上次男『金代女眞社會の研究』、『金代政治制度の研究』、『金代政治・社會の研究』〔金史研究一～三〕(中央公論美術出版、一九七〇～七三年)など。

(2) 近年の考古学研究からも、物質文化面からその系譜関係が立証されている。臼杵勲『鉄器時代の東北アジア』(同成社、二〇〇四年)、大貫静夫編『東北アジアの考古学』(同成社、一九九八年)など。

(3) 古松崇志「女真開国伝説の形成――『金史』世紀の研究」(内山勝利編『論集古典の世界像』古典学の再構築研究成果報

告集、二〇〇三年）

（4）『遼史』営衛志二・部族上条には「部落曰部，氏族曰族。契丹故俗，分地而居，合族而處。有族而部者，五院、六院之類是也。有部而族者，奚王、室韋之類是也。有部而不族者，特里特勉、稍瓦、曷朮之類是也。有族而不部者，遙輦九帳、皇族三父房是也。」とある。このうち、族はすなわち氏族的集団として血縁関係を基礎にした性質の集団として理解しうるであろうが、部については解釈が困難な問題である。ただし、この『遼史』の記述からすれば、居所など地縁的な要素を持つ集団としての意味合いがあるようにも考えられる。なお、この問題については山田信夫「チュルク・モンゴル系古代遊牧民の国家形成」（福井勝義ほか編『牧畜分化の原像』日本放送協会、一九八七年。のち『北アジア遊牧民族史研究』東京大学出版会、一九八九年）にて考察がなされている。

（5）前掲注1三上著書『金代政治・社會の研究』および、増井寛也「初期完顔氏政権とその基礎的構造」（『立命館文学』四一八～四二一、一九八〇年）。

（6）前掲注5増井論文、藤原崇人「金室・按出虎完顔家における主権確立と通婚家の選択――遼代女真の氏族集団構造を手がかりに」（『大谷大学研究年報』五六、二〇〇四年）、松浦茂「金代女真氏族の構成について――『金史』百官志にみえる封号の規定をめぐって」（『東洋史研究』三六―四、一九七八年）、吉野正史「「耶律・蕭」と「移剌・石抹」の間――金史』本紀における契丹・奚人の姓の記述に関する考察」（『東方学』一二七、二〇一四年）など。

（7）森部豊「唐代奚・契丹史研究と石刻史料」（『関西大学東西学術研究所紀要』二〇一六年）。

（8）武田和哉「遼朝の蕭姓と国舅族の構造」（『立命館文学』五三七、一九九四年）、同「蕭孝恭墓誌よりみた契丹国（遼朝）の姓と婚姻」（『内陸アジア史研究』二〇、二〇〇五年）。

（9）同様の記事が『金史』巻六六・始祖以下諸子・贊に見えるが、こちらは若干内容を端折った記述となっている。

（10）かつて愛宕松男が契丹人の二姓を双分組織として主張したことがあるが、これは制度体として導入された二姓の経緯を無視し、トーテミズムであるとしたものであり、全くの誤りである。ただし、双分制度自体は様々な類例があり、必ずしもトーテミズムと関連するものだけではない。女真族の姓が二元的に分類されていたことについては今後冷静な分析考察を待ちたい。

（11）韓世明「女真姓氏及姓氏集団研究」（『遼金史研究』八、吉林文史出版社、一九九四年）。

（12）金の宗室には定められた婚姻家があった（徒単・唐括・蒲察・拏懶・僕散・紇石烈・烏林答・烏古論：『金史』巻六十四・章宗元妃伝）。なお、前掲注5増井論文によると、金の宗室の男子は父方交叉イトコ婚を行うことで、連世的に同じ婚姻家からの婚姻相手を娶ることを避け、他方で婚姻家の男子には母方交叉イトコ婚をさせることで、常に完顔氏からの婚姻相手を娶るような構造としていたことが明らかとなっている。

（13）三田村泰助「金の景祖について」（『東方学』五四、一九七七年）。

（14）鳥山喜一「金史に見えたる土語の官称の四五に就きて」（『史学雑誌』二九―九、一九二〇年。のち『満鮮文化史観』刀江書院、一九三五年）。

（15）前掲注1三上著書『金代女眞社會の研究』。

（16）前掲注5増井論文。

（17）前掲注1池内論文「金史世紀の研究」、同じく三上著書『金代政治・社會の研究』。松井等「満洲に於ける金の疆域」

『満州歴史地理』二、一九一三年）。

(18) 前掲注1三上著書『金代政治・社會の研究』。

(19) 『松漠紀聞』には、「胡俗 旧と儀法無し。君民 川を同じくして浴し、肩は相い道に摩す。（中略）呉乞買 帝を称すれども亦故の態に循うも、今主 まさにこれを革せんとす。」と見える。

(20) 同様の記事は『三朝北盟会編』巻三にもみられる。

(21) 外山軍治「山西を中心とした金将宗翰の活躍」（『東洋史研究』一―六、一九三六年。のち前掲注1外山著書）。

(22) この制度は、宋制をまねたものという理解がなされているが（前掲注1外山著書）、あるいは遼の後半期に確立した「天下兵馬大元帥」の制度を参考としている可能性もあろう。

(23) 前掲注1外山著書。

(24) 前田直典「元朝行省の形成過程」（『史学雑誌』五六―六、一九四六年。のち『元朝史の研究』東京大学出版会、一九七三年）。

(25) 前掲注1三上著書『金代政治制度の研究』。

(26) 詳細は武田和哉「契丹国（遼朝）の宰相制度と南北二元官制」（『『宋代中国』の相対化』〔宋代史研究会報告集第九集〕汲古書院、二〇〇九年）、同「契丹国（遼朝）の北面官制とその歴史的変質」（『アジア遊学』一六〇〔契丹［遼］と十〜十二世紀の東部ユーラシア〕勉誠出版、二〇一三年）。

(27) 飯山知保によれば、「明らかに、（金の）科挙・学校政策も、人材登用と士人層に対する統制という二点のバランスの上に成り立っている。」との指摘がある。飯山知保「科挙・学校政策の変遷からみた金代士人層」（『史学雑誌』一一四―一二、二〇〇五年。のち、『金元時代の華北社会と科挙制度』早稲田大学出版部、二〇一一年）。

◎コラム◎

猛安・謀克について

武田和哉

はじめに

高校世界史の教科書において論述されている金朝史関係の数少ないトピックのひとつとして、見覚え・聞き覚えがある方はきっとおられるだろう。一見してその不思議な名称に関心を持たれた方も多いのではないだろうか。一言でいえば、猛安・謀克とは、金朝固有の軍事・行政組織の制度およびその組織の長の名称のことである。これらに関しては、二十世紀前半における日本人学者による優れた研究があり、基礎的な解明が既になされているが、近年は中国人学者らによって人口研究などの各種視点からの研究も数多く提出されている。

本コラムでは、まずは日本人先学の基礎的研究に導かれつつ、その概要を概観し、その歴史的意義について考察したい。

一、制度の起源と規模

正史である『金史』によれば、猛安・謀克の制度は完顔阿骨打（太祖）の命令により定められた。その時期は金朝建国の前年である一一一四年であった。これはまさに女真が遼に対して挙兵し、遼の拠点である寧江州を占領した直後の時期に該当する。女真が挙兵した当初、遼との兵力の差は歴然としており、緒戦となった寧江州の戦いも女真側が劣勢であったものの、遼側の失策に乗じてようやく勝てたような有様であった。寧江州での勝利により、遼側は事態の重大さを認識し、改めて女真討伐に本腰を入れた対応を始めることになる。女真側としては依然として不利な形勢に変わりはなく、おそらくそうしたことを見越して軍事組織の基盤を固める狙いがあったのだろう。

ただし、猛安・謀克はそれ以前の女真人社会にすでに軍事上の地位としては存在していた形跡があるという。猛安と謀克の起源をたどると、『金史』の兵志によれば、諸部のまたさらに内部にある部の長を「孛菫」と称していたが、これは平時の呼称であり、戦役時になると「猛安」または「謀克」（『三朝北盟会編』では猛安のことを「萌眼」、また謀克のことを「毛可」などと標記）を称したという。また、どちらを称するかは配下の兵数により決まり、「猛安」は千夫の長で、「謀克」は百夫の長であったとしている。さらに、謀克の副官として「蒲里衍」という地位があるとも伝える。

　規模としては、謀克は三〇〇戸により形成され、猛安は十の謀克から形成されたとある。戦役時において百人の兵士を出すということは、当時の女真人社会では平時の規模としては三〇〇戸であったこととなり、ひとつの猛安では三〇〇〇戸の規模であったことになる。

　こうしたことから、「猛安」とは女真語で「千」を意味する**munyan**を、また「謀克」は女真語で「郷里・族長」を意味する**muke**を、それぞれ漢字で音写したものとして理解されている。

　このように見ると、太祖による制定とは全くの新しい制度創設というよりはむしろ旧来の制度の改変と整備であったと理解すべきかもしれない。ただし、本来は戦役時における地位であったものが、平時の行政単位の長ともなった点こそが重要であり、まさにこの制度の本質が見て取れるのである。

　ちなみに、ユーラシア東方世界の北方遊牧民族の中には、古来から十の倍数で軍団の組織編成を行う事例がいくつか看取されている。厳密には、女真族は遊牧民族ではないが、隣接する地域において展開されていたこうした編成手法を模倣して、自己の制度の中に採用していった可能性は高いであろう。

　ところで、部族制社会では血統意識に基づいた社会組織が多く存在している。たとえば、文化人類学でいうところの氏族（clan）などは、族外婚の単位となることもあり、婚姻制度の規制の役割を果たしていることもある。しかしながら、猛安・謀克に関しては婚姻規制に関係していたなどの記述はみあたらず、どうやら族外婚単位としての性質は帯びていなかったようである。であるとしたら、この組織は血縁的というよりは、近隣地域というくくりで居住する人々を編成した地縁的組織ではなかったかと推察される。このことは、金朝における「部」集団の性質や、婚姻・集落・居住等に関する実態を考える上では、比較検討対象となる。

　社会組織と軍事組織が表裏一体の関係である事例は、部族制が強固な社会では見られることがある。そうした隣保的性質を持つ組織に組みこまれるということは、構成員の個々の事由に関わらず、供出する兵の員数は予め定められていることとなり、部民の側からみればある意味では重い負担ということにもなろう。

　他方で、平時でも戦役時でもその基盤組織が共通であり、人的関係が維持されていることになるため、極めて強固な紐帯を持つ組織となっていた点は間違いない。事実、金朝初期における女真人の戦いぶりは役割分担が貫徹され、見事に統率が取れたものであったらしく、宋側から「神のごとし」と恐れられていたという記事が、『三朝北盟会編』(巻三)には見える。

二、制度の歴史的変遷

金朝の建国直前に成立したこの制度は、建国以降の遼や北宋との長期にわたる戦役維持の社会的基盤として機能し、結果としては金朝の急激な版図拡大の原動力となった点は重要である。『金史』の各所に見られる沿革をまとめると、大まかな概要は**表1**の如くである。金朝を通じて制度の改変はしばしば行われたが、それらを概観すると三つの画期に大別できると考える。

第一の時期は建国前の制定以降、対遼・対宋の戦役が終了するまでの時期である。この時期において、猛安・謀克は相次ぐ戦役を支える女真人社会の強固な基盤としておおいに機能した。また、契丹人などもその制度の中に取り込んで支配・再編することで、対宋戦役においては重要な戦力とし得た点もある。まさにこの時期は猛安・謀克制度の最盛の時期といっても過言ではない。

第二の時期は、一一四一年の皇統の和議以降、世宗の時代までである。和議により占領地が版図化し、猛安・謀克の一部が華北に移住してその地での警備などの任務に就いた。また、対外的な戦役がない平和な時代が経過した結果、猛安・謀克の地位も世襲化が進行し、組織内に貧富の差などが出始めるなどの社会的問題が発生した。これらを整理統合したり救済するなどの改革が世宗の時代に行われた。この背景には、華北に移住して漢人の間で世代を重ねていくにつれて、本来の女真人としての習俗・民族意識が薄れていった点がある。また、熙宗や海陵王(廃帝)の時代の急激かつ極端な政治制度改変の影響による弱体化も否めない。

ところで、『金史』には世宗の大定二十二年(一一八二)段階の猛安・謀克の数および個数の集計が示されている。これは、大定二十年(一一八〇)に金朝全土の猛安・謀克の通検推排(資産規模の調査)をすることが定められ、その結果であろうと目されるが、それによると猛安の数は二〇二、謀克は一八七八で、戸数は六一五六二四であった(契丹人・渤海人等を含む)。これらの数字関係は太祖の時に定められた一猛安=一〇謀克=三〇〇戸という規模に近い状態として認識できるので、この段階ではまだ比較的組織の体裁は整っていたと考えられる。

第三の時期は、章宗時代の改革以降、モンゴルが侵入して金朝が滅亡するまでの時期である。世宗の改革はある程度の効果はあったものの、衰退化の流れは変えることができず、さまざまな要因が重なって虚弱になった猛安・謀克について、本来の役割を認識させ、女真人としての気風をよみがえらせるために支配強化が行われた結果、章宗の時代には世襲制から任用制へと変わった。しかしながら、結果的にさらに衰退が進み、最終的は宣宗の時期には制定当初の規模の十分の一以下の人数でしか組織が形成できなくなっていることが判明している。

このように見ていくと、第一の時期のそれはまさに女真人社会に根付いた社会組織であり、その長たる猛安・謀克も部族制度に裏打ちされた人物が就任していたと思われる。ただし、特に軍事組織と

表1　金朝の猛安・謀克に関する主要な経過（三上次男著書を参考に筆者が作成）

年（西暦）	皇帝	沿革	典拠
太祖二年（一一一四）	太祖	諸路に命じて三〇〇戸で謀克とし、十謀克で猛安とした。来降してきた諸部にも「猛安」「謀克」の名を与えて統率させた。	巻二・太祖本紀、巻四四・兵志
収国二年（一一一六）～天会元年（一一二二）	太宗	遼や漢地の投降者などにも制度を適用し、遼人には一三〇戸で一謀克とし、また漢人は六十五戸で一謀克とした。	巻四四・兵志
天会二年（一一二三）	太宗	諸部の投降者に猛安・謀克制度の適用をやめ、一部占領地では漢風の名称の官職「長吏」をおいた。	巻四四・兵志
天会九年（一一三〇）～皇統元年（一一四一）頃	太宗・熙宗	華北の治安維持等を目的として、猛安・謀克の単位で移住させた。	各巻の記述より
皇統五年（一一四五）	熙宗	遼東の漢人・渤海人に適用した猛安・謀克の承襲制度をやめた。また、猛安・謀克を上・中・下の三等に分け、宗室を上とした。	巻四四・兵志
天徳二年（一一五〇）	海陵	熙宗が導入した猛安・謀克を上・中・下の三等に分ける制度を廃止。	巻四五・兵志
正隆六年（一一六一）	海陵	契丹人猛安・謀克の廃止。	巻五・海陵本紀
大定二年（一一六二）	世宗	世襲猛安謀克遷授格の制定と省併（整理）。	各巻の記述より
大定四年（一一六四）	世宗	契丹人猛安・謀克の復活。	巻六・世宗本紀
大定十五年（一一七五）	世宗	猛安・謀克制度の再定を行い、どの謀克も三〇〇戸以下とし、七～十謀克で一つの猛安とした。	巻四四・兵志
大定二十年（一一八〇）～二十三年（一一八三）	世宗	猛安・謀克を新定。通検推排（資産規模の調査）と、不法占有整理・貧困な猛安・謀克へ土地再交付を行う。華北への移住を行う。大定二十三年段階の猛安の数は二〇二、謀克は一八七八で、戸数は六一五六二四。	巻七・世宗本紀、巻四四・兵志など
明昌年間（一一九〇～一一九六）	章宗	猛安・謀克への統制強化。世襲制を停止し任用制へ転換。進士の試に応じることを許可。	巻四四・兵志など
貞祐年間（一二一三～一二一七）	宣宗	弱体化の進行に伴い、二十五人で一謀克とし、四謀克で一猛安の規模となる。	巻四四・兵志など

は戦役状態が終了してしまうと、どうしてもその後には何らかの変化が生じてしまうことは宿命である。よって、第二の時期において社会環境の変化を背景とした組織内の変質は避けられぬことであった。そうした経過の中で、猛安・謀克の格付けがなされたり、世襲がされるなどの改変が発生したと理解できる。この頃になると、当初の目的とは異なり、占領した土地に駐屯するいわば屯田兵のようなイメージに近いように感じられる。第三の時期には、さらに事態が進行し、民族意識の喪失という深刻な事態も出ている。また、長たる猛安・謀克は世襲ではなく任用制に改められた。当然、長と部下の間の関係は薄まり組織としての団結力も著しく低下し、金の兵制の基礎を支える社会基盤の性質は喪失したに等しい。かつては精強な軍を形成したものが、時代を経てモンゴルの侵入には為すすべがない有様であったことには、こうした背景があったのである。

三、職務と地位
——『金史』に見える後期の姿

組織の長である猛安・謀克の職務と地位の内容については、『金史』の百官志によれば、次のように規定されている。

猛安（従四品）：軍務を修理、武芸を訓練、農桑を勧課、ほかは防禦使と同じ。

謀克（従五品）：軍戸を撫輯、武芸を訓練、あとは県令と等しい、常平倉は管理せず。

また、華北に移住した猛安・謀克には、土地が与えられたほか、税制上の優遇もなされ、さらには軍務従事のために馬や食料・俸禄が支給されていた。

ところで、この『金史』百官志の記述は、金朝後期の章宗の時代の様相が反映された記述とみられているが、さらにその骨格たる官制は廃帝海陵王の時代には形成されたと考えられている。よって、この規定から見える猛安・謀克の姿とは、金朝初期の頃の軍事・社会組織の双方の長としてのものではなく、官吏としての地方官に近いものであろう。

そして、猛安・謀克双方の職務に「武芸を訓練」と殊更に書かれているのは、その職務の重要性の認識が金朝の後期には当事者間では薄れてしまっていることのまさしく証左ではないだろうか。同様に、「軍務の修理」、「軍戸の撫輯」といった職務を掲示していることの背景には、組織内での貧富の差や社会的矛盾の存在が見え隠れしている。

四、歴史的意義——まとめに代えて

猛安・謀克とは、遼に対して起兵をした女真族社会が、危急存亡を賭した長期にわたる戦役への体制構築が不可避となったがゆえに、当時の部族制や統治体制の存在を前提として定められたものであり、歴史上に見てもきわめて特異な存在である。この制度はただちに強力な軍団の形成基盤として機能し、結果的には金朝による短期間の版図拡大に直接寄与することとなった。

ところが、短期間の版図の急激な拡大、そして人口的にも経済的にも多様かつ重層的な中華社会を、少数の女真人が中心となって統治するというシステムのもとでは、政治的・社会的にさまざまな矛盾を引き起こしていたことは、縷々述べてきた通りである。

この制度も、そうした社会や環境の変化を大きく受けて徐々に機能が低下していった。それを止めるべく何度かの制度改変がなされたが、逆にそのことが衰退を助長したきらいもあり、結果的には崩壊に至った。

こうした猛安・謀克制度の時代的経過におけるさまざまな事象の中には、異民族による漢地統治形態の問題や、部族社会における紐帯の本質、さらには人間の組織に対する帰属意識のあり方といった、歴史学上大きな研究課題を考察・理解する上での重要なポイントがいくつも凝縮されているように思われてならない。

参考文献

三上次男『金代女真の研究』（満日文化協会、一九三七年。のち『金代女真社会の研究』〔金史研究一〕中央公論美術出版、一九七二年）

三上次男『金代政治・社会の研究』〔金史研究三〕（中央公論美術出版、一九七三年）

三上次男「金朝官制資料の文献的研究と金史百官志所掲官制の年代決定」（『歴史と文化』三、一九五八年。のち『金代政治制度の研究』〔金史研究二〕中央公論美術出版、一九七二年

箭内亙「金の兵制に関する研究」（『満鮮地理歴史研究報告』二、東京帝国大学文科大学、一九二六年。のち『蒙古史研究』刀江書院、一九三七（一九六六復刻））

鳥山喜一「猛安・謀克と金の国勢」（『朝鮮支那文化の研究』〔京城帝国大学法文学会第二部論集一〕、一九二九年。のち『満鮮文化史観』刀江書院、一九三五年）

鳥山喜一「金史に見えたる土語の官称の四五に就きて」（『史学雑誌』二九―九、一九二〇年）

田村實造「大金得勝陀頌碑の研究」（『東洋史研究』二―五・六、一九三七年。のち『中国征服王朝の研究』中、東洋史研究会、一九七一年）

張博泉「論金代猛安謀克制度的形成、発展及其破壊的原因」（『文史哲』一九六三年一期）

李薇「関于金代猛安謀克的分布和名称問題――対三上次男先生考証的補訂」（『黒龍江民族叢刊』一九八四年二期）

胡順利「金代猛安謀克名称与分布考訂的商榷」（『北方文物』一九八七年三期）

劉浦江「金代猛安謀克人口状況研究」（『民族研究』一九九四年二期）

韓茂莉「論金代猛安、謀克入遷中原与中原農業生産」（『中国経済史研究』二〇〇二年二期）

都興智「論金代遼寧境内的猛安謀克与人口」（『東北史地』二〇〇七年二期）

夏宇旭「初探金代契丹人猛安謀克組織」『吉林師範大学学報（人文社会科学版）』二〇〇八年四期）

◎コラム◎

金代の契丹人と奚人

吉野正史

よしの・まさふみ――会社員（元早稲田大学非常勤講師）。専門は十二世紀～十五世紀中国政治史、金朝史・元朝史。主な論文に「元朝にとってのナヤン・カダアンの乱」（『史観』一六一、二〇〇九年）、「永樂帝の大寧放棄をめぐる「言説」と「事實」――長期的視點からみた明朝北邊政策研究の構築にむけて」（『宋代史から考える』汲古書院、二〇一六年）、「巡幸と界壕――金世宗、章宗時代の北辺防衛体制」（『歴史学研究』九七二、二〇一八年）などがある。

はじめに

契丹［遼］の滅亡後も、西遷した契丹、所謂カラ＝キタイは十二世紀に至るまで東部ユーラシアのパワーバランスに大きな影響を与えた存在として知られる。またモンゴル時代においても移剌楚才（耶律楚材）や移剌（耶律）阿海らに代表される契丹人の活躍は人口に膾炙している。その一方で金朝統治下に残された契丹人たちに関しては、その重要さに比して注目される機会が多かったとは言えない。本稿では、金朝治下にあった契丹人たちがどのような状況に置かれていたのかを、三つの時期に区分した上で捉えてみたい。また、契丹と密接な関係にあった奚《けい》に関しても、金朝が契丹と奚を基本的には同様の枠組みとして政治的に扱ったことから、合わせて取り上げたい。

一、金代初期の契丹・奚人と金朝との関係

天輔五年（一一二二）五月、契丹・天祚帝の側室の妹を妻とする耶律余睹が金朝に降った。契丹の外戚が金に降った事例はこれを嚆矢とする。金朝は耶律余睹の旧領を安堵し、金朝の契丹有力者に対する処置の先例となった。その後陸続と金朝に降った契丹人有力者は、各々元来所有していた軍団をそのまま保持する形で各方面を掌握する女真の領袖の配下となった。西北方面では、西北、西南両路都統の宗翰の下で耶律塗山が西北路招討使に、耶律懐義が西南路招討使に任ぜられた。一方遼西方面にあっては、六部路（中京路）都統の撻懶《ダライ》の下で奚王の子孫である蕭翊が興中府尹の命を受けた。これら女真の領袖と契丹・奚人有力者との関係は、単に制度的なものだけではなく、個人的な主従関係でもあった（外山軍治［一九六四］、松井太［二〇〇三］）。例えば天会年間に斡啜《ウジュ》の麾下となった移剌温は、

後に斡啜が北方遠征を命ぜられた際、自らの官職を捨ててその軍にはせ参じたという（『金史』移剌温伝）。

金朝に降った契丹・奚人有力者は、猛安または謀克に任ぜられ、その地位を世襲することを許された。この措置は時代が下っても基本的には変わらず、天眷三年（一一四〇）に遼東方面の渤海人や漢人に与えられていた猛安謀克が廃止された際にも契丹・奚人に対しては従来通りの地位が約束された。また地方行政にあっても、かつて支配者であった契丹人を州県官として任用することで引き続き支配者の側に立たせることで、金朝への忠誠心を惹起させようとした。このように金朝が契丹・奚人を優遇したことには当然理由があった。それは金朝が彼らをして、モンゴル高原の諸部族や西夏との緩衝体たらしめようとしたことによる（外山軍治［一九六四］）。

このように金朝初期から契丹・奚人、特に彼らが持つ武力は金朝にとって欠かせないものになっていたが、海陵王の奪権に伴い、その関係は進展を見せる。海陵王の時代、多くの契丹・奚人がその側近に取り立てられたが、その中でも海陵王と個人的関係を結んだ奚人が目を引くことは異彩を放っている。これは海陵王が即位前に奚の本拠地である中京の留守を務めたことが大きく影響していると考えられる。帝位への野心を持つ海陵王にとって、遊牧騎兵を擁する契丹人は魅力的な手駒と映っただろう。一方、撻懶の失脚後、中京路で逼塞していた旧撻懶派の契丹・奚人にとっても海陵王との邂逅は僥倖であった（松井太［二〇〇三］）。海陵王はクーデターに成功したのち、天徳四年（一一五二）から翌貞元元年にかけて泰州から燕京への巡幸を行っているが、その途上半年近くにもわたって中京に滞在していることは、海陵王にとってその地の契丹人たちが極めて重要であったことを物語っている。

海陵王即位の立役者となったのが、奚人蕭裕である。蕭裕は猛安として中京にいたが、海陵王が中京留守となったおり互いに面識を持つに至り、天下の事を語りあったという（『金史』蕭裕伝）。列伝によれば、海陵王が熙宗殺害に至る発端となったのは蕭裕であった。海陵王が中央政府に戻ると同時に、蕭裕も昇進を遂げ、兵部侍郎、同知南京留守事などを経て、海陵王が帝位についた際には秘書監となる。その後、太宗諸子の殺害にも関わり、尚書左丞・平章政事を経て、最終的には右丞相兼中書令に任ぜられた。しかし蜜月は続かなかった。

右丞相となった蕭裕は朝廷を左右するほどの権勢を持つに至ったが、弟の蕭祚を左副点検、妹夫の耶律闢离剌を左衛将軍に任じたことで更なる周囲の妬みを買った（『金史』蕭裕伝）。海陵王に殺害されることを恐れた蕭裕は、一族などと共謀して天祚帝の孫を担ぎたててクーデターを企てたものの、事前に海陵王の知るところとなり水泡に帰した。蕭裕の一族は族誅の憂き目にあうこととなった。ここで注目すべきは、天祚帝の孫が反乱の旗印とされていることだろう。この時期に至ってもなお契丹［遼］の皇家の血脈は、契丹・奚人にとって大きな政治的意味を持っていたのである。

二、正隆大定年間の大反乱と
カラ＝キタイの影

蕭裕のクーデターを海陵王に密告し、枢密副使に任ぜられた蕭懐忠という人物もまた奚人であった。まもなく西北路の契丹人撒八が山後四群牧・山前諸群牧を糾合して反乱を起こすと、西京留守兼西南面兵馬都統とされ撒八討伐の命を受けるが、討伐軍は撒八の捕捉に失敗し、懐忠と撒八がともに「契丹」であり、彼らの合流を恐れた海陵王は、撒八の軍を逃したことを口実に懐忠らを殺害する（『金史』蕭懐忠伝）。この反乱こそが金朝と契丹・奚人との関係を決定的に変えることになる正隆大定年間の契丹の反乱である。

金朝、契丹人双方に極めて大きな傷跡を残すことになるこの反乱の発端は、海陵王による南征であった。首都を燕京に遷した海陵王は、「天下を混一し、正統を成す」べく（『金史』耨盌温敦思忠伝）、正隆四年（一一五九）正月、南宋攻撃の準備を開始した。この時の徴発は極めて苛烈であり、二十歳以上五十歳以下の男子は全て徴兵されたという（『金史』李通伝）。一方的な収奪ともいえる金朝の行為は、当然の如く各地の治安悪化を招いた。本稿に関わる地域を挙げれば、北京路（元の中京路）においても元来駐留していた奚人の部隊が南征に動員された為に、盗賊が跋扈しているとの報告が齎されている（『金史』高楨伝）。

このような状況は、元来金朝の支配力が薄弱であった西北路において反乱を誘発させるまたとない好機となった。金朝の徴発に対し、西北路の契丹人は「私たちは代々隣国との戦いに動員され、互いに恨みあっております。もし男子が尽く徴兵されれば、彼らは必ずや攻め寄せてきましょう」と訴えた。しかし、彼らの願いは懲罰を恐れる金朝の使者によって揉み消された（『金史』移剌窩斡伝）。正隆五年四月、契丹人は西北路招討司訳史の撒八を中心に決起した。招討司に保管されていた武具を奪った撒八らは、天祚帝の子孫の擁立を掲げ檄を飛ばした。山西からモンゴル高原南部に位置していた山後の四群牧、並びに河北北部から遼西南部に位置していた山前諸群牧の契丹人は、これに呼応して兵を挙げた。金初以来、契丹・奚人の集団を維持しつつその武力を利用してきた政策が、ここに至って金朝自身の首を絞めることになったのである。

撒八の反乱を知った金朝は直ちに奚人蕭禿剌を指揮官として討伐軍を派遣し（『金史』海陵本紀）、更に蕭懐忠らを援軍として派遣した。不利を覚った撒八らは北へと逃走し、ケルレン河へと至り、更に西進してカラ＝キタイに走ることを狙った（『金史』移剌窩斡伝）。しかし、元来山前に居住していた者たちは、それを拒否し撒八を殺害した。カラ＝キタイに関する情報に触れやすく、地理的にも近かった山後の人々と、相対的にカラ＝キタイとの関係性が薄弱であった山前の人々とでは、既に大きな意識の差があったのだろう。

八月を迎えても反乱の鎮圧に手間取る討伐部隊の指揮官に対して、海陵王は大規模な粛清を行った。この時粛清対象とされた契丹・奚人の名を挙げれば、西京留守蕭懐忠並びに北京留守蕭賾が族誅、右将軍蕭禿剌は誅され、左丞相蕭玉は杖された。元来契丹・奚人を重用し、蕭裕のクーデターに対してはあくまで個別案件として処置した海陵王だったが、最早彼らに対する感情は極めて悪化していた。海陵王のみならず、金朝自体の契丹・奚人に対する態度が急激に変化しつつあった（外山軍治・三上次男［一九三九］）。反乱鎮圧の兆しが見られないにもかかわらず、九月に至って海陵王は南征を強行したが、この時海陵王が率いた三十二総管の中に一人の契丹人の名もなかった。

一方、撒八を殺害した山前の契丹・奚人たちは六院節度使移剌窩斡を新たな領袖とした。海陵王を打倒し新たに皇帝となった世宗は、移剌窩斡に降伏を求めたが、交渉は決裂し反乱軍はかつての遼の上京である臨潢府《りんこうふ》を包囲する。移剌窩斡は称帝し、天正と改元するものの金軍に敗北し、奚部、即ち北京付近に逃げ込み再起を図った（『金史』紇石烈良弼伝、移剌窩斡伝）。山後に居住していた者たちが西方のカラ＝キタイと合流することに活路を求めた一方、山前に居住していた者たちはあくまでユーラシア東方において契丹［遼］の復活を目指していた、とも考えられるかもしれない。

大定二年（一一六二）九月、移剌窩斡は捕縛され、残党の主なものも壊滅したため、一年半及んだ反乱は一応の終息を見たが、反乱軍が根拠地としていた臨潢、北京一帯では尚金朝に服従しない契丹・奚人が燻り続けていた（『金史』完顔守道伝）。

反乱鎮圧後、世宗は契丹猛安謀克の廃止を命じた。しかし、僅か半年後にその決定は取り消され、契丹猛安謀克を復活させるとともに、その長には反乱に関わらなかった契丹人が充てられることとなった（外山軍治［一九六四］）。余りに急激な制度変更が、契丹・奚人の金朝に対する感情の更なる悪化を招くことを考慮したものだろう。

とは言え、契丹・奚人に対する優遇措置を暫時撤廃し、彼らを外敵との緩衝体として利用する政策が徐々に改変される流れに変わりはなかった。西北路の契丹人に関しては、大定十七年（一一七七）までの間に反乱に関わらなかったものも含めて、上京・利州・烏古里などの地に遷された。北京路には奚人六猛安が置かれていたが、遅くとも大定二十一年以前には、これらの奚人を咸平・臨潢・泰州などに移徙させた後に、女真人を当該地域に移住させている。

元来、緩衝体としての役割を担わせていた契丹・奚人を後方に移住させたことにともない、世宗は新たな北辺の防衛体制を構築した。早くは大定五年に臨潢に堡と呼ばれる防衛拠点七十カ所を築き、大定二十一年には更に大規模な堡の整備が行われた。このような防衛拠点の整備に利用されたと考えられるのが、北京路から臨潢路の管轄地域に存在した「松漠」と呼ばれた森林地帯の資源である。この地域の奚人を移住させた背景には、この地の森林資源を直接掌握したいという金朝の意向も考えられる。また、世宗は大定六年から二十七年にかけて十一回にもわたり西北路招討司が置かれた金蓮川に巡幸を行っている。これには、緩衝体としての契丹人が不在となった当該地域の政治力・軍事力の弱体化を補填するとともに、カラ＝キタイのモンゴル高原への影響力の浸透を防ぐ狙いがあっただろう。

三、章宗期の改姓問題とその後

章宗の時代になると、金朝の契丹人に対する優遇措置の撤廃はより明確な形を取っていく。その中でも代表的なものが、明昌二年（一一九一）四月の契丹字の公式文書からの除外と、同年十二月の契丹字の通用禁止である。金朝は建国以来、女真字・契丹字・漢字を併用し、女真字の政府文書も契丹字と漢字に訳すこととしており、これは金国という体制が女真・契丹・漢人（漢児）により構成されることを象徴的に表してもいた。それ故、明昌二年のこの決定は、軍事面のみならず、政治面においても契丹・奚人を特別視しないという金朝の意思の表れと言えるだろう。

更に明昌三年には、契丹・奚人の漢字による姓氏を改変するという政策が実行された。遼代には耶律・蕭と記されていた契丹・奚人の姓氏が、金代以降移剌・石抹とも記されるようになることは、従来からよく知られていた。しかしそれは自然発生的に起きたのではなく、金朝により改められたのだった。この年以後、元来耶律と記されていた姓は移剌に、蕭と記されていた姓は石抹・遥里・伯徳・奥里などと記されるようになった。この措置は、契丹・奚人の金朝における特殊性・独自性を削減する政策の一環であったが、また一方では、同じく明昌二年に実施された女真人の漢姓使用の禁止とも密接な関係を持ち、ある意味契丹・奚人たちもそのような政策の枠組みに組み込まれていったとも考えられるだろう。

契丹［遼］の王族・貴族に由来する耶律・蕭という姓氏の表記方式は、金代の契丹・奚人にとっても伝統あるものであると考えられていただろう。それ故、金朝の一方的な改姓措置は、章宗一代の間は、少なくとも表面的には貫徹されたように見えたが、章宗が没し金朝の最末期になると早くも揺り戻しが起き、再度耶律或いは蕭での表記を使用し始めるものが続出した。しかし、金朝の求心力が著しく低下する中でも移剌や石抹という姓を使用し続けた人々も存在した。その中でも代表的なものが、移剌楚才である。兄の弁才・善才が耶律姓を名乗っていたのに対し、楚才は移剌姓を使い続けた。一族の中でもこのように姓氏への態度が異なるという状況は、当時の契丹・奚人のアイデンティティを考える上でも何らかの手掛かりになるのではないだろうか。

モンゴル帝国の草創期にあって、阿海・禿花《トガ》兄弟、石抹也先《エセン》、耶律留哥らの契丹人は大きな勲功を挙げた。その結果、石抹也先の一族は北京路に、耶律留哥の一族は広寧路に世襲的な権益を与えられたが、至元五年（一二六八）を最後に、契丹・奚人が金代以前に所縁のあった地域に与えられていた権益は概ね取り消されることとなる。モンゴル時代にあっても、契丹・奚人は金代と同じように、否むしろそれ以上に時の王朝の意向により様々な地域への移住を余儀なくされていたのである。それはある種のディアスポラ的状況に置かれていたとも言えるだろう。契丹・奚人がそのような状況に身を置かざるを得なかったことは、一面では人的・情報ネットワークなどの点で大きな武器となったが、一面では十四世紀後半には彼らが歴史の表舞台から消失してしまうことの要因となっただろう。そしてそのような状況をもたらした最も重要な起点の一つが、正隆大定年間の大反乱だったのである。

参考文献

夏宇旭『金代契丹人研究』（中国社会科学出版社、二〇一四年）
外山軍治「金朝治下の契丹人」（『金朝史研究』同朋舎、一九六四年）
外山軍治・三上次男「金正隆大定年間に於ける契丹人の叛乱（上）」（『東洋学報』二六―三、一九三九年）
外山軍治・三上次男「金正隆大定年間に於ける契丹人の叛乱（下）」（『東洋学報』二六―四、一九三九年）
古松崇志「十〜十二世紀における契丹の興亡とユーラシア東方の国際情勢」（『契丹「遼」と十〜十二世紀の東部ユーラシア』勉誠出版、二〇一三年）
松井太「金代のキタイ系武将とその軍団――蕭恭の事跡を中心に」（『東北アジア研究シリーズ5 東北アジアにおける民族と政治』東北大学東北アジア研究センター、二〇〇三年）
三上次男『金史研究二　金代政治制度の研究』中央公論美術出版、一九七〇年）
吉野正史「「耶律・蕭」と「移剌・石抹」の間――『金史』本紀における契丹・奚人の姓の記述に関する考察」（『東方学』一二七、二〇一四年）
吉野正史「巡幸と界壕――金世宗、章宗時代の北辺防衛体制」（『歴史学研究』九七二、二〇一八年）
Biran, Michal., 2008, *The Empire of the Qara Khitai in Eurasian History: Between China and the Islamic World*. Cambridge University Press.

十五年も待っていたのだ！
——南宋孝宗内禅と対金関係

毛利英介

もうり・えいすけ——関西大学東西学術研究所非常勤研究員。専門は遼金史。主な論文に「大定和議期における金・南宋間の国書について」（『東洋史研究』七五―三、二〇一六年）、「遼宋皇帝間擬制親族関係小補」（『過程、空間：宋代政治史再探研』北京大学出版社、二〇一七年）などがある。

南宋初期は、中国歴代の王朝において例外的に三代連続して生前に譲位（内禅）が行われた。そのうち孝宗の内禅に関しては従来比較的関心が乏しかったように思う。本稿では孝宗の内禅には対金関係が作用していたと想定し、取り分け「受書礼」（金の使者がもたらす金の皇帝名義の外交文書を南宋の皇帝が受領する際の儀礼）が重要であった可能性について述べていく。

はじめに

この機会を十五年も待っていたのだ！
（待此機会十五年矣。）

淳熙《じゅんき》十六年（一一八九）正月二十一日、南宋の第二代皇帝孝宗が時の宰相（左丞相）周必大に対して発した言葉である。[1]本稿では、この発言のもつ意味について検討することで金と南宋の関係の一端について考えてみたい。

まずここで言う「機会」とは何か。これには、前日の正月二十日付の周必大『奉詔録』巻七「虜中機会・趙思侍従御筆回奏」[2]が参考になる。この文章のタイトルに「虜中（＝金）の機会」とあるように、それはまず金に関連する「機会」である。そして御筆の文中には「虜主身故将来機会」とあり、ここから「虜主」（＝金世宗）が亡くなった金の目下の情勢という程度の意味と理解可能だろう。

そもそも冒頭の発言は、周必大が「金主之報」について上奏した際に発せられた。この「金主之報」とは金世宗の崩御の情報を指すもので、やはり前日の正月二十日に淮水を挟んで金領と向かい合う国境都市の盱《く》眙《い》軍《ぐん》から第一報が入っていた。そこから考えても、南宋孝宗の発言中の「機会」は、世宗崩御に関連するものと考えられる。

　それではそのような「機会」を待って南宋孝宗は何をしようとしていたのか。それは、当時の状況からして、正月二十日に約十日後の二月二日に実施することが発表された皇太子（後の南宋光宗）への譲位（以下「内禅」と表記）と理解するのが妥当と考える。

表1　金・南宋皇帝の生没年及び在位年（部分）

金	生没年（在位年）	南宋	生没年（在位年）
世宗	1123-1189（1161-1189）	高宗	1107-1187（1127-1162）
（顕宗）	1146-1185	孝宗	1127-1194（1162-1189）
章宗	1168-1208（1189-1208）	光宗	1147-1200（1189-1194）

　すると冒頭の発言に関して検討すべきは、「なぜ南宋孝宗が待った期間は十五年間なのか」そして「何故孝宗はかくも長期間にわたり待ち続けたのか」ということとなる。

南宋における内禅

　ここで南宋における内禅について確認しておきたい。一般に中国歴代の王朝の帝位継承においては、先代の皇帝が崩御した後に次の皇帝が即位するのが通常である。そのような中で南宋の初期は、初代高宗・二代孝宗・三代光宗が連続して内禅を行ったことに特徴がある。そして、高宗と孝宗に関しては内禅の後も太上皇帝として権力を一定程度保持しており、まさに同時期の日本の院政に比すべき状態にあった。取り分け高宗は内禅後もその崩御まで四半世紀にわたり太上皇帝として君臨しており、孝宗の在位のほとんどの時期を占めるものとなっている（**表1**参照）。

　内禅を行った南宋初期の三人の皇帝の中で、本稿で検討対象とする孝宗の内禅には従来さほど関心が払われて来なかったように思う。そしてこれはある意味で当然だった。何故なら、まず高宗の場合は、金の海陵王の南宋侵攻による金・南宋間の和議の破綻に伴い対金協調路線の高宗が内禅を行ったもので、南宋の存立を揺るがす事態を背景とするものであった。また光宗の内禅は、光宗に対する「主君押し込め」とも言うべき明らかな政変であった。つまり、これらは南宋政治史において特筆すべき出来事であったと言える。それに対し、孝宗の内禅の場合は、まず内外ともに混乱は生じていない。更に内禅の前から皇太子（後の光宗）は一定程度政務に参与していた一方で、内禅の後も孝宗は権力を完全には手放しておらず、つまり内禅前後で政権のあり方に根本的な変化は生じていない。関心を集めないのも当然と言えよう。

その結果、従来内禅の要因として指摘されて来た内容も、明確とは言い難いものであった。例えば宮崎市定「南宋政治史概説」から関連部分の記述（八六頁）を引用してみよう。

孝宗は、太上皇の高宗が八十一歳の高齢を以て殂したる翌々年、自己も既に六十三歳に達したれば、養父の先例を真似て、子の光宗に位を譲って隠居した。之には光宗があまり利発ではなく、妃の李氏が我儘をする虞れがあったので、早く光宗を位につけて、政治のやり方を監督し乍ら教授したいという考えも働いたようである。

ここからは南宋孝宗の内禅の要因と言うべき内容として、以下の諸点を拾い出すことができるだろう。

・義父である高宗の崩御から一定の時間を経た。
・高宗が内禅を行った先例に従った。
・太上皇帝として光宗の後見となろうとした。

以上を内禅の要因と考えてそれぞれ誤りではないだろう。だが、いずれもむしろ内禅の背景と言うべきもので、直接的な要因とは看做しがたく感じる。

すると、冒頭で提示した「機会」が俄然浮かび上がってくる。つまり、南宋孝宗の内禅には、対金関係、取り分け金世宗の崩御が大きく作用していることが想定されるのである。そして先行研究においても、既に孝宗の内禅の要因として対金関係上の要因を想定したものも存在する。楊樹森「南宋三次内禅与宋金之和戦」と張其凡「留正与光宗之立——留正研究之二」である。本稿では、これらについてそれぞれ第一節・第二節で確認・紹介しつつ、上掲の課題について議論を進めて行きたい。

一、南宋孝宗内禅と擬制親族関係
——楊樹森氏の所説より

それでは、本節ではまず楊樹森氏の南宋孝宗の内禅に関する見解（二五七頁）を日本語訳して以下に引用しよう。(3)

大定二十九年＝淳熙十六年（一一八九）、金世宗が病気で逝去すると、二十一歳の金章宗が皇位を継承した。この時に南宋孝宗はすでに六十三歳であった。大定和議の規定で金と南宋は「叔姪の国」（筆者注：「叔」は叔父、「姪」は甥）となっていたので、南宋の皇帝は金の皇帝に対して「姪皇帝」と自称する必要があった。孝宗は六十三歳の老身で自身より四十二歳年少の章宗に対して「姪」と称することを願わず、そのため壮志はあっても長年成し遂げるところがなかった孝宗は、同年二月に太子の趙惇（南宋光宗）に譲位し、自身は重華宮に隠居して太上皇帝となった。

楊氏は以上の論述に当たって一切根拠を示しておらず、筆者も擬制親族関係（＝義理の親族関係）――ここでは金と南宋の皇帝が代々叔父と甥の関係となること――への忌避が南宋孝宗の内禅の直接的要因であると述べる史料の存在を知らない。ただし、「はじめに」で既出の「虜中機会・趙思侍従御筆　回奏」の以下で引用する箇所から、孝宗周辺が金世宗の崩御と金章宗の即位に伴う金・南宋両国皇帝間の擬制親族関係の展開について意識していたことは知られる。

金章宗が即位した後、「叔姪」関係はきっと込み入ったことになるでしょう。あと半月後に鄭僑が帰国したら、大略が分かることでしょう。その他のことは、また直接奏上致します。

なお、引用中に出現する鄭僑は、当時賀正使節として金に派遣されていた人物だが、年末に金の首都である中都（現北京市）に到着すると世宗は危篤であり、ついで世宗が崩御したため本来の務めを果たせず、帰国してみると南宋では孝宗が内禅を実施して光宗が即位していたのだった。(4)

引用史料を踏まえると、擬制親族関係を重視する楊氏の提起は十分に検討に値すると考えるので、以下その所説に対して補足・敷衍をしていきたい。

（1）金・南宋皇帝間の擬制親族関係

まず当時の金・南宋両国皇帝間の擬制親族関係について補足しておく。一一六五年に金世宗と南宋孝宗の間で成立した大定和議では、金の皇帝と南宋の皇帝の名分関係が、それ以前の君臣関係から代々「叔」と「姪」の関係とすることに変更された。ここでは「代々」というのが重要である。何故なら、金と南宋に先立つ遼と北宋の間でも皇帝間の擬制親族関係が設定された。しかし、名分上対等な遼と北宋の皇帝間における擬制親族関係では、一〇〇四年に澶淵の盟が結ばれた際の両国の皇帝である北宋真宗と遼聖宗をそれぞれ「兄」・「弟」として基準とし、以降の皇帝間の関係は世代と実年齢によって決められた。よって、在位の皇帝間の関係は可変的であり、その中では遼の皇帝が「叔」、北宋の皇帝が「姪」となることもあった（例えば遼聖宗と北宋仁宗、遼道宗と北宋神宗）。(5)それに対して、大定和議で規定された金・南宋両国皇帝間の擬制親族関係は、世代や実年齢にかかわらず、常に金の皇帝が「叔」、南宋の皇帝が「姪」となるとされた。そのため、例えば南宋で太上皇帝高宗が崩御した際に金世宗が贈った祭文では、世宗は高宗を「姪」として扱っている。(6)当時、世宗は高宗の義子である在位の皇帝の南宋孝宗をも「姪」として扱っているにも関わらずである。

とは言え、南宋孝宗からは金世宗はやや年長であり、「叔」と称してさほど不自然ではなかった。だが、世宗が崩御して皇太孫（後の金章宗）が即位した場合には孝宗は四十歳も年少の章宗を「叔」と称する極端な状況が見込まれていた。よって、直接的な史料は存在しないが、孝宗が章宗を「叔」と称することを忌避したことが内禅の要因とする楊樹森氏の所説には説得力がある。

ただし、これを南宋孝宗内禅の主たる要因と考えると、冒頭で紹介した『思陵録』に見える孝宗の発言の「十五年」という数字が説明出来ない。何故なら、金において世宗の皇太子（顕宗）が即位をまたず死去したのは一一八五年であり、孝宗が四十歳以上年少の人物を「叔」と称する状況が想定されるようになったのは、発言のあった一一八九年からは四年前のことでしかない。他方で大定和議が成立して孝宗と世宗の間で擬制親族関係が設定されたのは一一六五年のことであり、逆に二十年以上前である。つまり、擬制親族関係から考えると「十五年」という期間には合致しないのである。

(2)『思陵録』に見える南宋孝宗の内禅と金世宗の崩御の時系列

次に、「はじめに」とも一部重複するが、南宋孝宗の内禅と金世宗の崩御の時系列について述べておきたい。それは、楊氏の所説のような金における皇位継承に関連して孝宗が内禅を行ったとの意見が登場する背景として、上述の擬制親族関係のあり方以前に、時系列の問題が存在するからである。ここでは『宋史』巻三十五孝宗本紀三・巻三十六光宗本紀に拠り以下に提示する。

淳熙十六年（一一八九）

正月二日、金世宗崩御。

正月二十日、南宋孝宗内禅の日程を発表。

二月二日、孝宗内禅、南宋光宗即位。

三月二十五日、告哀使（＝世宗の崩御を通告する金の使節）が南宋に到着。

つまり、金世宗の崩御後、その崩御を正式に通告する使節が到来するまでの間という図ったようなタイミングで南宋孝宗は内禅を行っているのである。そして、『思陵録』巻下の記事を追いかけると、なおさらその思いを強くする。

淳熙十六年（一一八九）正月

・五日、枢密院が前年十二月十九日に金世宗が発布した大赦の赦書を皇帝（南宋孝宗）に進呈した。「…（略）…」金は大事があった場合しか大赦は行わず、さらに今回は特に赦免の対象が広大なので、恐らくは世宗が病気なのであろう。

（略）…（この間に金の賀正使節帰国）

・十九日、金世宗の誕生日の祝賀使節として派遣される何澹が、世宗に何かあった場合、礼物は金側に渡すべきか皇帝に指示を求めてきた。私（＝周必大）は、賀正使節として派遣中の鄭僑のやり方を参考にしましょうと申し上げた。皇帝は、状況を見て適宜判断することを許された。

・二十日、皇帝が宰相府と枢密院に以下のように宣諭された。「朕はもう歳をとったので、…（略）…十日後を目途に皇位を譲ろうと思う。」

・盱眙軍が上申して来たことには、対岸の金領内ではとばりの類は全て青色のものを用いており、伝えるところでは、金の皇帝が正月一日に亡くなったとのことである。

・二十一日、金世宗に関する報告を皇帝に上奏した。皇帝は「この機会を十五年も待っていたのだ！」と仰った。

・二十二日、盱眙軍が、金世宗が正月二日に崩御してその遺言で皇太孫（金章宗）が棺の前で即位したことを報告してきた。[7]

（略）

・二月二日、内禅実施。

この時系列に拠れば、淳熙十六年（一一八九）正月五日に金世宗の深刻な体調悪化を確信した南宋孝宗は、二十日に十日後の内禅実施を公表し、二月二日に内禅を実施したこととなる。そして、正月二十日以前に直接内禅と関連する記事は見当たらない。

（3）『建炎以来朝野雑記』に見る内禅への経緯

ただし、『建炎以来朝野雑記』（以下『朝野雑記』）乙集巻二「己酉伝位録」[8]所載の関連記事からは、『思陵録』とは異なる印象を受ける。[9]以下、同史料から要点を抜粋して提示する。

・淳熙十四年（一一八七）十月の南宋の太上皇帝高宗の崩御の段階で南宋孝宗は将来の内禅に言及していた。

・淳熙十五年（一一八八）十一月四日には孝宗は周必大に内禅の意思を伝えていた。

・十二月十二日に、孝宗は高宗の内禅の際の文書を周必大に賜り内禅の具体的な検討に入った。

・大晦日には、翌年二月二日の内禅が内定していた。

・その日取りは、金の賀正使節が帰国の途についた後の中から検討され、二月一日の日食より後の日として定められたものである。

つまり『朝野雑記』の記述に拠れば、金の賀正使節の南宋来訪との兼ね合いはあるが、あくまで南宋の内政の一環として内禅の準備を進めていた中で、たまたま金世宗が崩御したとの印象を受ける。より正確に言えば、金での皇位継承には触れるところがない。

筆者は、『思陵録』は当時政治の中枢にいた人物による生に近い史料であって史料的価値が高いと判断し、『思陵録』に寄り添った理解をする方が妥当と考える。だが『思陵録』に寄り添って理解したとしても、南宋において何の準備もなく急遽内禅を実行したとは考えづらい。そもそも『思陵録』に内禅直前まで内禅に関わる記事が見えなくとも、南宋孝宗と周必大の間で高度に政治的な事項である内禅に関わる話題が出なかったことを直ちには意味しない。そして次節で触れるが、孝宗は太上皇帝高宗の存命時から内禅の希望は持っていたともされる。よって、『朝野雑記』の記す通りかは別に、金世宗崩御以前から内禅の準備は進められていたと考えて良いだろう。

以上のように、南宋孝宗の内禅の要因として対金関係が作用していた蓋然性が高く、その一部として擬制親族関係の存在が想定しうる。ただし、擬制親族関係の観点からは、「十五年」という数字は説明できない。そのため、節を改めて擬制親族関係以外の要因も探りつつ、「十五年」の問題について考えていきたい。

二、南宋孝宗内禅と受書礼
——張其凡氏の所説より

本節では、前節で論じ残した「十五年」の問題の解決のために、まず「はじめに」でも言及した張其凡氏の論稿の見解（二二三―二二四頁）を紹介しておきたい。張其凡氏は、本稿冒頭で掲げた部分を含む周必大『思陵録』も引用しつつ、以下のように述べる。

・大定和議は金世宗の時期に締結されたものだったので、世宗が崩御すると南宋孝宗は復讐の対象を失い、ライバルの消失による喪失感が生まれた。

・金では皇太子（顕宗）が既に死去していたため、皇太孫の完顔璟（金章宗）が即位すると、大定和議の規定により、孝宗は老身で若い新たな金の皇帝を「叔」と尊称しなければならず、これは面子がつぶれる事態だった。「受書礼」の問題でも孝宗は何度も抵抗しながら成果がなかったのに、まして自らより二十歳（ママ）以上年少で孫の代に当たるような人物を「叔」と尊称することは受け入れがたかった。

・金との対抗において、南宋の太上皇帝高宗の長期間にわたる孝宗に対するプレッシャーも駆動力となっていた。

この駆動力のもとで孝宗は金に対抗する闘志を保持していたが、高宗の崩御にともなって孝宗の中原回復の志は減退した。南宋の国情に鑑みても、短期的に金と戦争を行うべき状況にはなかった。

・四十二歳の皇太子趙惇（南宋光宗）は即位が待ちきれず、孝宗が遅々として譲位を行わないことに強い不満を有するようになっていた（大意）。

各種の要因の作用のもと、孝宗は最終的にあらかじめ内禅を行うことを決定した。淳熙十六年（一一八九）二月二日、孝宗は詔を下し、高宗に対し三年間喪に服することを理由として、皇太子趙惇に譲位をすることを決定した。

以上のように、張其凡氏は南宋孝宗の内禅の要因を内外にわたる複合的なものとして論じる。恐らくこれが実相なのだろう。それと同時に、前節で論じたように、孝宗の内禅に対金関係が重要な要因として作用していたとの想定も十分な蓋然性があると考える。その立場に立った際、張其凡氏は対金関係上の要因として以下の点に言及している。

（一）金世宗が崩御したことにより南宋孝宗は意気を喪失したこと。

（二）金章宗を「叔」と称さなければならなくなること。

（三）孝宗はもともと受書礼への忌避感が強かったこと。

（四）南宋高宗の崩御によって孝宗は金と対抗する意気を喪失したこと。

（五）当時の南宋が金と戦うべき状況にはなかったこと。

このうち、第一・四・五点はいわば背景であり直接的な要因とは評しがたく、一方で第二点は前節で既に論じた点である。つまり、張氏は主たる要因として言及している訳ではないが、残る第三点の受書礼への忌避感が論点として浮上してくるのである。

（1）「純熙」と「淳熙」

ここで一旦目を転じて淳熙十六年（一一八九）から十五年前、即ち淳熙元年（一一七四）前後とはどのような時期であったかを考えたい。そして、淳熙元年ということから、まず「淳熙」という年号自体について着目してみたい。[10]

『皇宋中興両朝聖政』巻五十二乾道九年（一一七三）十一月戊戌条によれば、当初同日に公布された翌年から用いられるべき年号は「純熙」であり、[11]後に北宋太宗の年号である「淳化」・「雍熙」に因むものとして「淳熙」に改められたとされる。それでは当初予定された「純熙」の由来はどのようなものか。『朝野雑記』乙集巻七「淳熙改元本用純字」によれば、「純熙」とは『詩経』周頌・閔予小子之什・酌を踏まえ、具体的には以下のフレーズに因む。

於鑠王師、遵養時晦。時純熙矣。
於《あ》あ鑠《しゃく》なる王師、遵《もっ》て時《こ》の晦を養《と》れ。時《こ》れ純《おお》いに熙《かがや》かん。

　これは周の武王が殷を滅ぼしたことを述べるものとされ、これを踏まえた年号は、南宋を周、金を殷になぞらえた対金宣戦布告とも受けとれる。このような含意を有する年号には当時南宋で対金強硬派として知られた虞允文すら反対したとされ、結局年号は六日後に文字を改めて「淳熙」とされた。なお『宋史』巻三十四孝宗本紀二によれば、先立つ十月には虞允文に対して速やかに辺境の防備をなすように命じている。これは後述のように対金防衛であり、この時期に南宋孝宗が金に対し強硬な姿勢を採っていたことは疑いない。

（2）南宋における受書礼

　それでは、大定和議の成立から十年近い時間が経過したこの時期に、南宋孝宗が金に対して強硬な態度を示そうとした理由は何か。それが、いわゆる受書礼の問題である。

　ここで張其凡氏の論を紹介する際に言及した南宋における受書礼について説明しよう。ここでの受書礼とは、元来の字義では「文書を受領する儀礼」だが、特に金の使者が南宋に派遣された際に金の皇帝名義の外交文書を南宋の皇帝が受領する儀礼を指す。そもそも一一四一年に成立した皇統和議では、金の皇帝が君主、南宋の皇帝が臣下と名分が定められたため、外交文書受領の儀礼も南宋の皇帝が遜ったものとなった。具体的には、南宋の皇帝は起立して直接金の使者から外交文書（当時は君臣関係にあるので詔）を受領するとされた。そのような君臣関係を前提とした儀礼が、大定和議によって君臣関係が撤廃され金・南宋両国の皇帝間の関係が「叔姪」となった後も継続された。[12] これは南宋孝宗にとって承服しがたく、そのため金に対して繰り返しその変更を求めることとなった。

　この受書礼にかかる問題がピークに達したのが、乾道《けんどう》末年から淳熙元年（一一七四）に掛けてだった。[13] まず、南宋は乾道六年（一一七〇）から八年（一一七二）にかけて三度にわたり范成大・趙雄・姚憲を様々な名目で派遣して金に対して受書礼の変更を求めたが拒否された。この間乾道七年（一一七一）には、金からの南宋孝宗の誕生日の祝賀使節である烏林答天錫に対して受書礼の実施を回避する一幕もあった。

　そして南宋孝宗はより強硬な手段に出る。大定十三年＝乾道九年（一一七三）、まず十月に孝宗の誕生日祝賀に金から南宋に派遣された完顔襄の帰国時に、通常の儀礼的な国書以外に受書礼の変更を求める国書を託けた。実は、先述の虞允文への辺境防備の命令は、この国書を彼に提示してのことだった（以上『宋史』孝宗本紀二）。つまり、孝宗は金に対する受書礼の変更要求が戦争へと繋がりかねないことを意識していたこととなる。更に年末には、賀正使節として金から南宋に派遣された完顔璋に対し受書礼の変更を求めた上、それが容れられないと受書礼を行わずに完顔璋から宿所で国書を奪い取る（篭絡したとも）という挙に出たのである（『金史』巻六十五斡者伝附璋伝等）。受書礼の変更要求だけでも戦争の可能性を意識するのであれば、強硬手段に出た場合の危険性がより高いのは明らかであろう。そして、完顔璋が祝賀に来たその元旦こそが、本来「純熙」の年号が開始されるべき日であった。

この国書奪取の事実を把握した金は、明くる大定十四年＝淳熙元年（一一七四）に詰問の特使である梁粛を派遣し、南宋孝宗は謝罪の国書を提出することとなる（『金史』巻八十九梁粛伝）。それでも孝宗はその国書の中であらためて受書礼の変更を要請したほか、同年中には張子顔らを特使として派遣して重ねて受書礼の変更を要請したが、金はそれを最終的に拒絶した（『金史』巻八十八紇石烈良弼）。そして年末に賀正使節として劉仲誨が金から派遣されて来た際にも南宋は受書礼の変更を求めたが、これも拒否された（『金史』巻七十八劉仲誨伝）。こうして受書礼は現状維持で最終的な決着となったのである。

なお『宋史』孝宗本紀二乾道九年（一一七三）十二月乙酉条によれば、完顔璋の南宋派遣時の受書礼をめぐる紛争の際には、南宋の太上皇帝高宗が介入したとされる。[14] 高宗としては最悪の事態は避けようと図ったものと考える。南宋孝宗が一線を越えず金に対して謝罪する道を選んだのも、現実に鑑みたほか、高宗の意思も作用したと推測する。

以上のように、一連の緊張は最終的に現状維持で落ち着いたが、一時南宋孝宗は開戦まで意識しており、受書礼は宋王朝あるいは自らの体面の懸かった深刻な問題であった。

（３）受書礼と「十五年」

ここで南宋孝宗の内禅という観点に立ち戻りたい。それは、孝宗が受書礼に関する一連の対金交渉の中で完顔璋に示した条件が、自身ではなく皇太子に金の皇帝の国書を受領させるという案だったからである（『金史』巻六十五斡者伝附璋伝）。つまり、孝宗にとって皇太子とは、一面で自らが受書礼を実施することを回避するための手段でもあった。この案は、和議の趣旨に反するとして金側によって拒否される。恐らくその次に孝宗が考えたであろうことが、皇太子への内禅である。『続宋編年綱目備要』巻一によれば、時期は明示されないが、孝宗は太上皇帝高宗の生前の段階で皇太子への内禅の希望を示したことがあるとされる。当該史料にはその理由は記されず、対金関係にその要因を限定することは慎むべきだろうが、ここまでの行文から受書礼の回避が一因と想定するまでは許されよう。孝宗としては、受書礼の変更が不可能な状況で自身が受書礼を実施することを回避しようと思えば、内禅が単純な解答となる。それは直近に高宗内禅の先例があり、想起しやすいアイデアだったろう。しかしこの案も、太上皇帝が二人存在するのは異例であるとして実現しなかった。

以上を概括すると、南宋孝宗は受書礼は行いたくないが、

・受書礼の変更は出来ない

・内禅を実施して受書礼を行わないでよい立場になることも出来ない

・受書礼を規定している和議自体を破綻させることも出来ない

という状況にあった。つまり、「十五年前」に孝宗は八方塞がりとなってしまったのである。そうなると残された道は耐え忍ぶことだけであった。そして皮肉なことに、孝宗が耐え忍んだ期間は南宋において社会が安定し文化が発展した時期と称されることとなる。

上記の三点のうち、南宋の太上皇帝高宗の崩御の後であれば南宋孝宗は内禅を行うことはできる。ただし高宗崩御後の時期は、孝宗は義子の立場で即位しているだけに、なおさら孝を尽くす態度を示さなければならなかった。その意味で、淳熙十六年(一一八九)当時は、国内的には内禅の機がようやく熟していた。

だが、南宋孝宗が対外的には自由に内禅可能であったかは微妙である。それは、金世宗の存命中に孝宗が内禅を実施して皇太子(南宋光宗)が即位したならば、世宗は光宗を「姪」とすることとなり、世宗からすれば自らの立場が一世代繰り下がるも同然だからである。取り分け、「叔姪」関係が規定された大定和議は世宗と孝宗の間で定められたものであり、そこからの孝宗の一方的な離脱は外交上敏感なものだったと推測する。

一方で、金世宗が崩御して金章宗が即位したあかつきには、金・南宋間では様々な名目の使節が行き交うことが予想され、実際に数ヶ月のうちに、金から告哀使(皇帝の崩御を知らせる)・遺留使(皇帝の形見の品を送り届ける)・告即位使が、南宋から弔祭使・賀即位使が派遣されたことが史料上確認可能である。[15] これは、義父である南宋の太上皇帝高宗が一年数ヶ月前に崩御して以降、南宋孝宗が直面して来た眼前の現実でもあり、想定しやすいものであった。そして、使節が行き交うことは受書礼による外交文書の受領を繰り返し実行することにつながり、同時に両者の関係が固定化することでもある。すると、南宋孝宗にとって理想的なのは、金で世宗が崩御

した後に、金が正式な使者を派遣して通告して来るまでの間に内禅を実行してしまうこととなる。そして、あるいは偶然も作用したかもしれないが、事実として孝宗はそれを実現したのである。

一度は戦争まで覚悟して受書礼の変更を目指した南宋孝宗だったが、「十五年前」にその変更・廃止を諦めて以来受書礼を行って来た。その立場から遂に逃れられるという万感の思いが冒頭に掲げた発言ではなかったか。それが、筆者の答えである。

むすびに代えて――金の天下について

本論の末尾で述べたように、南宋孝宗の内禅には対金関係が大いに関わっており、取り分け受書礼が重要だったと筆者は理解する。正確には、張其凡氏の言うように諸般の要因が複合したのだろうが、その中で対金関係が重要であった蓋然性は十分あると考える。

それでは最後に、本論と関わる一つの話題に触れて本稿を終えることとしたい。それは、金（及び南宋）における「天下」についてである。

第一節で、南宋が金世宗の深刻な体調悪化を確信した情報源として『思陵録』に収録される金の赦書に言及した。『思陵録』には、他に巻下淳熙十五年（一一八八）十二月癸酉条にも大定二十八年（一一八八）十一月戊戌付の世宗の詔が掲載され、これは金熙宗の改葬を命ずる内容である。ここで指摘したいのは、双方の引用の仕方が異なることである。後者には「金国の制（＝詔）を諜報するに、…」という表現が存在するのに対し、前者にはそのような表現は存在せず、ただ「密院（＝枢密院）呈するに、…」とされる。「諜報」とされる後者は明らかに何らかの非公式のルートで南宋朝廷が把握したものだが、それと対比すると、「諜報」の文字の存在しない前者は公式のルートで伝達された蓋然性が高い。

ここで考えるべきは、大赦の対象範囲である。当該の赦書内にも「天下に大赦すべし」と明言があるように、一般に歴代の中華王朝において、大赦は天下に対して行われる。即ち、金がその赦書を公式に南宋に伝達することは、金の主観では南宋を自らの天下の一部として扱っていると理解しうる。

上記の推測が正しければ、恐らくこれは金の皇帝と南宋の皇帝が君臣関係にあった皇統和議以降の時期の名残と考える。君臣関係期には、金側は南宋を自らの天下の一部とみなしても不思議ではない。そして当該時期の金の赦書としては、『三朝北盟会編』巻百六十に金の海陵王即位に伴う大赦の赦書が収録されているが、これも正式に南宋に赦書を伝達したものである可能性がある。その推測が正しければ、それは単に即位を通告するだけではなく、南宋に対する優位を確認するためでもあっただろう。

翻って、金と南宋の間の君臣関係が撤廃された大定和議以降においても君臣関係時代の名残が各所に見られたことは、筆者自身論じたことがある。[16] そして、その最たるものが本稿でも重視した受書礼であった。そのような要素の一つに金から南宋への赦書の伝達もあったのではないか。推測が重なるが、以上の見通しを提示して稿を終えたい。

注

(1) 周必大『思陵録』巻下淳熙十六年(一一八九)正月壬子条(『周益国文忠公集』巻一百七十三)。『思陵録』は周必大による日記体史料であり、淳熙十四年(一一八七)の南宋の太上皇帝高宗の崩御から十六年(一一八九)の南宋孝宗の内禅までの時期の事柄が記される。後出の『奉詔録』とともに平田茂樹「周必大『思陵録』・『奉詔録』から見た南宋初期の政治構造」参照。

(2) 『周益国文忠公集』巻一百五十二。「虜中の機会」と「趙思を侍従とすること」の二点に関して南宋孝宗が周必大に諮問する「御筆」とそれに対する回答の上奏である「回奏」から構成される。

(3) 以下、現代中国語及び漢文史料の翻訳は、意訳が多いほか、用語は地の文に統一している場合がある。

(4) 『続宋中興編年資治通鑑』巻十淳熙十五年(一一八八)十月条。

(5) 聶崇岐「宋遼交聘考」二九三―二九六頁。

(6) 『思陵録』巻上淳熙十五年(一一八八)二月丁亥(『周益国文忠公集』巻一百七十二)。

(7) 金側から地方レベルでの通知があったものだろう。

(8) 「己酉」は淳熙十六年(一一八九)のこと。つまり南宋孝宗の内禅に関する史料である。

(9) 『続編両朝綱目備要』巻一の記述もほぼ同様である。

(10) 以下の叙述は王振華・郝福祥「従〝純熙〟与〝淳熙〟元宝看南宋初期両派的政治闘争」に基づく。

(11) 『容斎随筆』続筆巻十三「紀年兆祥」及び『雲麓漫鈔』巻十にも、当初「純熙」であったことが述べられる。

(12) 大定和議以降一貫して南宋の皇帝が起立したかは実際には微妙だが、この点は別の機会に論じたい。

(13) 井黒忍「受書礼に見る十二～十三世紀ユーラシア東方の国際秩序」及び渡邊誠「後白河・清盛政権期における日宋交渉の舞台裏」参照。

(14) 趙翼は『廿二史箚記』巻二十五「宋遼金夏交際儀」で、『金史』と『宋史』の記述の相違を分析した上で、この記事は翌年の劉仲誨の南宋派遣時のことを誤って記しているとする。いずれにせよ、重要な局面で南宋孝宗の受書礼に関連する対金強硬策路線を太上皇帝高宗が抑制したものと考える。

(15) 李輝『宋金交聘制度研究(一一二七―一二三四)』一九三、二二一―二二二頁。

(16) 毛利英介「大定和議期における金・南宋間の国書について」。

参考文献

井黒忍「受書礼に見る十二～十三世紀ユーラシア東方の国際秩序」(平田茂樹・遠藤隆俊編『外交史料から十～十四世紀を探

る』汲古書院、二〇一三年）
平田茂樹「周必大『思陵録』・『奉詔録』から見た南宋初期の政治構造」（『宋代政治構造研究』汲古書院、二〇一二年、初出二〇〇四年）
宮崎市定「南宋政治史概説」（『宮崎市定全集』一〇「宋」、岩波書店、一九九二年、初出一九四一年）
毛利英介「大定和議期における金・南宋間の国書について」（『東洋史研究』七五―三、二〇一六年）
渡邊誠「後白河・清盛政権期における日宋交渉の舞台裏」（『芸備地方史研究』二八二・二八三、二〇一二年）
聶崇岐「宋遼交聘考」（『宋史叢考』中華書局、一九八〇年、初出一九四〇年）
李輝『宋金交聘制度研究（一一二七―一二三四）』（上海古籍出版社、二〇一四年）
王振華・郝福祥「従〝純熙〟与〝淳熙〟元宝看南宋初期両派的政治闘争」（『文物春秋』二〇〇三年第三期）
楊樹森「南宋三次内禅与宋金之和戦」（孫建華主編『遼金史論集』第一一集、内蒙古大学出版社、二〇〇九年）
張其凡「留正与光宗之立――留正研究之二」（『番禺集』広東人民出版社、二〇一七年、初出二〇一〇年）

附記　本稿の関心は、榎並岳史氏の二〇一六年度宋代史研究会夏合宿における発表「南宋における太上皇帝の出現について」に啓発されたものである。ただし、本稿の内容の一切は筆者に責任がある。

謝辞　本研究は、日本学術振興会の科研費（15K16851）の助成をうけたものである。

◎コラム◎

金朝と高麗

豊島悠果

とよしま・ゆか――神田外語大学外国語学部准教授。専門は朝鮮史。主な著書・論文に「『黙斎日記』にみる十六世紀朝鮮士大夫家の祖先祭祀と信仰」（『ジェンダーの中国史』勉誠出版、二〇一五年）、『高麗王朝の儀礼と中国』（汲古書院、二〇一七年）、「高麗時代における后妃の政治的権力」（『唐代史研究』二一、二〇一八年）などがある。

一、金麗関係の沿革と高麗における対金意識

北方で女真の居住地域と接する高麗は、国初より疆域の安定を大事として警備を厳しくし、かつ北進をうかがう一方、懐柔策を講じてきた。投下してきた女真の酋長に対して、懐化将軍・帰徳将軍などの武散階（ほかに耽羅王族や郷吏、老兵などに授与された階位で、高麗の文武官僚が帯びた文散階とは別系統）や大相・元尹といった郷職（郷吏・軍人・胥吏などに授与された階位）を授け、また入朝して馬や毛皮類などの土産物を献納した彼らにたいして、回賜を通じて経済的利益を与えた。文宗代（一〇四六～八三）になると、帰附した女真の集落を帰順州とし、その酋長を都領として自治させつつ高麗の州郡に編入する事例もみられ、高麗の対女真政策が奏功し充実した様子もうかがわれるようになる。しかし、十二世紀に入り、勢いをつけた完顔部女真はたびたび高麗に侵寇し、一一〇七年の征討でようやく尹瓘《ユングァン》率いる高麗軍が勝利をおさめ東北地域に九城を築いたものの、一一〇九年には再び侵入を受けて敗退し、九城を女真側に返還することになった。

そして一一一五年に金を建国した阿骨《アグ》打《ダ》は、一一一七年に兄弟関係に擬して高麗に和親を求めた。この時高麗にもたらされた国書は、高麗と金朝の〝独特な〟関係を示すものとしてしばしば注目される。その内容は、『高麗史』（巻十四睿宗十二年三月癸丑）には

兄大女真金国皇帝、書を弟高麗国王に致す。我が祖考より一方に介在し、謂うに契丹を大国と為し、高麗を父母の邦と為して、小心之に事う。……惟れ王、我に和親を許し、結びて兄弟と為り、以て世世無窮の好を成せ。

と載録されている。金皇帝を兄、高麗国王を弟とする国家間関係を求め、両国の歴史的関係については、高麗を「父母の邦」としてつかえてきたというのである。宋 洪皓の『松漠紀聞』（巻二）に「女真の主は乃ち新羅人」といい、『金史』（巻一本紀一世紀 始祖函普）に「金の始祖諱函普、初め高麗より来る」というように、金帝室のルーツが高麗と深くかかわるという見方は比較的知られたものであった。また、一二八七年に刊行された李承休の『帝王韻紀』（巻上 金祖名旻姓完顔）では、彼が式目執事となってたまたま金国の詔書二通を見た際、その序にはみな「大金国皇帝、書を高麗国皇帝に寄す云々」とあったといい、これは兄弟の契りを結んだ証である、とする。李承休が見たとする金帝の詔書が何時のものか、また実際に「高麗国皇帝」と記されていたのか、確かめることはできないが、事元期初期の文人である彼は、金朝との関係が君臣関係ではなく両君主を皇帝とする兄弟関係であったとみなすのである。

しかし金は結局明確な君臣関係を求め、金の軍事力の脅威や、北宋の受難を目の当たりにした高麗は、一一二九年に金に君臣関係を称する誓書を提出する。また一一四一年に金・南宋間の和議が結ばれ、宋帝が称臣し金に歳貢を納める関係となると、翌一一四二年、高麗は正式に金から冊封を受けた。ただし一一三五年には金に臣事することに反対していた勢力が西京平壌で反乱をおこし（妙清の乱）、また毅宗代（一一四六～七〇）には、「白州に宮闕をつくれば七年のうちに北虜を併呑できる」という風水に基づいた進言によって突貫工事で白州に別宮を造営するなど、しばらくは北伐意識がくすぶっていた。以降、十三世紀にさしかかるとモンゴル族の侵寇の激化や南宋との戦争、契丹族の離反などが立て続き、金の弱体化がすすむが、こうした状況をみて一二二四年に金年号の使用を止めるまで、高麗は金との冊封を基調とした外交を維持した。

金朝と君臣関係にあったおよそ百年の間、高麗において対金外交文書以外で金を中華・華夏等と呼んだ例は見当たらず、宋に対しては冊封の有無にかかわらず対宋文書以外でも中華・華夏・皇宋等と呼んだのとは対照的である。一一一五年の金建国を伝える『高麗史』（巻十四世家十四睿宗十年正月）の記事では「その俗は匈奴のようであり、諸部落には城郭がなく、山野に分居しており、文字がないため口頭や結縄で約束をする」と、全く文化の存在を認めておらず、また一二三〇年に死去した琴儀の墓誌（『東文選』巻一二二）では、一二一二年に来朝した金の冊封使との間のトラブルに対処した彼の功績を称えながら、金使について「獣心」「戎使」「迹穢（穢らわしい足）」と表現するなど、優越意識は終始根強かったとみられる。

二、金から高麗への制度・文化的影響について

この時期の高麗の制度・文化における金朝の影響について、残された史料から実像を把握することは、かなり難しい作業である。例えば、『高麗史』暦志の序文には「高麗では別途に暦をつくらず、唐の宣明暦を受けつぎ用いてきたが、(宣明暦のつくられた)長慶壬寅年(八二二)から太祖が高麗を開国するまではほぼ一〇〇年が経過しており、その暦術にはすでにずれが生じていた。……しかし高麗ではなおそのままこれを用い、忠宣王代になって元の授時暦を用いるようになった」と述べられ、忠宣王代まで唐の宣明暦を使用し続けたように記される。しかし、『遼史』暦象志の序文には、「(劉宋の祖沖之の編んだ大明暦をもとに)聖宗統和十二年(九九四)に可汗州刺史賈俊が新暦を進上した、これが大明暦である。高麗でしるした『大遼古今録』に統和十二年にはじめて暦を頒布し改暦したことが記録されており、これが証拠である」とあり、高麗は九九四年に遼から頒暦を受け改めたのだという。さらに近年の研究では、金で一一八一年に施行された趙知微の大明暦(金一一三七年に頒布された楊級の大明暦を重修したもの。『金史』巻二十一暦志上)が、高麗で用いられていたとみられることが指摘されている。(1)『高麗史』を通して、金暦の受容に関する言及は皆無であるが、それは編纂時に欠落したのか、あるいは原史料に記録されていなかったのか。いずれにしろ、朝鮮王朝初期の官僚らの手によって一四五一年に完成した同書に多く依拠せざるをえない高麗史研究において、しばしば直面する問題である。

また、高麗礼制における金朝の影響について検討しようとすれば、まとまった記述を有する史料として第一に参照されるのは『高麗史』礼志であるが、礼志の記述は『詳定古今礼』からの引用が多くを占める。『詳定古今礼』は十二世紀半ば、すなわち高麗が金の冊封を受けて間もない時期に完成したため、金朝との関係がどのような影響を及ぼしたのか(あるいは及ぼさなかったのか)、精査するに足る記録が乏しい。加えて、高麗は唐・宋礼を多く受容しているが、金礼も唐・宋礼の影響下に成立しているため、両者の対照には礼制変遷史を詳細に把握して臨まなくてはならないが、それが可能な事例は多くない。

これまでのところ、文廟制に関しては、高麗が整備過程において影響を受けたのは宋・元の制であって、金朝の影響はみられない。また后妃の冊立儀礼についても、宋の儀礼を参照して導入したことは明らかであって、金礼の影響は看取されない。加えて宗廟の制をみれば、仁宗代(一一二二~四六)までは諸侯国の立場に則って五廟を維持していたが、毅宗代になると、天子と同じ七廟を置いたとみられる。この体制は少なくとも熙宗代(一

二〇四～一一）まで継続されており、高麗太廟の運営に金朝との君臣関係は反映されず、金朝からの干渉もなかったことを示している。一方で、金は国交開始当初から「遼に事えていたときの旧制にのっとって」通交するよう求め、高麗はそれに従って、外交儀礼においては金が「藩王の礼」として認めた儀礼を行った。宋礼については冊封の有無に関係なく自主的に参照し、受容しているのに対し、金礼に対しては自ら受容する姿勢はみられないが、国家間関係が可視化される外交儀礼は金の干渉下に定められたと把握することも可能であろう。(2)

このように宋礼と金礼に対する姿勢が明らかに異なることの背景には、当然、先に述べたような女真に対する優越意識が存したのだろうが、一方で、『高麗史』等の史料において、その編纂時点、あるいは原史料が記述された時点で何らかの選択的意識がはたらいている可能性を考慮するならば、高麗文化に及ぼした金の影響を考察するにあたっては慎重にならざるをえない。というのも、高麗では契丹に対しても文化的優越意識をもっていたことが知られている。九四三年に死去した太祖王建が遺したとされる訓要の第四条では「我々はふるくから唐風を慕い、文物や礼楽はことごとく唐制にしたがってきた」といい、「契丹は禽獣の国であり、風俗も言語も異なっており、衣冠制度を契丹にならってはならない」（『高麗史』巻二世家二太祖二十六年四月）とする。たしかに高麗の諸制度の面において遼制の影響はほとんど見出されないのだが、工芸や風俗に関してはその影響は少なくなかったと推測されるのである。一一二三年に高麗を訪れた宋 徐兢の『高麗図経』（巻十九民庶 工技）には、「聞くところによると契丹の捕虜数万人のうち、工匠が十人に一人はおり、精巧な者を選んで王府に留めているといい、それで近年は器服がますますたくみになったが、浮ついたものが多くて以前の純朴さは取り戻すことができない」という。また遼滅亡後の一一二九年に高麗仁宗が発した詔では、「太祖が華夏の法を仰ぎ丹狄の俗を禁じたにもかかわらず、朝廷から庶民に至るまで、華靡を競い丹狄の俗を真似ている」と述べられている。そして、遼麗間の仏教の交流は高麗文宗の王子義天を中心によく知られるところである。遼より下賜された契丹大蔵経のほか、遼僧の著述章疏も高麗に将来され、高麗続蔵経に刊刻されたことが示すように、遼仏教に対する蔑視や、受容を忌避する態度はみられず、遼麗間の仏教典籍の流通は東アジアの仏教交流の中で大きな意味を持ったのである。(3)

金麗間では、このように明確な文化的影響の痕跡をさがすことは困難である。ただ、高麗象嵌青磁の技法において、金朝領域からの影響の可能性が指摘されている。高麗青磁自体は、登窯式構造や窯道具の形態と用法、生産品の形式などから、華南の越州窯系の技術が基盤になったであろうと考えられているが、十二世紀前半〜半ば頃から作成されるようになった象嵌青磁に関して、草創期に用いられた文様が中原北方地域の文様様式と非常に似ていることが指摘されている。例えば、この時期の象嵌青磁にみられる雷紋は、華北の磁州窯で流行していた連続回紋の変形であるといい、また同時期に流行した☼形の戳印（型押し）星紋も、北宋後期に磁州窯で流行し、金代にも継続してよく使用されたものであり、定窯でも非常に流行したという。(4) 高麗象嵌青磁の成熟にしたがって文様図案は変化し、中国の象嵌工芸磁器とは大きな違いを見せるようになるが、象嵌技法の導入初期に、文様装飾において華北地域との強い連関をうかがわせることは、導入時期が宋代末期であれ金代であれ興味深い事象である。

　金の制度・文化の影響は高麗史料にはほとんど記されないが、特に文化的影響については、交易を通じて、あるいは人の移動によって、工芸技術や文学、仏教等々、金朝統治下の地域との交渉の可能性は否定できず、考古学的研究成果の蓄積などとともに今後新たな評価がなされる余地が残されている。

注

（1）서금석・김병인「高麗中期 曆法과 金의『重修大明曆』‘歩気朔術’検討——『高麗史』「世家」一一月朔日 分析을 中心으로」（『歴史学研究』五三、二〇一四年）。

（2）拙著『高麗王朝の儀礼と中国』（汲古書院、二〇一七年）。

（3）竺沙雅章『宋元仏教文化史研究』（汲古書院、二〇〇〇年）、横内裕人『日本中世の仏教と東アジア』（塙書房、二〇〇八年）、藤原崇人『契丹仏教史の研究』（法藏館、二〇一五年）ほか。

（4）秦大樹「宋・金代 北方地域 磁器의 象嵌工芸와 高麗象嵌青磁의 関係」（『美術史論壇』七、一九九八年）。

女真皇帝と華北社会——郊祀覃官からみた金代「皇帝」像

飯山知保

華北の住人にとって、女真の皇帝とはいかなる存在であったのだろうか。本節は碑刻史料に残る郊祀に関する記述を分析することにより、当時の文献史料には記されない、女真統治者の自己表現と、それに対する在地社会での反応を浮き彫りにすることを目指す。

いいやま・ともやす——早稲田大学文学学術院教授。専門は華北社会史。主な著書に『金元時代の華北社会と科挙制度——もう一つの「士人層」』（早稲田大学出版部、二〇一一年）、"Steles and Status: Evidence for the Emergence of a New Elite in Yuan North China," *Journal of Chinese History*, vol.1, pp.1-24, November, 2016; "Genealogical Steles in North China during the Jin and Yuan Dynasties," *The International Journal of Asian Studies*, vol.13-2, pp.151-196, July, 2016. などがある。

はじめに

大定十一年（一一七二）十一月十七日は、金国の歴史上特別な意義をもつ一日であった。金国が北宋の都開封を陥落させてからすでに四十四年が過ぎたこの年、金国皇帝の世宗（烏禄《ウル》、在位一一六一～八九）は初めて郊祀の実施を宣言し、この日、燕京豊宜門外の南郊壇で祭天の儀式を行った。これまで世宗といえば、女真語使用の奨励や、女真文字の普及政策、服装などの面での女真的な伝統の保護、そして猛安・謀克の拝領地の転売厳禁など、総じて女真としての社会組織やアイデンティティの保持を志向した皇帝とみなされることが多かった。[1] では、大定十一年の郊祀は、そうした世宗の統治理念上、いかなる意義を有していたのだろうか。

本稿が論じるのは、郊祀での大赦における覃恩《たんおん》（天子が罪過の赦免や物品・爵位の賜与などを人々に行うこと）が示す、十二世紀後半から十三世紀初期にかけての、金国皇帝が華北社会に確立しようとした「皇帝」像の形成と崩壊である。女真による華北征服より遡ること一〇〇〇年以上の長きにわたり、中華地域に興亡した諸政権（金国と並存した南宋も含む）の多くは郊祀を執り行い、天下を治める自らの政治的正統性を誇示してきた。世宗が郊祀を挙行すると決定したことは、彼がそうした「中国皇帝」による祭天儀礼の歴史的な文脈の上に、いかにして自らの皇帝像を表現するかについて熟慮したことを意味する。

本稿では、金元時代の碑刻に記録された金代「郊祀覃恩」に光を当て、関連する文献史料を参照しつつ、郊祀の挙行において世宗がいかなる皇帝像を臣民に示そうとしたのか、そして世宗の後継者たちはそれぞれの新たな統治課題に直面して、いかにして世宗が開始した郊祀覃恩を改変したのかを論じる。

一、金代の郊祀覃恩とその対象

(1) 碑文に残された痕跡

金代の碑刻史料を読んでいると、それ以前の時代には稀にしかみられない記述に遭遇することがある。すなわち、郊祀において皇帝が大赦を行って、臣下の平民に「恩を覃《およ》ぼし」、最下級の軍階（軍官の位階。実際の職位ではない）を老人に賜るというものである。筆者の目にこれまでとまったのは、**表1**「碑刻史料に記される金代郊祀覃恩による官階賜与の例」に示した、十件の事例である。『金史』などの他の金代に関する文献史料には、こうした郊祀に際しての平民への覃恩は全く記載されておらず、表に列記した事例は碑刻の上にのみ記録されて今日に至る。これらは事例数が多くないとはいえ（そもそも金代の史料自体が少ないのだが）、時代的には十二世紀後半から十三世紀前半、地域的には山西・山東と広汎に分布している。すなわち、これらの「郊祀覃恩」の記録が、同時代あるいは後世の何者かによる捏造や誤刻の類いではないことは明らかであろう。

大定十一年の覃恩である事例①から④は、その具体的な状況が次のように記される。

①②：「〔周氏の家系の記録上最も古い祖先の子孫の〕中で曾孫の□、玄孫の仙は、大定十一年に赦恩を蒙り、ともに七十歳以上であったので、進義校尉を特別に授けられた。（内有曾孫□、玄孫仙、於大定十一年、蒙赦恩、倶七十已上、特授進義校尉。）」

③：「〔一族の中で〕諱が宣という者は、大定十一年の特恩にあたり、進義校尉を授けられた。（其諱宣者、値大定十一年特恩、授進義校尉。）」

④：「大定十一年十一月に至り、主上の郊祀の日に、天下の七十歳以上の者に進義校尉を授けたが、この年に〔一族の中で〕官位につけられた者は一人で、緯といった。

表1　碑刻史料に記される金代郊祀覃恩による官階賜与の例

ID	名前	居住地	年	出典
1	周□	山西定襄	大定11年	周榮甫「故周公之墓銘」『定襄金石攷』巻一
2	周仙	〃	〃	〃
3	李宜	山東済寧	〃	黄晦之「済寧李氏祖塋碑」『金文最』巻八十六
4	成緯	山東嘉祥	〃	鹿汝弼「成氏葬祖先墳塋碑」『金文最』巻八十六
5	成彦靖	〃	承安元年	〃
6	成政	〃	〃	〃
7	成就	〃	〃	〃
8	智重顕	山西定襄	承安二年より前	劉公献「智氏先塋石幢」『定襄金石攷』巻一
9	郭郛	〃	「承安大安間」	趙元「進士郭息軒墓碑」『定襄金石攷』巻一
10	姚在琳	〃	不明	王弁「姚氏先塋之記」『全元文』第37冊, pp.92f.

（至大定十一年十一月、主上郊祀之日、賜天下年過七十者授進義校尉、是年得補官者一人曰緯。）」

覃恩により得た官階はみな進義校尉であり、事例①②④にあるように、覃恩にあずかる資格は七十歳以上であることであったようである。彼らの家系の来歴をみてみると、事例④の成氏は、「靖康の変」の中で一族数十余戸がともに「山地の険しい地形に拠って堡寨を築き、老人と子供はその中で動乱の収束を待った（拠山険為之堡寨、安老幼於中以俟休息）」。そして、「族人の諱が進という者と宝という者を推挙して寨長とし、いつも〔族人の〕若者を動員して隙を作らないようにしたので、敢えて〔成氏を〕標的としない群盗が多かった（乃挙其族内諱進者及諱宝者、倶為寨長、毎駆少壮以守其隙、群盗不敢向視者衆矣）」。その後、金国の派遣した地方官たちが、成氏が堡寨に拠って治安を維持した功績を讃える上奏を朝廷に行い、成進と成宝にはともに進義校尉が授けられた。成宝は昇進を重ね、最終的に昭信校尉・雲騎尉となっている。[2] 他方、事例③の済寧李氏も、宋金交替期に、族人で諱を太という者が、斉（女真が華北に樹立した傀儡政権。一一三〇〜三八）の統治下で「装備を自弁し、志願して征戦に従って功績があったため、進義副尉〔の位階を〕受けた。本朝の皇統四年（一一四一）、進義校尉へと位階がかわり、〔その後〕忠翊校尉にうつり、兗州醋庫などを歴任した（以效用従征有功、補進義副尉。本朝皇統四年、換受進義校尉、遷忠翊校尉、歴任兗州醋庫）」[3]。その一方で、事例①と②の定襄周氏は、「我らの先人は…、農業と蚕業という実業をおこない、勤勉さと倹約で家運をもりたてた（我先人去□□之□、務田蚕之実、勤倹成家）」。すなわち、族人で官位を得た者はいなかった。

このように、覃恩対象者の社会的背景は多様であり、おそらくは原則として金国統治下の全ての七十歳以上の（男性の）老人を網羅することが意図されたことがうかがえる。なお、金代初期、大赦・覃恩の対象は女真の功臣に限られていた。その後、皇統五年（一一四五）の改制により、非女真の臣僚も、覃恩進階と恩蔭授与の対象となる。[4]さらにその対象を平民にまで拡大したという点に、大定十一年の郊祀覃恩の特殊性がある。

（2）大定十一年以降の郊祀

金国は「三歳一祀」制を採用せず、大定十一年の郊祀の後、世宗がふたたび郊祀を挙行することはなかった。残念ながら、その理由は史料上明らかにしえない。次にみる⑤から⑩までの事例は、章宗朝（一一八九～一二〇八）以降の郊祀覃恩の情況を次のように記している。

⑤⑥⑦：「〔大定十一年の郊祀覃恩の後、〕次は承安元年冬十一月に、また郊祀の実施が取り決められ、また以前のように詔が下されて、あらゆる七十歳以上の者は特例として官階を得たが、成氏の一族の中で官階を与えられた者は三人で、彦靖、政、就といった。（次承安元年冬十一月、復制郊祀、亦如前下明詔、応七十已上者特補一官、成族中被官者三人、曰彦靖、曰政、曰就）」

⑧：「わたし（智重顕）は幸いにして中華に生を享けることができ、齢は七十を越え、太平の時代に際会し、いま聖恩を蒙って、特例として進義副尉の官階を賜った。（余幸生人世得処中華、寿越従心、而一時遇太平之際、今蒙聖恩、特賜進義副尉一官）」

⑨：「承安・大安年間に、その年齢により三回にわたって爵位を賜ったが、〔郭郛の〕高尚な志はそれ（官階を得ること）にはなかったのである。（承安・大安間、以寿累補三爵、而雅意非在焉）。」

⑩：「〔姚在琳は〕年八十有六にして、覃官により進義（校尉を賜った。」（年八十有六、以覃官進義）」

『金史』によれば、章宗は明昌七年（一一九六）十一月と承安二年（一一九七）十一月の二回、郊祀を挙行している。[5]事例⑨が示すように、後に衛紹王（興勝、在位一二〇八～一二一三）も大安年間（一二〇九～一二一二）に少なくとも一回の郊祀覃恩を行った。章宗と衛紹王が賜った官位は、大定十一年の郊祀とほぼ同じで、進義副尉と進義校尉である。

　こうした中、承安元年、章宗は初めて挙行した郊祀の前に、礼部尚書張暐《ちょうい》と次のような討論を行ったとされる。

承安元年八月壬子、皇帝は暐を内殿に召して問うた。「南郊の大祀については、現在費用が足りないので、（財政的に余裕のある）年までまつのは可能だろうか」。暐が言うには、「陛下の即位からいまに至るまで八年になりますが、大礼はいまだ挙行されておらず、これはすみやかに行うべきです」。皇帝が「北方がいまだ平穏ではなく（モンゴル高原における遊牧集団との軍事紛争を指す）、儀式の際に不測の報告が入ったらどうするのか」と言うと、（暐が）答えて言うには、「慌てふためいて平静さを失い、大礼を妨げるようなことがあるでしょうか。いま黄河は穏やかで、豊作です。まさにその時なのです」。（承安元年八月壬子、上召暐至内殿、問曰、「南郊大祀、今用度不給、俟他年可乎」。暐曰、「陛下即位于今八年、大礼未挙、宜亟行之」。上曰、「北方未寧、致斎之際有不測奏報何如」。対曰、「豈可逆度而妨大礼。今河平歳豊、正其時也」）。(6)

郊祀の挙行は、皇帝即位の正統性と密切な関係があると考えられていたことがわかる。これは、後述する郊祀に対する世宗の認識と、その後継者たちへの影響を考えるうえで重要なので、しばし脳裏に留めておいていただきたい。なお、史料上に言及はないが、後の衛紹王の治世における郊祀も、その「即位の大礼」の一端であった蓋然性は高いだろう。

（3）対象者からみた覃恩の意義

　当時の平均寿命について依拠すべき史料はなく、毎回の郊祀覃恩でいったいどれくらいの数の人々が覃恩の対象となったのか、その概数も不明である。また、皇帝が詔を下して覃恩を宣言すると、各地の州県ではおそらく戸籍を通じて管轄下の該当者を割り出していたものと思われるが、関連史料が全くないため、その際に式典などが行われたのかどうかも分からない。

　そもそも、七十歳以上の老人にとって、進義校尉となることにいかなる実際的な意義があったのだろうか。七十歳は官員にとって致仕（退職）すべき年齢であり、世宗は郊祀を挙行した同じ年に、あらゆる七十歳過ぎの致仕すべき官員に、退職後も俸給の半額を支給することを定めている。(7)すなわち、七十歳以上の老人に、新たに官界に出仕する可能性があったとも思えない。その上、進義校尉と進義副尉は金代の最下級の軍官階（正九品と従九品）で、恩蔭を授かってその子孫が官位を得る可能性はなかった。また、徭役免除などの特権についても、進義校尉に関しては金代の史料に記載がない。

このため、覃恩をうけた老人は、下級の官員にみとめられた「黒革のベルトと烏犀角の束帯（皁鞓・烏犀帯）」を着用する特権などのみにおいて、一般の平民と異なっていたと思われる。[8] 換言すれば、金代の郊祀覃恩は完全に名義的な官階賜予であり、被賜与者に経済的な余力があれば、その栄誉が時として碑文に記録される以外に、実際的な利益はほぼなかったであろう。

では、金国はなんのためにこのような施策を全国的に行ったのであろうか。次に、世宗と彼の臣僚が郊祀の方式を定める際に、いかなる前例をふまえたのかという点から、この問題を考えてみたい。

二、金代郊祀をめぐる議論・認識

(1)「天下の正しきに拠る」

『金史』礼志によれば、世宗は即位すると、海陵王（迪古乃《ディグナイ》、在位一一四九～六一）が汴梁《べんりょう》（開封）より燕京に移送してきた北宋の礼器を接収し、「詳定所」と「詳校所」を設立して、それぞれに唐宋の礼典の沿革を参照させた。[9] 大定十一年に郊祀の挙行を決定すると、世宗は臣僚に配享の礼（天とともに他の神々を祀る礼）を議定するように命じ、自らも左丞の石琚らと討論を行った。その中で、世宗は郊祀を執り行う意義に関して、次のように発言している。

> （世宗は）また宰臣に言った。「本国の（女真在来の）拝天の礼は、はなはだ尊い。いま汝らが古制によって（儀式の）壇を築こうと言うのも、またもっともなことだ。我が国が遼と宋の国主をしりぞけ、（正統な天子の）天下の正位に拠ったのだ。郊祀の礼をどうして行わずにおられようか」。（又謂宰臣曰：「本国拝天之礼甚重。今汝等言依古制築壇、亦宜。我国家絀遼・宋主、拠天下之正、郊祀之礼豈可不行」）。[10]

まず確認しておくべきは、前代までの諸王朝と同様、郊祀とは「天下の正位に拠る」皇帝としての世宗が、その統治の正統性を宣布する重要な典礼と認識されていたことである。さらに『金史』は、郊祀で用いる祭祀楽器の数量について、『唐会要』『大唐開元礼』『開宝通礼』『宋会要』『五礼新儀』『太常因革礼』といった、唐宋時代の礼典が参照されたとする。[11] 本節は郊祀の儀式次第を専門的に議論するものではないので、歴代の郊祀制度の中での、金代礼制の歴史的意義などについては検討しない。[12] ここで重要なのは、世宗とその臣僚たちは唐宋以来の郊祀制度をつぶさに検討し、その長短を一々討論していたという点である。

（２）歴史上の前例

　こうした中、本稿の議論に対して関鍵となるのは、歴代王朝の郊祀において、老人に覃恩として官階を与えた事例があったのかという点である。結論からいうと、管見の限り、現存する郊祀に関連する史料で、老人への覃恩賜官に言及するものはない。ただし、唐宋時代の何回かの大赦に関する記録が、そうした覃恩に言及している。

　例えば、天宝七載（七四八）に玄宗が尊号を冊して大赦した時のこととして、①京城の父老には、七十歳以上であれば、（名義上の）本県令を授け、その妻にも、実際の嘱任を伴わない県君の位を授ける。②六十歳以上であれば、同じく名義上の本県丞を授ける。③天下の一〇〇歳以上の老人には、名義の上で上郡の太守を授け、百歳以上の婦人には名義上の郡君を授ける。九十歳以上ならば上郡の司馬、九十歳以上の婦人ならば県君をそれぞれ名義上授ける。八十歳以上（の男性の老人）には県令を仮に授け、（同じく八十歳以上の女性）には仮に郷君を授けたという記録が残る。[13] このような大赦は『唐大詔令集』やその他の史書にも複数収録されており、例えば、『旧唐書』にも中宗景龍二年（七〇八）の大赦について、天下の八十歳以上の婦人に名義的に郷・県・郡君などを授けたという記述がある。[14] 古来、朝廷の老人に対する優遇措置は「優老」として知られ、帝王の恩徳の発露とされてきた。管見の限り、唐代以前に、その実施の記録が最も多いのは北魏の太和年間（四七七～九九）であり、孝文帝（在位四六七～九九）は京師の皇宮、あるいは行幸の車駕など異なる場所で、七十歳以上の老人に衣食や爵位を繰り返し賜っている。[15] ただし、このような北魏と唐の前例を除くと、その他の時代には、老人をことさらに対象とした覃恩の事例はほとんどみられない。また、唐代においても、皇帝が多数の平民に官階を賜るような例は、実際にはかなり少数であった。

　その後、五代諸政権の何人かの皇帝は郊祀を利用し、大量の恩典を将領や兵士に賜り、その軍隊に対する支配力を維持・強化しようとした。[16] 北宋時代になると、太宗が雍熙から端拱への改元（九八八年）に際しての大赦において、「七十歳以上の家長で、郷里の模範として尊重されている民」を報告させ、それぞれに「爵一級」を賜った孤例[17]があるが、その後、覃恩の対象は主に文官へと変化する。[18] そして、とくに北宋末期に蔡京が執政して後は、郊祀の大赦において、通例として皇帝が職官に大量の蔭補（恩蔭による官位獲得）の機会を与えるようになる。さらに南宋時代に至ると、一人の宰臣が、一度の大赦で三十件の恩蔭を享受するまでになる。[19] こうした蔭補の濫発は、当然ながら恩蔭による任官を大量に引き起こし、

「冗官」（存在する官職に対して官員が多すぎる）問題の重要な原因のひとつとなる。[20]

同時代人として、世宗はおそらく当時の南宋郊祀における大赦覃恩のこうした問題を理解していただろう。そもそも、世宗が郊祀を挙行した際には、金国もまた冗官問題に直面していた。すなわち、官職の欠位が激減していたため、大定十四年（一一七四）には文武官に二階梯を追加し、さらに職官が使用できる恩蔭の回数も制限している。[21] このようにみると、世宗にとって、五代・宋の郊祀大赦の方式を採用する理由はとくになかった一方で、主に唐代にみられた老人への覃恩は、自らの恩徳を無理なく示すことができる方策であったといえよう。

（3）徳運に関する議論と唐朝の位置づけ

さらに、ここで留意すべきは、当時金国は自らの徳運を金徳としていたことである。これは金の太祖の「祖訓」になぞらったものであり、「大金」という国号に仮託して金徳を選択したとされる。しかし、忘れてはならないには、金国が唐朝の道統を直接継承して金徳となったと主張する一群の論者が存在したことである。[22] そもそも、十三世紀初頭より前にあっては、唐代の文学と学術が金国の士人の間に深大な影響を与えており、唐代は金代の学術の淵源となる時代とみなされていた。[23] 後年、章宗・衛紹王・宣宗（吾睹補、在位一二一三〜一二二四）がそれぞれ金国の徳運を議定した時には、戸部尚書孫鐸（?〜一二一五）、太常卿楊庭筠、応奉翰林文字黄裳、礼部侍郎張行信、右拾遺田庭芳らが相継いで、①五代の諸王朝は簒奪政権であり、領土もみな小さかったので、徳運について論ずるに足らない、②北宋は後周の皇位を簒奪し、その後も実質的に契丹につかえたので、その徳運を継ぐというのはふさわしくないと主張した。[24] 最終的には章宗自身が、金国が宋朝を滅ぼしたのだから、宋の火徳をうけて土徳とすべきと宣言したが、[25] 宣宗朝において再発した徳運の議論はまた紛糾し、金徳と土徳の両派が相争った。つまりは、金国が唐の正統を継承したとの認識は、金国一代を通じて相応の影響力を保持したのである。

つまりは、唐代の前例を模範として、唐代の皇帝に類似した自己のイメージを演出し、自らをその後継者としたのは、金国が直面した冗官問題や、唐をめぐる歴史観、そして自らの皇帝としての正統観念の上で、世宗にとって一挙両得の政策であったと考えられる。前述した承安・大安年間の郊祀覃恩とそれらをめぐる議論は、彼の後継者たちもまた、世宗が示した皇帝像を継承していったことを示している。

三、金代末期の覃恩とその変遷

（1）金国における「簽軍」

十三世紀に入り、南宋とモンゴルが相継いで金国に侵攻すると、軍事費は年々増加し、社会秩序の動揺も深刻化する中で、郊祀以外でも金国の皇帝は臨時的な大赦覃恩を行い、下級の官階を濫賜するようになる。

元来、金国が大規模な軍事行動を行う際には、その統治下の人口から一定の比率により非女真の臣民を徴集し、主戦力たる猛安・謀克を補助する軍役に充てていた。史料上、これは「簽軍《せんぐん》」あるいは「簽兵」と呼ばれる。

大定二年（一一六三）に金宋両国が宿州で交戦して以降、両国の関係は基本的に安定し、数十年にわたり大規模な軍事衝突は行われなかった。この間、金国はその主戦力をモンゴル高原の遊牧諸勢力との紛争にふりあてることになる。他方で、人的資源徴収の重要な手段として簽軍は廃止されることなく、しばしば社会不安を巻き起こした。その一例を見てみよう。同時代の南宋の人である楼鑰《ろうやく》（一一三七～一二一三）は、乾道五年（一一六九）に正旦使の書状官に任じられ、金都燕京に赴いた。その途上、同年の十二月十二日、河南の胙城県における見聞として、「娘婿が辺境の守備について十年帰らない」「大定十年に始まった新制度では、物力（十年一回の査定「通検推排」により定められる私有財産の総合評価。「物力銭」という財産税の課税基準となった）が五十貫の者はひとりの士卒を提供し、五十貫に及ばない者は数戸でひとりを供出し、一～二千〔銭〕の者もまた免れない」との現地の人々の不満を書き留めている。楼鑰は燕京からの帰途でも、翌年一月十五日に宿州でひとりの車引き（「把車人」）と出会い、金国がモンゴルへの対策として軍器を北方に輸送していることや、八年前の海陵王の南征に際して大量の馬匹が徴発されたこと、簽軍により徴発されることへのおそれなどを記録している。さらにその七日後には、事実か否かは不明だが、徴兵（「簽兵」）のために山東に赴いた金国朝廷の使者が、反抗する人々に殺害されたとの伝聞も書き残している。

こうした簽軍への不満は、『金史』などの他の金代史料にはほとんど記されておらず、一般的な状況としてどの程度敷衍すべきかは判断が難しい。だが、十二世紀後半において、金国は大規模な戦争に際して行った動員にあたって、制度に裏打ちされた形で被徴発者に代価を支払わなかったであろうことは、諸史料から一致して推測される。しかし、十二世紀末以降、南宋とモンゴルという南北の軍事的脅威を抱え、より多くの資源確保の必要性が増してゆく中で、民間により多くのヒト・モノを供出させるため、それなりの代価を与える必要が生じることは、避けられないことであった。

泰和六年（一二〇六）、数十年にわたる和平を破り、南宋は大挙して北侵を開始し、緒戦では各地で金軍を撃破した。これに対処するため、金国は広汎な簽軍を行ない、北辺の主力軍を転進させるまでの間、これを南方の前線に差し向けざるを得なかった。[29] その後、南宋軍は敗退し、両国は泰和八年に金国に有利な形で講和する。これ以前、民間からの軍事動員に報酬があったとの記録は一切残っていない。しかし、この一二〇六～八年の対南宋戦（金側の視点では「泰和南征」、南宋側のそれでは「開禧用兵」とそれぞれ呼ばれる）での動員においては、その通例が破られた。『金史』巻一二四畢資倫伝によれば、平民であったこの人物は、「泰和の南征において、傭雇されて従軍し、軍が帰還すると、通例により進義副尉を授けられた（泰和南征、以傭雇従軍、軍還、例授進義副尉）」。金国がこの戦役で民間から傭兵を募ったという記録はなく、この「傭雇」が簽軍を指すのか否かもわからない。ともかく、これは金国が徴集した非女真の士卒になんらかの報酬を与えた、年代的に最も早い記録である。[30]

(2) 濫賜される進義校尉

一二一一年、チンギス＝カンの金国侵攻が始まり、北辺の諸地域が速やかに陥落すると、自らモンゴルに帰附する州県があらわれ、自身への求心力の維持とより効率的な資源徴収が金国の至上課題となってゆく。状況は悪化し続け、貞祐二年（一二一四）四月、チンギス＝カンが燕京の北郊に到達すると、宣宗は多大な譲歩を伴う和議を取り結び、モンゴル軍の撤退後には、燕京を放棄して開封に遷都する。このような苦境に陥り、金国は大赦覃恩による下級官階の濫発を通じて逼迫する軍費を補充し、あわせて人々の支持をとりつけようとした。興定元年（一二一七）、潞州行元帥府事の粘割貞が行った次のような上言は、それがいかに無軌道に行われたかを示している。

「近ごろ奏格をうけたところ、去歳の覃恩による官階賜与では、その官品・正従のランク分けなどの差異により軍糧を〔お上に〕上納することをゆるし、元帥府にゆだねて空名の宣敕（任命書）を発行して授与させれば、陳訴の労がはぶけ、官府にも儲蓄ができるということでした。このごろは覃恩が下されることがしばしばで、中央政府の直接管轄下にない軍職〔に就く〕者（モンゴルの侵攻に各自対処していた、元帥府などの地方統治機構の独自裁量により官位を授けられた者）の多くは、いまだに〔宣敕を〕授けるいとまがありません。もしただ単に新たな覃恩〔による官位授与〕にあらためることを許可するのみであれば、〔本来の官位授与時からの功績が無視されることとなり〕わだかまりが生まれるでしょう。乞うらくは、〔任命の〕前後に〔軍糧として〕備えて納付した粟を計算させ、その積算により〔新たな官位に〕遷らせましょう」。詔を下してこれに従った。（「近承奏格、凡去歳覃恩之官、以品従差等聴其入粟、委帥府書空名宣勅授之、則人無陳訴之労、而官有儲蓄矣。比年屡降覃恩、凡羈縻軍職者多未暇授、若止許遷新覃、則将隔越矣。乞令計前後所該輸粟積遷」。詔従之。[31]）

当時、僧侶・道士への度牒（出家得度の証明書）と仏寺・道観の名額と同じく、[32]軍官階もまた空名の任命書により、金銭や軍糧の納入と引き換えに賜授されるようになっていたのである。

同じく興定元年、宣宗は東平行省の次のような上言を受けてもいる。

「〔モンゴルの侵攻にともなう〕軍事動員が始まって以来、胥吏であっても功績により五品官まで昇進することが多く、通例として〔その父祖への〕官爵の追贈をえており、七十歳の平民にはみな覃恩を行っています。もしそれらの人々が自ら〔役所に〕赴いて申告するならば、〔役所との人々と中央政府との間のやり取りなどがあり〕お上も彼らも労力を要します。〔そこで〕お願いいたします。それぞれの路で誥勅（官爵授与の勅書）を作成し、種別ごとに朝廷に赴かせて捺印と署名を求めさせましょう。任命を受ける者には、その上納する物資を量って誥勅を与えます。〔これならば〕人々は労力を費やさず、軍糧の足しにもなるでしょう。」（調兵以来、吏卒因労進爵多至五品、例獲封贈、及民年七十並該覃恩。若人往自陳、公私倶費。請令本路為製誥敕、類赴朝廷、以求印署。使受命者量輸諸物而給之。人力不労、兵食少済）。

宣宗はこれに同意している。[33]『金史』によれば、宣宗は郊祀覃恩を挙行しなかったが、そのかわり七十歳以上の老人に自ら地方政府に赴いて覃恩を申請することを奨励しており、すでに老人への覃恩制度が本末転倒な状態にあったことを物語っている。

つまりは、金国に、その統治の正統性を誇示するため郊祀を行う余裕はすでになく、大赦覃恩も実質的な売官による軍事費補填の手段に過ぎなくなっていた。滅亡の危機に瀕した金国にとって、世宗が創始した皇帝像の保持は優先すべき政策ではなく、その滅亡とともに、金代郊祀覃恩の記憶は薄れていったのである。

おわりに

金代の郊祀覃恩の形成と崩潰の過程は、中華地域における伝統的な皇帝像と統治上の実利との間で揺れ動く金国政権の立場と、金国歴代皇帝が直面したその時々の政策課題の変遷そのものといえよう。世宗が女真人の軍事・社会組織の維持を目的として、次々と関連する禁令を宣布したことは事実であるが、これは彼が「中国皇帝」としての自らの治世の歴史的な位置づけに無頓着であったことを意味するものではない。むしろ、世宗は十二分に自らの「中国皇帝」としてのイメージを意識し、広汎な「中国」臣民の支持をとりつけ、また後世の人々がその治世を社会的安定と文治の隆興を実現した理想時代とみなすことを願った。

この願望は、基本的に実現したといえよう。漢人・南人(金代には「漢人」とは旧遼領、「南人」とは旧北宋領の出身者をおおむね指した)臣僚は世宗の統治を支え、「文治」の実現のため、女真の統治者と対話を行った。[34] 結果的に、モンゴル時代に編纂された『金史』は、世宗を「小堯舜」と賛美する。こうした中、郊祀覃恩は、理想の皇帝像を形成・宣揚する絶好の機会であったといえよう。

その一方で注目すべきは、郊祀を挙行する中で、「女真」「漢」といった二項対立的な現状認識に女真皇帝が縛られていたとは思えず、その臣民もそうしたはっきりとした線引きをともなう世界観で自分たちが生きる社会を認識していたとは、碑刻上の記録からは想定し難いことである。[35] もちろん、猛安・謀克という軍事・社会組織への帰属により定義される社会・法的身分は、個人の努力では変更不可能という意味で、越え難い境界として明確に意識されていただろう。しかしそれが文化的あるいは「民族的」な意味での境界と同義であったかといえば、それも疑問とせざるをえない。[36] 少なくとも、郊祀覃恩からみる限り、現在の我々には複数の社会的・文化的背景をもつとみえる女真皇帝は、華北社会の住人にとってはまぎれもなく「中国皇帝」であったのである。

その後、おおよそ十三世紀前半以降、新儒学(道学)が南方より華北に伝わり、徐々に華北の学術に多大な影響を与えてゆく。[37] これと時を同じくして、歴史的な「唐代」の位置づけにも変化が生じ、モンゴル帝国以降に中華地域を支配した諸政権では、老人への覃恩などの唐代に範をとる施策が、基本的に大きく減少する。おそらく世宗は予想もしなかっただろうが、彼が挙行した郊祀は、唐代の歴史的前例に範をとった、おそらく最後の事例でもあったのである。いまとなってはわずかな碑刻史料に、しかも個別家系の歴史叙述の一片としてその痕跡が残るだけであるが、金代郊祀覃恩が示唆する記録は、外来の征服者と華北社会の間での、歴史的な転換点のひとつを今に伝えているのである。

注

(1) 三上次男「金代中期における女真文化の作興運動」(『金代政治・社会の研究』中央公論美術出版、一九七三年)、Jing-shen Tao, *The Jurchen in Twelfth-Century China: A Study of Sinicization*, Seattle: University of Washington Press, 1976, 劉浦江「女真的漢化道路与大金帝国的覆亡」(『松漠之間：遼金契丹女真史研究』中華書局、二〇〇八年)。

(2) 鹿汝弼「成氏葬祖先墳塋碑」(『金文最』巻八六)。

(3) 黄晦之「済寧李氏祖塋碑」(『金文最』巻八六)。

(4) 脱脱等[纂]『金史』(中華書局、一九七五年)巻七〇 宗憲伝「皇統五年、将肆赦、議覃恩止及女直人、宗憲奏曰「莫非王臣、慶幸豈可有間邪」。遂改其文、使均被焉」。

(5) 『金史』巻十、本紀第十、章宗二、承安元年十一月戊戌条と承安二年十一月甲辰条を参照。

(6) 『金史』巻一二六、張暐伝。

(7) 『金史』巻六、本紀第八、世宗上、大定十一年正月壬午条。

(8) 佚名『大金集礼』巻三〇、「臣庶服車」「〔武官〕八品已下、並早革呈烏犀帯」。

(9) 『金史』巻二八、礼一、郊。

(10) 『金史』巻二八、礼一、南北郊。Hok-lam Chan, *Legitimation in Imperial China: Discussions under the Jurchen-Chin Dynasty (1115-1234)*, Seattle and London: University of Washington Press, 1984, p.70.

(11) 『金史』巻三九、楽上、雅楽、武二舞。

(12) 唐代の郊祀制度の沿革と、その歴代王朝の郊祀の中での位置づけについては、金子修一『中国古代皇帝祭祀の研究』(岩波書店、二〇〇六年)を参照。また、郊祀制度の歴史的な変遷については、小島毅「郊祀制度の変遷」(『東洋文化研究所紀要』一〇八号、一九八九年)が全面的に論じている。

(13) 宋敏求[編]『唐大詔令集』巻九、帝王、「天宝七載冊尊号赦」。

(14) 劉昫等[纂]『旧唐書』巻七、本紀第七、中宗、景龍二年二月乙酉条。

(15) 魏收[編]『魏書』巻七、帝紀七上、太和元年冬十月癸酉条「冬十月癸酉、宴京邑耆老年七十已上於太華殿、賜以衣服」。李大師・李延壽[編]『北史』巻三、魏本紀第三、太和十七年八月壬寅条「壬寅、車駕至肆州、人年七十已上、賜爵一級。路見眇跛、停駕親問、賜衣食、復終身」。同巻三、魏本紀第三、太和二十一年五月庚寅条「庚寅、詔雍州士人百年以上、假華郡太守。九十以上、假荒郡。八十以上、假華県。七十以上假荒県。庶老以年各減一等、七十已上、賜爵三級。其営船夫、賜爵一級。孤寡鰥貧、各賜穀帛」。

(16) 楊倩描「宋代郊祀制度初探」(『世界宗教研究』一九八八年第四期、一九八八年)。

(17) 銭若水『太宗皇帝実録』巻四十三、雍熙五年春正月乙亥条。

(18) 曹福鉉「宋代対官員的郊祀賞賜」(『宋史研究論叢』第六輯、二〇〇五年)。

(19) 梅原郁「宋代の恩蔭制度」(『東方学報』第五十二巻、一九八〇年)五一六〜一八頁。

(20) 游彪『宋代蔭補制度研究』(中国社会科学出版社、二〇〇一年)。

(21)『金史』巻五十二、選挙志二、門廕之制。

(22) 劉浦江「徳運之争与遼金王朝的正統性問題」(『松漠之間：遼金契丹女真史研究』中華書局、二〇〇七年)。

(23) Peter K. Bol, "Seeking Common Ground: Han Literati under Jurchen Rule," *Harvard Journal of Asiatic Studies*, vol.47, no.2, 1987.

(24) Hok-lam Chan, *Legitimation in Imperial China*, pp.73-116. 陳学霖「「大金」国号之起源及其釈義」(『金宋史論叢』中文大学出版社、二〇〇三年)一八～二一頁。

(25) 陳学霖「「大金」国号之起源及其釈義」一六頁。劉浦江「徳運之争与遼金王朝的正統性問題」一三―一四頁。

(26) この「宿州の役」とその後の講和については、李天鳴「隆興元年的宋金宿州之役」(鄧小南・楊果・羅家祥[主編]『宋史研究論文集(二〇一〇)』湖北人民出版社、二〇一一年)を参照。

(27) 楼鑰『北行日録』下巻(『攻媿集』巻一百十二)。

(28) 陳学霖「楼鑰使金所見之華北城鎮――『北行日録』史料挙隅」(『金宋史論叢』中文大学出版社、二〇〇三年)、二二七―二二八頁。

(29)『金史』巻十二、本紀第十二、章宗四、泰和六年四月丙寅条。

(30) 上述した事例⑧定襄智氏の事例でも、智重□がこの戦役に従軍し、帰郷後に里正に数回任じられているが、その従軍経験が数次の里正への任命になんらかの影響を及ぼしたのか否かは判然としない。

(31)『金史』巻五十、志第三十一、食貨五、入粟、鬻度牒。

(32) 桂華淳祥「金朝の寺観名額発売と郷村社会」(『大谷大学史学論究』第三号、一九八九年)。

(33)『金史』巻十五、本紀第十五、宣宗中、興定元年正月丙申条。

(34) Bol, "Seeking Common Ground."

(35)「女真文化」の維持を目的として普及が図られたとされる女真文字についても、実際にはその学習は「女真」を越え、「漢人」「南人」にも積極的に実践されており(女真語／女真文字による科挙にも、非女真の参加者が少なからず存在した)、多元的な社会を統合するひとつの紐帯となっていた。Xin Wen, "The Road to Literary Culture: Revisiting the Jurchen Language Examination System," *T'oung Pao*, 101, 1-3, pp.130-67, 2015.

(36) 金代(あるいはその前後の遼代・モンゴル時代など)におけるこうした問題については、今後の重要な研究課題であるが、はるかに豊富な史料が利用可能な十八世紀以降の社会史研究において、いわゆる「民族」アイデンティティよりも、「民戸」「軍戸」「旗人」であるか否かといった制度的な身分がはるかに大きな意義を有したという見解は示唆に富む。Michael Szonyi, *Practicing Kinship: Lineage and Descent in Late Imperial China*, Stanford: Stanford University Press, 2002. 邱源媛『尋找京郊旗人社会――口述与文献双重角下的城市辺縁群体』(北京出版社、二〇一四年)、Michael Szonyi, *The Art of Being Governed: Everyday Politics in Late Imperial China*, Princeton: Princeton University Press, 2017.

(37) 参見Bol, "Seeking Common Ground"; Hoyt Cleveland Tillman, "Confucianism under the Chin and the Impact of Sung Confucian Tao-hsüeh," Hoyt Cleveland Tillman and Stephen H. West, *China Under Jurchen Rule: Essays on Chin Intellectual and Cultural History*, Albany: State University of New York Press, 1995.

◎コラム◎

元好問——金代文学の集大成者

高橋幸吉

たかはし・こうきち——慶應義塾大学商学部准教授。専門は金元の詩文。主な論文に「金末元初における「江湖派」的詩人（補遺）——段克己・段成己と張弘範」（『中国詩文論叢』第三四集、二〇一五年）、「王惲とその師たち——姚樞・王盤・元好問」（『藝文研究』一一一号、二〇一六年）、「論王惲与元好問等人的師承関係」（『忻州師範学院学報』第三三巻第三期、二〇一七年）などがある。

元好問（一一九〇～一二五七）、字は裕之、号は遺山。忻州《きんしゅう》秀容（現山西省忻州市）の人。金末元初を代表する詩人、文人であり、歴史家としての側面も持つ人物である。南宋三大家（楊万里・范成大・陸游）以降、最大の詩人であろう。

一、青年期から科挙及第、仕官まで

元好問は文武の下級官僚を輩出した一族に生まれ、生後すぐに叔父元格のもとへ養子に出された。元氏は北魏拓跋《たくばつ》氏の末裔であり、祖先に唐の詩人元結がいるという。官に就いている養父に代わり、半ば隠棲生活を送っていた実父元徳明が幼少期の元好問を連れて近辺を遊歴し、その詩文集『遺山集』からも実父との強い結びつきが窺える。(1) 教育熱心な元格は教育環境の整った陵川県（現山西省晋城市陵川県）に移り、郝天挺《かくてんてい》に師事して科挙及第のみにとらわれない広い視野での教えを受けた。その後二十歳から科挙に挑むも三度連続して省試（京師で行われる事実上の最終試験）で落第している。

この間、金朝と元好問を取り巻く環境は大きく転換してゆく。モンゴルの南下によって王朝交替の時代がやって来たのである。元好問も二十二歳の時（大安三年、一二一一）を皮切りに何度も戦火を避けて疎開している。十六歳で実父を、二十一歳で養父を亡くし、一族で自分よりも年上の男性がほとんどいない中、一族郎党を率いての疎開である。そして王朝交替に伴う戦乱という、中国史上数百年に一度起こってきた大混乱のなかで、彼の詩人としてのまなざしが開眼してゆく。

黄河以北の地を失い、貞祐二年（一二一四）に汴京《べんけい》（現河南省開封市）に遷都して以降は、現在の河南省に加えて山西省南部が実効支配の及ぶ範囲となった。この王朝崩壊前の汴京で、金代詩文はその最高潮を迎えた。科挙受験のため上京した汴京では、元好問は多くの詩人や文人と面識を得、二十八歳のときに当時の文壇の盟主であった趙秉文の知遇を得る。「箕山」などの詩を携えて面会した元好問に対し、趙秉文《ちょうへいぶん》は「少陵（杜甫）以来此の作無し」という最大限の賛辞を送り、彼の詩名は京師にとどろくようになる。しかしこの年の科挙も及第出来ず、失意のうちに汴京を去る。元好問の特徴として、不遇の時や人生の転換点において、過去の人物と向き合い詩歌の本質を考えるという点がある。このとき著したのが後世に大きな影響を与えた「論詩三十首」と、生涯推敲を重ねた『錦機』である。前者は詩歌の連作で歴代の詩人や詩を論じる「論詩詩」というジャンルを確立し、特に清代以降多く作られた。後者は詩文に関する先人の議論をまとめ、散文や詩の創作指南書であったようであるが現存しない。

この三回目の落第後には嵩山《すうざん》（現河南省）に隠棲する。趙秉文に激賞されたあとでの落第はことのほか辛かったようで、科挙の受験を放棄して生涯隠棲するというようなことを詠った詩まである。嵩山は当時多くの文人が身を寄せており、ここで元好問は多くの人々と交友を持ち、詩をやりとりしている。三十二歳、四回目の挑戦でようやく科挙に及第する。このときの知貢挙《ちこうきょ》（試験担当官）は趙秉文であり、彼が元好問を引き上げて自身の朋党に加えているという批判もあった。趙秉文は前回の科挙で知貢挙として、文章の規則を守ることよりも文学性を重視して合格基準の改革を行い、一部から大きな非難を浴びていた。今回の科挙でも彼に対する批判が起こり、結局官位を降格され一時辞職することになった。通常科挙に及第すると県令などの官に就くのだが、元好問はこのような背景もあって官に就かなかった。

その後は河南一帯を周遊しつつ、嵩山の自宅を行き来する生活を送る。三十五歳の時に、科挙合格者の中からさらに優れた者を選抜する宏詞科の試験に合格し、国史院の編修官として赴任する。このときの試験官も趙秉文であった。

二、隠棲、再仕官、金朝の滅亡

ようやく手にした官職だが、翌年には辞職する。これだけの労力と時間を使って手に入れた官職を、わずか一年ほどで自ら手放した。その背景には国史院内部での様々な対立や趙秉文との繋がり、さらには当時編纂中であった『宣宗実録』における衛紹王の扱いをめぐる問題など、複数の原因が推測される。辞職直後は快哉を叫んで僑居に戻った元好問だが、やはり相当な失意もあったようで、ここでもまた古人の詩に没頭する。嵩山に戻ったすぐ後には杜甫の詩を論じた『杜詩学』を著し（現存せず）、秋には嵩山東南にある襄城（現河南省襄城県）の荘園で、陶淵明に倣って「飲酒」五首、「後飲酒」五首を書いている。(2)

このときの隠棲生活は一年ほどで終わり、翌年は方城（河南省南陽市方城県）に駐屯していた完顔斜列の幕僚に半年ほど加わる。いったん嵩山に戻ったのち、三十八歳の時に内郷（現河南省内郷県）の県令に赴任し一家で内郷に遷る。しかし金朝の命脈は風前の灯火であり、モンゴルの南下に抵抗すべく、地方官の職務は軍費となる年貢を取り立てることであった。一面で「催科　政《まつりごと》は考に書するに堪うる無く、出粟何人《なんびと》か与《とも》に軍を佐《たす》けん」（「内郷県齋書事」）、「軍租　星火のごとく急なり、期会　切に違う莫れ。期会　違う可からず、鞭扑《べんぼく》は汝の肌を傷つけん」（「菊潭に宿す」）と詩句にその苦悩を滲ませつつも、一方では領内各地を逍遙してその景色を詩に読む生活でもあった。その後数年の足取りについては各資料の混乱もあり諸説ある。内郷県令の後に鎮平、南陽と近隣地域の県令を歴任したようである。

正大八年（一二三一）秋に尚書都省掾（文章や法令の発布を行い、官僚全体を統括する部署の役人）として汴京に召し出された元好問は、モンゴルの猛攻のなかで金朝が滅び行くさまをつぶさに目撃する。戦乱に翻弄される人々と社会を詠った喪乱詩は、その題材の面からもこの時期にその頂点を迎える。金朝の皇帝哀宗は天興元年（一二三二）十二月、モンゴル軍の囲む汴京を脱し、残って立てこもる金軍は翌年四月、将軍崔立がクーデターを起こしてモンゴルに降伏する。崔立は降伏によって城中の人命を救った功績を石碑に刻むよう強要し、この碑文の執筆に関わったことにより元好問は多大な非難を受けることとなった。また降伏に際して元金の官僚でモンゴルに仕えていた耶律楚材に書簡を送り、城中にいた五十四名の人材を推挙し、保護を求めている。この行為も主にその文面により後世また批判の対象となっているが、推挙した五十四人は金末の名士として活躍した人物か、もしくは元朝初期に活躍することとなる人物である。耶律楚材もこの要求に応じ、モンゴルの将軍の屠城（都市内皆殺し）に反対するなど、人命と人材の保護に努めた。

三、金朝滅亡後

同年五月、金朝で官に就いていた者はみな聊城《りょうじょう》（現山東省聊城市）に拘留される。ここで元好問は金朝一代の歴史を詩によって記録するべく、『中州集』の編纂に着手する。これは魏道明の書を商衡が増補した『国朝百家詩略』をもとにしたという。各詩人に簡潔な伝記を付した上でその詩を収録し、金代の詩と文化を後世に伝えることを企図した書物である。本書は後半生をかけて執筆され、元好問の生前に刊行に到った。この時期から元好問は大量の著作を書き始め、金朝滅亡前後の様子を記した『南冠録』、『壬辰雑編』（ともに現存せず）など、後に『金史』編纂の際に資料となる記録を残した。だが決して軟禁されていたわけではなく、聊城では友人と会い宴席に参加するなどして比較的穏やかな日々を過ごした。天興三年（一二三四）一月、哀宗は自死し完顔承麟（末帝）に譲位。承麟も兵乱で殺され金朝は滅亡する。翌年、元好問は拘留を解かれ、聊城から少し西の冠氏（現山東省冠県）へ遷る。このときは「東坡の居を移すに学ぶ」八首という五言古詩の連作を作り、その中で史書編纂へ思いも綴っている。そしてこの家の一角に野史亭という建物を作って専ら史書編纂の資料を執筆した。野史とは国家事業として過去の王朝の歴史を編纂した正史に対して、民間で編纂された歴史書を言う。その後も各地の自宅に同名の建物を作っていることからも、歴史資料収集と著述への執念を感じられる。当時の華北は在地勢力が自営の為に独立した小集団を形成していたが、モンゴルは直接支配に乗り出さず、在地勢力が各地域の治安維持・教育・インフラ整備などを行っていた。元好問は冠氏を治める千戸侯趙天錫や彼を従える漢人世侯である東平府（現山東省泰安市東平県）の厳実とその子厳忠済、真定府（現河北省石家荘市正定県）の史天沢およびその幕僚張徳輝の元などで、詩壇文壇の盟主として迎えられる。四、五年のあいだは冠氏を拠点に周辺地域を行き来していた。

五歳で故郷を離れてから半世紀近く、五十歳になった元好問はモンゴルの太宗十一年（一二三九）ようやく故郷忻州へ戻る。だがこの地に留まることはなく、翌年秋から亡き金朝の資料収集も兼ねて各地を遊歴する。多くの文人や学者が集まっていた東平を中心に、各地で撰文を求められるなどし、その名声は揺るぎないものとなっていった。五十四歳の時に耶律楚材の子耶律鋳の招きで燕京（現北京市）に赴き、耶律楚材の父や兄弟の為に神道碑を書いた。六十三歳の時には既にフビライに仕えていた張徳輝とともにフビライに謁見し、「儒教大宗師」となり儒者を保護することを乞うた。これらの行為もまた人々からの非難を浴びた。

その後も現在の山東・山西・河北・河南一帯を遊歴し、モンゴルの憲宗七年（一二五七）、真定獲鹿（現河北省石家荘市鹿泉区）の寓居で没した。現存する著作には先述の『中州集』十巻の他に、金の詞を集めた『中州楽府』一巻、自身の詩文集である『遺山集』四十巻、『元遺山楽府』四巻、当時の怪異な出来事をまとめた『続夷堅志』四巻、唐代の七言律詩の選集『唐詩鼓吹』十巻がある。

四、その詩と位置づけ

元好問は詩に限らず散文や詞などほぼ全ての文学ジャンルで優れた作品を残しているが、詩を最も優れた文学形式であると考え、自身を詩人であると規定していた。自らも「詩と文とは同源にして別派なり。文は固より難し、詩は尤も難きと為す」（「双渓集序」）と述べ、様々な序文などで詩論を展開している。その詩の学習方法は師の趙秉文と同じく、多くの詩人を学んでその長所を取り入れ、儒家的価値観に沿った詩を作るという大変オーソドックスなものである。だが趙秉文の詩が模倣対象を未消化に表出してしまうのに対し、元好問はより広く深い学習対象を自家薬籠中のものとし、より自然なかたちで自己の作品に取り込んでいる。元好問の詩人としての高い力量を示すものであろう。

詩型では五言古詩と七言律詩に優れ、多岐に渉る題材の中では金朝滅亡前の戦乱を詠った「喪乱詩」が高く評価されている。清の趙翼は「国家の不幸は詩家の幸い、賦は滄桑に到りて句は便ち工なり」（「遺山詩に題す」）と端的に表している。ただ一方で杏の花などの小さな対象を題材にしたり、北方の雄大な山水を詠った詩など、多彩な側面を持つ。中には「滑稽を好む」と評された性格が窺える諧謔味に富んだ詩も見える（唐・韓愈の作「此の日惜しむ可きに足る一首 張籍に贈る」をパロディにした「此の日惜しむに足らず」など）。また自身の愛好する詩句や表現を何度も使用する「復句」癖が指摘されており、これについては評価が分かれている。[3]

一般に中国の文学研究者の間では「苦難に耐え、誹りを受けながらも、金朝一代の文化と歴史の保存に奔走した人物」として認識されているが、金元の王朝交替期を生き抜いただけに非常にしたたかな人物でもある。各地に荘園や別宅を確保して常にセーフティーネットを作り、晩年の資料収集の旅も各地の支配者に庇護されながら、また隣接地域へ移動して当地の支配者の供応を受けるというような、実に中国らしい生存戦略を採っている。元好問はその生涯で幾度となく他者からの非難を受けているが、道義上の瑕疵に加えてこのように「乱世で上手く世渡りした」こと、文壇の盟主として注目される身でありながらモンゴルに仕えず無官であったことなどが関係しているのであろう。

金朝滅亡後四半世紀ほどの間、北方文壇の中心的存在であった元好問だが、後世への影響が顕著になるのは清代以降である。その没後は旧金朝系の士人が彼に言及するが、片言隻句だけで彼の詩文や詩論に言及した者は多くはない。そして元が南宋を滅ぼし、南方出身の人材が詩壇文壇の主流となるにつれて、元好問は「金末元初の北方の著名人」として文献中にごく短く記述されるのみとなる。明代では瞿佑《くゆう》が『帰田詩話』で言及しているなど数例を除いて、ほぼ忘れ去られた詩人となってしまう。この状況は明末清初の銭謙益が『中州集』に倣い『列朝詩集』を編纂し、清朝初期の文壇の重鎮王《おう》士禎《してい》や査慎行が元好問詩の論評や模倣作を作ってから一変する。女真族の後裔である満州族が統治者となった清代では、同族であった金朝の歴史や文化に関心が向けられ、これに伴って元好問も大いに注目されるようになった。[4] その後も趙翼『甌北詩話』、翁方綱『石洲詩話』、潘徳輿『養一斎詩話』などが元好問に注目してその詩や作品について論じ、考察を加えた。元好問の詩選や詩文集は数多く出版され、一八〇〇年前後に在世した施《せ》国祁《こくき》による『元遺山詩集箋注』は、研究の底本として長らく用いられた。清代に到って元好問は文学史上の大家の一人としての位置を確立したと言えるだろう。

日本では元刊本の『中州集』が南北朝時代に五山版として翻刻され、江戸末期の文化三年（一八〇六）に翻刻された『金詩選』には元好問の詩を多く収めている。元好問自身の詩文は天保七年（一八三六）に垣内保定《かきうちやすさだ》（菊池海荘）選の『遺山先生詩鈔』二巻が刊行され、明治以降も詩や文の選集が幾つか出版されている。

五、元好問を読むにあたって

現在、研究の底本としては姚奠中主編『元好問全集』（三晋出版社、二〇一五年）が用いられる。本書は一九九〇年に出版され、二〇〇三年に李正民氏による増訂が為されたものを、さらに増補した上で誤収詩を削除するなど精度を高めたものである。注釈書では趙永源『遺山楽府校註』（鳳凰出版社、二〇〇六年）、狄宝心『元好問詩編年校注』（中華書局、二〇一一年）、同『元好問文編年校注』（中華書局、二〇一二年）がある。年譜は狄宝心『元好問年譜新編』（中国文聯出版社、二〇〇〇年）が先行研究を集大成して現在最も参考になるが、入手困難である。二つの編年校注は本書の成果の上で為されたものである。

日本では昭和の半ばに二種の詩選が出版されている。小栗英一『元好問』（中国詩人選集二集、第九巻、岩波書店、一九六三年）と鈴木修二『元好問』（漢詩大系第二〇巻、集英社、一九六五年）である。両書とも元好問の代表的な作品に注釈と日本語訳を付している。それぞれの序文も金代文学および元好問について詳細な記述があり、現在でも参考になる点が多い。

注

(1) 高橋幸吉「元好問「九日読書山」詩について」（『藝文研究』八三号、二〇〇二年）参照。

(2) 高橋幸吉「元好問の国史院辞職——併せて「飲酒」五首、「後飲酒」五首と陶淵明について」（『中国研究』第三号、二〇一〇年）参照。

(3) 趙翼、潘徳輿が指摘している。この問題については胡伝志「遺山復句論」（『安徽師範大学学報』（人文社会版）第四一巻第六期、二〇一三年）に詳しい。

(4) 井澤明肖「元好問と喪乱詩——喪乱詩評価の一側面」（『早稲田大学大学院文学研究科紀要』第二分冊、四一号、一九九五年）参照。

参考文献

狄宝心『元好問年譜新編』（中国文聯出版社、二〇〇〇年）
小栗英一『元好問』（岩波書店、一九六三年）
鈴木修次『元好問』（集英社、一九六五年）
張静『元好問詩歌接受史』（中国社会出版社、二〇一〇年）

金代の仏教

藤原崇人

女真族政権の金において道教と共に盛行した宗教が仏教である。仏教は金国内の社会各層に浸透し、当時の政治・経済・文化など多方面に大きな影響をおよぼした。本稿ではまず女真支配階層の仏教に対する姿勢を概観し、ついで金代の仏教に看取される契丹（遼）仏教および北宋仏教それぞれの継承者としての側面について論じる。

はじめに

十二世紀初頭、按出虎水《アルチュカ》（黒龍江省を流れる松花江の支流阿什河）流域に暮らす女真《ジュシェン》族の完顔《ワンヤン》部に阿骨打《アグダ》という英傑が現れ、中国東北部に散在する諸々の女真集団を統合して金を建国した。阿骨打は契丹（遼）を打倒して西方への拡大の道を開き、彼を継いだ弟の呉乞買《ウキマイ》は瞬く間に北宋を滅ぼして華北一帯を版図に組みこみ、金はユーラシア東方随一の強国として君臨するに至った。この金において通行した主要な宗教が仏教と道教である。道教については、本書収録の別稿を参照頂くとして、本稿では仏教に対象を絞り、女真支配階層の仏教に対する姿勢と契丹・北宋両仏教の継承者としての金代仏教の側面について論じることにする。

一、女真支配階層と仏教

元来、女真人の基層的な信仰は「シャマン（巫《ふ》）」と呼ばれる特殊能力者を介して神霊と交流するシャマニズムであったが、[1]とりわけ契丹の中心地域（内蒙古自治区東部および遼寧

ふじわら・たかと――龍谷大学文学部准教授。専門は十〜十四世紀を中心とする中国および北アジアの仏教史。主な著書・論文に『契丹仏教史の研究』（法藏館、二〇一五年）、「クビライ政権と資戒会」（『関西大学東西学術研究所紀要』第四九輯、二〇一六年）、「捺鉢と法会――道宗朝を中心に」（『唐代史研究』第二〇号、二〇一七年）などがある。

省西部）や華北一帯の領有を成し遂げて以降、当該地域に盛行していた仏教や道教と必然的に接触するなかで、彼らもこれらの宗教を受容するようになったのである。

　一般の女真人における仏教信仰の様態については史料的制約から判然としない部分が多いものの、「仏」「僧」「和尚」「観音」「薬師」など仏教に関わる語彙を名に含める者が多数認められ、(2) 彼らの精神世界に仏教が影響を与えていたことをうかがわせる。一方で、女真支配階層、すなわち皇帝をはじめ金国の上層に位置する女真人については比較的史料が豊富に残っているため、具体的なありようを明らかにすることができる。本節では、主要な皇帝（太宗〜世宗の四帝）を対象として、この点について述べていこう。

（1）太宗（呉乞買、在位一一二三〜一一三五年）

　史料上、女真支配階層と仏教の関わりが最初に認められるのは太宗・呉乞買である。兄の太祖・阿骨打を嗣位して金国第二代皇帝となった太宗は、当初は仏教を信じていなかったようで、即位してまもない天会元年（一一二三）十月には僧が献じた仏骨をしりぞけている。(3) ところが、その八年後の天会九年（一一三一）七月、太宗が西楼（契丹の上京臨潢府《じょうけいりんこうふ》、内蒙古自治区バリン左旗林東鎮）で政務を執っていたところ、東方の楼閣上に光明が生じ、そのなかに紅雲に乗った高さ五丈ほどの仏が現れると、彼はこれに対して恭しく拱手跪拝したという。(4) 太宗が在位中に仏教を信奉するようになったことは間違いなく、太祖から太宗の時期にかけて契丹の中心地域と華北一帯を獲得し、これらの地域に行なわれていた仏教に触れたことがその契機になったと見てよい。

　太宗の仏教信仰における具体的な行動としては、大聖安寺の営繕と栴檀釈迦瑞像《せんだんしゃかずいぞう》の奉迎を挙げることができる。

　まず前者の大聖安寺の営繕について。大聖安寺は燕京（北京市）城内にあり、皇統初（一一四一）に熙宗《きそう》が「大延聖寺」の寺額を賜い、大定七年（一一六七）に世宗が詔を下して「大聖安寺」と改額させた寺院である。これより先、天会年間に雲門宗の禅僧である仏覚瓊公《ぶっかくけいこう》と晦堂俊公《かいどうしゅんこう》が北上し、その際に本寺の営繕費として太宗とその皇后の唐括氏が数万銭を施している。(5) 今次の営繕が大聖安寺の「創建」を指すものか、それとも「重修」を指すものか判断が難しいが、瓊公と俊公は本寺に住したようであり、これ以降、元代に至るまで本寺は雲門宗の一大拠点として機能することになる。

　つぎに後者の栴檀釈迦瑞像の奉迎について。栴檀釈迦瑞像（以下「瑞像」と表記）はインド・カウシャーンビーのウダヤナ（優塡《うてん》）王が、母のマーヤ（摩耶）夫人に説法するために忉利天《とうりてん》に上った釈迦を思慕し、檀木でその姿を造らせたとの言い伝えを持ち、インドから東に伝わって中国内の各地を巡り、清末まで受け継がれたという。九八三年に北宋に渡った我が国の奝然《ちょうねん》（九三八〜一〇一六）が、彼の国にあった瑞像の模像を制作して持ち帰ったことは良く知られており、奝然請来のこの模像は現在も京都嵯峨の清凉寺《せいりょうじ》に安置されている。(6)

この瑞像は、北宋の滅亡（靖康の変一一二六年）後、金が建設した傀儡国・斉の治める開封（河南省開封市）にそのまま置かれていた。ところが太宗は天会九年（一一三一）もしくは同十二年（一一三四）に、これを北方の燕京に移し、前述の大聖安寺に安置したのである。そもそも瑞像は単なる木製の造形物ではなく、魂を有するもの、すなわち生動的存在としての「生身性」を備えるものと考えられていた。くわえて東伝よりこの方、度重なる王朝交代に際しても破壊されることなく、時の政権の手厚い保護を受けて脈々と受け継がれるなかで、瑞像は政権の正当性を示す存在として認識されるようになっていた。太宗はまさしくこの認識に基づいて、傀儡国である斉の領域内（開封）から金の領域内（燕京）へと瑞像を移し、自身が君臨する金国の正当性を表明したのである。(7)

（2）熙宗（合剌、在位一一三五〜一一四九年）

太宗を継いで立ったのが太祖の嫡孫の熙宗・合剌《ハラ》である。彼は太宗以上に仏教を信奉した皇帝として知られる。皇統二年（一一四二）、熙宗は皇太子済安の誕生を記念して、上京《じょうけい》会寧府《かいねいふ》（黒龍江省ハルビン市阿城区）の宮側に大儲慶寺《だいちょけいじ》という大刹を建立した。本寺の初代住持として禅僧の海慧《かいえ》を燕京から招聘し、さらに自らが賜額した延聖寺（のちの大聖安寺）から瑞像を運び出し、本寺内の積慶閣に安置した。(8)

とくに瑞像の上京奉迎は、皇太子の誕生に関わる事業であると共に、当時進行中の国家体制改革（部族的合議体制から皇帝集権体制への移行）の一環でもあった。太宗までの金国皇帝は比較級的第一人者としての立場にとどまり、国政は複数の女真有力者との合議において決定された。熙宗とその後見人である伯父の宗幹はこのような体制から脱却して皇帝による集権体制を確立すべく、さまざまな制度改革を実行した。その途上で宗幹が没すると、後ろ盾を失った熙宗は集権化に不可欠となる皇帝の権威向上を自ら模索するようになる。ここで着目したものが瑞像であり、熙宗はこれを自らの外護寺院である大儲慶寺に奉迎し、本像に託された釈迦の霊威と、政権の正当性を示す表象としての認識に基づいて自らの尊厳化を図ったと考えられるのである。

また熙宗は大儲慶寺の建立とあわせて領域内に普度《ふど》を実施した。(9)普度とは、係帳された童行《どうぎょう》（有髪の仏道修行者）に対して、考査（試経《しきょう》）を課すことなく剃髪得度の許可証である度牒《どちょう》を発給して僧の身分を与えるものであり、北宋の頃から盛んに行われた。(10) 熙宗は燕京・西京《せいけい》（山西省大同市）・開封の三地域を主対象としてこれを実施したと思しく、この時に得度させた童行の人数は三十万人ないし百万人と言われている。もちろんこの数字は誇張と見るべきであろうが、金代の僧の事績を記した石刻を渉猟すると、当該の普度に与った人物が頻繁に見つかる。たとえば中都（燕京）の竹林寺の堂頭をつとめた善照（一一二一～一一六八）は二十二歳のときに「皇統普恩」を以て具足戒を受けており、また東京（遼寧省遼陽市）の大恵安寺や中都の潭柘寺《たんしゃじ》・竹林寺を歴住した相了《そうりょう》（一一三四～一二〇三）は九歳のときに「皇統霈恩」に遇って得度している。(11) さらに曹洞宗の一大拠点である霊巌寺《れいがんじ》（山東省済南市）の第十七代住持をつとめた恵才も「皇統壬戌（二年）」の「恩賚普度」によって得度し、ほどなくして具足戒を受けている。(12) これらのほかにも同様の事例を複数見出すことができ、熙宗の実施した普度が大規模なものであったことをうかがわせるのである。

(3) 海陵王（迪古乃、在位一一四九～一一六一年）

極度の飲酒によって精神の安定を欠いた熙宗を弑逆し、金国第四代の皇帝となったのが、熙宗のいとこの海陵王・迪古乃《ディグナイ》である。先代の熙宗と異なり、この海陵王については積極的に仏教を信奉した痕跡が少ない。天徳初（一一四九年ないし一一五〇年）に臨済僧の円性（一一〇四～一一七五）を竹林寺の住持として召し出し、のち彼に「広慧通理《こうえつうり》」の号と紫衣を賜ったこと、(13) 正隆元年（一一五六）二月八日――一説における釈迦降誕日――に、中都の宣華門に赴いて迎仏《げいぶつ》の儀式を観覧し、諸寺の僧に絹・綵・銀を賜与したことなど(14)が海陵王の奉仏行動をわずかに伝えてくれる。

ただし後者の迎仏についても同年十一月に一転して禁令を発しており、海陵王は基本的に仏教に対して冷淡な態度をとっていたと見てよいだろう。その最たる例が、霊巌寺第十一代住持をつとめた大明法宝《だいめいほうぼう》に対する杖刑である。張浩をはじめとする朝廷の重臣たちが法宝に帰依してその下座に侍っていることを聞いた海陵王は、大臣の体を失するとして張浩以下を責めて杖刑二十を科し、あわせて法宝に杖刑二百を加えた。(15) 金国の支配秩序の頂点に君臨する海陵王にとって、仏法（法宝）が王権（張浩以下の重臣）に優越することは決して看過できない事態であり、その是正に動くことは当然であろう。それにしても杖刑という身体を直接苛む処罰を躊躇なく僧侶に対して実行できるところに、海陵王の奉仏精神の希薄さと仏道に仕える者に対するマイナスの感情が明確に読み取れるのである。

(4) 世宗（烏禄、在位一一六一～一一八九年）

海陵王は、熙宗の時に締結した和約（皇統和議）を破棄して南宋征伐を強行し、そのさなか江南において部下の手にかかって斃れた。彼に代わって金国第五代の皇帝となったのが、すでに海陵王政権を見限って東京に自立していた世宗・烏禄《ウル》である。世宗もまた海陵王と熙宗のいとこにあたる。

世宗の仏教に対する姿勢には「抑仏」と「崇仏」の両面が認められる。(16) すなわち前者の「抑仏」については、朝臣たちに仏教の弊害を論じて妄信すべからざることを主張し、民間における仏寺の造営や課役を避けるための出家を禁じたり、契丹に淵源をもつ二税戸《にぜいこ》(17)の撤廃につとめたりしている。一方の「崇仏」については、たとえば中都大慶寿寺の創建、香山寺への「大永安寺」額の賜与、盤山の諸寺や西京華厳寺などへの度重なる行幸など枚挙に暇がない。世宗は金国皇帝としては「抑仏」、一個人としては「崇仏」のスタンスをとったとする見方もあるが、そもそも皇帝とは「公」と「私」の境界が曖昧な存在であるから、明確に区別することは難しいだろう。世宗は「崇仏」を地とする一方で、その時々の政治状況に応じて「抑仏」の仮面を被る器用さを併せ持っていたと見ることが妥当ではないだろうか。ちなみにこのような姿勢は、世宗を継いで立った孫の章宗・麻達葛《マダガ》（在位一一八九～一二〇八年）においても確認されるところである。

世宗は仏教を皇帝権力の後ろ盾や国家財政の保全手段としても利用している。彼は即位早々に瑞像を中都の内殿に奉迎しており、これは海陵王を否定して発足させた自らの政権の正当性を瑞像に託して表明したものと言える。また、これとほぼ時を同じくして度牒・寺額・師号・紫衣の売買を許可しており、これは海陵王の末年に勃発した契丹人叛乱の鎮圧や、この叛乱の主因となった対南宋戦の軍費を捻出する目的でなされたものである。契丹人叛乱を平定し、南宋との講和を成立させると、世宗は早々に度牒以下の売り出しを停止したが、モンゴルの興起によって北方情勢が緊迫の度合いを深めていく章宗朝の後半以降、軍費確保のために再び行われるようになった。このことが金国内の社会の混乱と仏教教団の質的低下を促す結果を招いたのである。

右に見たように、とくに太宗・熙宗・世宗などは仏教との関係が非常に密接であったと言えるが、かかる様相はなにも皇帝に限定されたものではない。たとえば熙宗の皇后裴満氏も信仰心が篤く、海慧を継いで大儲慶寺の住持となった清慧《せいえ》に対して、夫帝と共に恭しく頂礼《ちょうらい》したり、(18) 中インド・ナーランダ寺出身の蘇陀室利《そだしつり》が来到すると、彼のために赭色の伽梨を自ら製したりしている。(19) また海陵王の嫡母である徒単皇太后（宗幹の正室）はとくに華厳系の僧尼との繋がりが認められ、上京や中都における当該僧尼の移入に関与していた（後述）。世宗の孫にあたる祖敬（曹王永功の次子）は中都潭柘山龍泉禅寺の政言（?～一一八五）の塔銘を撰文したことで知られる。[20] さらに自ら出家した者もおり、窩魯歓《オルコン》（太祖の第八子）の息女・志達撒魯は尼僧となって妙行大師《みょうぎょうだいし》の号を帯びている。[21] このように后妃や皇族の中にも仏教に傾倒した者が多く、崇仏は女真支配階層におおむね共通した傾向であったことが分かるのである。

二、契丹仏教の継承

金が契丹と北宋双方の継承者としての側面を有していたことは揺るぎない事実である。そうしてこの立場は仏教という精神文化についても例外ではない。本節では契丹仏教の継承者としての側面について、いくつかの例を挙げて述べていく。

まず金における契丹仏教の継承を制度面で明示するものとして「僧官」[22]を挙げることができる。僧官とは一定地域内の仏教教団（僧尼・寺院）を統括する組織であり、その創置は東晋《とうしん》の時代にまで遡る。[23] 金は僧官として「僧録司」・「僧正司」・「都綱司」の三つを設けている。それぞれ設置対象となる行政区画が異なり、僧録司は六京[24]をはじめとする各総管府に、僧正司は節度使を長官とする節度州に、都綱司は刺史を長官とする刺史州に置かれた。金に先立つ契丹では、僧録司が五京に、[25] 僧正司が節度州に、都綱司が刺史州にそれぞれ置かれ、一方、同時期の北宋の僧官においては都綱司が設けられていない。くわえて金の僧官は管内の僧尼に対して一定の司法権を有しており、これは契丹においても同様であった。[26] これに対して北宋の僧官には司法権が付与されておらず、教団事務を掌るに過ぎない。以上の事柄を踏まえると、金の僧官制度は明らかに契丹の制度を承けたものと判断できるのである。とりわけ世宗朝の後期頃まで中都の僧官をつとめた僧のなかには、契丹後期の著名な伝戒僧である法均や、契丹后族（国舅族《こくきゅうぞく》）出身の華厳僧・志智の門派に連なる者が目立っている。当時の僧官人事には在地仏教界の意向が色濃く反映されており、上述のような中都僧官の人事のありかたは、当地の仏教界に厳然として残っていた契丹仏教の影響力を示唆するものと言えるだろう。[27]

つぎに契丹の旧領域出身の僧尼が金の主要地域に流入していた事実を挙げたい。その代表例が上京（会寧府）宝勝寺の裕超である。裕超は契丹の上京すなわち臨潢府の保和県の出身で、俗姓は于氏である。天慶元年（一一一一）に生まれ、十一歳で出家、臨潢府に存した興円寺の講律沙門覚宗に師事し、裕超の法諱を受けた。皇統元年（一一四一）、試経得度して具足戒を受け、各地の高僧を訪ねて華厳経の根本の義を極めたという。天徳三年（一一五一）、海陵王の嫡母である徒単皇太后の請により上京会寧府の興王寺に住持し、華厳経講を開演した。貞元二年（一一五四）、同地にあった宝勝寺の臨壇宣戒大徳智彦らの要請により本寺の住持に遷り、正隆元年（一一五六）には上京の士庶に乞われて再び華厳経講を開いた。(28)ここに掲げた事績から見て裕超が華厳を宗旨としていたことは間違いない。契丹仏教のひとつの柱が華厳であり、(29)裕超の出身地が契丹の上京が置かれた臨潢府であることを併せ踏まえると、彼は明らかに契丹仏教の系統に連なる僧と判断できる。かかる人材の上京会寧府への移入が、該地の仏教界や社会における契丹仏教の継承の一端を担ったのである。

また金代中期以降の都である中都についても同様のことが認められる。中都は契丹の燕京すなわち南京析津府《なんけいせきしんふ》にあたる。契丹の燕京は国内最大の経済・文化都市にして仏教信仰の一大拠点であった。金は契丹からこの都市をそのまま受け継いだのであるから、当然ながらここには契丹仏教の系譜に連なる僧尼がもとから多数暮らしていた。そのうえに契丹の旧領域各地から僧尼が流入してきたのである。

たとえば熙宗と海陵王のときに燕京（中都への改称前）の右街僧録をつとめた悟銖《ごしゅ》は、先に名を挙げた契丹の伝戒僧・法均の門孫にあたり、その出身は先述の裕超と同じく臨潢府である。彼は契丹末期に平州や易州など河北各地を遊行し、金初には燕京に入ったと思われる。この悟銖の法兄弟のひとりに慧聚寺《えじゅじ》（北京市門頭溝区戒台寺）の悟閑がおり、彼は契丹の中京すなわち大定府（内蒙古自治区赤峰市寧城県）の出身である。ほかにも海陵王から世宗の頃にかけて中都顕慶院の住持をつとめた尼僧の妙敬がいる。彼女は中都遷都の後に上京から奉迎された海陵王の嫡母・徒単皇太后が南下に際して随行させた僧尼のひとりと見られる。妙敬の俗姓は蕭氏、契丹人と思しく、出身は済州（吉林省長春市農安県）である。七歳で済州祥周院の張座主《ちょうざす》に礼し、皇統元年（一一四一）に上京楞厳院《りょうごんいん》の弘遠戒師に師事、翌二年（一一四二）、具足戒を受けると済州に戻り、西尼院に居した。本院の住持と共に義学を修め、華厳経を開演するなかで名を馳せるようになり「蕭華厳」と号した。正隆元年（一一五六）、徒単皇太后および太祖・太宗の両梓宮《しきゅう》に随行して中都に入り、顕慶院の住持となっている。(30)

このように金の上京や中都においては在留あるいは移入によって契丹仏教の系譜に連なる僧尼が居していた。このような状況が金国内各地において普遍的に確認されるのか否かを現段階の史料状況で明らかにすることは難しいが、契丹の旧領域と重なる地域やその近域においては可能性が高いように思える。

さいごに最も顕著な事例として、契丹第八代皇帝の道宗・耶律査剌（在位一〇五五～一一〇一）が金泥で書した『菩薩三《ぼさつさん》聚戒本《じゅかいほん》』の伝持を挙げておく。道宗は契丹歴代皇帝のなかで最も仏教に傾倒した人物であり、華厳経をはじめとする諸経典に深く通じて関連する著作を自ら執筆していた。そのひとつが大乗菩薩戒に関わるこの『菩薩三聚戒本』である。本典籍は、道宗以後、天祚帝《てんそてい》・耶律阿果（在位一一〇一～一一二五）、耶律淳（北遼天錫皇帝）、そして蕭普賢女（淳の妻）の手に渡り、契丹の瓦解後は、慧聚寺の悟纏《ごてん》、弘祐寺の円怡《えんい》、開悟寺の行坰《ぎょうけい》、道恒、延洪寺の善謙、善鑑、善興、恵応、性該と金の燕京・中都の伝戒僧に代々受け継がれた。[31] 道宗は菩薩戒を重視し、契丹国内の伝戒を一面において主導していたために、「菩薩皇帝」と称賛されるなど菩薩性を帯びた帝王として認識されていた。[32] この道宗の御書『菩薩三聚戒本』が金代に至るも燕京・中都の伝戒僧のあいだに絶えることなく継承された事実は、金の仏教界においても道宗の菩薩性が認識され、その聖的権威の表象として『菩薩三聚戒本』が位置付けられていたことを示すのである。

三、北宋仏教の継承

本節では北宋仏教の継承者としての金の側面について述べていく。金の仏教が北宋のそれを受け継いでいたことについては多くの指摘があり、先述した瑞像の奉迎はその一例と言えよう。金版大蔵経（以下「金蔵」と表記）の雕造もその顕著な例である。金蔵は解州（山西省運城市解州鎮）の一尼僧の発願によって開版されたものである。雕造には約三十年かかり、大定十八年（一一七八）に一蔵が朝廷に献上され、のち経板が中都に送られた。この金蔵の版式は毎版二十三行、一行あたり十四字で巻子本《かんすぼん》のかたちをとり、千字文を用いた帙号は『開元釈教録略出《かいげんしゃくきょうろくりゃくしゅつ》』のものより一字繰り上がる。これは北宋の初期に雕造された開宝蔵（蜀版大蔵経）と同じである。つまり金蔵は開宝蔵を覆刻したものであり、ここに北宋仏教の継承の一端が示されている。ちなみに契丹においても後期に大蔵経（契丹蔵・遼蔵）が雕造されたが、こちらは毎版二十七～二十八行、一行あたり十七字の巻子本で、千字文の帙号は『開元釈教録略出』のものより一字繰り下がり、開宝蔵や金蔵とは版式の異なる別系統の大蔵経である。[33]

つぎに禅宗の流入と盛行を挙げることができる。金は契丹の領域のみならず北宋の領域（淮水以北の地）も版図に組み込んだため、国内には契丹仏教と共に北宋仏教の系譜に連なる僧尼が多数存在した。この北宋仏教の主流が禅宗であったことについては贅言を要さないだろう。近年、契丹においても禅宗が行われていたことが明らかとなっているが、(34)その教勢が盛んであったとは言い難く、金において盛行した禅宗――曹洞・臨済・雲門の三宗派――は主として北宋に由来するものであった。以下この三宗派について概観しよう。(35)

【曹洞宗】金代曹洞宗における法系は金末に活躍した万松行秀（一一六六～一二四六）に連なる一統のみであり、金初に遡ると青州希弁に行き着く。希弁の俗姓は黄氏、出身は洪州（江西省南昌市）である。鹿門自覚より法を得て青州（山東省青州市）の天寧寺に居していたが、天会六年（一一二八）に金軍の侵攻に遇い、捕われて燕京に移され、奉恩寺ついで華厳寺に居した。のち仰山の棲隠寺に退隠し、天眷三年（一一四〇）に召されて再び華厳寺に住持した。この華厳寺は翌皇統元年（一一四一）に熙宗によって「大万寿寺」の寺額を賜り改名された。本寺は仰山棲隠寺と共に金代曹洞宗の一拠点として機能することになる。金代曹洞宗は金軍の青州攻略による希弁の獲得に端を発したものと言える。希弁以下の法系を辿っておくと、大明法宝、王山覚体、雪巌満《せつがんまん》、そして万松行秀へと至る。希弁の法嗣である大明法宝は、先にも触れた通り海陵王の不興を買って杖刑二百に処された人物である。

【臨済宗】金代臨済宗は法系の多様さに特徴があり、この点が同時期の曹洞宗と異なるところである。まず楊岐《ようぎ》派の圜《えん》悟克勤《ごこくごん》（一〇六三～一一三五）の法系に連なる禅僧として既述の円性がいる。円性の俗姓は侯氏、順州（北京市順義区）の出身である。十五歳で具足戒を受け、天会の初め頃、開封にやって来た仏日禅師（克勤の法嗣）に師事した。天徳の初めに海陵王の旨により燕京の竹林寺に坐し、翌年、東京の恵安寺に移った。ほどなくして竹林寺の寺衆によって本寺に連れ戻され、この時に海陵王から紫衣と「広慧通理」の号を賜っている。世宗朝に至ると衆僧の請願により潭柘寺に住した。円性の法嗣には善照・了奇・広温など現在の内蒙古や遼寧方面の出身者が含まれており、彼の門派は契丹旧領域内の人材を取り込んで、燕京のみならずその東北方にも教勢を伸張していたのである。このほか同じく楊岐派の仏鑑慧懃《ぶつがんえごん》（克勤の法兄弟）の法系に属する相了、天目斉《てんもくせい》（同上）の法系に連なる著名な海雲印簡、さらに臨済下六世の石霜楚円・瑯琊慧覚《ろうやえかく》それぞれの法系に連なる玄冥顗公《げんみょうぎこう》・虚明教亨《きょめいきょうこう》など、金代の臨済宗は複数の法系から優れた禅匠を数多く輩出していた。

【雲門宗】金代雲門宗の禅僧として名を挙げるべきものが、既述の仏覚瓊公と晦堂俊公である。両人は天会年間に北上して燕京に入り、太宗とその皇后が営繕を援けた大聖安寺（当時の寺名は不明）に住している。仏覚瓊公については法系が判明しており、長蘆宗賾《ちょうろそうさく》の法嗣にあたる。宗賾から遡ると、長蘆応夫《ちょうろおうふ》、天衣義懐《てんねぎかい》、雪竇重顕《せきとうちょうけん》、智門光祚《ちもんこうそ》、香林澄遠、そして雲門宗の開祖である雲門文偃《うんもんぶんえん》に行き着く。一方の晦堂俊公の法系は残念ながら分からない。大定の初め頃、仏覚瓊公の退席を承けて大聖安寺の法席を掌ったようである。仏覚瓊公の伝法の弟子として確認されるのが円通善公である。法諱は広善、大定年間に大聖安寺の住持となり、本寺の瑞像殿に行幸した世宗の質問に答えて大いに帝を喜ばせたという。彼は国師の肩書を帯びており、世宗と極めて近い距離にあった人物と見てよい。仏覚瓊公・晦堂俊公・円通善公いずれも大聖安寺に居していたことからも分かるように、本寺は中都における雲門宗の拠点寺院として機能していたのである。

なお北京市昌平区に存する銀山法華寺塔林には、金代の建立とされる五基の仏塔が屹立している。それぞれ①「故祐国仏覚大禅師塔」、②「晦堂佑国仏覚大禅師塔」、③「故懿行大師塔」、④「故虚静禅師実公霊塔」、⑤「円通大禅師善公霊塔」と称するもので、①〜③が八角十三層の密檐式塼塔《みつえんしきせんとう》、④と⑤が六角七層の密檐式塼塔である。[36] ①が仏覚瓊公、②が晦堂俊公、そして⑤が円通善公の墓塔であり、③と④も人物の同定は困難ながら、金代雲門宗の僧の墓塔と考えられている。

金代の仏教界において雲門宗は一大勢力を築いており、元代に至ってもその教勢を維持していた。一般的に雲門宗は北宋末には衰退し、南宋ではその姿を消したとされるが、これは中華王朝側からの一方的な見かたに過ぎない。実態に即すると雲門宗は金代に及んでその教圏を北方にシフトしたと捉えるべきである。

おわりに

本稿では金代の仏教を取り上げ、女真支配階層との関係および契丹・北宋両仏教の継承者としての側面を具体的に論じた。女真支配階層の姿勢や志向を含めて、金の仏教が契丹仏教と北宋仏教の双方を構成要素として成り立っていたことを確認することができたと思う。唐・五代以降の仏教の流れを思い起こすとき、ここには北流（契丹―金―元）と南流（宋―元）の二つを見出すことができる。この二つの流れは常に並行して存在するものではなく、ときに交叉して刺激し合うものであった。このことを証明するものが金の仏教であると言えよう。

金国の崩壊後もその仏教は華北を中心に維持され、南宋仏教およびチベット仏教との相関のうえに形成された元代仏教の下地となったのである。

注

(1) 王可賓『女真国俗』(吉林大学出版社、一九八八年) 三〇〇—三〇三頁。

(2) 王徳朋・王萍「論仏教対金代社会習俗的影響」(『北方文物』二〇一五—二、二〇一五年) 七四頁。金代の女真人が仏教的語彙を名に含める習俗は、直接的には契丹の前例に影響を受けたものとされる。

(3) 『金史』(中華書局、一九七五年) 巻三、太宗紀、四八頁。

(4) 『金史』巻二三、五行志、五三五頁。

(5) 『元一統志』(趙萬里校輯、中華書局、一九六六年) 巻一、大聖安寺、二二一—二二三頁。

(6) 嵯峨清凉寺に現存する瑞像の模像(釈迦如来立像) については多くの先行研究や概説がある。いまは代表的なものとして奥健夫『日本の美術五一三　清凉寺釈迦如来像』(至文堂、二〇〇九年) を挙げておく。

(7) 瑞像の位置づけと金代における本像の扱いについては藤原崇人「栴檀瑞像の遷転と一〇~一四世紀東部ユーラシアの王権」(原田正俊編『日本古代中世の仏教と東アジア』関西大学出版部、二〇一四年、三三—六三頁) を参照。

(8) 『仏祖歴代通載』(『北京図書館古籍珍本叢刊』七七子部・釈家類、書目文献出版社、一九八七~二〇〇〇年) 巻二〇、三八七頁下段。『大明高僧伝』(『大正新脩大蔵経』第五〇巻、第二〇六二番) 巻七、海慧伝、九二九頁中—下段。

(9) 煕宗の実施した皇統二年の普度については『松漠紀聞』(『遼海叢書』第一冊、遼瀋書社、一九八五年) 二〇七頁上段および前注8の史料を参照。

(10) 北宋以降の普度については藤原崇人「皇恩度僧の展開——宋~元代の普度を中心に」(原田正俊編『宗教と儀礼の東アジア——交錯する儒教・仏教・道教』勉誠出版、二〇一七年、二一八—二二九頁) を参照。

(11) 大定九年(一一六九)「中都竹林禅寺堂頭懐鑑禅師塔銘」(『北京図書館蔵中国歴代石刻拓本彙編』第四六冊、中州古籍出版社、一九九〇年、九六頁)、泰和四年(一二〇四)「第九代了公禅師塔銘」(同書第四七冊、九一頁)。

(12) 大定二十七年(一一八七)「当山第十七代才公禅師塔銘」(『北京図書館蔵中国歴代石刻拓本彙編』第四六冊、一八六—一八七頁)。

(13) 『補続高僧伝』(『卍続蔵経』第一三四冊) 巻十二、円性伝、一〇七頁。

(14) 『金史』巻五、海陵紀、一〇六—一〇七頁。

(15) 『金史』巻八三、張通古伝(一八六一頁)。大明法宝については大定十四年(一一七四)「済南府長清県霊巌十方禅寺第十一代宝公塔銘并序」(『北京図書館蔵中国歴代石刻拓本彙編』第四六冊、一一七頁) がある。当然ながら本碑には法宝が海陵王から杖刑を加えられたことは記されていない。

(16) 本文に後述する世宗の「抑仏」と「崇仏」の諸事例については野上俊静「金帝室と仏教」(『遼金の仏教』平楽寺書店、一九五三年) 一九二—一九八頁および王徳朋「金代仏教政策新議」(『世界宗教研究』二〇一三—六、三八—四四頁) を参照。

(17) 二税戸とは租税を折半して半分を官に、半分を寺院に上輸することが課された戸のこと。野上俊静「二税戸攷」(『遼金の仏教』二四四—二六〇頁) を参照。

(18) 『大明高僧伝』巻七、海慧伝附清慧伝、九二九頁下段。

(19) 『補続高僧伝』巻一、蘇陀室利伝、二四頁。

(20) 大定二十八年(一一八八)「中都潭柘山龍泉禅寺言禅師塔銘」(『北京図書館蔵中国歴代石刻拓本彙編』第四六冊、一八九頁)。
(21) 大定二十一年(一一八一)「大金故太保兗国王墓誌」(『北京遼金史迹図志(下)』北京燕山出版社、二〇〇四年、一九八頁)。
(22) 本文に後述する金代の僧官制度については藤原崇人「契丹帝后の崇仏の場――興宗朝における慶州の位相」(『契丹仏教史の研究』法藏館、二〇一五年)二九―三五頁、王徳朋「論金代僧官制度」(『黒龍江社会科学』二〇一四―四、一四九―一五二頁)参照。
(23) 中国の僧官制度については多くの先行研究があるが、ここでは謝重光・白文固『中国僧官制度史』(青海人民出版社、一九九〇年)を挙げておく。
(24) 金の六京は上京会寧府、中都大興府、東京遼陽府、北京大定府、西京大同府、南京開封府の六つを指す。
(25) 契丹の五京は上京臨潢府、南京析津府、東京遼陽府、中京大定府、西京大同府の五つを指す。
(26) 北魏や北斉の僧官も僧尼に対して司法権を有しており(前掲謝重光・白文固『中国僧官制度史』四九―八三頁)、この点で契丹や金の僧官制度は北朝の僧官制度の系譜に連なるものと言える。
(27) 藤原崇人「蕭妙敬と徒単太后――契丹(遼)仏教継承の一過程」(『宋代中国の相対化』汲古書院、二〇〇九年)三一七―三二四頁。
(28) 裕超の事績は大定二十八年(一一八八)「上京宝勝寺前管内都僧録宝厳大師塔銘誌」に詳しい。本碑は一九〇九年に白鳥庫吉が上京城址において発見したもので、現在は黒龍江省博物館(ハルビン市)に移管・展示されている。東洋文庫が拓本(II-16-C-162)を所蔵しており、録文は『満州金石志』巻三や園田一亀『満洲金石志稿』(南満洲鉄道株式会社、一九三六年)第一冊、一二四―一二五頁ほかに収録されている。
(29) 竺沙雅章「遼代華厳宗の一考察――主に、新出華厳宗典籍の文献学的研究」(『宋元仏教文化史研究』汲古書院、二〇〇〇年、一一〇―一六七頁)参照。
(30) 悟銖から妙敬までの事例については前掲藤原崇人「蕭妙敬と徒単太后――契丹(遼)仏教継承の一過程」三二四―三三九頁を参照。
(31) 竺沙雅章「燕京・大都の華厳宗」(前掲『宋元仏教文化史研究』)二三一―二三三頁を参照。なお本典籍は元代においても大都の伝戒僧に代々継承されている。
(32) 藤原崇人「契丹皇帝と菩薩戒」(前掲『契丹仏教史の研究』八九―一一七頁)。
(33) 金蔵・開宝蔵・契丹蔵それぞれの版式と相関性については、竺沙雅章「漢訳大蔵経の歴史――写経から刊経へ」(前掲『宋元仏教文化史研究』)二八一―二八七頁を参照。
(34) 竺沙雅章「遼金代燕京の禅宗」(『禅学研究』第八八号、二〇一〇年)一一八―一二五頁参照。
(35) 本文中に後述する金代の曹洞宗・臨済宗・雲門宗については、伊吹敦『禅の歴史』(法藏館、二〇〇一年)一三〇―一四六頁、前掲竺沙雅章「遼金代燕京の禅宗」一二六―一四二頁、劉暁「金元北方雲門宗初探――以大聖安寺為中心」(『歴史研究』二〇一〇―六、七〇―八二頁)、李輝「金朝臨済宗源流考」(『世界宗教研究』二〇一一―一、二二―二九頁)を参照。
(36) 『北京遼金史迹図志(上)』六六〜七三頁に五塔の写真図版が収録されている。

附記 本稿はJSPS科研費15K02919における研究成果の一部である。

◎コラム◎

金代燕京の仏教遺跡探訪記

阿南・ヴァージニア・史代

古都燕京が女真金王朝の中都として初めて国都となってから八五〇周年を記念する祝賀が二〇〇三年に北京で執り行われた。様々な企画の中の最大の関心事は北京に何が保存され、何が発見されたかということであった。金中都城壁、南城水関遺址、宮殿等の基石そして勿論、盧溝橋建設の偉業等が話題の中心となった。金陵の発掘の成果が出版され、重臣たちの墓誌についての研究も報告された。各種水路も金代の為政者が後世のために都市の外形を残したものとして高い評価を受けた。

私は本稿で金の燕京支配（一一二二年から一二一五年の蒙古の侵攻まで）の目に見える遺産という面に光を当ててみたいと思う。それらは、市の郊外の山地に残っている仏教遺跡であり、金時代には数多くの寺院が栄えていた。これらの遺跡のある場所は、燕京の大行政区の一部であり、金王朝の自らの支配地域に対する見方を色濃く残している。金代の仏塔、石碑、経幢《きょうどう》、石経板、石造りの水路等は、当時の仏教文化を今に伝えてくれる。私は、およそ三十年にわたって、何度もこれらの遺跡を訪れ、調査をおこない、写真に収めることを楽しみにしてきた。そこには金時代との強い絆があることに驚かされるとともに、女真の支配が今日の北京に大きな影響を持っていることを改めて思い知らされたのである。

金中都路として知られるようになった燕京の版図内には、約一〇〇の寺院があったと推定されており、その多くが金の時代に創建されたものである。仏教に対する支援は単に一般民衆の強い信仰心を容認するというだけでなく、他にも理由があったようである。金の皇帝たちは、宮殿という檻の中に閉じ込められていることに満足できず、都の近郊の山腹に建つ寺院を自由にくつろげる絶好の「隠れ家」とみなしていた。世宗（一一六一～

あなみ・ゔぁーじにあ・ふみよ——テンプル大学ジャパンキャンパス講師。専門は中国歴史地理。主な著書・論文に『慈覚大師円仁の足跡を訪ねて』（五州伝播出版社、ランダムハウス講談社、二〇〇七年）、『樹の声——北京の古樹と名木』（三联出版、二〇〇七年）、『古き北京との出会い、樹と石と水の物語』（五州伝播出版、二〇〇四年。ランダムハウス講談社、二〇〇八年）、「円仁日記——七日間の沈黙」（『円仁と石刻の資料学』高志書院、二〇一一年）、「遼南京の仏教文化雑記」（『契丹（遼）と十世紀から十二世紀の東部ユーラシア』アジア遊学一六〇、勉誠出版、二〇一三年）、『中国山西の古刹を求めて、一九三四年、そして今』（Mashup LLC出版、二〇一八年）などがある。

図1　西城区陶然亭公園の慈悲庵内経幢［観音甘露破地獄浄法界真言幢］1131年（2002年撮影）

一一八九）の治世の時代に仏教の保護と寺領の増大が最盛期を迎えていた。これに続く章宗（一一九〇〜一二〇八）も寺の保有地をさらに増やし、皇帝の行宮として使用していた。一例を挙げれば、世宗は、一一八六年、西山の香山寺を建て直し、大永安寺と改称し、土地と金銭を寄贈している。[1] 章宗は、個人の寺院を建立することには制限を設けていたし、僧侶や尼僧にも厳格な戒律を課していたが、二人の皇帝は寺の祭礼には寄進をし、信徒の「千人邑会」の活動を奨励したとされる。今日の北京には大聖安寺など金代の仏教寺院の遺跡が数カ所あるものの、境内跡には金時代の原型はほとんど残っていない。また、現在学校になっている崇効寺遺跡には、金代の遺物である一一二七年建造の崇効寺経幢があったが、今は法源寺の中に保存されている。陶然亭公園内の慈悲庵には一一三一年の珍しい経幢がある（**図1**）。この経幢の四つの面には仏像が刻まれており、他の四面にはサンスクリットの経文が記されている。

金時代の仏教遺跡のほとんどは、北京郊外、特にその西方と北方にあると言ってよい。加えて歴史上の奇跡ともいうべき雲居寺の石刻経文（房山金代石経）の事業は金王朝を通して継続されていた。大型の石板に刻み込まれた経文は、元末、南塔の下に保管されていたが、現在は特設地下倉庫で安全に保護されている。これこそ現在の北京に残る最も貴重な金代仏教遺跡であると言ってよい。

当時は正しく大盤振る舞いの時代で

あった。一一四一年の紹興和議によって南宋から獲得した銀と一一六四年の隆興和議の後永く続いた平和な日々は寺院建立のために潤沢な資金をもたらしたのである。古い寺院は修復され、新しい名称を賜わった。燕京地域には様々な有力な仏教宗派が存在したが、当時の遺跡から知ることが出来るのは禅宗の圧倒的な優勢であり、多くの禅僧の霊塔がその事実を物語っている。残念なことに、城内にあった大慶寿寺や竹林寺のような大規模な禅寺は既に存在せず、僅かに金代に房山地区に建造された環秀禅寺が明代以降の遺跡だけを残している。

図2　銀山塔林の祐国仏覚大禅師仏舎利塔（2002年撮影）

　現存している最も貴重な仏教遺産は仏塔である。私はこれまで中都路一帯の十一の仏塔と数多くの霊塔を写真に収めてきた。本稿では、何人かの僧侶の生涯を描き出すいくつかの塔に限定して紹介することとしたい。何と言っても断然素晴らしいのは、北京の北方、今日の昌平区に残っている銀山塔林である。この場所がはじめに道教の道士によって選定され、唐の時代から多くの寺院が在ったことからして、多分、風水に照らして燕京の守護を目的としていたのであろう。一九八四年に私が初めて銀山塔林を訪れた頃は、五基の壮大な仏塔の周辺は畑として作物が植えられており、横倒しになった石碑や小さな塔の破片が散乱していた。その後の数年間、私は考古学者達の手によって瓦礫や寺の基石が取り除かれ、かつて高僧達が説法を行った石壇が掘り起こされる様子を驚きをもって見守った。当時の燕京で最も高名であった大禅師達（仏覚、懿行、晦堂、円通、虚静）に捧げられた高さ二〇メートル程の壮大な五棟の仏塔を見ることができる（**図2**）。これらの塔は、大禅師達が多くの弟子に与えた影響の強さを優雅に物語っている。そのうち、三棟は八角形（密檐式《みつえんしき》十三層仏塔）であるが、内部に埋葬されている人物が最高位にあったことを示している。いずれも角に浮き彫りの小さな塔を持ち、檐の先端に神像が立っている。残りの二棟は、六角形の七層の仏塔である。銀山一帯の早春は、周囲の山や谷が杏の白い花で覆われ、目を奪う景観を呈する。

　今でも北京で広く知られている潭柘寺《たんしゃじ》は、金代には竜泉寺として庶民の信仰の対象となっていた。記録によると、金朝の皇帝達は、その地に行宮を建て竜泉の傍らで憩いの時を過ごしたようである。所在地は、門頭溝区の潭柘山の高峰、宝珠峰の麓で北から寺院を守る形をとっている。金代の二棟の仏塔と三本の石柱が高僧達のために捧げられており、下塔院に保存されている。

　幸い、寺はその一つ一つに説明が書かれた標識をたててくれている。最大の塔は、一一七五年建造の高さ約二〇メートルほどの広慧《こうえ》通理《つうり》法師塔である（**図3**、**巻頭口絵6**）。これは臨済宗の高僧のためのもので、彼は七才の時からこの寺で修行していたと記されている。住持として、この僧は、十一年をかけて寺の再建に力を尽くしたとの記述もある。二本の巨大な沙羅双樹の老木が誇らしげに塔を守っている。近くの一一七九年に献納された大理石の幢は奇公長老塔と銘されている。この僧は、遼寧の出身で、十三才で出家し、後に広慧通理禅師の弟子になっている。奇公とその師は城内の竹林寺にしばらく滞在していたが、奇公は一一七〇年、師に先だってこの世を去った。彼の石塔は、師の広慧通理法師塔の傍らに建てられている。この六角塔は、高さ五メートルほどのもので頂きに七層の庇を有しているが、基礎部分に突き出している獅子の頭が印象的である。

図3　門頭溝区潭柘寺。広慧通理法師塔（1175年）と大理石の幢：奇公長老塔（1179年）（2003年撮影）

　門頭溝区内のさらに北の方に古刹、白《はく》瀑峰《ばくほう》禅寺の跡地がある。一九九七年に初めて訪れた時、私は白瀑寺への古い参道を登って行った。巡礼に踏み減らされた敷石は、さらに高くにある金城山の谷間へ曲がりながら続いていた。四十五分ほど歩いてようやく聖地に辿り着いたが、そこには、朽ち果てた堂宇と円正法師霊塔（**図4**、**巻頭口絵7**）が往時の姿を留めているのみであった。白瀑寺は、遼代建立のもので、金王朝の時にも厚い信仰の対象とされた。円正法師は、一一三四年に没し、一一四六年、彼のために高さ一二メートルの煉瓦作りの塔が建てられた。塔の壁面に彫られた記載（大金燕京宛平縣金城山白瀑院正公法師霊塔記）によれば、円正は一〇六七年生まれ、一一〇一年に燕京に至り、多くの仏殿や塔頭建設の指揮を執ったことで禅師として高名な存在であった。白瀑寺のこの仏塔は様々な様式が混ざり合っており、それが見事に調和している。塔の周囲の寺院は二〇〇五

図4　門頭溝区白瀑峰禅寺。円正法師霊塔（中部、1146年）（1996年撮影）

年から再建工事が行われていたが、古代の巡礼路の研究にとって悲しむべきことに、参道はセメントの新しい道に変わってしまっていた。

房山区の上方山寺では金代の年号のある多彩な石幢、霊塔、経幢を見ることができる。寺自体は早い時代からこの地にあったのだが、金代に拡張され、修復が施された。六聘山《ろくへいざん》の山中には七十二の寺院があったと伝えられている。私が一九八五年に本殿への千段の石段を登って行った時、現在では二十六の寺跡しか残っていないとの話であった。多くの山岳寺院と同様、此処にも下寺、すなわち平地に天開寺があり、中寺は中腹に、さらに上山には上方寺と小さな寺がいくつも散在していた。山上の主殿は兜率寺《とそつじ》で、金代には天開寺上方、または上方寺、あるいは十方禅寺として知られていた。金代末期に火災にあったが、明代に再建され、最近になって一部が修復されている。上方山寺は多くの名僧を輩出したとの記録もある。もともとは兜率寺にあった一二一二年の石碑〔奉先縣禁山榜示之碑〕には一一九一年に十方禅寺の僧善恵が奉先県庁に対し、近郊の村民が寺領内の樹を伐採することに抗議したと記されている。この石碑は、役所が六聘山の樹を伐ることを禁ずる告示をしたものを善恵法師が銘記したものである。そこには、名山である六聘山のみならず、近くに金陵があるとも示されている。兜率寺に保存されている金時代の石幢の碑文を読むと、境内に埋葬されている少なくとも六人の僧侶の履歴を知ることができる。興味深いことに五つの石幢は尼僧や高官の娘など女性の信徒のためのものであった。

私は、とりわけ明禅師の一一八一年の石幢〔焼身明禅師塔〕（**図5**）に強く心を魅かれた。二〇〇一年に、私は兜率寺でいくつかの石幢と一緒に雑草に埋もれているこの石幢に注目した。はじめは、六角柱の一つの面に刻まれた小さな僧の姿が、私の眼をとらえたのだが、上部の題字に僧の遺体が火葬されたと書いてあるのを見て不思議に思ったのである。碑文を読むと、明禅師は、七十七才の時に仏教徒の究極の自己犠牲として焼身を決意したとある。ある晴れた日、彼は枯木を身の回りに積み上げて火を付け、その光景を目撃した者達によると彼は「玉」のように美しく燃え尽きたとのことである。突然、雪が降り始め、火は自然に消えた。跡には何の汚れもない白骨が残ったという。明禅師の石幢は、一一八一年、僧円《えん》暉《き》によって建てられた。明禅師の焼身は、人々によって高潔な行為と崇められたのであろう。

　章宗のお気に入りの宿営地であった「金八水院」(2)の存在に好奇心をそそられて、私は金代の遺物はないかと幾つもの遺跡を訪ねてまわった。北京の西山の寺院は、泉が豊かであり、行き易さと、そして金の皇帝達が樹木の茂った山の中に行宮を造ることを望んだことから特に重要視された。その他に寺院を建てることは、以前からあった寺を存続させ、僧侶たちに天領の管理を委ねることができるため便利でもあった。『金史』には、皇帝が首都近郊に逗留し、狩猟に打ち興じたとの記載がある。(3)「金八水院」については、実際にどの寺が該当するか見解の分かれるところであるが、私はひとまず多数説を採ることにしたい。これらの場所や他の候補地を探す時、私は先ず水源を確認することを常とし、その後で金代遺跡の有無を確かめることにしている。今はすでに寺ではなくなっている所、また柱の基石とか石の排水溝しか残っていないという状況で、探すのに難易度の違いはあるものの、全ての場所は確かに現存している。所によっては、数本の樹のみが金代の名残を留めている。私は、「八水院」の地点を金代燕京の地図に並べてみて、それが西山（この場合は皇帝を象徴する）を中心に曼荼羅の八つの点を形づくることを発見した。仮え、この寺院配置に深遠な意味はなかったにせよ、狩猟者達が谷から谷へ馬を駆っていくには、ちょうど良い距離にあるという実利的な考慮があったのかもしれない。幸運なことに「八水院」のほとんどは、今も北京の重要な景勝地である。

　「八水院」の一つの例をとりあげてみると、仰山棲隠寺《ぎょうざんせいいんじ》は、実際に金代の遺跡を残している。章宗はここを霊水院と名付けた。一九九七年、私がこの人里離れた遺跡を初めて訪れた時、山腹に高く、寺の周囲を取り囲むように建つ石壁（**図6**）が見えた。そこでは、まるで時間が停まってしまったように感じられた。世宗が一一八〇年に古い寺を再建し、さらにその後に章宗が長期滞在のための行宮を建てた際、仰山棲隠寺との名を贈った

図5　房山区上方山兜率寺内明禅師の石幢（1181年）（2001年撮影）

と伝えられている。私が訪れた時、寺院の建物はすでに無かったが、仏塔の跡、

図6　門頭溝区櫻桃村仰山棲隠寺遺跡。寺院石壁（2000年撮影）

基石、瓦、そして倒れた石碑が過去を物語っていた。金代からの石碑の頭部（**図7**）もあったが、私は明代の石碑「重修仰山棲隠寺之碑」の拓本からより多くのことを知ることができた。碑文によれば、金の章宗の時代にこの寺は五峰八亭として知られ、「京師之西連山…棲隠寺拠之，創始于金時…有章宗所題詩在焉。…今其遺址猶可指数者五峰八亭」とある。皇帝は寺の寺領を明確にすべく、境界に標識を建てたという。また、碑文には、寺に仏舎利が保存されていると記載されている。特に私が気に入ったのは、水路が詳細に記されていることである、「有龍王亭，亭下水一泓清而甘，南流入于方井」。私はそれを頼りに、石壁の外まで探索に出て雑草に埋もれた細い石造りの送水路を発見した。章宗は、一一九四年八月、ここに滞在し、寺のために仏像を彫らせたとの記述もある。

図7　仰山棲隠寺遺跡。金代石碑の頭部

忘れてならないのは、金代後期、万松行秀禅師（一一六六～一二四六）がこの寺の住持を勤めていたことである。[4] 金代を通して最も仏教教義に精通していた一人とされる禅師は、燕京の僧侶達に大きな影響を与え、（一一九三年）、一二〇六年、彼に会った章宗は、その学識の深さに感銘を受け、この寺の住持に任命した（『万松舎利塔銘』）。万松行秀禅師は曹洞宗派の高僧というのみならず、三教、すなわち、仏、道、儒の教義を尊崇したことでも有名である。

私の空想の中で皇帝と随員達の一団が清水院（大覚寺）から巡礼路をめぐって西山を越えて行く様子が見える。さもなくば、一行は盧溝河（現在の永定河）沿

図8　仰山棲隠寺遺跡。寺への参道

図9　仰山棲隠寺遺跡。金代三重の塔

いの旧道を迂回して北へ向かい桜桃村から石の小道（図8）を通って棲隠寺の境内に至ったのかもしれない。石碑に記されていたように僧侶達の仏塔があったが、私は寺の北西側に三つの塔のみを見つけることができた。金代のものは、六角塔で廂の間隔が狭い三重の塔である（図9）。もうひとつのおそらく金代のものと思われる塔は崩れ落ちていた。今後の調査にとって不幸なことに地元の人々があまり賢明ではない観光戦略を作って歴史の手懸かりをほぼ完全に破壊してしまったため、私が以前訪問した際に撮った写真は、当時残っていたものの記録として貴重な証人となっている。

本稿で紹介した金の燕京の仏教遺跡の幾つかは、当時の仏教の置かれた状況について様々な想いを伝えてくれる。重要なことは、雲居寺の石経事業が金代にも引き続きおこなわれたこと、さらに金朝皇帝の幾人かが自らの休息所として山中に寺院を建立、あるいは再建したことにみられるように皇室と仏教が密接な関係にあったということである。これらの遺跡は当時の僧侶達の生活の一端を垣間みる手懸かりを私達に提供しており、現在の北京に金王朝の歴史と伝統を引き続き残してくれているといってよいであろう。

注

（1）「香山寺成，幸其寺賜名大永安，給田二千畝，栗七千株，銭二万貫」、『金史』、巻八（世宗紀）。

（2）「金八水院」＝海淀区：一．泉水院、金代行宮の芙蓉殿遺址（玉泉山）二．聖水院（黄普院遺址）三．香水院（法雲寺遺址）四．清水院（大覚寺）五．潭水院（金代、大永安寺、現在香山寺遺址）六．金水院（金山寺遺址）。石景山区：七．双水院（双泉寺）。門頭溝区：八．霊水院（仰山棲隠寺遺址）。

（3）金章宗は西郊の山と泉を頻繁に訪れた。筆者が『金史』の中で数えたところでは、章宗が近郊に「狩りに出かけた」との記載が二十一箇所ある。最も多く言及されているのは、首都に近い香山と玉泉山である。

（4）元王朝の重臣であった耶律楚材は万松行秀禅師の弟子であり、師を顕彰するために万松老人塔を造築した。

附記　写真は全て筆者による撮影である。

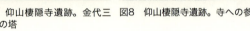

金代の道教――「新道教」を越えて

松下道信

まつした・みちのぶ――皇學館大学文学部准教授。専門は中国宗教思想史・道教。主な著書に『格致餘論注釈』（朱震亨著、長谷部英一・秦玲子他共訳、医聖社、二〇一四年）、『宋金元道教内丹思想研究』（汲古書院、二〇一九年）などがある。

金朝に相次いで成立した全真教・真大道教・太一教。「新道教」と呼ばれる、それら諸派の実態はいかなるものであったのか。北宋の「道教皇帝」徽宗から始まり、金の「新道教」の勃興に至る流れとその内容を概観し、あわせてこれまでの「新道教」という研究枠組みの有効性と、またそれがはらむ限界について提起する。

はじめに

道教は、現在、大きく二つの宗派に分けられる。正一教と全真教である。正一教は後漢の張陵から始まり、全真教は金朝になって王重陽により開かれた。また全真教が開かれた時期と前後して、金では太一教や真大道教といった新たな宗派が相次いで勃興する。金は道教の発展を語る上で欠かすことのできない重要な時代であった。またこれらの諸宗派は「新道教」と呼ばれ、道教の一時代を画するものとされてきた。例えば、全真教は仏教の影響を大きく受けてそれまでの金丹道の持つ「迷信」を一掃し、旧来の道教のあり方を改革すると同時に、戦乱に苦しむ民衆のために尽力した清新な運動であったと説明されてきた。

では「新道教」とされたこれら全真教・真大道教・太一教は、一体どのように開かれ、どういう教団であったのか。ここでは、全真教を中心として、太一教や真大道教などの新たに勃興する諸派を紹介し、あわせてこれら三派を説明する際に用いられてきた「新道教」という概念の有効性とその限界について検討することとしたい。だが、金朝の道教について触れる前に、まずは金朝の直前の状況について簡単に見ておくことにしよう。

一、北宋の道教と「道教皇帝」徽宗

各王朝は、儒教を中心としつつも、時に応じて三教の力動を利用しつつ、政治を行ってきた。これは北宋も同様である。北宋で道教に高い関心を示した皇帝としては、太宗や真宗がいるが、中でも道教崇拝で知られる皇帝としては徽宗が挙げられよう。

徽宗は詩文書画に優れた「風流皇帝」として知られるが、同時に彼は「道教皇帝」でもあった。徽宗は即位以来、道教に関心を寄せ、茅山の道士である劉混康や、王老志・王仔昔といった様々な道士たちを召致している。政和五年（一一一五）、温州の道士林霊素が徽宗に拝謁して「神霄説《しんしょうせつ》」を説くと、徽宗はその道教への崇拝の度合いを急激に深めた。林霊素は、雷法という雷を使役する術を行う符籙《ふろく》派の道士であった。林霊素は徽宗に対し、徽宗が上帝の弟にして、天上の最高界である神霄府の神霄玉清真王であるといい、多くの臣下を引き連れて下生したと説いた。例えば、宰相の蔡京は天上界では玉清左仙伯、王黼《おうほ》は文華吏であったという具合である。徽宗は林霊素の説に驚喜し、「教主道君皇帝」を名のり、道教政策を強化していく。

まず翌年政和六年には道士を養成する道教学院を設立、七年には全国に詔を下し、全ての州に神霄玉清万寿宮を建立させ、青華帝君と長生大帝君を祀らせた。長生大帝君とは神霄玉清真王の号、すなわち徽宗のことである。さらに徽宗は、神霄派を道教の中で最も高い地位に位置付けた上で、政和八年には徽宗自らが神霄派の宗師の地位に就いた。北宋では、真宗は来和天尊、仁宗が赤足李仙人の生まれ変わりであると称したが、徽宗のように上帝に直接連なる神を自称し、「教主道君皇帝」として道教の教主の地位に就いたのは、これが初めてである。最終的に徽宗は、宣和元年（一一一九）正月、仏教の名号についても全て道教風の名称に改めさせた。これにより仏は大覚金仙と呼ばれるようになり、僧は徳士、寺は宮、院は観と呼ばれた。

こうして徽宗は、道君皇帝として世俗的にも宗教的にも頂点に立つこととなった。だがこの徽宗による世俗・宗教的な権力の一極集中・掌握からまもなくして靖康の変（一一二六）が勃発し、北宋は金の侵攻により滅亡する。北宋・金交替期の戦乱の中、次に見る全真教をはじめ、太一教や真大道教といった新たな道教の諸宗派が相次いで勃興することとなる。

二、全真教について

(1) 王重陽と全真教の立教

金では道教の新たな宗派が複数勃興した。その中でも最も大きな影響力を持ったのが王重陽により開かれた全真教である。まずは王重陽の生い立ちと全真教の立教について見ておこう。(1)

戦乱の時代と挫折の日々

王重陽、もと名中孚、字允卿。(2) 北宋末、徽宗の政和二年（一一一三）十二月二十二日、(3) 京兆府咸陽大魏村に生まれた。王家は、黍の貸し付けを行う裕福な一族であった。王重陽誕生の際、母親は不思議な夢を見て王重陽を身籠もり、二十四か月かかって産まれたという。

靖康の変が起きた時、王重陽は十五歳であった。王重陽の生まれた大魏村は金の支配下に置かれ、陝西地方は斉阜昌二年（一一三二）、金の傀儡政権の斉に組み込まれる。この斉の下で王重陽は科挙を志すが、「賦を春官（試験官）に献ずるも、意に迕《もと》りて黜さ」（『金蓮正宗記』巻二「重陽王真人」）れたといい、科挙を断念する。天眷元年（一一三八）、陝西は金に併合。この年、二十七歳となった重陽は、名を徳威、字を世雄と改め、武挙に転向し、甲課に合格した。重陽が武挙に転向した理由としては、科挙の望みが絶たれたためだけでなく、この頃、陝西周辺では戦闘が頻発していたことも背景にあったようである。なお、こうした不安定な状況の下、飢饉も重なり、王重陽の一家は盗賊の強奪に遭遇したりしている。

その後、王重陽は役人をやめ、終南の劉蒋村に移った。家業を継いだものの、ほぼ仕事をしないような状態であった王は、親族や村人から「王害風」と呼ばれた。「害風」とは、当地の言葉で、精神異常者や気の触れた人物を指す言葉である。しかし王はそうした風評について気にすることなく、「昔日の龐居士、如今の王害風」と詠い、酒に浸り、龐居士を気取る生活を送り続けた。龐居士とは、唐代の仏教者である龐蘊《ほううん》のことで、馬祖道一や石頭希遷らの有名な禅者に師事するも居士としての生活を貫いた人物である。とはいえ内心ではやはり鬱屈した生活を送っていたようで、正隆三年（一一五八）、王重陽四十八歳の時、重陽は自らの身の上を嘆き、次のように言ったという。

孔子は四十歳にして惑わずといい、孟子は四十歳にして心が動揺することがなくなったというが、私はいまだこのようにあくせくとしているのは何と愚かなことであろうか。

王重陽は当時の混乱の中にあって、若い時から世俗的な栄達

図1　王重陽は鉄瓶一つを持って乞食しながら山東へと旅立った（『列仙全伝』による）

への挫折や様々な矛盾に直面し、社会的な成功を収めることができなかった。この言葉は、そうした中で彼が心の内面へと目を向けていったこと、そして表向きには龐居士を気取りながらも、実際には宗教世界への渇望が頂点にまで達していたことを示していよう。こうした苦悩の中、ある日、王重陽は不思議な出会いをすることになる。

甘河の遇仙と宗教的回心

　正隆四年（一一五九）、六月十五日のこと、王重陽が終南の甘河鎮の酒肆で酒を飲み、肉を喰らっていると、二人の男が店に入ってきた。彼らは真夏にもかかわらず、皮衣を着込み、その姿はうり二つであった。王重陽が驚いていると、その内の一人が「この男は見どころがある」といい、王重陽に口訣を授けた。この二人は、実は二人にして一人であり、伝説の八仙人の一人、呂洞賓であったのである。二人が同じ姿であったのは、「呂」の字が二つの口から成ることを暗示するという。

　また翌年の中秋の日にも、再び道人と遇い、五篇の秘語を授けられた。道人は自ら蒲坂永楽の人で二十二歳であり、姓を知らずと述べ、また王重陽が将来、「丘劉譚に馬を捉まえるだろう（譚は潭、池の意か）」といった謎めいた予言を残し、忽然と姿を消した。蒲坂永楽は呂洞賓の出身地である[4]。別書によれば、道人は王重陽に対し、将来、金蓮が咲き誇るのを見るだろうと予言している。この二回の異人との遭遇が、全真教に名高い「甘河の遇仙」である。

　王重陽はこれを契機として妻子を捨て、苛烈な修行に打ち込むようになる。南時村では穴居して、その上に位牌を立てて自ら「活死人の墓」と呼んだ。これは、俗人としての死と宗教的な再生を表していると考えられる。すなわち、王重陽はここに宗教者としての自覚を得たといってよい。彼は、この頃、名を喆、字を知明と改め、重陽を名のるようになった。その後、王重陽は「活死人の墓」を埋め戻して劉蔣村の北辺に移った。彼は池の中の小島に庵を結んで二人の同志たちと共に住み、一壺を持って乞食して歩き、人々に伝道を開始し

図2　崑嵛山の煙霞洞跡（著者撮影）

た。多くの人々からは「害風」の言葉はまじめに取り扱われなかったが、それでもこの頃から少しずつ信者が集まり始めたようである。

　大定七年（一一六七）四月二十六日、王重陽は劉蒋村の寓居に自ら火を付けた。火に気付いた村人が助けに駆けつけると、そこには火の周りで踊る王重陽の姿があった。こうして王は「東海に馬を捉えにいく」という言葉を残してこの地を後にし、山東へと旅立ったのであった。

山東での伝道

　同年七月、王重陽は山東寧海の儒者范明叔の怡老亭（後に遇仙亭と改称）で開かれた酒席に現れ、そこで同席した馬丹陽と出会った。馬丹陽（一一二三～一一八三）、この時、名は従義、字は宜甫。後に名を鈺、字を玄宝と改め、丹陽子と号する。馬家は寧海随一の裕福な一族で、馬丹陽も幼くして儒業を修めていた。席上、人から王重陽はどこから来たのか尋ねられると、彼は「千里の道のりを越えて、わざわざ酔った人を助けに来たのだ」と答えたが、この答えに、馬丹陽は引っかかるところがあった。馬丹陽は、この席に先駆けてやはり怡老亭で、酒に酔って「酔中却て那人の扶けか有らん（この酔いの中から誰か私を助けてくれる者があろうか）」と詩を詠んでいたからである。

　馬丹陽は、当初、王重陽に対して半信半疑であったが、ある日、庭から一羽の鶴が飛び立つ夢を見たことから、そこに全真庵という庵を建てて王重陽を迎えた。「全真」という名前はここに始まる。上の詩に見られるように、内心、俗塵から離れる気持ちを抱きつつも、裕福な家にあった馬丹陽はなかなか出家に踏み切れなかった。これに対して、王重陽は百日間、門を閉ざし、梨や栗・芋といった卑近な物を用い、また夢や神秘的な体験を交えて丹陽とその妻を教化した。馬丹陽は、翌年二月に入門し、妻の孫不二もさらにその一年後、出家している。

　また馬丹陽夫妻の入道と相前後して丘処機（一一四八～一二二七。字通密、号長春子）・譚処端（一一二三～一一八五。名玉・字伯玉、後に名処端・字通正、号長真子）・王処一（一一四二～一二一七。号玉陽子）・郝大通（一一四〇～一二一二。名昇、後に璘、また大通、字太古、号恬然子・広寧子）・劉処玄（一一四七～一二〇三。字通妙、号長生子）が入道した。これにより、王重陽の下には、後に七真と呼ばれるいわゆる七大弟子全員がそろうこととなった。なお王重陽も山東に来て以来、更に名を嚞、字を智明と改めていた。山東での教化に期するところがあったのだろう。王重陽は、崑嵛山《こんゆざん》に煙霞洞《えんかどう》を開いて、馬丹陽・譚処端・丘処機・王処一を教導した後、山東各地を移動しつつ、三教金蓮会・三教三光会・三教玉華会・三教七宝会・三教平等会という五つの結社を立ち上げ、多くの人々を教化した。「丘劉譚に馬を捉え」、金蓮の花々が咲き誇ったのである。

（2）王重陽の遷化とその後の七真

　大定九年（一一六九）十月、王重陽は、馬丹陽・譚処端・劉処玄・丘処機と共に南京（開封）に向かい、磁器王氏の旅邸で二か月に及ぶ厳しい教導を行った。これは王重陽の最後の教えとなった。弟子たちの一挙手一投足にわたる王重陽の教えは余りに熾烈であったため、一時、劉処玄は王の下から逃げ出したほどであった。翌大定十年（一一七〇）正月四日、王重陽は羽化した。羽化の際、重陽が左肱を枕にして遷化しようとすると、弟子たちが慟哭したため、王重陽は「何を泣いているのか」と叱責して起き上がり、丹陽に密語を授け、辞世の句を示して羽化したという。

　王重陽が羽化した後、馬丹陽たち四弟子は王重陽の仙骸を仮埋葬した。その後、彼らは劉蒋村の重陽の故居に行き、喪に服しつつ移葬の準備を進め、大定十二年（一一七二）、同地に王重陽の仙柩を埋葬した。現在、王が羽化した旅邸の跡は延慶観に、また埋葬された地は重陽万寿宮となり、後者は祖庭と呼ばれている。その後、馬丹陽は当地に残って喪に服しつつ修行に励み、譚処端・劉処玄・丘処機らその他の弟子たちもそれぞれ各地で修行に打ち込んだ。また王重陽の羽化後は、馬丹陽が教団を管理する掌教の地位に就き、以降、七真の内、孫不二を除いて順番に掌教の地位に就いた。こうして全真教の教勢は七真の活動の下で次第に拡大していき、やがて人望を得た彼らは金朝との結び付きを持つようになった。

全真教と金政権の関わり

金政権との関係の先頭を切ったのが、王処一である。王処一は、馬丹陽の死後、布教を開始したが、祈禱により雨を降らせたり、調理済みの鶏を生き返らせたりといった異能で知られたようで、大定二十七年（一一八七）、金の世宗に召され、全真教では初めて金王室と全真教の関係を築いた。翌年には丘処機も召致され、三月の万春節（世宗の誕生日）には王処一と共に斎醮《さいしょう》（道教儀礼）を執り行っている。同年末には世宗が体調を崩したため、急遽、王処一に上京するよう命じたが、二十九年正月に到着した際には既に崩御した後であった。

世宗に次いで章宗が即位すると、しばらくは道仏への統制が強化され、「全真及び五行毘盧を禁罷し（全真教および五行毘盧教を禁止し）」（『金史』章宗本紀）た。五行毘盧《びる》教は当時流行した仏教の一派であったらしい。これと関連して明昌二年（一一九一）には劉処玄は拘留され、丘処機は山東の太虚観に帰されている。しかし承安二年（一一九七）になると、王処一と劉処玄は章宗から再び詔を受けて上京し、王処一は金冠・紫衣と体玄天師の号を、劉処玄は霊虚観の勅額を賜っている。また王処一は、泰和元年（一二〇一）および三年（一二〇三）に詔により普天大醮を行うなど、再び金朝との関係は復活している。

金朝末期になると、モンゴルが台頭し、金政権は弱体化していく。宣宗は、貞祐四年（一二一六）、登州にいた丘処機を召請しようとしたものの、丘は応じなかった。一二一九年四月、莱州の昊天観にいた丘処機は、やはり金の使いを断っている。八月には、同地は南宋領となり、南宋の寧宗の召請を受けるが、これについても断っている。この時、既に七真の内で残るは丘処機ただ一人であった。彼のその眼は掌教として次の時代を見据えており、そこにもはや金や南宋はなかったのである。同年十二月、チンギス=カンからの召命を帯びて劉仲禄が丘処機の下を訪れる。当時七十二歳であった丘処機は召命を受け入れ、尹志平ら十八人の弟子たちと共にシルク=ロードを越えてはるばるパルワーン（現アフガニスタン）まで赴き、チンギス=カンに謁見した。元太祖十七年、金宣宗興定六年（一二二二）のことである。丘処機は金虎符を賜り、道教を掌管する権限を与えられ、全真教が発展する大きな礎を築くこととなった。(5)

(3) 全真教の教説について

王重陽は山東で五つの結社を立ち上げたが、それぞれの会名に三教の二字を冠していたことにも見られるとおり、当時の思潮に従い、三教一致を標榜していた。実際、彼は信徒に『孝経』『般若心経』『清静経』を読むことを勧めている。

しかし、その教説の根本はやはり道教の主流であった内丹思想に基づいている。これまで、仏教、なかんずく禅宗の影響により金丹説を否定したとして、それまでの内丹思想との断絶が指摘されることもあったが、むしろ従来の内丹思想を踏まえ、頓悟することにより、即座に内丹・金丹が完成されるという上乗的教説をとったと考えた方がより正確だろう。(6) 実際、元朝になると、全真教に先行して展開した、北宋・張伯端（九八七〜一〇八二。一名用成、字平叔、号紫陽）から始まる内丹道が全真教と融合していく。張伯端は、王重陽に先行して頓悟の必要性を積極的に認める内丹思想を唱えた人物である。これに伴う全真教の変質を「堕落」とする見方もあるが、(7) 両派の融合を可能にしたのは、やはり根幹に共通する内丹思想が存在したためと捉えるべきであろうと思われる。(8)

なお全真教は後世になると、様々な流派が登場する。代表的な流派としては、張伯端の内丹道を南宗、全真教をそれに対して北宗と呼ぶほか、北宗内部にも七真をそれぞれ祖とする更に細かい師派がある。具体的には、馬丹陽から始まる遇山派、譚処端の南無派、劉処玄の随山派、丘処機の竜門派、王処一の崑崳派、郝大通の盤山派、孫不二の清静派である。中でも丘処機の竜門派は、現在、全真教で最大の勢力を誇る。また元による統一後は李道純が中和派を開いたとされる。ただし、金から元にかけての全真教文献に即座に師派の存在を明示するものが残っていないことから、現在いわれるこれらの師派が本当に当時から存在していたのか、それとも後に七真と関係付けられた後天的なものであるのかについては慎重に考える必要があろう。

三、真大道教と太一教について

ここで急ぎ、全真教と同時期に開かれた真大道教および太一教について見ておきたい。(9)

真大道教について

真大道教は、劉徳仁（一一二二〜一一八〇）により開かれた。劉徳仁、名善仁、滄州楽陵の人。北宋宣和四年正月十八日生。彼が生まれた時、光が部屋に満ちたという。劉徳仁満五歳の時に靖康の変が勃発し、滄州塩山大平郷に移った。生い立ちについては詳しい記録が残らないものの、早くに父を亡くしていたこと、読書に親しんだことが記録として残る。

金皇統二年（一一四二）、劉徳仁二十歳。ある朝、牛車に乗った老人が『道徳経』（『老子』を指す）とその要旨を授け、「これを理解すれば、身を修め、人を教え導くことができよう」と告げた。この老人の姿は、明らかに牛車に乗って西方に旅立った老子が意識されている。劉徳仁はそれより玄学の進歩著しく、多くの者が彼に従うようになった。

　真大道教の教義内容としては、仙薬の錬成を説くことなく、人々の治病についても符水や鍼艾を用いず、ただ静かに天に祈りを捧げることを中心とした。すなわち、煩瑣な諸術を避け、祈禱により至誠が天に感応することを教義の根幹に据え、至誠が天に通ずれば、聖人から口訣を授かり、これにより鬼神を使役し、病気を治し、災厄から逃れられると考えたのである。また信徒に対する九箇条からなる教えが伝えられており、『老子』に基づく清静の思想を基礎として、忠や孝といった儒教的徳目、不綺語や不窃盗といった仏教の戒律などを交えた、三教合一的あり方を見ることができる。

　当初、真大道教は滄州塩山・淄州淄川《ししゅうしせん》および棣州《ていしゅう》一体に広まった。金の世宗はこれを受けて詔を下して中都の天長観（今の白雲観）に劉徳仁を住まわせ、その教えは中都周辺にも広まった。また劉徳仁の仙去後は、真大道教は陳師正がその後を継ぎ、張信真、孟希琮がそれに続いた。元になると、酈《れき》希誠《きせい》が更にその後を継ぎ、その後、孫徳福、李徳和、岳徳文、張清志と続いた。特に酈希誠の時には山東から河北・河南まで教勢を伸ばし、元の憲宗との結び付きを強めた。なお真大道教の名称は、五祖酈希誠の時、元の憲宗から真大道教という名を授かり、改称したことに始まるもので、もとは大道教と呼ばれていた。

太一教について

　太一教は、金の天眷年間（一一三八～一一四〇）に、蕭抱珍（?～一一六六）が太一三元法籙《たいいつさんげんほうろく》という術を授かったことにより開かれた。立教の時期としては三教の中で一番早いが、資料がほとんど残らず、詳細な経歴については分からない。生年についても他の二教の教祖は日付まで分かるのに対し、唯一不明である。なお、後述するが、陳垣は蕭抱珍を北宋末に生まれた、宋の「遺民」であるとしている。

　太一三元法籙についても詳しいことは分からないが、全真教・真大道教と異なり、その名称より符籙派の系統に属するものと思われる。現在、残る碑文によれば、蕭抱珍が「仙聖から授けられた符籙によって人々を救済し、その祈祷・呪禁はたちどころに効験を現した」（「国朝重修太一広福万寿宮碑」）といい、毎年数千人が符籙を授かり、信徒となったという。皇統八年（一一四八）、その名声を聞いた熙宗は蕭抱珍を召し出し、太一観の扁額を下賜した。

　蕭抱珍羽化後、抱珍から信頼の篤かった韓光遠は蕭道熙と名を改め、その後を継いだ。後、太一教では、正一道の張天師に倣い、掌教は全て蕭姓に改めるのが習わしとなった。大定九年（一一六九）には世宗の嘉賞を得て、教勢は山東半島まで伸びた。蕭道熙の後は蕭志沖（王用道）、蕭輔道（姓不詳、名公弼）、蕭居寿（李伯行）、蕭全佑（李氏）、蕭天佑（蔡氏）と続くが、太一教は、元末次第に正一道に融合し消滅したと考えられている。

四、「新道教」という枠組みの成立とその限界

　以上、全真教を中心に、金代、新たに勃興し、大きな影響を及ぼした道教諸派について略述してきた。ところで、これらは内容的にそれまでの道教と一線を画するものとして、従来、「新道教」としてまとめられ、説明されてきた。しかし長らく用いられてきたこの「新道教」という枠組みは少し注意が必要であるように思われる。最後に金代道教研究を規定してきた「新道教」という考え方について触れておきたい。(10)

常盤大定『支那に於ける仏教と儒教道教』

　「新道教」という名称を最初に使ったのは、常盤大定《ときわだいじょう》である。彼は『支那に於ける仏教と儒教道教』（東洋文庫、一九三〇年）を著し、仏教を儒教と道教の関わりの中で捉えようとした。三教交渉史的視点に立つ同書の中で、常盤は、禅宗の興隆に伴う儒道二教の反応として、儒教では宋代、周敦頤以下の北宋五子に始まる朱子学が興り、(11)道教では金に王重陽の全真教が興ったという。常盤の分析は思想を中心とする点に特徴があり、唐から宋・金にかけての儒道仏の非常に明確な見取り図を提示している。なお常盤は基本的に全真教のみを取り上げ、林霊素による神霄派に見られる道教の腐敗や、符籙という「迷信」を否定し、また仏教の影響により金丹を法身と見なすなど、全真教は不老長生を説く旧来の道教から大きな飛躍を遂げたとして高く評価した。

　ただし注意しておきたいのは、常盤は仏教を一つの尺度として、中国の道教をそれより劣る「迷信」に満ちたものと捉え、仏教の影響によりそうした状態から脱したと考えていることである。明治以降、キリスト教に対して「迷信」とされた仏教が、やがてキリスト教と同じ「宗教」としての自覚を持つという経緯をたどったことを考えれば、中国の道教を評価するにあたって、キリスト教の代わりに仏教を基準とする同じ構図がここに繰り返されていることが理解できよう。

　また常盤大定は真宗大谷派の僧侶であったことも見逃せない。なお常盤に影響を受けて、戦前から全真教研究を行った吉岡義豊《よしおかよしとよ》もやはり僧籍を持っている。このように日本の道教研究がまず仏教徒・仏教研究者により進められたことについては注意されてもよいだろう。

陳垣『南宋初河北新道教考』

常盤大定に次いで「新道教」という名称は中国でも使われた。陳垣の『南宋初河北新道教考』である。陳垣《ちんえん》（一八八〇～一九七一。字援庵、広東新会の人）は、歴史家・教育家として名高い。彼は、全真教・真大道教・太一教の三派について、多くの石刻史料を駆使しながら、彼らが権力にこびることなく民衆の立場に立ち活動した清廉な姿を実証主義的に描き出した。[12]

図3　重陽万寿宮の碑林。金元時代の全真教関係の石碑が並ぶ（著者撮影）

ここで確認しておかねばならないことは、『南宋初河北新道教考』が上梓された時代状況についてである。同著は一九四一年七月に脱稿、十二月に『輔仁大学叢書』第八種として出版された。ところで、実はこれに先だって、『明季《みんき》滇黔《てんけん》仏教考』が一九四〇年に、また『清初僧諍記《そうそうき》』が一九四一年に刊行されている。これらはどちらも仏教について論じたもので、『明季滇黔仏教考』が清朝に従わず、明末の「遺民」たちが禅宗に身を投じて忠節を守ったことを、『清初僧諍記』が清朝の満洲族に従属した禅宗諸派とその内部の確執について論じたものである。

このように見てくると、道仏の違いはあれ、これら三書が共に異民族支配への抵抗、もしくはそれに服従する内容であること、そしてこれらの著された時期が全て日中戦争時代であることが了解されよう。すなわち、そこには著者の陳垣が置かれた政治的・歴史的状況が投影されているのである。『南宋初河北新道教考』に見える例を幾つか挙げれば、太一教の教祖の生年が不明であったのを北宋末として彼を「遺民」と見ることや、また「遺民」であるはずの王重陽による斉への応試について触れないといったことは、彼の根本的な立場と関連していよう。書名の『南宋初河北新道教考』からも、金ではなく、漢民族の王朝である宋を正統とする彼の歴史観が見て取れるだろう。

その後の「新道教」

常盤大定と陳垣による「新道教」という概念は、上で述べたような異なる背景を背負って登場したが、やがて戦後、窪《くぼ》徳忠《のりただ》によりそれらは一つにまとめられていく。窪徳忠は『中国の宗教改革――全真教の成立』（法蔵館、一九六七年）の中で、「新道教」である全真教・真大道教・太一教は、旧来の符籙や斎醮といった「迷信」を打破し、仙薬の錬成を否定し、民衆の立場に立って政治権力とは一線を引いて活動した高潔な人々であったとする。だがこのように三派を同時に「旧道教」と区別しようとすると、例えば太一教が、北宋の神霄派と同様に符籙を用いたことが説明できないといった矛盾をもたらしかねない側面をも持つものであった。

また全真教が金朝の外護の下、斎醮をしばしば挙行したことに対して、窪徳忠は呪術宗教的色彩の払拭の面から問題視したが、こうした法要や儀式をもって金政権との関係を持ったのは決して全真教に限らないことも注意してよいだろう。

全真教の活動と平行して、禅宗でも曹洞宗の万松行秀（一一六六～一二四六）が、明昌四年（一一九三）に章宗に招請されて以降、毎年、普度会（盂蘭盆会や施餓鬼会を指す）を行っているからである。万松行秀は北中国に曹洞宗を広めるに当たって大いに活躍した人物で、彼の下には、チンギス・ハンに仕え、禅人宰相として知られる耶律楚材（一一九〇～一二四三）や、至元年間の仏道論争の際、全真教の論敵となった雪庭裕福（一二〇三～一二七五）や林泉従倫らがいる。上述のとおり、「迷信」からの脱却についての一つの判断基準は仏教に置かれていたが、仏教自身もそうした「迷信」から自由だったわけではなかったということである。

その他、仙薬の錬成についても、北宋の張伯端以下の内丹道では既に禅宗における頓悟と、内丹道における金丹の永遠性についての議論が展開されており、「旧道教」との断絶の強調は、北宋の内丹道の活動を矮小化したり、その全真教への連続性について眼を閉ざしたりすることになりかねない。

もっとも、こうした幾つかの問題をはらみながらも、その後、窪徳忠は『道教史』（山川出版社、一九七七年）を著し、全真教をはじめとする三派は改めて「新道教」であると規定され、日本における金朝道教研究はここに大きくその方向を定めることとなった。

一方、中国では、一九四九年の新中国成立以降、マルクス主義的歴史観により新たに「新道教」が描き直されることとなった。先に見たとおり、陳垣は全真教をはじめとする人々を、権力に屈せず、民衆のために尽力したとして高く評価していた。だが、侯外廬主編『中国思想通史』（人民出版社、一九五七〜六〇年）では、王重陽や七真、劉徳仁、蕭抱珍らが共に裕福な出自であることを指摘し、彼らは宗教により人民の階級闘争の深化を妨害したとして批判的に捉えたのである。なお改革開放以降、マルクス主義的歴史観の退潮に伴い、近年では再び陳垣の「新道教」が復活していることは注意される。

最後に北宋の道教についても補足しておこう。これまで徽宗は神霄説という奇妙な説にたぶらかされた暗愚な皇帝という図式で捉えられることが多く、道教は北宋滅亡の重要な役回りを担わされてきた。徽宗による道教崇拝は、いわば「新道教」の陰画《ネガ》として描かれてきたのである。だが、聖祖趙玄朗に加え、徽宗そのものを全国的に祀らせることは、当時流行した様々な淫祠の統制と関連するとも考えられ、乱暴に見える仏教への介入も、そうした統制システムに仏教を組み込もうとする思惑が働いていたと見ることもできよう。こうして見てみると、徽宗の目指したものは聖俗両面の権力の一元的な掌握にあったといえるかも知れない。(13) もっとも北宋が、その権力の外にある金により滅亡したことは皮肉な結末ではあった。

五、「新道教」を越えて

「新道教」という名称をめぐっては、それらの登場の背景に、仏教を基準として道教を「迷信」と見なしたり、列強への抵抗が意識されていたり、またマルクス主義的歴史観から否定されたりと、その時々の大きな時代意識が投影されている。すなわち「新道教」には、我々が生きる近代という時代の刻印が刻まれているのである。

「新道教」という枠組みは、新たに興隆した全真教などの諸派の重要性を説くには確かに十分なものであった。だが、我々は同時にその枠組みの限界についても意識しておかねばならない。すなわち、「新道教」という枠組みに固執する余り、旧来の道教との過度な断絶の強調や、金代に登場する諸派の新しさを必要以上に強調したり、また旧道教との連続性についても眼を閉ざしたりしかねないことに注意しなくてはならないのである。

なお最後に近年の陳垣の「新道教」という名称の復活についてもう一度触れておくならば、それは、冷戦終焉後、マルクス主義的思潮が後退し、民族主義的なあり方が復活してきている時代を我々が今まさに生きているということを示しているように思われる。「実証主義」的研究から、時代を経てにじみ出し、顕わになる歴史観や時代意識を考えるとき、我々研究者が過去の歴史を記述する際、求められているのは、常に自ら生きる時代への内省なのかもしれない。

注

（1）全真教に関する手に入りやすい概説書・研究書としては、窪徳忠（一九六七）前掲書、蜂屋邦夫『金代道教の研究――王重陽と馬丹陽』（汲古書院、一九九二年）・『金元道教の研究――七真研究』（汲古書院、一九九八年）などがある。

（2）なお重陽という名前は、後年、宗教的な回心を経て始めて自ら付けたものであり、当初そう名のっていたわけではないが、ここでは便宜上、重陽で統一する。

（3）事典等では、王重陽の生年をしばしば一一一二年に作るが、政和二年十二月二十二日は正確には、西暦一一一三年一月十一日に相当する。

（4）後に蒲坂永楽には永楽宮が建てられ、全真教の三大祖庭の一つに数えられる。全真教の祖庭は、重陽万寿宮・永楽宮・白雲観である。丘処機は、元・太祖二十二年（一二二七）、白雲観で羽化した。現在、その中心には丘祖殿が置かれている。

（5）丘処機の西遊については、中野好夫他編『太平洋航海記・コロンブスの夢・長春真人西遊記・耶律楚材西遊録』（筑摩書房、一九六一年）に岩村忍による『長春真人西遊記』の現代語訳がある。また松下『丘処機『西遊記』を読む――チンギス・ハンと会った道士』（皇學館大学出版部、二〇一七年）も参照。

（6）これは伝統的には「先性後命（先に見性し、その後、内丹が完成すること）」と説かれる。全真教が上根的なあり方を取ったことについては、松下『宋金元道教内丹思想研究』第I部第二篇第二章「全真教の性命説に見える機根の問題について――南宗との比較を中心に」（汲古書院、二〇一九年）を参照。

（7）常盤大定前掲書では、元朝、張伯端以下の内丹道の流れを受ける趙友欽や陳致虚といった道士たちが全真教に融合することで、全真教は思想的に旧来の状態に回帰し、「堕落」したとする。

（8）もっとも全真教と張伯端以下の内丹道の融合の背景には、両者が共に頓悟に代表される仏教の性説を肯定的に捉える立場をとっていたことも大きな理由の一つであったと思われる。ただし、それは全真教が内丹説そのものを否定したことを意味するわけではない。

（9）真大道教・太一教については、窪徳忠（一九六七・一九七七）前掲書などを参照。

（10）本節は、基本的に松下（二〇一九）前掲書第I部序章「「新道教」再考――全真教研究の枠組みについての再検討」に基づく。

（11）北宋五子とは、周敦頤・張載・程頤・程顥・邵雍の五人を指す。朱熹はこれらの五人の思想に大きな影響を受け、朱子学を大成した。

（12）陳垣がこの時に用いた石刻史料は、後、陳垣編、陳智超・曽慶瑛校補『道家金石略』（文物出版社、一九八八年）としてまとめられた。

（13）移剌楚材『玄風慶会録』に見えるように、丘処機が徽宗や林霊素に対して即座に否定的でないことは注意される。

女真語と女真文字

吉池孝一

よしいけ・こういち――愛知県立大学外国語学部名誉教授。専門は文字と音韻。主な著書・論文に「關于契丹小字後綴表《慶陵》一九五三年刊」（『華西語文学刊 契丹学専輯』第八輯、二〇一三年）、『遼西夏金元対音対訳資料選』（共著、古代文字資料館、二〇一六年）などがある。

金朝の支配者女真人の言葉である女真語と、その言葉を書き記した女真文字は、明朝においても使用された。女真との通訳官の養成および外交文書作成のためである。女真文字は金において作成されたものであるから、先ずは金代女真語を明らかにし、次いで明代女真語への変化を明らかにし、さらに同系の満洲語と比較することができるならば理想である。しかしながら、金には、未解読文字の解読に有用な対音・対訳資料が乏しい。その点、明は豊富である。そこで先ず、明代の女真文字女真語から着手し、次いでその情報をもって金代の女真文字女真語に取り組むことになる。

一、東アジアの言語状況

女真はツングース系の言葉を話した。そこで、東アジアのどのあたりに関係する諸語が分布しているか、簡略な言語地図で確認する(1)（**図1**）。

遼、金、元、明、清と続く王朝のうち、遼の支配者の言語は契丹語で、上段中央のモンゴル語の系統。遼・金と並存して西北にあった西夏王国（次頁、**図2**参照）の西夏語は、中央左のチベット・ビルマ語の系統。金の女真語は、右上のツングース語の系統ということになる。清朝の満洲語も同じくツングース語の系統であり女真語の解明に欠かせない。

二、遼・北宋時の女真

図2は一一一一年の状況。(2) **図1**の言語分布図と重ね合わせていただきたい。遼朝の支配下にあった女真（女直）は金朝

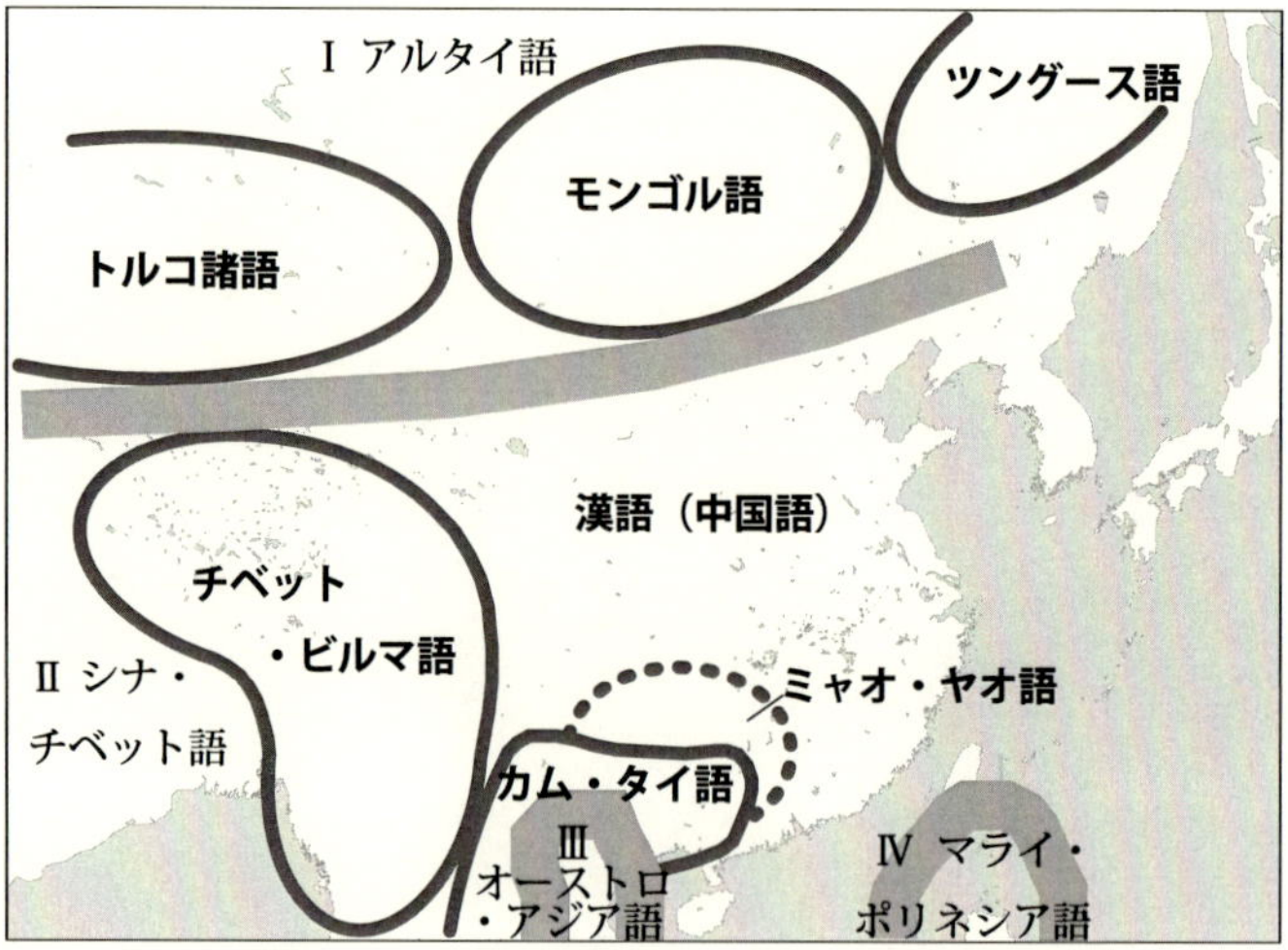

図1　東アジアの言語分布

図2　遼・北宋時期全図

を建て、遼を滅ぼして華北に侵入し、宋の支配者とその一団を南方に追った。華北の支配者は女真族で、主な非支配者は漢族であり、ツングース系の女真語と漢語（中国語）が対峙することになった。清朝においても、支配者の言語はツングース系の満洲語で、非支配者の言語は漢語であった。両者ともに次第に漢化が進んだという状況は類似している。(3) 金朝の言語の状況を知るうえで、清朝の言語をめぐる状況の理解は有益である。

三、ツングース系言語の特徴

図1でアルタイ語とした三種の言語はよく似ている。発音の面では、母音調和（一単語内に同類の母音を使う）がある。また、日本語のように、単語に各種の語尾を付着させて文法関係を表わす。語順も日本語と同様で、修飾語は被修飾語の前にくる。目的語も動詞の前にくる。次に、モンゴル語の例をあげる。(4)

■モンゴル語　bi:《ビー》　en《エン》　nɔm/i:g《ノミーグ》　onʃ/la:《オンシラー》
私　これ　本/を　読む/た
私はこの本を読んだ。

母音には、a, ɔ, o と e, ɵ, u のグループがあり、一単語内で原則として互いに混じることがない。onʃla: の o と a に母音調和がみられる。そのため、onʃle: とはならない。nɔmi:g の i:g や onʃla: の la: が、文法関係を表わす語尾。修飾語＋被修飾語、目的語＋動詞の語順である点も、この例でわかる。

次に女真語と関係が深い満洲語文語の例を挙げる。[5]

■満洲語　baibi《バイビ》　jiha《ジハ》　be《ベ》　eitere/bu/fi《エイテレブフィ》　gama/bu/ha《ガマブハ》

故なく　銭　を　だます/受身/して　持って行く/受身/た

故なく銭をだまされて持って行かれた。

母音には、a, o, ū と e のグループがあり、一単語内で原則として互いに混じることがない。gamabu に付着した過去をあらわす語尾 -ha に、母音調和がみられる。そのため、gama-bu-he とはならない。しかし、jiha の後ろの語尾（〜を）は、ba ではなく、be であり、母音調和はみられない。後に女真語を確認するが、女真語には母音調和にしたがって ba と be がある。gama（持って行く）＋bu（受身）＋ha（過去）をみると、語幹の gama にペタペタと語尾などを付着させて文法関係を表わすことがよくわかる。語順は、目的語＋動詞。この例には含まれないが修飾語＋被修飾語でもある。

四、女真語と満洲語の関係

女真語と満洲語は共にツングース語であるが、両者の関係についていくつかの説がある。長田夏樹（一九四九）[6]は、女真語は満洲語においてすでに失われた古い特徴を有するが、満洲語とは別個の他のツングース系の言語ではなくその直接の祖語と考えられ、満洲語文語に対して中古満洲語と称することができるとする。ここで言う満洲語文語は、口頭語に対する文章語のことで、満洲文字で書き表わされ規範化された満洲語である。女真語も女真文字で書き表わす際に、ある程度は規範化されたはずであるから、規範化された女真文字女真語は、規範化された満洲文字満洲語（満洲語文語）の直接の祖先だという説である。西田龍雄（一九八一）[7]は、女真語は満洲語の直接の祖先ではなく、共通ツングース語からそれぞれ別れ出たとする。西田氏の考え方は、長田氏と異なるが、これは時間を異にして存在する二つの同系統の言語AとBの関係をどのようにみるかということである。この点について、栗林均（一九八三）[8]よりモデルを借りて確認する。

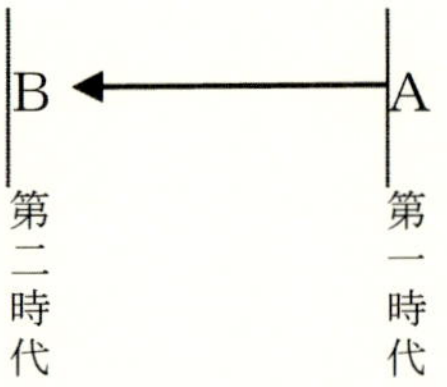

モデル①

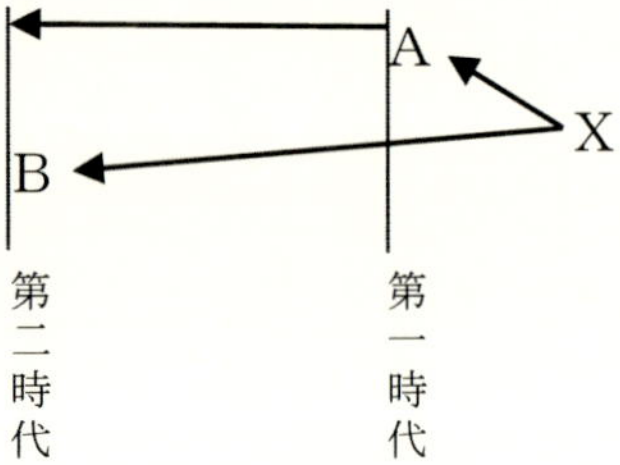

モデル②

モデル①は同じ方言の連続で、長田氏の説に相当し、モデル②は互いに言語的継続をなさない二個の方言で、西田氏の説に相当する。女真語から満洲語への変化を合理的に説明できる場合モデル①が成り立つ。モデル②の場合は、女真語から満洲語への変化を合理的に説明できない部分がある。その部分は分岐してから独自に発達したとする。もっとも実際の言語には周辺言語との接触の影響があり複雑な様相を呈する。

五、女真語と満洲語の差異の等級

満洲語と女真語は「類似している」とか「きわめて近い」と表現されるが、何に比べて、どの程度、類似しているのかが問題となる。デルフェル（一九七八）[9]は、ツングース諸語の諸特徴について、各二言語を比べ、一致しない和により、言語間の差異として一から二十一までの等級を設定し、ツングース諸語を大きく三語派に分類した。[10]北方派、中央派、南方派（女真語、満洲語）の三語派である。中央派のナーナイ語と南方派の女真語の間は十六で、中位の語派的差異。女真語と満洲語の間は四で、わずかな方言的差異とした。わずかな方言的差異が、同じ方言の連続であるのか、あるいは互いに言語的継続をなさない二個の方言なのか、ということについては検討を要する。また、女真語といっても、金代の女真語と、明代の女真語があり、両者には差異が認められる。この両者についても、同じ方言の連続であるのか、それとも互いに言語的継続をなさない二個の方言なのか問題となる。いずれにしても、女真文字で書かれた女真語（女真文字女真語）の解読にあっては、満洲語とくに満洲語文語と比較しながら進めることになる。[11]

六、明朝の女真語資料『女真訳語』

女真文字女真語の資料には金朝のものと明朝のものがある。金朝の資料には、未解読文字の解読に有用な対音・対訳資料が乏しい。それに対して明朝には女真文字の発音を注記した『女真訳語』や、漢語訳およびモンゴル語訳が付いた碑文の「永《えい》寧《ねい》寺《じ》碑《ひ》」がある。未解読文字の解読にとって理想的な環境が整っている。ここから着手し、その結果を金朝の資料に適用し、修正をするという進め方が効率的であり、事実そのように解読は進められた。(12) さて、明の成祖の永楽五年（一四〇七）に、諸民族語の通訳官の養成と外交文書の翻訳のため、四夷館《しいかん》が設立された。そこで作られた女真文字女真語の語彙集「雑字《ざつじ》」（図3）と例文集「来文《らいぶん》」（図4）があり、合わせて『女真訳語』と称する。

「雑字」の全体の構成は、天文門、地理門、時令門、花木門など内容別になっている。一行目に女真文字で書かれた女真語の単語や連語があり、二行目に女真語に対応する大書した漢語がある。三行目に女真文字女真語の発音を漢字で音写した注記がある。これでワンセットであり、現存するものは九一七セットとなる。構成は西夏語語彙集の『番漢合時掌中珠』（一一九〇年序）に類似しておりこの類似は偶然ではないかもしれない。いずれにしても、『番漢合時掌中珠』は西夏文字解読の出発点となり、『女真訳語』の「雑字」は女真文字解読の出発点となった。「雑字」の内容を知るには清瀬（一九七七）がよい。(13) この研究書により、天文門の一部をみる。これ以後ローマ字転写はすべて清瀬氏による。女真文字はウェブ上のフリーフォントを用いた。文字がない場合は※、字形が異なる場合は*を付した。(14)

女真語	漢語	漢字音注
①夭戈	天	阿卜哈以abka（天）-i（の）
②*皀个	霆	塔里江talgiyan（いかずち）
③日卜	日	一能吉inengi（日）
④月卜	月	必阿biya（月）
⑤吊土	風	厄都温edun（風）
⑥*広矢	雲	秃吉tugi（雲）
⑫朱千	星	斡失哈ošiha（星）
⑱常冗矢	霧	塔馬吉tamagi（霧）
㉕日芺佧右	日出	一能吉秃替昧inengi（月） tuti（出る）-mei（して）
㉖月示卓升	月落	必阿秃斡黒biya（月） tuwe（落ちる）-hei（した）
㉗夭氐土	天陰	阿卜哈秃魯温abka（天）tulhun（暗い）
㉘夭先冉	天晴	阿卜哈哈勒哈abka（天） gar（晴れる）-ha（した）

「来文」は進貢の上奏文で、属国が明朝に進貢するときに使用したもの。現在見ることのできる「来文」は、最初に漢文があり、つぎに漢文に対応した女真文がある。女真文は漢文の逐語訳で、女真語としては破格である。全部で七十九通ある。

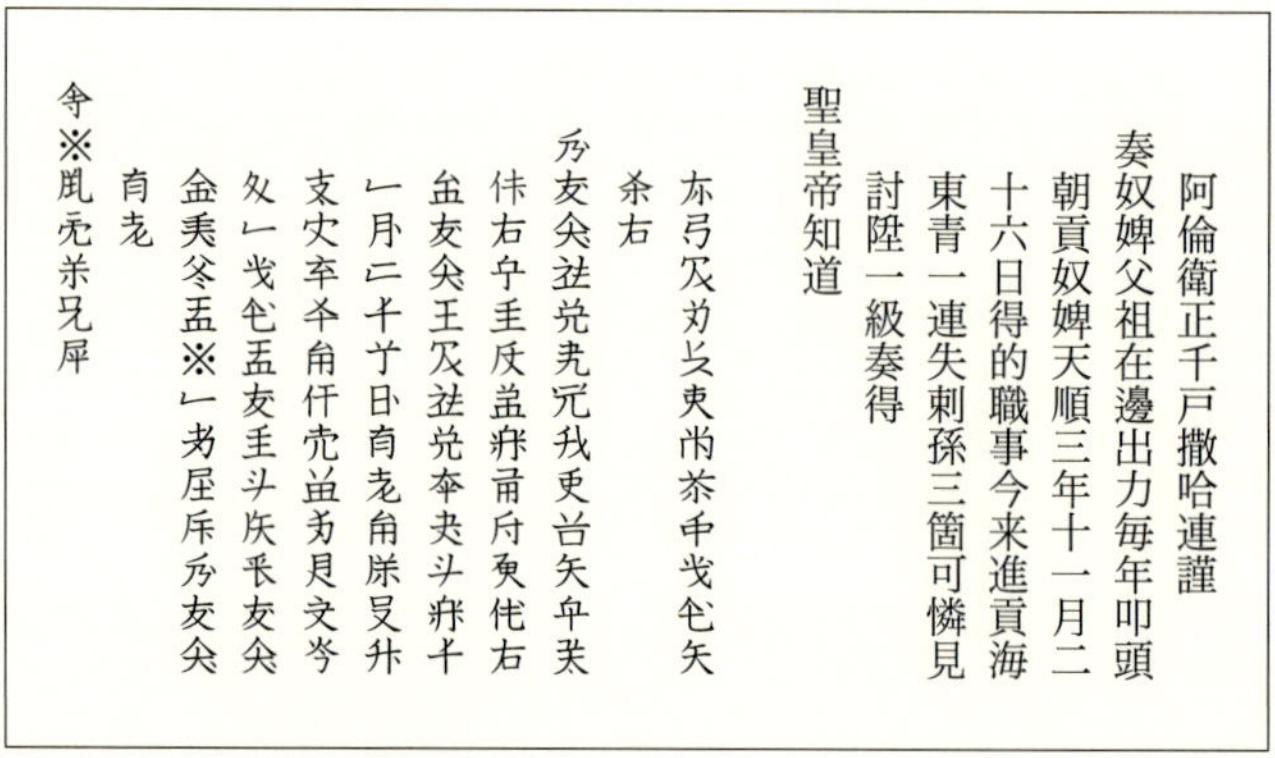

図4　「来文」第一通の翻字

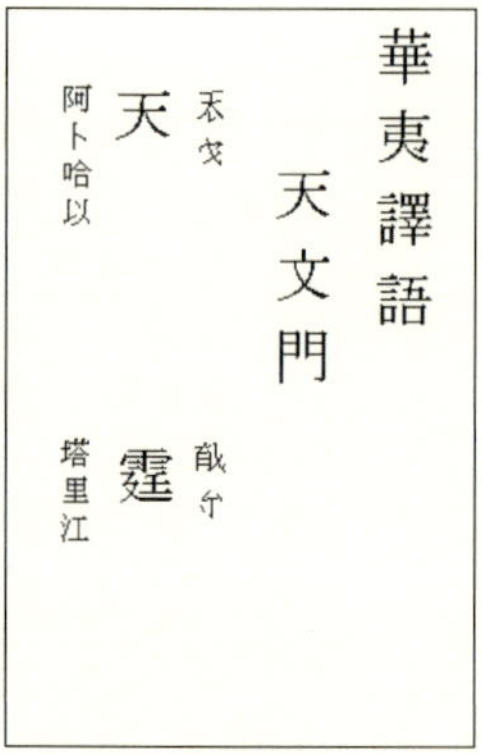

図3「雑字」初頭の翻字

つぎに、ここに挙げた「雑字」と「来文」により、明代女真語の文法と音韻と文字を確認する。この確認作業は金代女真語につながるものである。

七、女真語の文法

〈名詞に付く語尾〉「雑字」の①禾戈 abka（天）-i（の）には、奇妙なことに、属格語尾-iが付いている。収録されている名詞には、各種の格語尾を伴ったものが多数ある。(15) 次に主要なものをあげる。

属格（〜の）には、戈 -iと弁 -niがある。-niはnで終わる単語に後置する。abka-i（天の） hagan-ni（皇帝の）。対格（〜を）には、矛 -baと丈 -beと禿 -boがある。tiktam-ba（道理を） ǰugu-be（道を） ulhiyerin doroo-bo（倫理を）。与位格（〜に、〜で）には、半 -doがある。buwa-do（地域で）。永寧寺碑では半 -döが用いられる。(16) 奪格（〜から）には、伟 -tiがある。širaha-ti（昔から）。造格（〜により）には、斥 -giがある。arawa-gi（敕により）。主格（〜が）は、-ゼロ語尾である。biya（月が） tuwe-hei（落ちた）。なお、金代女真語の与位格には半 -doと半 -döの交代がある。

〈動詞に付く語尾〉「雑字」には㉕日耒伟右 inengi（日が） tuti（出る） -mei（して）のように動詞語尾-meiが付いている。

収録されている動詞には、各種の語尾を伴ったものが多数ある。次に主要なものをあげる。

副動詞現在形（して）には、尖 -mai と右 mei がある。ǰaula-mai（奏して） tuti-mei（出て）。形動詞過去形（した）には、艮 -hai と卉 -hei がある。bandi-hai（生まれた） tuwe-hei（落ちた）。形動詞現在形（する）には、太 -ru がある。šira-ru（相続する）。過去終止形（した）には、币 -ha と臾 -he と禾 -ho がある。gar-ha（晴れた） ur-he（熟した） sokto-ho（酔った）。現在終止形（する）には、乇 -bi がある。舟乇 te-bi（坐る）。

八、「雑字」と「来文」の関係

「雑字」の格語尾や動詞語尾の実用例は「来文」で確認することができる。先にみた**図4**「来文」では漢文と女真文が別になっているが、いま漢文を主文とし、その右横に逐語訳（傍訳）として女真語を配すと、次のようになる。第一通の初頭と末尾。

アルン衛　正千戸　サハ　連　謹み　奏上し
alun wei ǰin čenhu saha miyee ǰeǰimei ǰaulamai
东弓久　力　乓　夹屰　丕千　戈乇　矢杀右　乃友尖
阿倫　衛　正　千戸　撤哈　連　謹　奏

……略……

聖なる　皇帝の　知りますよう
ačiburu hagani sahi
令※　凪疙弟　乞犀
聖　皇帝　知道

「来文」の初期の形態は、右に示したように、漢語の主文と女真語の傍訳というものであろう。ここから「謹—矢杀右（-mei）」「奏—乃友尖（-mai）」「皇帝—凪疙弟（-ni）」のような主文と傍訳のペアを引き抜いて「雑字」に収録したため、いろいろな語尾の付いた単語が混在することとなった。女真語の傍訳は、そのまま連ねて女真文とし、漢文と分離して現在の「来文」としたため逐語訳の女真文となった。このような女真文が、漢文直訳体として利用されたのは、元朝で使用された蒙文直訳体の漢語以来の伝統によるものであろう。

九、女真語の音韻

明代女真語の音韻は、「雑字」の漢字音注を帰納して求める。清瀬（一九七七）により、一部表記を改めて示す。

〈子音〉子音は b, t, d, k, g, q, ɢ, č, ǰ, f, s, š, h, x, m, n, ŋ, l, r, w, y となる。このうち、破裂音と破擦音を硬音《こうおん》（fortis）と軟音《なんおん》（lenis）に分ける。明代女真語に硬音の p はない。

硬音　--　t　k　q　č

軟音　b d g ɢ ǰ

硬音と軟音の音声の実質がどのようなもので、何によって対立をしていたかということが問題となる。そこで、現代満洲語方言(17)をみると、硬音は無声有気音で、軟音は半有声音であるが環境により完全な有声音ともなる。すなわち、硬音はt^h, k^h, q^h, $č^h$で、軟音はb̥, d̥, g̥, ɢ̥, ǰ̥～b, d, g, ɢ, ǰである。これにより本稿は、硬音と軟音の主な対立は気音の有無にあるとし、声の有無は余剰なものとみる立場をとる。過去の満洲語の口語については、清朝の呉振臣《ごしんしん》著『寧古塔《ニングダ》紀略』が参考になる。(18)この書には漢字で音写した十七世紀後半の満洲語の口語が含まれている。これによると、満洲語の硬音と軟音に、漢語の無声の有気音と無気音が綺麗に対応しばらつきがない。この事実は、当時の満洲語の口語が、声の有無ではなく、気音の有無によって対立していたことを示す。そこで、『女真訳語』の「雑字」の漢字音注により女真語の硬音と軟音をみると、漢語の無声の有気音と無気音が綺麗に対応する。このような対応について、音訳法として確立していたことによるとする説がある。(19)しかしながら、無声の有気音と無気音（有声性は余剰）の対立であったため、同じく気音の有無による対立をもつ漢語との対応が容易であった、としても不都合はない。なお、金代女真語に硬音のp [p^h] があったことは、漢字で音写された金代女真語によってわかる。(20)

〈母音〉明代女真語の母音は、男性母音a, o　女性母音e　中性母音i, uである。「雑字」の語例で示すと、②talgiyan（いかずち）→a　⑫ošiha（星）→o　⑤edun（風）→e　⑥tugi（雲）→uとi　となる。母音調和があり、原則としてa,oとeは一語のなかで共存しない。中性母音のi,uは、a,oともeとも共存する。金代女真語の母音については、男性母音a, o, u　女性母音e, ö, ü　中性母音iであった。

十、女真文字

先に挙げた「雑字」の語例①～㉘により、単語を表記する型を確認する。〈表意〉は、①礻abka（天）③日inengi（日）④月biya（月）㉘光gar（晴れる）である。〈表意＋表音〉は、②*乿仒tal-giyan（いかずち）⑤弟土edun（風）㉗凪土tulhun（tulhu-un）（暗い）である。〈表音の連続〉は、⑱弗冘矢ta-ma-gi（霧）である。〈不詳〉は、⑥*広矢tu-gi（雲）⑫朱千oši-ha（星）、㉕夫仹tu-ti（出る）。㉖夵皁tu-we（落ちる）となる。

表意＋表音の三例②⑤㉗については、初期の女真文字資料とされる西安の碑林《ひりん》で発見された女真字文書（語彙集）(21)では一字で収録されている。したがって②⑤㉗については、後に表音文字が付加され、②*㪅↓*㪅仐、⑤帀↓帀圡、㉗凧↓凧圡となったことがわかる。女真文字は、〈表意〉↓〈表意＋表音〉↓〈表音の連続〉と展開したと考えられる。

十一、金朝の言葉と文字

遼朝で作られた契丹大字（**図5**。表意文字主体。九二〇年公布）と契丹小字（**図6**。表音文字主体。文字を左右・上下に組み合わせて単語を表記する。九二四年または九二五年作成）で書かれた契丹語文は、金朝でも使用され続け、『金史』によると、第六代皇帝章宗の明昌二年（一一九一）になって廃止の命令が前後二度（四月と一二月）にわたって出された。その間に女真文字（**図7**）が公布された。太祖阿骨打《アクダ》の天輔三年（一一一九）に女真大字が、第三代皇帝熙宗《きそう》の天眷元年（一一三八）に女真小字が公布されたのである。

金建国	1115
女真大字公布	1119
女真小字公布	1138
契丹文字廃止	1191
金滅亡	1234

金朝における契丹文字の使用期間は意外に長く七十数年に及ぶ。二度も使用を禁ずる命令が出されたほどであるから、契丹文字契丹語で書く事は女真のなかで定着しており、女真文字という新しい道具を手に入れてからも、契丹文字契丹語という使い慣れた道具はなかなか手放せなかったのであろう。もちろん漢字漢文も主要な道具として使用された。したがって、七十年余りの間、女真文字女真語と契丹文字契丹語と漢字漢語の三種によって公的な文書が作成されたことになる。なお、金朝の契丹大字碑は一、契丹小字碑は四、発見されている。(22)

十二、女真大字と女真小字

史書の記述により大字と小字の二種の文字が公布されたことはわかるが、両者の具体的な違いについて記述はない。そこで、現存する碑文（**図7**）や先に検討した『女真訳語』などの諸資料をみると、ほぼ同質であり、日本語の漢字仮名交じり文のように表意部分と表音部分からなる。これをどのように見るか、主な説は二つある。

一つは、現存する碑文や『女真訳語』を大字と小字が混合したものとみる説である（大小字混合説）(26)。先に紹介した西安碑林の女真字文書（語彙集）は表意を主体とした文字から成っており碑文や『女真訳語』とやや異なる。これが大字であり、のちに表音部分を増補した。その増補した部分を小字とするのである。このようにみると、現存する女真文字は、

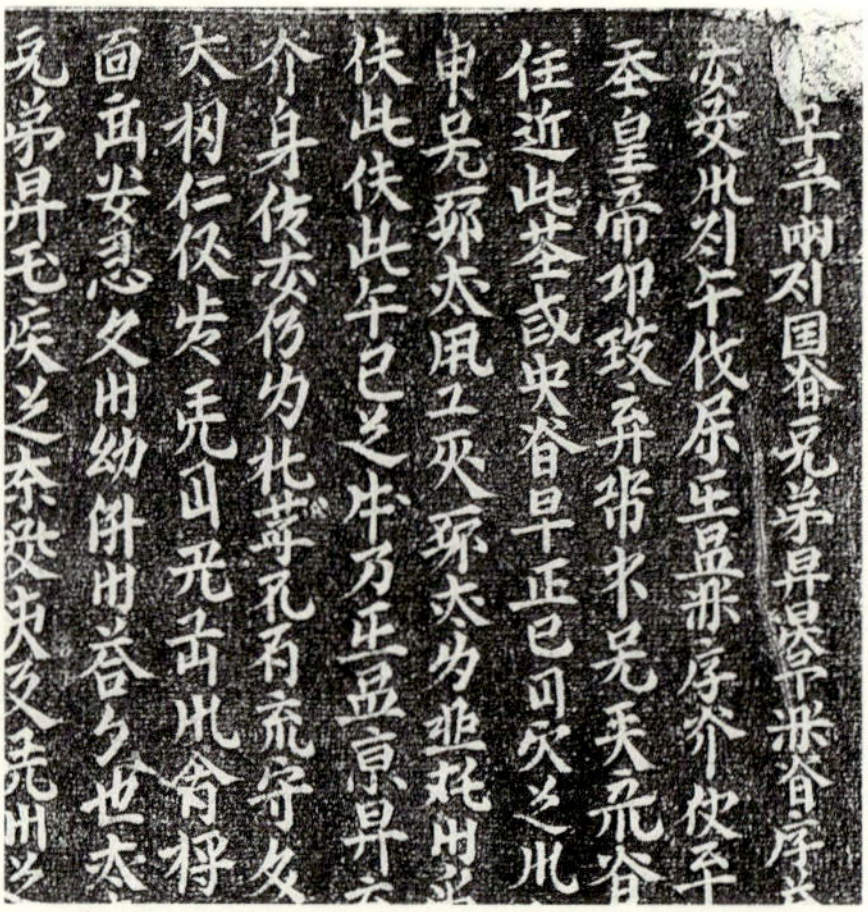

図5　契丹大字拓本 (23)

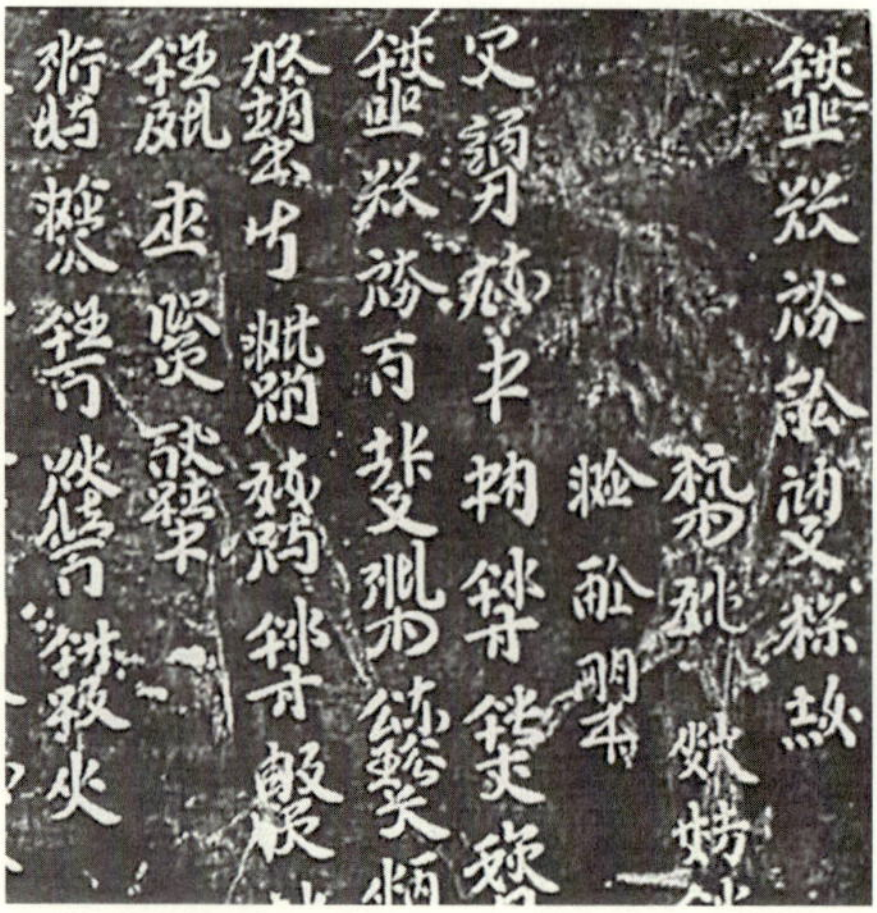

図6　契丹小字拓本 (24)

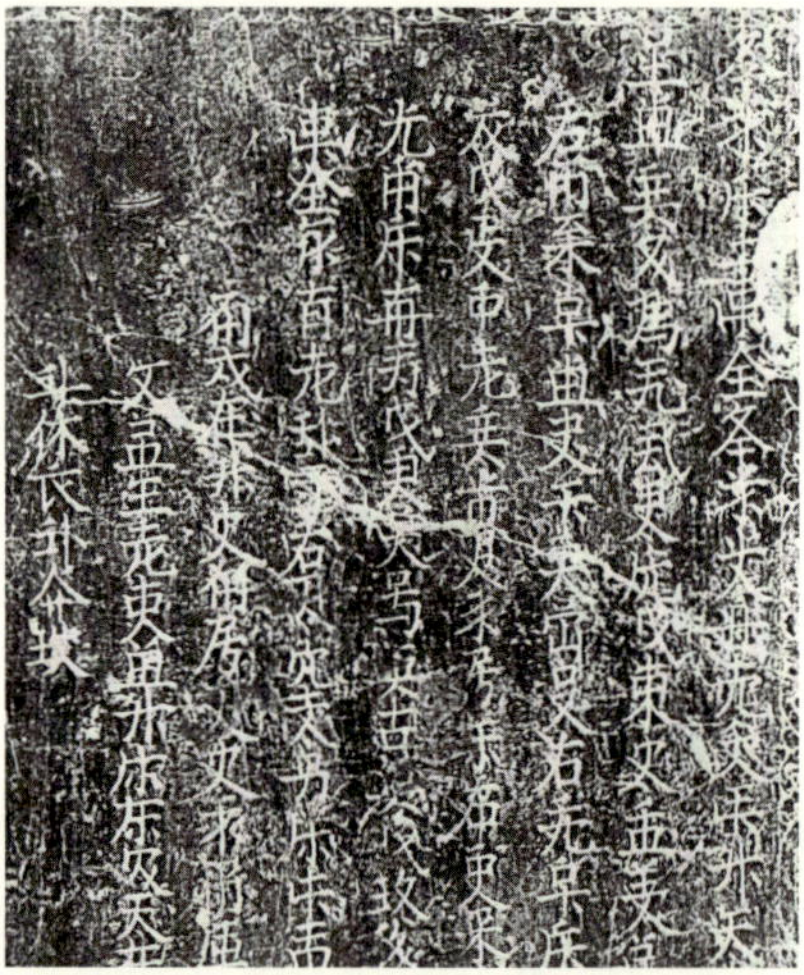

図7　女真文字拓本「女真進士題名碑 (25)」

大字と小字が混合したものとなる。

二つ目は、現存する碑文や『女真訳語』などは大字であり、小字は別の文字体系を持った文字として公布されたとする説である（大小字別字説）。『金史』に、太祖が女真大字を公布し、その後に、第三代皇帝の熙宗が女真小字を公布したと明言しているからには、契丹の大字と小字のように質を異にする文字組織が公布されたとするのが自然である。問題は小字の実例があるかどうかということにかかっている。一九七二年に河北省承徳県で、金製と銀製の符牌が二枚発見された（**図8**）。内容は同一。また、一九七六年には旧ソ連沿海州の遺跡から銀製の符牌が一枚発見された（**図9**）。承徳の符牌には契丹小字のように、六つの文字を組み合わせた銘文があった。[27] 当初は契丹文字とされたが、その後、女真文字と類似した部分があることから女真小字ではなかろうかとされた。旧ソ連沿海州の符牌の文字も契丹小字のように五つの文字を組み合わせたものであるが、文字自体は碑文や『女真訳語』に見られる女真文字であった。これには图圡（国）丯（の）专旲（誠）とあり、日本の史書『吾妻鏡』に同類の符牌が掲載されている。顔華（一九八七）は両者ともに女真小字とする。これは文字の組み合わせをもって小字の特徴とするものであるから大小字別字説ではない。長田夏樹（一九九三）は承徳の符牌の文字（**図8**）を女真小字、旧ソ連沿海州の符牌の文字（**図9**）を女真大字とし、大小字別字説に立つ。愛新覚羅烏拉熙春（二〇〇九）は承徳の符牌と同質の別の符牌を一枚紹介し大小字別字説を補強した。(28)

図8　河北省承徳県の符牌模写

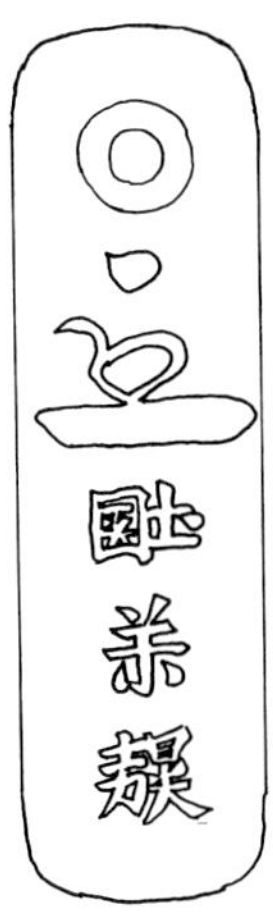

図9　旧ソ連沿海州の符牌模写

十三、金朝の碑文を読む

金朝の女真文字女真語の碑文に「女真進士題名碑」（正大元年、一二二四年刻）がある。漢文は付いていない。現存する碑石は摩滅と剥落が進んでいるが、初期の拓本によるならば、ほぼ全文を確認することができる。(29)いま碑額及び碑身の第一行目を読んでみることにする。まず『女真訳語』の音と単語の意味を記す。『女真訳語』にない単語には（）を付す。『女真訳語』にない女真文字は音が不明なので---とする。

碑額　髙　仴　岂　戈　矢　类　伏　丢　臾　夲　枭　臾

us in ši　i　ge bu　mer ---　he　e　we he

（①進　士）　の　名　（②録す）　（③刻）　石

一行　夅　籴　斥　圡　旉　全　夅　籴　※　弃

amba an　ančŭ un　---　gar amba an　ajǐr aniya

大　金　（④正）大　（⑤元）年

屯　尖　乇　升　矢　类　伏　丢　臾　夲　枭　臾

te den če hei　ge bu　mer ---　he　e　we he

（⑥及第した）　名　（録す）　（刻）　石

『女真訳語』にない部分については、次の①から⑥のように理解することになる。①us-in-šiは漢語の「進士」の音訳であるが、us＋inで「進」の音を表わそうとしたところがおもしろい。女真語にšinシンという音はあったが、sinスィンという音はなかった。そこで、usのsとinを合わせてsinスィンという音を表わそうとしたのである。もっとも、進の漢語音はtsinズィンのような音であった。ところが、女真語にはtsズという音がなかったため、tsズをsスで置き換えsinスィンという音を目指したのである。tsinは無理でも、sinはなんとか発音できたのかもしれない。(30)②mer --- は、「得勝陀頌碑」の漢訳にある「実録」の録に対応する。③heeは、「刻」の漢字音とする説がある。(31)④--- gar（?）amban（大）は前後関係から年号とみられる。哀宗の年号の中で、「〜大」のように大が付くのは「正大」のみであるから --- garは正に相当する。⑤aǰirは、満洲語文語aji「第一回目の、はじめての」に相当する。⑥teden-če-heiを「及第した」とする。(32)tedenは、満洲語文語tembi「官位に就く」に相当する。- če - は接尾辞で動作を共にすること、-heiは形動詞過去形（した）の語尾。

以上、明朝の『女真訳語』と清朝の満洲語文語を中心として、金朝の女真文字女真語を読んでみた。他の資料であっても読解の手順はほぼ同様であり、対象となる資料さえ明瞭に見えるならば問題はない。この点、金朝の女真文字女真語資料は、西夏語や契丹語の資料に比べて質量ともに劣る。摩滅や剥落などのため文字の明瞭さに欠けるものが少なくないのである。しかし、その資料は、ツングース語の最古のまとまった記録として我々の目の前にある。

注

(1) 李方桂著、小川環樹訳「中国における諸民族の言語と方言」（『中国語学研究』創文社、一九七七年）。中国社会科学院和澳大利亞人文科学院合編『中国語言地図集』（香港：朗文、一九八七年）。以上の二著を参照し作図した。

(2) 譚其驤主編『中国歴史地図集』（上海：地図出版社、一九八二年）を参照し作図した。

(3) 三上次男『金代政治・社会の研究』（中央公論美術出版、一九七三年）。鈴木靖「旗人の入関と漢族大衆芸能の受容」（東京都立大学『人文学報』一九八号、一九八八年）参照。

(4) モンゴル国立大学モンゴル語研究室編、岡田和行編訳『モンゴル語教科書』（東京外国語大学、一九八九年）。

(5) 清朝の舞格著、程明遠校『満漢字清文啓蒙』（一七三〇年序）の第三巻「清文助語虚字」の例。

(6) 長田夏樹「満州語と女真語」（『神戸言語学会報』一、一九四九年）。

(7) 西田龍雄「東アジアの文字」（『世界の文字』大修館書店、一九八一年）。

(8) 栗林均「比較言語学の課題と方法――蒙古語歴史・比較研究批判」（『一橋論叢』八九（六）、一九八三年）。

(9) Doerfer, G. Classification Problems of Tungus, *Beiträge zur Nordasiatischen Kulturgeschichte, Tungusica*, Band I, Wiesbaden: Otto Harrassowitz, 1978.

(10) 一はわずかな下位方言的差異、四はわずかな方言的差異、五は中位の方言的差異、六は強い方言的差異、七・八は小さい言語的差異、九・十は中位の言語的差異、十一・十二は強い言語的差異、十三・十四・十五はわずかな語派的差異、十六・十七・十八・十九・二十は中位の語派的差異、二十一以上は強い語派的差異とする。

(11) 津曲敏郎『満洲語入門20講』(大学書林、二〇〇二年)。福田昆之『満洲語文語辞典』(FLL、一九八七年)参照。

(12) Grube,W. *Die Sprache und Schrift der Jurčen*. *Leipzig*, 1896. グルーベ氏は『女真訳語』の研究によって女真語研究の基礎を築いた。

(13) **Kiyose,G.N.【清瀬】***A Study of the Jurchen Language and Script*. Kyoto: Hōritsubunka-sha, 1977.

(14) このフォントは金啓孮『女真文辞典』(文物出版社、一九八四年)に基づいて作成されたもの。

(15) 前掲清瀬(一九七七)及び愛新覚羅烏拉熙春『明代の女真人――『女真訳語』から『永寧寺記碑』へ』(京都大学学術出版会、二〇〇九年)参照。

(16) 男性母音の単語＋〓 -dö は十例、女性母音の単語＋〓 -dö は四例、男性母音の単語＋〓 -do は二例となっている。永寧寺碑の女真語には〓 -dö と〓 -do の区別はなかったが、特定の単語において表記の上で〓 -do が使用されることもあったのであろう。

(17) 服部四郎、山本謙吾「満州語口語の音韻の体系と構造」(『言語研究』三〇、一九五六年)。清格爾泰「満洲語口語語音」(『内蒙古大学学報(哲学社会科学版)』記念校慶二十五周年専刊、一九八二年)。

(18) 竹越孝「『寧古塔紀略』に見られる漢字音写満洲語語彙」(『鹿大史学』第四五号、一九九八年)。

(19) 前掲清瀬(一九七七)の三八―三九頁。

(20) 孫伯君『金代女真語』(中国社会科学出版社、二〇一六年)。

(21) 金啓孮「陝西碑林發現的女真文書」(『内蒙古大学学報』一九七九年第一期)。烏拉熙春「《女真文字書》的復元」(『碑林集刊』七、陝西人民美術出版社、二〇〇一年)参照。

(22) 契丹大字：①李愛郎君墓誌銘、大定十六年(一一七六)。契丹小字：①大金皇弟都統経略郎君行記、天会十二年(一一三四)。②蕭仲恭墓誌銘、天徳二年(一一五〇)。③金代博州防禦使墓誌銘、大定十年(一一七〇)。④蕭居士墓誌銘、大定十五年(一一七五)。

(23) 吉池孝一、中村雅之、長田礼子『遼西夏金元対音対訳資料選』(古代文字資料館、二〇一六年)による。耶律習涅墓誌。

(24) 古代文字資料館蔵 http://kodaimoji.her.jp/ 宣懿皇后哀冊。

(25) 前掲『遼西夏金元対音対訳資料選』による。

(26) 道爾吉「關于女真大小字問題」(『内蒙古大学学報(哲学社会科学版)』一九八〇年第四期)。西田龍雄『アジアの未解読文字』(大修館書店、一九八二年)。

(27) 鄭紹宗「承徳發現的契丹符牌」(『文物』一九七四年第一〇期)。

(28) 顔華「女真文」(『中国民族古文字』天津古籍出版社、一九八七年)。長田夏樹「契丹文字、女真文字及び西夏文字の関連性についての一考察」中国北方古代文化国際学術検討会での発表原稿(於：赤峰・中国、内モンゴル自治区。一九九三年八月)、『長田夏樹論述集(下)漢字文化圏と比較言語学――中国諸民族の言語・契丹女真碑文釈・民俗言語学試論・邪馬台国の言語』(ナカニシヤ出版、二〇〇一年)所収。愛新覚羅烏拉熙春「女真小字金牌、銀牌、木牌考」(『愛新覚羅烏拉熙春女真契丹学研究』松香堂書店、二〇〇九年)。

(29) 前掲『遼西夏金元対音対訳資料選』による。

(30) 中村雅之「〈女真進士題名碑〉の〝進士〟を表す女真文字について」(『KOTONOHA』一六七号、二〇一六年)。

(31) 安馬彌一郎『女真文金石志稿』(碧文堂、一九四三年)。

(32) 安馬(一九四三)に「及第セル」とある。

◎コラム◎

女真館訳語

更科慎一

さらしな・しんいち――山口大学大学院東アジア研究科准教授。専門は中国語学（近代漢語の音韻）。主な論文に「『華夷訳語』の漢字音訳法と東郷語の音韻変化に見られる平行性について」（『華夷訳語論文集』大東文化大学語学研究所、二〇〇七年）、「『元朝秘史』の音訳漢字の声調について」（馬彪、阿部泰記『東アジア伝統の継承と交流（山口大学大学院東アジア研究科東アジア研究叢書3）』白帝社、二〇一六年）などがある。

一、「華夷訳語」について

『華夷訳語』と総称される一連の異民族言語学習書がある。明代の中国で異言語教育を行ったのは国の機関で、異民族の使節団が持参する文書の翻訳官の育成を目的とする「四夷館」と、使節団の接待を担当する通訳官の育成を目的とする「会同館」とがあった。これらの機関において使われていたのが『華夷訳語』である。本稿では、その女真語の部分、即ち『女真館訳語』を紹介する。以下では、石田幹之助「女真語研究の新資料」（石田幹之助『東亜文化史叢考』財団法人東洋文庫、一九七三年、三一―六九頁。初出は一九三〇年）において提唱され、我が国において定着している分類法に従い、四夷館編纂の学習書を「乙種本」、会同館編纂の学習書を「丙種本」とそれぞれ呼ぶことにする。

二、乙種本について[1]

(1)一般的体裁

乙種本には韃靼、女真、西番、西天、回回、百夷、高昌、緬甸、八百、暹羅の十言語版があり、各言語版はこれら民族名を取って『〜〜（館）訳語』と呼ばれる。いずれも対訳語彙である「雑字」と、対訳の文例集である「来文」の二つの部分から成る。[2]乙種本は文書翻訳を使命とするだけに、その言語で使われる文字（以下、民族文字と称する）が付されているのが大きな特徴である。

「雑字」は、天文・地理・時令など二十足らずの門類（意味分類）のもとに、一つの門類あたり十数から数十、全体では六〇〇〜八〇〇程度の語句を見出し漢字として記し、その両脇に対訳語を記す体裁を取る。おおむね、右側に民族文字を、左側には発音を示す音訳漢字を、それぞれ配しているが、横書きされる言語の場合、見出し漢語の上に民族文字を、下に音訳漢字を配する場合もある。

「来文」は、朝貢使節団が持参する表文（数十通）を内容とする場合が多い。音訳漢字はなく、漢文テキストと民族文字テキストの対訳の形式を取る。語釈や文法解説などはない。

(2) 乙種本の女真語

『女真館訳語』は女真語の文献資料として唯一の他言語との対訳文献であり、漢字を用いて発音まで記している点において、極めて重要な資料である。但し、利用に当たってはいくつか留意すべき点がある。まず第一に、その編纂時期が明代である点。現存する女真文字資料の大半は金代のものであるから、『女真館訳語』は、女真文字が盛んに用いられた時代から二〇〇～三〇〇年あまりも後、女真文字史上の最晩期の資料ということになる。四夷館で女真語女真文字が教授されていた同時期に、女真人自身は女真文字を忘れつつあったのであり、その末裔の満洲族がモンゴル文字を借りて満洲文字を創始したのは周知のとおりである。四夷館の編纂者たちは、期せずして、現代風に言えば「危機に瀕する言語」に対する記述を後世に残したことになる。

女真人が自ら編纂したのではない資料であるという点にも注意が必要である。その故に、本来の女真語ではない、何らかの意味で漢語の影響を受けた要素が混入している可能性があるのである。この点は、次に少し詳しく見てみよう。

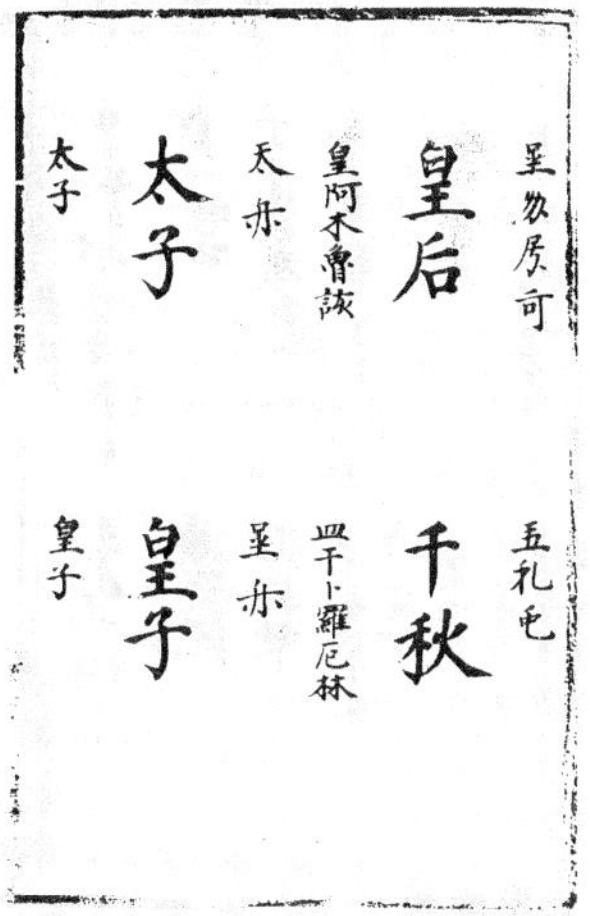

図1　乙種本『女真館訳語』雑字（増補部分、中国国家図書館蔵。『北京図書館古籍珍本叢刊6　経部』書目文献出版社所収）

(3) 雑字に見える漢語からの借用語

女真館訳語は、乙種本の他の言語版と比べ、漢語からの借用語が際立って多く目につく。その中には、「清明」寒食《ハンシ》-哈称因《ハチン》（満洲語文語hangsi）、「瓦」瓦子《ワツ》（満洲語文語wase）など、清代の満洲語文語にもこれと対応する借用語が見られるものがあり、これらは明代女真語に実在した可能性が強い。一方、「館駅」館駅、「緑」緑のように、漢語を音訳漢字欄にそのまま引き写しているものや、「皂《ツァオ》」子敖《ツーアオ》、「庁《ティン》」替因《ティイン》のように、漢語音を女真文字で表音し、それをまた漢字音訳しているようなものは、女真語として真に存在していたのかが問題となる。更に、「続添」「新増」などと題された増補部分を中心に、実在が大いに疑われる複合語が大量に見える。大概は「皇后」皇《ホワン》-阿木魯該《アムルガイ》（阿木魯該は「皇后」の「后」とは無関係で、前後の「後」の意味）の類のいわば捏造語で、増補者の女真語の能力の低さを露呈している。愛新覚羅烏拉熙春『明代の女真人——「女真訳語」から「永寧寺記碑」へ』（京都大学学術出版会、二〇〇九年）一〇〇頁に、この種の「女真語の語法に合わない」複合語が数多く挙げられているので、興味のある向きは参照されたい。『女真館訳語』を女真語史の資料とする際には、この種の人為的要素に警戒して利用すべきである。

（4）女真語の文法に考慮が払われていない「雑字」

「雑字」の女真語には、

「道」住《ジュ》兀《ウ》伯《ボ》（-伯は対格語尾で、項全体は「道-を」となる。本来「住兀」だけでよい）

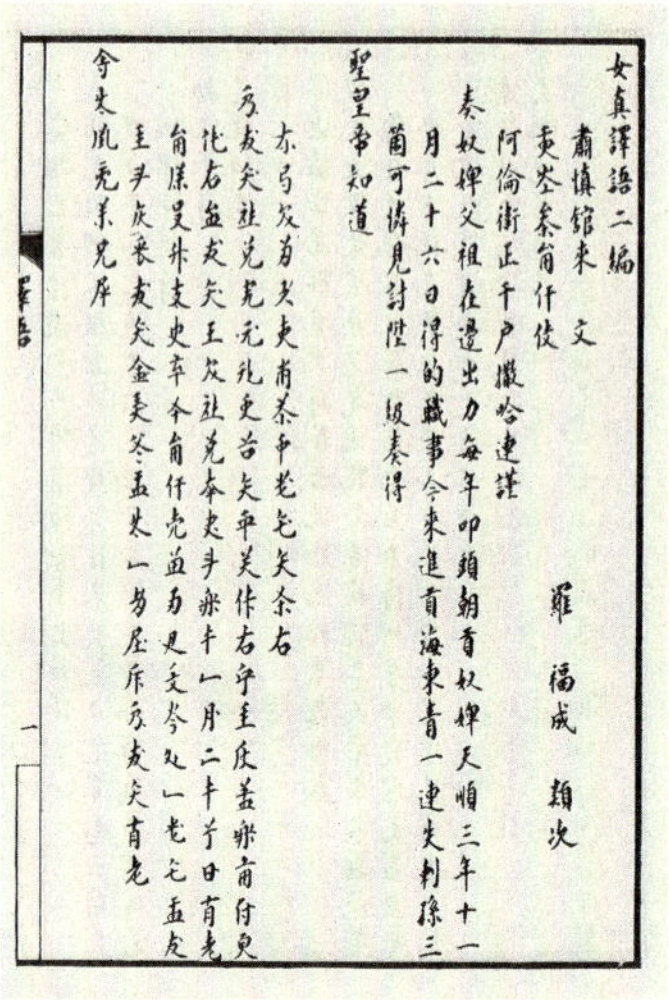
女真譯語二編
肅慎館來文　羅福成　類次
阿倫衛正千戶撒哈連謹
奏奴婢父祖在邊出力每年叩頭朝貢奴婢天順三年十一
月二十六日得的職事今來進貢海東青一連失剌孫三
箇可憐見討陞一級奏得
聖皇帝知道

図2　羅福成による乙種本『女真館訳語』来文の研究（『遼金元語文僅存録　第二冊　女真訳語』台聯国風出版社所収）

のように、余分な格語尾がついた形で掲出されているものが少数見られる。これが、先程触れた捏造複合語の中にも現れてくることがある。

「道徳」住兀伯-徳（増補部分）

我々はこうした項を目の当たりにするに至って、編纂者が住兀についている-伯を「〜を」という格語尾ではなく、「道」という名詞の一部であると思い込んでいることを目撃するのである。道徳という観念を「道（みち）」〝徳〟（dé）」のように訳す事がそもそもナンセンスであるけれども、「道」に「を」をつけて「道を-〝徳〟」とするに至っては、意味不明と言わざるを得ない。

女真語の動詞は、アルタイ型膠着言語の常として、さまざまな語尾がつく。このタイプの言語の辞書では、動詞をある特定の形にそろえて提示するのが普通である。現代日本語なら終止形、満洲語なら-mbi、モンゴル語なら-mui（現代語-qu）といった具合にである。ところが乙種本の雑字では、動詞の形が何と十八通りも現れ（愛新覚羅氏前掲書が数え上げているところによる）、全く統一が取れていない。こうした点も、雑字の編纂者が果たして女真語の文法を理解しているのかを疑わせる。

（5）漢語を直訳する「来文」

「来文」は現存の各テキスト中、重複するものを除いて七十九通がある。漢文と女真語文の対訳になっており、本来、女真語の文法を解明する素晴らしい資料となることが期待されるが、その実態は漢字を女真文字に置き換えて逐語訳していったものであり、女真語の文法はほとんど無視されている。従って、遺憾ながら、来文は文字と、せいぜい語彙の補充資料にしかならない。異民族の奏上した表文を教材化したはずの来文が漢語文の生硬な訳で、その言語の文法を反映していない、というこの驚くべき事実は、乙種本の他の言語版の場合もおおむね同じで、各言語版の華夷訳語の先行研究でも逐一指摘されていることである。このようなテキストがなぜ付されているのか、外国語学習教育の点からは理解に苦しむが、これについて金光平・金啓孮『女真語言文字研究』（北京・文物出版社、一九八〇年）は、明代は周辺民族が進貢する際上奏文を提出しなければならないきまりであったが、女真人自身が女真文字を解さなくなっていたため、四夷館の館員に代書させた、という主旨のことを述べている。女真館来文もまた四夷館館員による「捏造」だったというわけである。乙種本の他の言語版の「来文」も同様の漢語直訳文体になっていることを考えると、女真人に限らず、当時明朝に貢物を納めようとする人々は、上奏文を自分たちでは用意せず、四夷館の館員に用意してもらっていたのではなかろうか。

三、丙種本について

(1) 一般的体裁

丙種本が包括する語種は十三で、乙種本にある西天、緬甸、八百はなく、代わりに朝鮮、琉球、日本、安南、占城、満剌加が存する。各言語版は「雑字」に相当する対訳語彙のみから成り、見出し項目が天文、地理などの門類に分かたれている点は乙種本の雑字と同様で、各項目は上段に漢語が記され、下段にその対象言語による対訳が音訳漢字によって示されている。各言語版の項目数は六〇〇個前後のものが多いが、女真館訳語は一一五五項（阿波国文庫本）とかなり多い。

(2) 丙種本の女真語

丙種本女真館訳語に載録されている語項目そのものは、乙種本と一致しないものが多数にのぼり、丙種本が乙種本とは独立に編纂されたことを示す。単語ばかりでなく「山高」「出涙」など連語を多数収録するのが、口頭語学習書たる丙種本女真館訳語の特徴であり、中には「水大車行不得」（冠水で車が通行できない）のように六字の項目もある。

一方、乙・丙種本に共通する項目について音訳漢字を比べると、両者が全く同じであるものが少なくない。このことは、丙種本の編纂者が乙種本をある程度参考にし、時には乙種本の音訳漢字をそのまま引き写しもしたことを示唆するものである。ただ全体としては、字面が一致しないものの方が圧倒的に多く、中には両者の基づく言語が異なることを示唆するものも見られるのである。このことはあとで詳しく触れることにしよう。

四、音訳漢字から女真語の音形式を推定する方法

(1) 漢語音

音訳漢字を分析することで女真語の音形式が現れてくる。音訳漢字は、当然明代の漢語音によって理解されねばなら

ない。西田龍雄氏は、乙種本の西番（チベット）館訳語及び緬甸（ビルマ）館訳語の研究（西田龍雄『西番館訳語の研究』松香堂、一九七〇年、及び同氏『緬甸館訳語の研究』松香堂、一九七二年）において、明末の中国語音節表である『重訂司馬温公等韻図経』に対する陸志韋氏による再構音価を利用した。乙種本『女真館訳語』を研究した清瀬義三郎則府氏（Kiyose, Gisaburo N., *A Study of the Jurchen Language and Script: Reconstruction and Decipherment.* Kyoto: Hōritsubunka-sha, 1977）もこれに従っている。漢字が示す音形のおおまかな目安として『等韻図経』などの資料によることは差支えないが、音訳漢字に基づいて女真語の細かな音声を込み入って議論する場合には、明代官話の複数の資料を視野に入れ、漢字が表しうる音声について幅を持たせて理解するのがよい。

（2）漢字音訳の限界

女真語と漢語は音韻体系が異なるため、漢字音訳にはいくつかの困った点が不可避的に生じる。例えば、音節初頭の**l**と**r**の区別は、音訳漢字からは決定できない。両方とも**l-**を含む漢字に音訳されるからである。

女真語の音節末子音の復元についていては、鼻音の場合**-n**, **-ng**を持つ漢字が当てられる場合が多く、**-r**はおおむね音訳漢字「児」と対応するから問題は少ないが、そのほかの子音に対しては、[子音＋単母音]構造の独立した漢字一字が用いられたり、あるいは全く表記されないこともある。後者の場合、女真文字の他の用例や他のツングース系言語の語形を根拠に子音を再建できる場合がある。前者の場合は、音訳漢字が単子音を音訳したのか、[子音＋母音]を音訳したのかがわからなくなる。例えば乙種本の第一項「天」は阿卜哈以**a-bu-ha-yi**と音訳されているが、これを**abuhai**とも**abhai**とも復元できるということになるのである（哈は**ha**のほか**ka, qa**などとも再構できるが、この問題には今深入りしない）。女真館訳語の女真語形の復元には、このような問題がある。

（3）同系言語の参照

前に見たように、音訳漢字のみによって女真語形を復元するのは限界が大きい。そこで、清代の満洲語文語や、新疆のシボ（錫伯）語・黒龍江省の満洲語・中国東北地方からシベリアにかけて分布するツングース諸語といった現代の生きた言語など、同系言語の資料を復元の参考にすることが必要となる。中でも満洲語文語は、圧倒的に豊富な文献資料を有する上、音素文字である満洲文字で綴られることから、極めて扱いやすい。音訳漢字表記を満洲語文語形と突き合わせることが、女真館訳語の語釈の基本作業となる。

金代の女真語は、文字の検討にとってはもちろん最も重要な資料であるが、金代の発音がわかる資料となると、結局のところ、『金史』に見られる女真語の漢字表記に限られる。これらの資料は、女真館訳語の語形の再構に役立つよりも、金代から明代に至る女真語音の変遷を知るのに役立つ。

以上の諸資料をどのように用い、どの程度反映させるかによって、女真館訳語の復元音は違ってきうる。例えば上述のlとrの区別などは、満洲語文語を参考にすればおおむね解決し、研究者間で相違が生ずる余地もほとんどないが、乙種本の「人」捏児麻 **nie-er-ma** などは、児は**r**を表記するという音訳漢字の通例を重視すれば **niarma** と復元でき、一方満洲語文語 **niyalma** を重視すれば **nialma** と復元できる。

五、音訳漢字に見る乙種本と丙種本の相異点

乙種本と丙種本の女真語、及びそれらと満洲語文語との比較については、すでに多くの先行研究がある。ここでは先人の研究によりつつ、特に顕著なものを取り上げてみたい。

(一)女真語そのものの相異

乙・丙種本に共通して見える語彙項目について、語形の差異が見られるものは多い。

「雨」(乙種本)阿哈《アハ》、(丙種本)阿古《アグゥ》(満洲語文語 **aga**)

「火」(乙)脱委《トウイ》、(丙)他《トワ》(満洲語文語 **tuwa**)

「箸」(乙)撒本哈《サーブンカー》、(丙)撒扒《サパ》(満洲語文語 **sabka**)

また、次にみられるように、名詞・形容詞について、乙種本には語尾に**-n**があるのに、丙種本は**-n**がなく母音に終わっている、といった体系的な差異があり、両者の基づく言語(方言)の違いをうかがわせる。

「陽」(乙)都魯温《トゥルウン》、(丙)禿魯兀《トゥルゥ》(満洲語文語 **tulhun**)

「節」(乙)哈称因《ハチン》、(丙)哈失《ハシ》(満洲語文語 **hacin**)

「馬」(乙)母林《ムリン》、(丙)木力《ムリ》(満洲語文語 **morin**)

乙種本と比べて、丙種本の形がより満洲語文語に近い場合が縷々みられる。

「水」(乙)「没」《モー》、(丙)木克《ムク》(満洲語文語 **muke**)

「西瓜」(乙)黒克《フク》、(丙)恨克《フンク》(満洲語文語 **hengke**)

「魚」(乙)里襪哈《リワカ》、(丙)泥木哈《ニムカ》(満洲語文語 **nimaka**)

一方で、乙種本と丙種本が共通して、満洲語文語におけるよりも古い段階を示す例がある。その代表的なものは、満洲語文語の **c**(チ)、**j**(ジ)の一部が、女真館訳語において **ti**(ティ)、**di**(ディ)と対応する、ということである。

「鶏」(乙)替和《ティホ》、(丙)替課《ティコ》(満洲語文語 **coko**《チョコ》)

「来」(乙)的温《ディウン》、(丙)丢《ディウ》(満洲語文語 **jio**《ジオ》)

(2) 音訳手法の相異

乙種本では、基本的に、同じ女真文字に対して常に一定の音訳がなされる。言い換えれば、「女真文字」を単位に音訳されている。ゆえに、一語が複数の女真文字で表記されている場合、その語の音訳漢字は、個別の女真文字に対する音訳を合成したものとほぼ等しくなる。例えば、鳥獣門の「燕子」失別洪《シベフン》吴老乇において、音訳漢字「失別洪」は、表記に用いられる三つの文字「吴」「老」「乇」の発音を合成したものに過ぎない。「燕子」の語としての発音が「失別洪」であったかどうかは、実は定かではないのである。

これに対して、丙種本の音訳は、「語」に対してなされている。丙種本の音訳漢字を検討してみると、一語内の強弱の変化など、かなり口語的な現象が書きとめられていることが窺える。例えば、身体門の「髪」について、乙種本と丙種本の音訳漢字を比べてみると、乙「分一《フニリ》里黒《ヘ》」：丙「分黒《フヌヘ》」（満洲語文語 funiyehe）となり、丙種本は語音が極端に縮約されているように見える。従来の研究では、この種の乙種本と丙種本の音訳の差異を、そのまま両者が基づく女真語方言の音形式の差として解釈するのであるが、これを両者の音訳方針の差、即ち、翻字（transliteration）的音訳である乙種本と、口語的発音の記録である丙種本の違いとして捉える余地もあるのではないかと、筆者は考えている。(3)

注

(1) 乙種本のテキストのうち女真館訳語を含むものにはベルリン本、東洋文庫本などがある。ベルリン本『華夷訳語』は、ベルリン国立図書館のサイトで、全文の鮮明なカラー写真が閲覧できる（https://digital.staatsbibliothek-berlin.de/werkansicht?PPN=PPN334615730X&PHYSID=PHYS_0001&DMDID=）。また、中国寧波市の天一閣も乙種本を所蔵しており、女真館訳語については後述する「雑字」の内容の三分の二ほど（増補部分含む）が残っている。天一閣本は先行研究であまり利用されていないので、紙面を借りて特に記しておく。

(2) 梵語の学習書「西天館訳語」のみは体裁が異なり、仏教経典の一部がテキストになっている。

(3) この点と関連して、拙稿「丙種本女真訳語の音訳漢字に反映された女真語の音声的特徴について――超文節的特徴を中心に」（『太田斎 古屋昭弘両教授還暦記念中国語学論集』好文出版、二〇一三年）一四一―一五二頁及び拙稿「『華夷訳語』の音訳法の諸問題――『女真館訳語』を中心に」（『山口大学文学会志』第六九巻、二〇一九年）六七―九四頁を参照いただければ幸いである。

金上京の考古学研究

趙永軍（訳：古松崇志）

金上京は、中国における保存状態の良好な古代都城遺址のひとつであり、中国古代都城史のうえで重要な地位と歴史的意義を有している。本稿では、金上京にかんする文献記述と考古調査の過程および関連する研究について、全面的な整理をおこなって、金上京研究の現状と課題を検討する。あわせて近年の黒龍江省文物考古研究所が展開する考古調査によって得られた研究成果について、現段階での基礎的な総括をおこなう。

はじめに

黒龍江中・下流域は、古代の粛慎族系の民族集団が長く活動した歴史舞台である。十二世紀初め、北方より興った女真族は、金という王朝を立てた。その初期の都である上京は、王朝の象徴であるばかりでなく、北方狩猟民族の発展過程を物的に示す証拠でもあり、中国古代都城の発展史上において重要な意義を持つ。

金は遼の制度を継承して、五京を設けた。金代の五京のひとつである金上京会寧府遺址は金王朝初期の都城である。中国黒龍江省ハルビン市阿城区の南郊外二キロに位置し、東は阿什河の左岸に面し、俗に「白城」と呼ばれた。

金の太祖完顔阿骨打が国を建てて皇帝を称してから、海陵王完顔亮が貞元元年（一一五三）に燕京（現在の北京）に遷都して中都とするまで、金朝は上京を都とした。前後に四代の皇帝の統治を経て、三十八年にわたった。海陵王が即位して

ちょう・えいぐん――黒龍江省文物考古研究所所長・研究員。専門は金代考古学。主な著書・論文に『渤海上京城――一九九八～二〇〇七年度考古発掘調査報告』（文物出版社、二〇〇九年）、「金上京城址発現与研究」（『北方文物』二〇一一年一期）、「金墓中所見〝墓主人〟図像釈析」（『中国考古学会第十五次年会論文集』文物出版社、二〇一三年）などがある。

から、上京城は破棄された。世宗の時代に、上京城を全面的に復興し、あらためて主要な宮殿などの建築を建てた。前後二期にわたる大規模な建設により、上京地区には金代の城壁、宮殿建築址、貴族の墓葬などの重要な遺跡が残されることになった。

金の上京城の調査研究はすでに一〇〇年あまりの歴史があるが、これまでわずかな考古調査しか行われておらず、考古学の視角にもとづく巨視的な研究を欠いてきた。本稿では、金上京にかかわる文献の記述、考古調査の過程、関連する研究について、全面的に整理して照合することをつうじ、正確に金上京研究の現状と課題を認識し、金上京の歴史的な沿革などについての学術研究の推進に資するとともに、当面の遺跡保護のために重要な根拠と学術的な裏付けを提供する。そのうえで、二〇一三年度よりこれまでに五年にわたって進めてきた私たち黒龍江省文物考古研究所による金上京の考古学調査・研究の新成果について紹介する。

一、文献の記述

金上京についての文献の記述は、主に『金史』、『三朝北盟会編』、『宣和乙巳奉使行程録』、『松漠紀聞』、『大金国志』など、正史のほか宋人の撰述した史書に見えているが、関連する記述はおおむね簡略である。

上京地区は女真人発祥の地であり、金代に上京会寧府一帯は常に「内地」あるいは「金源」と呼ばれていた。『金史』巻二四、地理志、上京路には「上京路は海古の地で、金の旧土である。国言（＝女真語）で金を按出虎《アルチュカ》という。按出虎水がここに源を発することから、金源と名づけ、国号はおそらくこれにもとづく。建国の初めに内地と称した」と見えている。

文献に記される金上京の情況にもとづき、私たちは上京の建設と使用、廃止についておおよそ五つの歴史段階に分けてきた。すなわちそれは、①建設の段階、②拡張の段階、③一時的に廃棄された段階、④再建・修繕の段階、⑤次第に廃棄されていった段階、である。[1] 順を追って見ていこう。

①創建の段階（太祖・太宗期、一一一五～一一三五年）。主に皇宮の造営を中心とする。今の南城中の皇城宮室にあたり、規模は大きくない。宋人の張棣《ちょうてい》『金虜図経』（『三朝北盟会編』巻二四四所引）に、「金は建国当初に上京を都とし、会寧府と呼び、その地を金源と名づけた。城や宮殿は中原の州県の官衙のようであり、その制度は非常に粗略であった」とあるとおりである。

②拡張の段階（熙宗期、一一三五～一一四九年）。熙宗時代には、大規模な拡張建設が二度にわたっておこなわれた。上京

はすでに一定の規模を備え、配置も整然としたものとなった。その建築設計は北宋汴京城《べんけい》（開封）をモデルとした。

③一時的に廃棄された段階（海陵王期、一一五七〜一一六一年）。文献史料によると、海陵王の時代には、上京の修築はまったくおこなわず、燕京の宮殿の造営に着手した。貞元元年（一一五三）、正式に燕京へ遷都し、「燕京を改めて中都とし、大興府と言い、汴京を南京とし、中京を北京とした。」（『金史』巻五、海陵王本紀）同時に、「上京の号を削り、ただ会寧府と称した。」（『金史』巻二四、地理志、上京路）このときに、上京は金朝の都としての歴史を終えたのである。金朝の宗室や貴族が上京の故地に対していだいていた未練を断ち切るために、正隆二年（一一五七）、海陵王は「吏部郎中の蕭彦良に命じて宮殿・宗廟・諸大族の邸宅と儲慶寺をすべて壊し、その跡地を平らにして、農地とさせた。」（『金史』巻二四、地理志、上京路、原注）この記述より、上京は皇城の宮殿と宗廟、寺院などの建築を中心に破壊を被ったことが分かる。

④再建・修繕の段階（世宗期、一一六一〜一一八九年）。世宗が即位すると、上京のもとの姿を取り戻すことに尽力しはじめた。さらに新しい宗廟を建設し、磚を用いて城壁を修復した。同時に自分自身のために光興宮と呼ばれる行宮を建設した。大定二十四年（一一八四）五月、世宗は王室や百官を連れて上京へ巡幸し、光興宮に滞在した。このときになって、上京は再建と回復が完成し、陪都としてあらためて人々の前に姿を現したのである。

⑤次第に廃棄されていった段階（東夏国期、一二一五〜一二三三年）。宣宗期より金朝は次第に衰亡へと向かった。貞祐三年（一二一五）、蒲鮮万奴が「再び上京城を掠奪したので、都統兀顔鉢轄を派遣して防戦させた。」（『金史』巻一〇三、紇石烈桓端伝）興定元年（一二一七）、「上京の宗廟を焼き払い、元帥の承充を捕え、その軍を奪った。」（『金史』巻一二二、梁持勝伝）この二度にわたる上京城攻略の記載よりみると、蒲鮮万奴は主に上京の宗廟などの建築物を焼き払ったことが分かる。そのほかの建築物がこのときに壊されたかどうかは、史書に記載がない。

その後、一二三三年にはモンゴル軍が東夏国を滅ぼし、上京もまたモンゴル軍に攻め落とされて占領された。元代には、上京は水達達路の駅伝ルートの重要な城站となり、元末には鎮寧州が置かれた。明代には、上京は黒龍江下流の奴爾干《ヌルガン》都司の管轄区域に通じる重要な駅站となり、海西東水陸路の城站の一つとなった。

上京が徹底的に破棄されたのは、清朝中期のことであった。民国期の『鶏林旧聞録』によると、「地元の人が伝えるところによると、二百年前に城の城楼や埤《ひめがき》が磚や石を積み上げて造られ、草が生えて苔がむして、非常に強固なものとなった。ついで、阿勒楚喀《アルチュカ》副都統に運び去られて、阿城を建設し、古い遺跡はすべて埋もれてしまった」。

二、研究の過程

清代中期には、上京城の最終的な廃棄にともない、上京は次第に人びとの視野から消え、ある時期には、多くの人々が金の上京と渤海の上京を混同してしまうほどであった。乾隆四十二年（一七七七）には、阿桂らが勅を奉じて『欽定満洲源流考』を編纂し、初めて金上京を認識して記述した。巻八には「拉林《ラリン》・阿勒楚喀の間に、金の上京城があった。今も城の南四里になお古城と子城、宮殿の遺址がある」とあった。しかし、この書は金上京の具体的な位置と城址の所在をはっきりとは指摘していない。金上京があらためて後代の人に認識されたのは、歴史地理学者曹廷杰《そうていけつ》の貢献が大きかった。光緒十一年（一八八五）、曹廷杰はみずから阿城を調査し、文献を組み合わせて、「金会寧府考」（『東三省輿地図説』所収）という文章のなかで、阿勒楚喀城南四里の「白城」が金上京会寧府の遺址であることを初めて明確に考証したのである。

金上京の再発見は、中外の学者の注目を集めた。二十世紀前半には中国・日本・ロシアの学者がしばしば金上京を踏査している。一九〇九年には日本の白鳥庫吉《しらとりくらきち》が初めて金上京で調査を行った。その後、一九二三年にはロシアのトルマチョフが試掘をおこない、城址の平面図を描いた。一九二七年には日本の鳥居龍蔵が調査している。一九三六年には日本の園《その》田《だ》一《かず》亀《き》が調査を行い、皇城で局部的な発掘をおこない、専門的な報告を発表している（同『吉林・濱江両省に於ける金代の史蹟』満洲帝国民政部、一九四二年）。この時期に中国の学者で上京を調査し著述をおこなっているのは、主に金毓黻《きんいんふつ》である（同『東北通史』上編六巻、五十年代出版社、一九八一年）。そのほかには、一九三七年に阿城県長の任にあった周家璧も踏査と記録をおこなっている（『金都上京会寧府白城遺址考略』）。

新中国成立後のしばらくの間、上京の研究は停滞状態にあったが、一九七〇年代末期以後になって、ようやく上京の研究成果が次第に世に問われるようになった。

一九七九年には、孫秀仁が「金代上京城」を書き、『黒龍江古代文物』（黒龍江人民出版社）に載せ、上京の形態について重点的に叙述し、同時に上京の歴史沿革や考古発見についても初歩的な紹介をおこなった。一九八〇年には、阿城県文物管理所が油印本の『金代故都：上京会寧府遺址簡介』を編纂し、初めて社会にむけて上京の歴史と現状を紹介し宣伝した。金上京の保存の現状、学術的な価値、歴史的な地位にかんがみて、一九八二年、金上京城遺址が国務院によって第二批全国重点文物保護単位として公布された。一九八二年には、許子栄が「金上京会寧府遺址：全国重点文物保護単位之一」(『黒龍江文物叢刊』一九八二年一期)を発表した。文中で述べる内容はやはり基本的に文献と考古資料を結びつけて、上京を全面的に紹介してまとめたものである。

一九九一年には、時を同じくして二冊の上京についての書籍が出版された。朱国忱《しゅこくしん》『金源故都』(北方文物雑志社)と景愛『金上京』(生活・読書・新知三聯書店)である。二冊の著作は専門的な研究にもとづき、文献史料の整理から出発して、考古調査・発見の成果を結びつけて、金上京の形態構造や歴史沿革などの問題について、巨視的な考察をくわえ、総合的な研究をおこなった。学術的位置は異なるが、いずれも上京の建設についてあらたな見解を提出している。この二冊の著述は、二十世紀における学界の金上京研究に対する認識とその水準を代表するものである。

二十一世紀に入ると、金上京の研究はさらに学術界に重視されるようになっている。ある学者は金上京の研究過程について全面的にまとめ、先行研究中に存在する問題について有益な探究をおこなっている。(2)

三、従来の考古調査と成果

かつて上京で行われた考古調査は、非常に限られているうえに、それも小規模な調査と測量にとどまっていた。おもに以下のような調査が行われてきた。

一九六四年、阿城県博物館が金上京城址で調査をおこなった。この時期の考古調査で城址の測量図が作成されたが、まだ巻き尺を用いて測量する段階にとどまっている。城壁沿いの地形に凹凸があり、実際に測量した人員が巻き尺で各測量点の水平距離を計測することができなかったことを考慮すると、当時測量した城壁の規格は、距離の誤差が比較的大きく、正確性は高くない。

一九七八年、黒龍江省測絵局は測量した金上京の城壁遺跡を出版し、城壁は大縮尺の地形図上に直線で構成される曲尺形として表された。近年、関連する研究が金上京城の形状の数字データに言及するさいには、その多くがこの測量の成果をそのまま用いている。

一九九九年から二〇〇〇年にかけて、金上京遺址の皇城保護計画を定めるために、黒龍江省文物考古研究所が金上京皇城遺址で全面的な確認調査をおこない、皇城城壁遺跡のおおよその位置と範囲を初歩的に明らかにした。

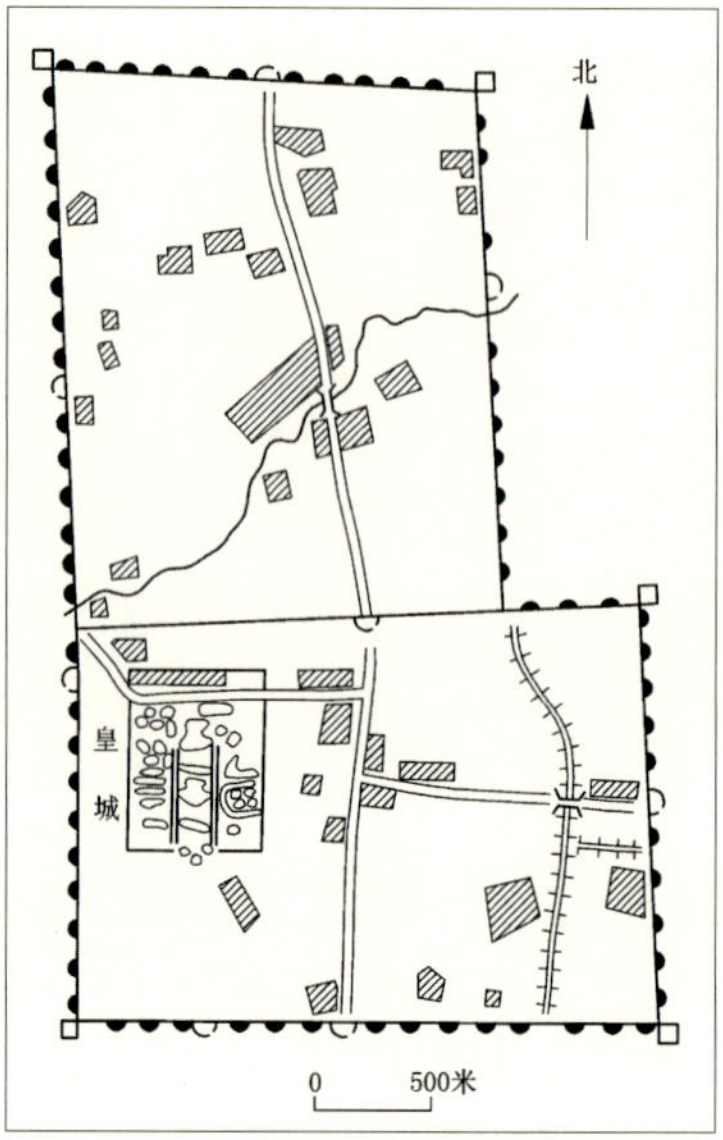

図1　金上京城址平面図（『中国大百科全書・考古学』より）

二〇〇二年から二〇〇三年にかけて、高速道路の建設工事にあわせて、黒龍江省文物考古研究所はあらたに発見された上京東部の阿城亜溝鎮劉秀屯に位置する大型建築遺址で大規模な発掘をおこなった。この遺跡は金代の皇帝祭祀の宮殿建築であると推定され、二〇〇二年度の全国十大考古新発見に選ばれ、この時期のもっとも重要な考古発見の一つであった。(3)

二〇〇六年、金上京城遺址の全体的な保護計画を定める必要に合わせて、黒龍江省文物考古研究所は再度関連する確認調査をおこなった。得られた基礎的な研究成果として、金上京の城壁の方向と平面形状の精査、城壁の角楼と馬面、城門址の数が確認された。この調査により、上京に対する新たな認識が形作られた。惜しむらくは、材料についてまだ全面的な整理と発表が行われていない。

総じてみれば、上京の考古調査は、系統だった計画が欠けていた。長い間おこなってきた調査は、一貫して基礎的な確認調査の段階にとどまっている。金上京城址の形態・構造などの基本的な特徴にたいする認識は、一九八六年に出版された『中国大百科全書・考古学』（中国大百科全書出版社）などの著述中に述べられたものがこの時期以後の学界で形成された結論となっている（**図1**）。

金上京は連なっている南北二城と皇城から成り、平面は曲尺形を呈している。南城がやや北城よりも大きく、南北二城はいずれも長方形であり、平面上でたがいにつながって一体になっている。北城が東西一五五三メートル、南北一八二八メートル、南城は東西二一四八メートル、南北一五二八メートルである。両城のあいだには城壁（腰垣）が築かれ、門によってあい通じている。二城の外周は周長がおよそ一一キロメートルである。城壁は版築で、現存する高さは三～五メートル、壁の基礎部分の幅は七～一〇メートルである。外壁は平均して七〇～一二〇メートルごとに馬面が一つ築かれている。城全体の五つの城角上にそれぞれ角楼が一ヶ所ずつ構築されている。城門は九ヶ所あり、そのうち七ヶ所は甕城がとりつく。城の全周と二城を隔てる腰垣の南側には、いずれも城を守る堀がある。
皇城は南城内の西寄りに建てられ、南北六四五メートル、東西五〇〇メートルである。南から北に向かって五重の宮殿基壇が整然と皇城の南北中軸線上に並んでおり、東西両側にさらに回廊基壇があり、宮殿の基壇の平面は「工」字形を呈している。皇城の南門両側には高さ約七メートルの土山が二つあり、対峙して立っており、闕《けつ》と称している。二つの大きな土山の間に二つの小さな土山があり、それぞれ高さ約三メートルである。大小の土山の間が皇城南門の三本の通道であり、真ん中が正門（午門）で、両側が左右の闕門である（**巻頭口絵1**）。

近年来、黒龍江省文物考古研究所がトータルステーションなどの機器を利用して、基礎的な確認調査とあらたな測量図面の作成を実施し、上京城の基本的な形態についての認識がやや修正され、北城と南城の城壁の長さと馬面や城門址の数量に若干増減があった。

実地調査により、外城門址の数が六ヶ所で（北城北壁一、同西壁一、南城南壁二、同東壁一、腰垣一）、馬面の数が八五ヶ所で、馬面に似た防御址が三ヶ所、角楼が五ヶ所であることが確認された。

そのほかの北方の都城と同様に、金上京の研究は、ずっと学術界の注目を集めてきた。にもかかわらず、上京にたいする研究は一貫して比較的手薄であり、考古調査はようやく始まったばかりで、多くの問題が目の前に横たわっている。以下のいくつかの基本的な問題は、真剣に考え、一歩一歩解決していく必要のある重要な学術的課題である。

（1）上京城の形態の淵源

金上京城の形態は独特である。平面の形状より見れば、遼上京城とすこぶる一致し、明らかに遼上京城の特徴を継承したものである。金と遼は、文化や制度のうえで継承し参考とした伝統がずっと存在したのにくわえ、金上京造営の具体的な責任者・計画者である盧彦倫《ろげんりん》は臨潢《りんこう》（遼上京）の人で、もともと遼朝で官となり、のちに金に降り、上京会寧府の造営を担当した（『金史』巻七五、盧彦倫伝）。これより金上京が遼上京に淵源を持っていたことが分かる。同時に、金上京の造営は北宋東京（開封）にならったものでもあり、皇城建築の構造は開封と基本的に同じで、殿の基壇の平面が「工」字形を呈していることも知られている。

そのため、現在比較的一致した認識とは以下のようなものである。金上京は南北両城が分布する形態を呈していることより、遼上京城址の計画プランの伝統を継承していると認識される傾向が強い。いっぽうで、上京南城内の皇城宮殿の建築配置と特徴は北宋東京（開封）の様式に起源を持つ。

（2）上京の南城と北城の造営の順序

上京の南城と北城の造営の順序の問題については、長年ずっと学界が探究してきた問題だが、一貫して未解決のままである。基本的には二種類の見解が存在している。[4]ひとつの見解は、北城が南城よりも早くに建設されたものとみなす。こうした見解を持つ学者は、上京城について研究した初期のロシアや日本、中国の学者を含み、その根拠はおもに実地調査と少数の文献記述に支えられたものである。別の見解では、南城が北城よりも早いとみなす。代表的な論者は日本の園田一亀で、彼の依拠するところは早い時期に上京城皇城で発掘した資料である。どの見解も、いずれも深みのある総合的な考古発掘資料による裏付けを欠いており、基本的にいずれも直観的な調査や文献の表面的な考証にとどまっている。

（3）上京の基本的な特徴と建築配置

長年、上京に対する認識は、地表調査と関連する文献の簡単な記述にもとづく水準にとどまっており、城址の平面配置と建築基壇の特徴についての詳しい理解が不十分である。このため、文物保護と整備の必要から、全面的で科学的な考古発掘調査が求められている。それゆえ、長期的な構想から出発して、合理的で秩序立った考古調査の計画を定めることが科学的な考古学の前提となる。同時に、文物保護や学術の見地より、近視眼的な行為や世間を騒がせる効果をねらうようなやり方は、かならず戒めなければならない。なぜならば、文物保護の面でも、考古学研究の面でも、金上京はきわめて良好な保存状態をもつ重要な史跡だからである。

（4）上京周辺のいくつかの遺跡の特徴、性質とその上京との関係

上京の周辺では、考古調査をつうじて、同時期の種類を異にするいくつかの遺跡が発見されている。これらの遺跡は、上京との距離は比較的近いが、位置がやや特殊であり、一部の遺跡は形態が独特で、その特徴は鮮明である。これらの遺跡の性質については、学界で諸説紛々としており、いまだ定論をみない。これらの遺跡について、科学的な考古調査を進めることは、疑いなくきわめて必要で、かつ重要な学術価値を持つものである。上京城周辺の同時期の遺跡は、上京城都城の運営システムと一体の重要な構成部分であり、上京とそれが体現する金王朝の政治、文化制度の重要な側面を全面的に認識することに資するものである。

四、近年の考古学の新成果

金上京遺址についての科学的な認識と学術研究を強化し、

金上京遺址にたいする有効な全体的な保護を進めるために、黒龍江省文物考古研究所は「金上京遺址考古工作計画」を策定した。この調査計画は国家文物局の批准を得て、二〇一三年より実施がはじまり、現在のところすでに連続して五年にわたる調査をすすめ、段階的な成果を得つつある。

（1）城壁の構造

上京の城壁は全体として保存状態が比較的よく、わずかに一部が損壊するのみである。二〇一三年度の考古発掘では、腰垣、北城西壁、南城北壁にそれぞれ一本ずつトレンチを掘り、城壁本体を断ち割り調査した。

この発掘により、初めて考古学の層位学から城址の造営と使用の状況を確認した。城壁の地層の堆積と包含される遺物の特徴にもとづき、城址の創建年代が金代で、後期には少なくとも一度は修築が行われた状況を確認した。発掘により明らかになった三ヶ所の城壁、すなわち腰垣、北城西壁、南城北壁については、建築構造と修築方法は同じであった。いずれも土を突き固めた版築であり、底部の基礎部分には掘り込み地業があり、かつ地業のなかの堆積もまただいたい一致している。三ヶ所の城壁のなかで、腰垣の広さは明らかに外壁の北城西壁や南城北壁よりもずっと狭い。同時に腰垣の南側には堀があり、その方向と一致して、かつ連なって一体となっている南城北壁の両側にも堀がある。ここから説明できるのは、北城と南城が造営されたのは同時期であったということである。発掘された三ヶ所の城壁の両側には、いずれも城壁の外側を覆う磚積が二度構築されていた。これは文献中に記される金代の城壁修築の状況とぴたりと一致し、考古資料と文献史料が相互に裏付けることになった。

（2）南城南壁西門址

金上京城址の外城で確認されている六つの城門は、多くが損壊を受けていて、南城南壁西門址のみが保存が良好で、かつ完全な甕城《おうじょう》を有している（**巻頭口絵3**）。二〇一四年度には、重点的にこの門址で考古発掘をおこない、発掘面積は一一〇〇平方メートルであった。南城南壁西門址は、城門と甕城から構成され、その位置は皇城午門址と一本の中軸線上にあって、非常に重要である。城門址は一つの門道と路面、東西両側の土を突き固めた城壁（墩台《とんだい》）から成っている。門道は北に伸び、方位は東に五度ずれている。門道は長方形を呈し、両側の中央付近にはなおも唐居敷《からいしき》が残り、その間には石の敷居がある。西側の唐居敷の北側には地覆石が残っており、その上にはわずかながら木材の痕跡がある。唐居敷の間隔から、門道の広さは約六・五メートル、南北の奥行きは約二〇メートルほどであったと推測される。双方の唐居敷の両側には、それぞれ四本の大きな丸い木柱が等間隔に並び、その間隔はおよそ三メートルである。木柱の底部には花崗岩の平坦な柱礎石がある。これらの木柱が城門の頂部を支える中心柱である。城門の墩台の南北両面にいずれも素焼きの磚を積み壁を覆っている。

甕城の平面はおおよそ馬蹄形を呈しており、東西の内径はおよそ五〇メートル、南北の内径はおよそ二〇メートルである。東南側に一つ出入り口があり、甕城門となっている。

今回の発掘では、器物の標本が五〇〇件あまり出土し、陶磁器、石器、骨器、鉄器、銅器など種類は多様で、生産用具や生活用具、兵器などを含んでいるが、陶製の建築部材と鉄製の兵器が主である。

この発掘により、一ヶ所の金代都城の門址をかなり完全な形で明らかにしえた。南城南壁西門址は、唐宋時代の門址に顕著な特徴を備えている。金代中期以後に造営されたと考えられ、多層の路面が発見されている。甕城の東北角からは火炕《オンドル》を持つ房屋が発見されていて、特殊な居住使用の機能があったことが分かる。甕城の壁の内側には磚で築かれた排水設備があり、金代城壁の構造の特徴を理解するために新たな材料を提供している。こうした考古調査をつうじて、上京城宮城内の午門から南城の南壁西門址までの間に中軸の大路が一本存在し、この大路が宮城内の多重の宮殿址とともに軸線上に位置していることが判明した。今後、さらに宮殿と門址、街路の相互の対応関係について明らかにしていく必要がある。

（3）皇城の配置と特徴

金上京の皇城は南城の西部に位置し、その内部はおおよそ中央区、西区、東区の三区に分けられ、中央区はおもに中軸線に分布する宮殿区の建築である。

二〇一五年度の調査の重点は、皇城宮殿区の第四殿址西部の建築遺構での発掘であり、それによって皇城宮殿区西側（西区）の建築遺構の基本的な形態、構造、配置を把握することであった（**図2**）。このときの発掘面積は三一〇〇平方メートルあまりであった。十字型の土を突き固めた基壇を掘り出し、その中央の主体建築は桁行七間、梁間三間であり、両側に減柱の部分がある。南側の中央に階段があり、基壇の周囲は磚で覆い、磚を積んだ散水がある。建築遺構の配置は明瞭で、形状もほぼ遺存している。北、東、西に建物を囲む壁があり、小宮殿区（院）を形成する。院内には配殿、亭台、装飾壁などの附属建築があり、院の前面の地面は磚敷きされる。西には門道と磚の通路があってそのほかの宮殿区と通じている。これは、上京で初めて発見された院落の建築遺址であり、重要な意義を持つ。

出土遺物は素焼きの瓦と磚などの建築部材が主要なものである。瓦は平瓦、丸瓦、瓦当がある。瓦当の紋様はおもに龍紋であり、一部に獣面紋と花卉紋（**巻頭口絵5**）がある。そのほか、獣頭や人物の塑像もある。鉄器は多くが釘で、一部に車馬具、兵器、生産工具があり、少量の磁器や石器があり、銅銭は多くが北宋銭である。

二〇一六～二〇一七年の調査の重点は、皇城東区の中部区域の建築遺構での部分的な確認調査であり、主な学術上の目的は皇城宮殿区の東部大型建築遺構の基本形態、構造、配置と性質を明らかにすることであった。調査により、皇城東区の建築遺構は比較的大きく、関連する遺物が密集して分布しており、おおよそ宮殿区の第四殿址の東側に位置することが判明した。その西北部には、その西側と緊密につながっている一組の独立した小型建築遺構があった（ＴＪ１、**図3**）。二〇一六年にこの建築遺構の基壇で発掘をおこない、発掘面積は一二〇〇平方メートルあまりであった。東部建築の基壇は縦横に交錯していて、互いに関連がある。二〇一六年の調査にもとづき、二〇一七年にはＴＪ１以東の区域で発掘をおこない、発掘面積は二五〇〇平方メートルあまりであった。

図2　2015年皇城西建築址発掘現場（上が北）

図3　2016年皇城東1号建築址（TJ1）発掘現場（上が北）

ＴＪ１は全体的な平面としてはＴ字形を呈しており、土を突き固めた二つの基壇から成る。北部基壇（ＴＪ１―１）は、長方形を呈し、東西三三メートル、南北一一・八メートルである。東、西、北の三面がスロープ状になっていて、底部に至って磚を敷いた路面とつながっている。基壇の外面は長方形の磚を立てて積み上げて築いている。基壇の中部は東西両側の磚路よりも〇・八五メートル高く、北部の磚を敷いた路面より〇・六五メートル高い。基壇の中部と南部の高さは同じで、中間は磚を積み上げた壁で隔てられている。基壇の上に三ヶ所の不規則な楕円形の穴状の遺址が分布していて、構造は同様である。穴の壁は素焼きの磚で構築され、石灰を塗抹するが、保存されている壁はわずかである。穴の底部には三つあるいは二つの小柱の比較的深い柱穴がある。基壇の西南角の路面底部に接近した場所には、磚を積んでつくった排水溝があった（SG3）。長方形で、東西方向を向き、地表からの深さは〇・八メートルであった。

南部基壇（TJ1―2）は、北部の基壇と垂直に分布し、平面は南北の長さ二五・二メートル、東西の長さは二一・六メートルの長方形を呈し、高さは〇・五メートルである。四周は土壁の基礎がめぐっており、その幅は二・三五～二・六五メートルである。その築造方式は、磚や瓦の破片を用いて一層を築き、さらに土を用いて突き固めて一層を築く。同時に壁の基礎のまわりに沿って土積の柱基礎（据え付け）が分布する。壁の基礎の東西両側と北部に磚積の区画がある。壁を保護する磚の溝は幅が〇・六メートル、深さは一・〇五～一・一五メートルであるが、破壊が著しく、わずかな痕跡と少量の磚が残るにすぎない。

基壇の北部には、東西両側にそれぞれ一本ずつ磚で築いた排水溝がある（SG1、SG2）。排水溝の底部は磚を用いて敷き、中央の磚で排水溝を二分していて、磚を順番に積んで作られている。

基壇の辺縁と中部に十六の柱礎石の据え付けが分布しており、平面は方形を呈し、大きさはやや違いがある。据え付けの表面層は小さく砕けた瓦・礫の層となっており、上を一層の黄砂が覆い、その上に大きさの不揃いな礫が中央に積み重ねられるが、現在はわずかに少量の礫が残るのみで、上の礎石は残っていない。

柱礎の据え付けの配列より、南部基壇は桁行三間、梁間四間の建築であることが確認できる。基壇の中部の南寄りに、東西それぞれに比較的大きい据え付けが分布しているが、これは室内中央の中心柱礎であると考えられ、二つの据え付けの間隔は五・八メートルであった。この二つの中心柱礎は南部建築遺址の空間を二つの部分に分かっており、二つの部屋が相通じ、それぞれ奥行は二間、内部は減柱造りで大きく開かれている。そのうち北部の室内空間は、東西の長さが約一六・五メートル、南北の幅が約七メートルである。南部の室内空間は、主体は数本の煙道から成る暖房施設たる火炕《オンドル》である。現存する煙道は全部で九本あり、その両側の壁は黄土で構築され、表面は磚を敷き、煙道の口のうえを方形の磚で覆っている。火炕部分は南北約七・三メートル、東西約一三・五メートルである。煙道は幅が〇・三五～〇・四メートル、深さが〇・二～〇・二五メートルである。煙道は口が大きく底が小さく、断面はU字型であり、底部にはいずれも木炭が残っている。煙道の南端の東西両側には三つの竈址が分布する。

図4　2017年皇城東建築址発掘現場（上が北）

この建築遺址の基壇の外側の地面は、大きさの異なる素焼きの磚を敷き詰めて造った路面であり、路面の辺縁は順番に立てて構築した路肩であり、地面より〇・〇三～〇・〇五メートル高く出ている。

さらに、二〇一七年度におこなった確認調査と局部的な発掘により、ＴＪ1以東と以南の区域にあるもう一つの主要な建築が、十字型を呈した基壇址であることが判明した（**図4**）。基壇址は全体で三つの部分の単独の基壇が交叉して構成している。東西方向の西側部分がＴＪ2、南北方向の基壇がＴＪ3、東西方向の東側部分がＴＪ4である。三本の基壇が交叉して十字型の基壇址を形作っており、周囲の磚が敷かれた地面より約〇・七～〇・八メートル高く出ている。基壇上の据え付けの配列は整っており、表面に敷き詰めた方形の磚が残存している。そのうち、南北方向の基壇北部の上部に多くの暖房設備（竈址《かまどあと》）が分布し、基壇址の辺縁にはいずれも一定の幅の磚で覆った壁の跡があった。総合的に分析すると、ここは通廊の基壇であると考えられる。この年の確認調査の成果を結びつけることによって、南北方向の基壇の長さは約二七〇メートルあまりで、一条の皇城東部を縦貫する長い通廊の遺構であることが判明した。

ＴＪ2の西側部分とＴＪ1の南端はつながっている。ＴＪ2の平面は東西方向に長い長方形を呈しており、東部が西部よりやや広い。発掘して明らかになった部分は東西二四メートル、南北一一・八～一七・八メートルである。東部はＴＪ3とつながっていて、東部がＴＪ3よりも約〇・一五～〇・二メートル高く出ている。その上に据え付け一三個が並んでいる。据え付けの排列は、西部が一列で、東部が二列である。

ＴＪ２南部の基壇化粧の磚積はすでに存在しないが、磚の据え付け穴は幅が〇・六メートルで、据え付けの際の石灰の痕跡が残っている。

ＴＪ３は南北方向に長く、平面は長方形を呈している。発掘で明らかになった部分は南北の長さが五九・八メートル、北部の幅が一三・七〜一四メートルである。ＴＪ３の上では柱礎（据え付け）が五四ヶ所、竈址が三ヶ所発見されている。据え付けの平面はほぼ方形で、南北方向に対称に排列され、東西両側にそれぞれ二列ある。据え付けの東西の間隔は〇・四五〜〇・五メートルで、南北の間隔は二・八〜三メートルであった。ＴＪ３の東西両側にはそれぞれ磚積の基壇化粧と散水があった。据え付けの上にはなおも柱礎石が残存している。ＴＪ３西部の上にＴＪ２東部の積み土が重なっており、ＴＪ３の造営はＴＪ２よりやや早いことが分かる。

ＴＪ４は平面の形状は長方形で、東西方向に長く、ＴＪ２と一直線上にある。発掘で明らかになった部分は東西二三・二メートル、南北一〇・七メートルである。この基壇の南北両側に、それぞれ基壇化粧と散水があり、基壇化粧の基部の幅は〇・八メートル、散水の幅は〇・四五メートルである。基壇の上には据え付けがあり、東西方向に三列分布している。据え付けの幅は約一・三メートルで、東西の間隔は二・五〜二・九メートル、南北の間隔は約二・九メートルである。ＴＪ４の土を突き固めた基礎はＴＪ３の散水の上に積み重なっており、ＴＪ４の造営はＴＪ３よりやや遅いと考えられる。

通廊の東北部にＴＪ５とＴＪ６が分布している。ＴＪ５は、平面は方形を呈し、土を突き固めた構造である。東西六・八〜七メートル、南北六・七メートルである。この基壇遺構は、西側と南側でＴＪ３・４にぴったりとくっついて修築されている。東側と北側の外壁には基壇化粧の磚（ほとんど残存せず）と散水がある。ＴＪ５は平台式建築であると推測される。

ＴＪ６は、平面は長方形で、ＴＪ５の東部に位置する。土を突き固めた構造で、基壇の四周は磚を覆った壁が残存しており、覆いの磚の外側には方形の磚を敷き詰めた散水がある。東西六・三メートル、南北一・八メートル、外側に覆いの磚がある。基壇上の東西にそれぞれ据え付けがあり、その間隔は三・八メートルである。ＴＪ６は牌楼式建築である可能性がある。

通廊の東南部には、ＴＪ７とＴＪ８が分布し、両者の基壇化粧の磚積はつながっている。ＴＪ７とＴＪ８は完全には明らかにはなっておらず、一部分を発掘したのみである。据え付けの柱の配置より見れば、大型建物の基礎の一部分であると考えられる。

通廊の東側部分とＴＪ７・８との間には、排水溝と井戸などの附属施設が分布している。排水溝（ＳＧ１）はＴＪ４の南側に位置し、平面は長方形で、ＴＪ４とおおよそ平行しており、やや湾曲があり、斜めの壁面で底部は平らであり、西側が高く東側が低い坂になっている。発掘されたのは長さ一五メートルで、両側の溝の壁は長い磚を順番に千鳥に積んで築き、石灰を磚の隙間に塗抹する。溝の底部は部分的には保存が比較的完全で、方形の磚を千鳥に敷き詰めて築き、その造られた位置より見れば、この排水溝は明渠である。しかし、東西二ヶ所で南北建築址をつなぐ二本の隔壁の下に、暗渠となる丸天井の磚積排水溝があった。井戸は、開口部が地表から一・二メートルで確認された。平面は楕円形土坑で、上面が広く底部が狭く、壁面は斜めになる。井戸の長径は東西三・二メートル、短径は南北三メートルである。実際に発掘した深さは四メートルで、ボーリング調査では井戸底部までの深さは約一〇・三メートルに達した。井戸の壁面上より発見した据え付けや礎石から分析すると、井戸の口部周辺にはもともと亭子《あずまや》のような井戸屋形があったと推測される。通廊と各建築基壇の間には磚を積んだ通路があり、互いに通じていた。

二〇一七年度に発掘したＴＪ３・２・４は、皇城内東部区域の北部で各建築の間を貫く二本の交叉する通廊の基壇に属する。ＴＪ１は通廊址の西北区域にある相対的に独立した建築基壇である。

鍵となる部分に対する発掘調査により、通廊址であるＴＪ３・２・４に重層関係が存在し、ＴＪ３がそれぞれＴＪ２・４より早く、東西方向と南北方向の三本の通廊がおおよそ二つの時期にわたって建造されたことが判明した。

発掘で出土した遺物は素焼きの瓦磚などの建築部材が中心で、瓦の種類には平瓦、丸瓦、滴水、瓦当があった。瓦当の紋様はおもに龍紋、獣面紋、花卉紋であり、滴水の紋様はいずれも龍紋で、そのほか鳳鳥、人物の塑像などがあり、紋様のある磚が少量あった。

二〇一六～二〇一七年度に発掘で明らかになった皇城東部の建築遺址は、宮殿区東側の附属建築に属する。二本の交叉する通廊の基壇が各建築の間を貫き、多くの相対的に独立した建築を結びつけていたのである。

五、今後の展望

金代初期の都城として、上京は金代の考古学研究において重点的な研究対象であり、金朝の社会、歴史を理解するための重要な出発点である。われわれは城址の保護と考古学研究が文物調査の領域に属する長期的な仕事となることを十分に理解している。考古学の調査・研究とは、一気に終わらせることはできないし、簡単に成し遂げることもできず、むしろ着実に順序を追って少しずつ進むべきものである。上京の保護を科学的にかつ持続可能なかたちで発展させるために、上京に対する考古調査もまた、全体から着眼し、慎重に協議して進めていく必要がある。今後は、「金上京会寧府遺址保護規画」の計画にもとづいて、われわれはさらに考古調査の計画を掘り下げ、調査を強力に推進する予定である。そして、上京城の基本的な形態や構造、配置について科学的な認識を切り開き、上京の造営の順序と使用の沿革の概況をはっきりと整理し、上京とその周辺遺跡の基本的な特徴と性質を全面的に理解することを目指す。

注

（1）趙永軍「金上京城址発現与研究」（『北方文物』二〇一一年一期）。

（2）李冬楠「金上京研究総述」（『黒龍江社会科学』二〇〇九年五期）。

（3）黒龍江省文物考古研究所「黒龍江阿城金上京劉秀屯建築基壇址」（『二〇〇二中国重要考古発現』文物出版社、二〇〇三年）、趙評春「金上京朝日殿宮門遺跡」（『中国考古学年鑑（二〇〇四）』文物出版社、二〇〇五年）。

（4）朱国忱『金源故都』（北方文物雑誌社、一九九一年）。

訳者附記1　本稿の著者趙永軍氏は、黒龍江省文物考古研究所による近年の金上京発掘調査を一貫して主導し、精力的に金上京の考古学研究を推進されている。本稿は、本特集号にあわせ、近年の金上京調査・研究の最新動向を執筆して欲しいという訳者の要望に応じてまとめていただいた論稿である。四の「近年の考古学の新成果」の部分については、二〇一三年から一七年までの五年間の調査成果を簡潔にまとめた途中経過報告というべきもので、本稿末尾の展望の部分で著者が予告するとおり、これからさらなる調査が進められる予定で、改めて調査報告書も出版されるはずである。今後の調査・研究の進展をおおいに期待したい。二〇一七年までの調査については、下記の簡報および報告論文により詳細な調査報告が記されているので、あわせて参照されたい。趙永軍・劉陽「考古発掘確定金上京城址建築与使用年代」（『中国文物報』二〇一四年五月九日）、同「金上京考古取得新成果―発掘掲露南城南墻西門址」（『中国文物報』二〇一五年一月三十日）、趙永軍「金上京皇城掲露一組大型帯院落建築基址」（『中国文物報』二〇一六年四月二十二日）、趙永軍・劉陽「金上京遺址発掘獲重要収獲―掲示皇城東建築址布局和特徴」（『中国文物報』二〇一七年五月十九日）、同「黒龍江金上京遺址考古発掘獲得新成果―全面掲示皇城東部建築基址布局」（『中国文物報』二〇一八年六月一日）、黒龍江省文物考古研究所「哈爾浜市阿城区金上京皇城西部建築址二〇一五年発掘簡報」（『考古』二〇一七年六期）。なお、史料の日本語釈読は訳者によるものである。

訳者附記2　考古学の専門用語の訳語については、臼杵勲氏より数多くのご教示を賜った。厚くお礼申し上げたい。

◎コラム◎

金の中都

渡辺健哉

わたなべ・けんや――大阪市立大学大学院文学研究科准教授。専門は元代史・近代日中学術交流史。主な著書・論文に「常盤大定の中国調査」(『東洋文化研究』一八、二〇一六年)、『元大都形成史の研究――首都北京の原型』(東北大学出版会、二〇一七年)、『教養の中国史』(共著、ミネルヴァ書房、二〇一八年)などがある。

一、中都建都

すでに旧聞に属してしまうが、二〇一三年九月十七日から、翌年三月十六日にかけて、北京市西城区にある首都博物館で、「白山・黒水・海東青　紀念金中都建都八六〇周年特展」と題する特別展覧会が催された。

日本人にとってはきりの悪い数字のように思えるが、中国の博物館では、こうした展覧会がしばしば開かれる。ちょうどその十年前の二〇〇三年には、「金中都建都八五〇年」を記念する催しが大々的に開催され、関連する書籍も数多く出版された。

元大都や明清北京城と比較して、知名度の低い金中都の存在をアピールするのは――もしかしたら、そこに何らかの政治的背景を読み取ることができるのかもしれないが――、完顔亮＝海陵王による上京会寧府から燕京大興府への遷都が、現在の首都である北京を初めて王朝の都として歴史の舞台に押し上げたことを示す意図に他なるまい。すなわち、この遷都の年＝一一五三年とは、金朝史のみならず、長い北京の歴史にとっても大きな転換点であった。

二、「境界都市」としての北京

北京が歴史的都市として登場するのは、いまから三〇〇〇年以上前にまでさかのぼる。

ここに都市が築かれた理由として、これまでいくつもの要因が指摘されている。ここでは特に地理的要因と地政学的要因とに注目したい。

まず地理環境を概観してみよう。北京地区は北側と西側には山地が連なり、南は華北平野が広がる。そしてこの山地に降った雨水は、水脈となって、なだらかな傾斜を東に下っていく。華北平原を見渡した時に、都市内部に水系があちこちに見られる北京は極めて特殊な地区といえる。

　こうした水資源は植物や動物をはぐくむ。すなわち、この地域は人間が生活するうえで不可欠な水と食料とが容易に得られる土地であった。北宋の許亢宗がこの一帯の豊かな自然を見渡して、「山の南地なれば、則ち五穀百果・良材美木有らざる所無し（『三朝北盟会編』巻二〇政宣上帙二〇所引、許亢宗『宣和乙巳奉使金国行程録』）」と評したのもうなずける。さらにそこからは、巨大都城を営建するために必要な資材が入手でき、しかも河川を利用すればその輸送も容易であった。

　加えて北京は、いわゆる「農牧境界地帯」に置かれた「境界都市」である（妹尾二〇一八、一一―一四頁）。妹尾氏の説くところによれば、境界都市とは、異なる二つの環境の境域に立地する都市のことで、北京はまさに遊牧地域と農業地域の境域に位置している。両者の間で人の往来が活発化し、交通網が整備されれば、交易が自然と行われ、その拠点が都市となる。

　このように、北京地区は環境的にも地政学的にも有利な場所に位置した。従って、ここに巨大都城が建設されたのはある意味で必然ともいえよう。

三、金の中都の歴史

　遼代において北京地区は、五京の一つとして南京析津府《せきしんふ》とよばれていた。天輔七年（一一二三）、金は遼からこの地を奪取し、一時宋に割譲していたものの、天会三年（一一二五）に宋から奪還して燕京析津府とした。

　天徳三年（一一五一）、海陵王は将来の遷都を見越して燕京の拡張工事を命じる。この工事にあたっては、民夫八十万、兵夫四十万の人員を動員し、工匠は開封より連れてきて、資材は真定（現在の河北省正定県）、石材は涿州《たくしゅう》（現在の河北省涿州市）より運ばせた。その作業は数年を費やし、数多くの犠牲者を生むことにもなったと当時の記録は伝える（以上、『攬《らん》轡《ぴ》録《ろく》』より）。なおこの工事にあたっては、開封の宮室の現地調査を行って、それにもとづき設計図を描かせた。そうして、貞元元年（一一五三）に遷都を宣言する。

　燕京遷都を実行した海陵王について改めて指摘しておきたいのが、遷都を果断に進めたかれの強い意志である。

　まず京師に相応しい名称として、南京を中都大興府と改めた。この時点で他の都城が、東京遼陽府（現在、遼寧省遼陽市）、中京大定府（現在、内モンゴル自治区赤峰市寧城県）、上京臨潢府《りんこうふ》（現在、内モンゴル自治区赤峰市巴林左旗）、西京大同府（現在、山西省大同市）と等しく「京」の字が利用されているなか、敢えて「都」の字を使用し、他の都市とは一段異なる権威を付与した。また、結果としてではあるが、中都が金朝の支配領域のほぼ中心に位置することで、中都という呼称はより一層相応しいものになった。

　さらに、皇帝と宗室の陵墓を中都郊外に移した。現在の北京市房山区雲峰山の麓に広がる金陵がそれである。遷都にとどまらず、中都への改称と墓地の移動により、この遷都が不退転の決意の下になされたことを強く内外に知らしめた。そしてこれより以後は、中都が政治的中心となっていく。

四、金の中都の宮城

　これまでの数多くの研究により、都城の規模や平面プランが明らかにされている。まず全周は、東西約四九〇〇メートル、南北約四五〇〇メートル、一辺にはそれぞれ三つの城門が作られた。東辺の北から時計回りに、施仁門、宣曜門、陽春門、景風門、豊宜門、端礼門、麗沢門、灝華門、彰義門、会城門、通玄門、崇智門となっていた。北側の城壁は白雲観の北側に、東の城壁は陶然亭公園附近を、南の城壁は涼水河であり、西の城壁は豊台区まで延びていた。門からはそれぞれ真っ直ぐに道路が伸び、城内は坊制が施行された、典型的な中国式の都城であった。

　宮城は城内の南西部に位置した。宮殿内部の様子を詳細に伝えるのが、南宋から中都を訪問した使者の記録である。南宋からの使者は、物珍しさも手伝って自分の眼に映った非日常的な出来事を仔細に記録した。そのうちの一つである、范成大の『攬轡録』から宮城の様子をみてみよう。

　中都の正南から進入した范成大一行は新石橋を渡る。橋の中央は皇帝が通るため、進入が禁止されていた。やむなく使者は左側を進む。前方には豊宜門が構えていた。門をくぐって城内に入る。次に玉石橋を渡る。欄干の柱には見事な彫刻が施されていた。

　使者は到着の翌日に宮城に入る。一行はいくつもの門を通過していくが、范成大は一つ一つ門名を記す。宮城内を進み、ようやく皇帝に引見する。皇帝を描写したのち宮殿の様子を以下のように描く（范・小川二〇〇一、一一六頁）。

> （皇帝の）背後には水にたわぶれる龍をえがいた大屏風があり、四方の壁もすべて幕をはって紅の龍がぬいとりしてある。柱の拱斗にもすべて刺繡の絹布をたらす。

　絢爛豪華な宮殿の内装や調度品の実態が理解できよう。現在、金朝をめぐる外交儀礼の研究が進みつつあり、そうした研究によって宮殿の様子や利用状況などが明らかになってきた。

五、金の中都の諸相

　このように宮城をはじめとした政治制度に関わる中都の様子は明らかになってはいるものの、都市住民の生活実態は不明な点が多い。零細な史料をかき集め、それを敷衍して考察を加えているのが実情である。

　いくつかその点を例示してみよう。

　中都城内では主に皇族を対象とする官営手工業が行われていた。例えば皇妃の服飾の製造を担った文綉署には、女性職人四九六名がいて、このうち「上等工」が七十名で、残りの四二六名は「次工」であったことを伝える。技量の差が正しく把握されていた点は興味深い。

城内には人々の集まる酒楼が複数存在した。次の元代に編纂された『析津志』という史料には、崇義楼・県角楼・攬《らん》霧《む》楼《ろう》・遇仙楼・状元楼といった酒楼の名前を記録する。

このことと関連して、元初の出来事ではあるが、元代の法制史料『大元聖政国朝典章』は、中都で発生した交通事故の案件を伝える。これによると、友人とともに酒楼で四本の酒を飲んだ下級役人の乗る馬が、その帰途にあたって憫忠寺（現在の法源寺）の裏で少年を跳ねとばしてしまったという。ほかにも宗教施設や市場が存在したことを確認でき、こうした点から都市住民の生活の一端が垣間見える。

六、北京のなかの金の中都

金の中都の痕跡を現在の北京に探すのは容易ではない。元・明・清の三代にわたって王朝の都であったことに加え、近年にみられる北京の急速な発展は、かつての面影を跡形もなく消し去ろうとしている。そうした中でいくつかの見所を紹介したい。

まずは、北京市豊台区にある遼金城垣博物館を訪ねてみよう（二〇一八年八月時点では改修工事中）。一九九〇年、豊台区右安門外で金代の「水関址」――城内に水を流し込むための施設――が発見された。博物館はその遺跡の上に建てられている。館内の興味深い展示物を見学したのち、地階に降りると体育館の半分ほどの空間に遺跡が広がる。

城壁は辛うじてほんの一部が残存しているに過ぎない。豊台区鳳凰嘴村、万泉寺、高楼村に三～五メートルほどの城壁が残される。北京の北側に残る元大都の城壁と比べるとその残存率は低く、よほど想像をたくましくしなければ当時の様子を窺い知ることは難しい。

金代の蓮花池は、現在、北京西駅近くの蓮花池公園として知られ、夏になると、意匠を凝らした北京西駅をバックに蓮が咲き誇る写真を撮影するため、人々がベストポジションを探している。

宣武区白紙坊には金中都城垣遺址公園がある（**図1**）。園内には巨大なモニュメントをはじめ、パネルや複製品を展示する施設もある。園内北門を出ると、そのまま濱河公園になっており、そこには金の中都建都八五〇周年を記念した金中都紀念闕＝北京建都紀念闕が立てられている（**図2**）。ここは中都宮城の大安殿の址とされている。碑を支える四頭の動物はここで発掘された辟邪を模している。

有名な盧溝橋も金代に建設された。もともと盧溝には北京と西南地区を結ぶ渡し場があった。ここに橋梁を建設したのは、金の章宗の明昌三年（一一九二）のことである。長さは約二六〇メートル、幅約七・五メートルで華北では当時最大の石橋であった。橋の欄干の柱頭に置かれたいくつかの獅子が金代由来のものとされている。

郊外にはいくつかの仏塔も残存している。さすがに金代のものがそのまま残っていることは少ないが、豊台区にある鎮崗塔がよく知られている。現存するものは嘉靖四十年（一五六一）の重修だが、高さ約十八メートルの塔の独特のフォルムは印象深い。

七、金の中都から元の大都へ

さて、この後の中都の様子を追ってみよう。最終的には、モンゴルの襲来に耐え切れず、金朝政府は中都を放棄して開封に遷都する（貞祐の南遷）。そののち、元が中都の東北に新たに大都を建設する。しかし、金の中都は廃墟になったわけではなく、元の大都の一角を構成した。元代になると、金中都は「旧城」「南城」として、新たに建設された大都は「新城」「北城」として明確に区分されていく。しかも、住民の移住規定により、大都には官僚層が優先的に居住するようになった。そのため、金の中都は大都の住民にとっての観光地と化していく。しかし、それは金の中都が全く消滅したことを意味するのではない。明実録の記載からその城壁の基礎部分が明初まで残っていたことが確認できるからである（渡辺二〇一七、三七頁）。

図1　金中都城垣遺址公園

図2　金中都紀念闕

金の中都は元の大都の中に組み込まれたことにより、現在の北京にまでその痕跡を留めることになったともいえる。北京観光にあたって、故宮や天壇などの有名な観光地はすでに一通り見学した、という方がおられれば、次は金の中都の史蹟を訪ねてみてはいかがであろうか。

参考文献

于杰・于光度『金中都』（北京出版社、一九八九年）

范成大〔著〕・小川環樹〔訳〕『呉船録・攬轡録・驂鸞録』（平凡社、東洋文庫、二〇〇一年）

北京市文物局〔編〕『北京遼金史迹図志（上）（下）』（北京燕山出版社、二〇〇四年）

北京遼金城垣博物館〔編〕『北京遼金文物研究』（北京燕山出版社、二〇〇五年）

首都博物館・黒竜江博物館〔編〕『白山・黒水・海東青――紀念金中都八六〇周年特展』（文物出版社、二〇一三年）

渡辺健哉『元大都形成史の研究』（東北大学出版会、二〇一七年）

妹尾達彦『グローバル・ヒストリー』（中央大学出版部、二〇一八年）

金代の城郭都市

臼杵　勲

金国を建国した女真集団の故地である中国東北部とロシア極東には、彼らの建設した大小の城郭都市が、水系を軸に多数分布している。これらは、金国と、金から独立して建国された東夏の地方行政機構の下に建設されたと考えられる。城郭都市には人口が集中し、行政・軍事のための組織・制度が機能し、農業を含む各種生産活動も活発に行われていた。特に、窯業や鉄生産は、生活の基本となる製品の供給を保証するものであった。中国産の商品・貨幣も流通し、東アジアの経済圏の中に組み込まれていた。政治・経済の中核として、女真社会の中で機能していたと考えられる。

うすき・いさお——札幌学院大学教授。専門は北東アジア考古学。主な著書に『鉄器時代の東北アジア』（同成社、二〇〇四年）、『東アジアの中世城郭　女真の山城と平城』（吉川弘文館、二〇一五年）などがある。

はじめに

本稿では、金代女真の城郭都市遺跡を、ロシア沿海地方を中心に紹介する。九二六年に契丹国（遼）の攻撃を受け渤海国が滅亡すると、中国東北部とロシア極東を中心としたその領域には、渤海国を構成した靺鞨《まっかつ》族の後裔である女真族が居住することとなった。十二世紀になって、生女真《せいじょしん》の按出虎《アルチュカ》水完顔《ワンヤン》氏の族長阿骨打《アグダ》が、女真族を統一し、一一一五年（収国元）に、阿骨打は皇帝に即位し、金国（大女真金国）を建国した。その後、金国は一一二五年（天會三）には契丹国を滅ぼし、さらに一一二七年（天會五）に宋の都開封を陥落させ、北宋を滅亡させた。金国は、契丹・北宋から得た領土を加え、全域に「路」「府」「州」「県」などの行政区画を設置した。また、女真族には、猛安・謀克という軍事・行政組織による統治制度を用いた。一二一一年（大安三）モンゴル軍の侵攻が開始されると、急激に衰亡していくこととなる。その中で、金の将軍であった蒲鮮万奴は、一二一五年（貞裕三）に遼東で自立し大真国を樹立した。その後、本拠地を女真族の故地である上京路の東部に移し、東夏ないしは東真の名称で自立を続け、独自に、都城建設や官制の整備など、国としての体制を固めた。

図1　金・東夏代の東アジア

　金の基盤となった生女真族の故地である、極東地域は上京路という行政区分に組み込まれた。上京路は、さらに数個の下級路と州に区分され、それぞれに猛安部・謀克部が配置された。下級路には万戸・節度使などの地方官が置かれ、猛安謀克戸を統治していた。一一九三年（明昌四）の上京路の猛安謀克戸数は十七万六千余という数字があり、奴婢を除いた正口で約九十万ていどの人口が見積もられている（三上一九七二、三五五頁）。蒲鮮万奴はこのような人口を基盤に東夏を経営したのである。

　上京路内には、会寧府、肇州・隆州・信州の三州、胡里改路・恤品路・曷懶路・蒲与路の下級路が置かれた。このうち、会寧府と下級路が、生女真の本来の居住地であり、上京路の東部を占める。会寧府は、按出虎水完顔部の根拠地であった松花江の支流阿什河を中心とする地域であり、初期の金国の首都である上京が置かれた。蒲与路は嫩江流域からアムール川中流域、胡里改路が牡丹江流域から松花江下流域・アムール川下流域、恤品路がロシア沿海地方、曷懶路は北朝鮮威興北道・南道に比定されている。金から独立した東夏の領域は、おおむね胡里改路・恤品路・曷懶路の地域にあたる。以上の領域の中に、多くの城郭都市遺跡が存在する。そして、もっとも詳細に調査が進んでいるのが、ロシア沿海地方であり、そこでの成果を中心に女真の城郭都市について解説する。字数の関係もあり、露文報告等の詳細な参考文献は明示しないが、必要な場合は文末にしるした筆者の著作を参照していただければ幸いである。

一、上京路東部における城郭都市

城郭という言葉からは、日本では戦闘用の砦が連想されるかもしれないが、城郭都市とは、都市全体を城壁で囲ったものであり、行政・軍事施設と生活空間を内部に取り込んだものといえる。中国で用いられる「城市」という言葉の内容とほぼ同義である。女真の多くの城郭も、規模や形態は多様であるものの、住民の生活空間も取り込まれる都市的な空間であることは共通している。このような都市建設の思想は、契丹・北宋から取り入れたと考えられ、設計も中国都城に類似する。金以前には、渤海国が城郭都市を建設していたが、金代ほど広く各地に建設されていたわけではなく、形態も若干異なるため、そこから直接継承したものではなさそうである。金代には、地方行政の要として、各地に州・猛安・謀克などの行政区画を統治するための治所が置かれ、そこが税の集積や生産・流通の拠点としても機能していたと考えられる。そして、それらが、実際に城郭都市遺跡に設置されていたと推定される。

形態・規模から、金代女真の城郭都市を分類することができる。立地からは、平地に築造される平城と、山稜に築造される山城に分けることができる。女真族の故地には、小興安嶺・シホテ=アリン山脈・長白山系が広がる山岳地帯が広がり、これらの地域では山城が多数築城された。独自の特徴を有するこれらの山城は、女真集団に固有の城郭形態といえる。

平城は、方形を基調とした外形の土塁を外周にめぐらし、門を起点に道路を配置し、内部を碁盤の目状に区画する。内部に行政施設、商工業、宗教施設、宅地が配置された。これは中国に伝統的な都市設計である。例えば唐の長安城はその典型であり、日本の古代都城や渤海・契丹の都市にもこのような設計思想が導入されていた。契丹を滅亡させた後、首都の上京臨潢府《りんこうふ》をはじめとする契丹の城郭都市の多くは金代にも継続して利用されており、都市建設についても契丹から直接受け継いだと考えられる。そして、女真族の故地においても、同様な城郭都市の建設が開始された。

都市の中心部には行政施設・居館が配置され、周囲に寺院、市や工房、宅地などが配置されたと考えられるが、金代の平城の内部設計が詳しくわかる資料が存在せず、推定によよる部分が多い。しかし、中枢部分が遺存している初期の首都である上京会寧府や、内部の建物配置がある程度判明している契丹の上京臨潢府などを参考にすると、上記のような想定と大きな差はないと考えられる。

山城も平城と同様に、外周に土塁をめぐらして区画するが、平城のような企画的な都市設計はなされていない。これは山稜という立地に規制されたためとも考えられるが、中小規模の山城では大型建物などの顕著な施設などが見られないものが多く、平城との機能差が存在したかもしれない。

しかし、両者は河川に近接して建設されていることが多い点は共通している。平城は河川を見下ろす河岸段丘の平坦面に築城されることが多く、山城は河川に沿った丘陵を利用する場合がほとんどである。しかも両者ともに、水路が城郭際まで伸びている例が多く、物資の補給や連絡に水運が活用されたものと思われる。山城の場合は河川や平地部側から直接内部を目視できない場所が選択され、平城より軍事的機能を高めている。

城郭の規模は様々であり、平城と山城では条件も異なるので単純な比較はできない。とりあえず、城壁の全周長を基準にしてみると、初期の首都である上京会寧府は、周長一一キロと例外的な規模を持つ。北城と南城という二つの区画をもつ点でも特殊な例となる。それを除き、一区画で構成される平城をおおよその度数分布に対応させ、周長三キロ以上（特大型）、二キロ以上（大型）、中型（一キロ以上）、小型（一キロ未満）と区分する。方形に近い形を基本とすると、七五〇メートル四方以上、五〇〇メートル四方以上、二五〇メートル四方以上、二五〇メートル四方未満という程度の面積を想定できる。山城の場合は、一応の目安として四キロ以上（特大型）、三キロ以上（大型）、一キロ以上（中型）、一キロ未満（小型）と区分しておく。中澤寛将の分類と対応させると、特大（一〇〇万平米以上）、大型（三〇〜五〇万平米）、中型（一〇〜二五万平米）、小型（一〇万平米以下）という面積が想定できる（中澤二〇一二、一五四―一六〇頁）。

平城・山城ともに、特大型城郭都市は、極めて限られた数しかない。また、大まかにいえば、上京などの中心地からの距離が離れるほど、城郭の規模も相対的に小さくなる傾向がある。これは、路・州・県・下級路・猛安・謀克などの行政区分に対応しているためと思われる。当然、上級の区分になるほど、規模が大きく、下級区分ほど小さくなると考えてよいだ

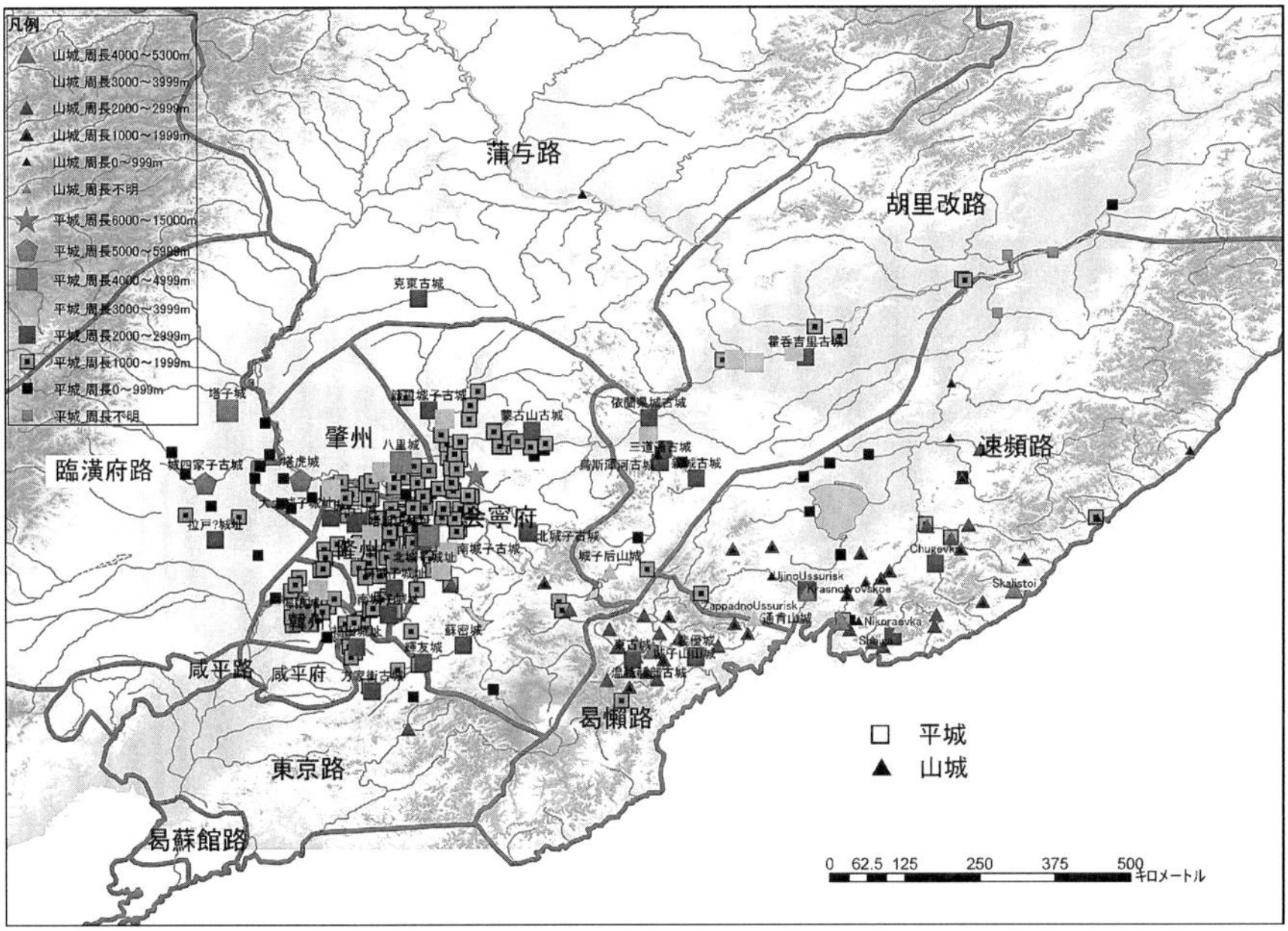

図2　女真城郭の分布

ろう。特大型は下級路などの大行政区域の治所址、大型は猛安クラス程度の治所、中型以下の城郭については、謀克クラス以下と想定される。そして、各規模の城郭都市の分布の状況が、女真社会の統治の実態を示していると考えられるのである。

これらの城郭は、河川流域に比較的均等に分布している。規模の大きな城郭がその流域の中心的位置を占める。分布の密度を見ると、会寧府内では、七・五～一五キロの間隔を置いて城郭が密集するが、下級路地域は、城郭間距離が長く密度は薄まる。ただし、下級路内にも、牡丹江河口周辺、松花江下流域、延吉周辺、ウスリースク周辺、ウスリー川最上流域など、いくつかの集中地点がある。特にウスリースク周辺には、南ウスリースク城址（平城）とクラスノヤロフスコエ城址（山城）、延吉周辺には城子山山城という、特大型の城郭都市が存在する。中型以上の城郭は、五〇～一〇〇キロ程度の間隔で置かれ、それらを取り巻いて、水系に沿って小型城郭が分布している。各城郭は数十キロ程度の距離を置いて分布している。河川は水路として、城郭間の連絡や物資の輸送に用いられ、城郭群を連結していたらしい。また、水系間の連結は、各水系をつなぐ街道によって行われていたと考えられる。地理的条件により、当時の街道も現在の道路と場所が大きくかわっていないと考えられ、現在の道路沿いにも、水系間を結ぶ峠近くに城郭が存在することが多い。おそらくそれらは、駅や関所としての機能を持っていたのであろう。

つまり、女真族の故地では、水系を基本単位として、小城郭群の中心に大・中型の城郭が分布し、複数の水系を束ねるように、全体の中心に特大型の城郭都市が分布している。このように水系に拠る地域集団を束ねる形で制定されたのが猛安・謀克であり、それらを統括するように下級路が設置されたと考えられる。それが、収税・軍事動員の組織として、金国初期の原動力となったのであろう。名称が残る猛安謀克には地名がつけられたものが多く、華北に設置されたそれらには故地の地名が用いられたと考えられている。その中に河川名が多くみられるのは、このような状況を反映したものであろう。そして、それらは生女真統一以前の地域集団の在り方も一定程度反映しており、水系に拠る個々に独立した地域集団の様子がうかがわれる。それらを統合したのが完顔阿骨打であり、さらにそれらを階層的に再編成し、集権化を進めたのが太宗以降の猛安謀克制度であったといえる。

次に城郭の形態について述べる。平城の場合は、地形に応じて不整な形状になる場合もあるが、平面形が方形を意識した設計を原則とする。門からとりつくように内部に道路を走らせ、中心部分に土塁等で方形に区画した内廓を置く例が複数あり、このような配置が基本であったと考えられる。

大型の平城では、内郭に瓦葺き基壇建物が多数建築された。特に上京会寧府では、皇城と呼ばれる方形の内郭内に、大型の宮殿建物が一列に並び、その周囲に殿舎が並ぶ。これらは政治の中心としての機能を果たしていた。同様な配置を取る建物群は沿海地方にも見られるので、地方の猛安クラスの治所においても政庁として用いられたと思われる。内郭の門には、門楼や三つの通道が設けられる例もあり、組織の格に応じた規模・装飾の基準があったのであろう。このような区画は、面積を大きくとれる最大級の規模の山城にも見られる。

山城の場合は、地形の制約が平城よりも強くなるので、方形のような幾何学的な形状を取れず、平面形は多様となる。しかし、多くの山城で共通するのは、内部に谷を抱え、谷を囲むように城壁を稜線に設置する点である。また、谷をとりこまず、独立丘や山頂部に城壁をめぐらすものもある。建物を置く平場の配置も地形に応じて多様である。地形的に可能であれば比較的広い平場を置くが、それが難しい場合は、谷の周囲の斜面に狭小な平場を階段状に連続させ、ヒナ段状に建物を配置する。また、傾斜が緩い場所では、方形または不整形に土塁をめぐらした区画を作る場合もある。ただし中型以下の山城では、大型建物群が存在しない例もある。特大型山城については、内城や大型建物が並ぶ平場の造成が行われており、政庁・工房・倉庫と考えられる建物群も存在する。このような城郭では、大型平城と同様な構造・機能を有していたと思われる。

平城・山城にかかわらず、城郭都市内で最も一般的な建物は小型の平地建物である。細い柱を方形に配置し上屋を建てる。切妻屋根には瓦を用いず、板葺きないしは草葺きであったと思われる。壁には土を被せたため、建物址の周囲に壁土の崩壊土が堆積している場合が多い。壁の隅にかまどを設置し、その熱を通す煙道を壁際に通した炕《カン》と呼ばれる床暖房を設ける。脱穀用の踏み臼が床に作りつけられる例も多い。平均的な床面積は四〜五〇平方メートルだが、八〇平方メートルに達する大型のものもある。また、建物の前に小型の高床倉庫が設けられることが多い。建物内からは、容器や農具などの日常品や貨幣などが出土し、一般住民の住居として用いられたことは間違いない。このような小型住居が多数集中して建てられているのが一般的であり、居住区であったと考えられる。つまり、城郭内部は、住民の居住域でもあり、都市・村落がそのまま内部に組み入れられたと考えられる。この点で、城壁をめぐらした空間を都市的な存在としてとらえることができるのである。もちろん城郭外にも村落は存在し、分布調査で存在は確認されているが、残念ながら発掘調査例が少なくその実態は判明していない。今後、女真の集落遺跡の調査と城郭遺跡と合わせた検討も必要となろう。

一方、政庁や工房なども複数の城郭で確認されている。内部にさらに土塁をめぐらした内郭を設け、内部に大型建物を置く例が存在するのは、上京のような中央の宮殿群を縮小し

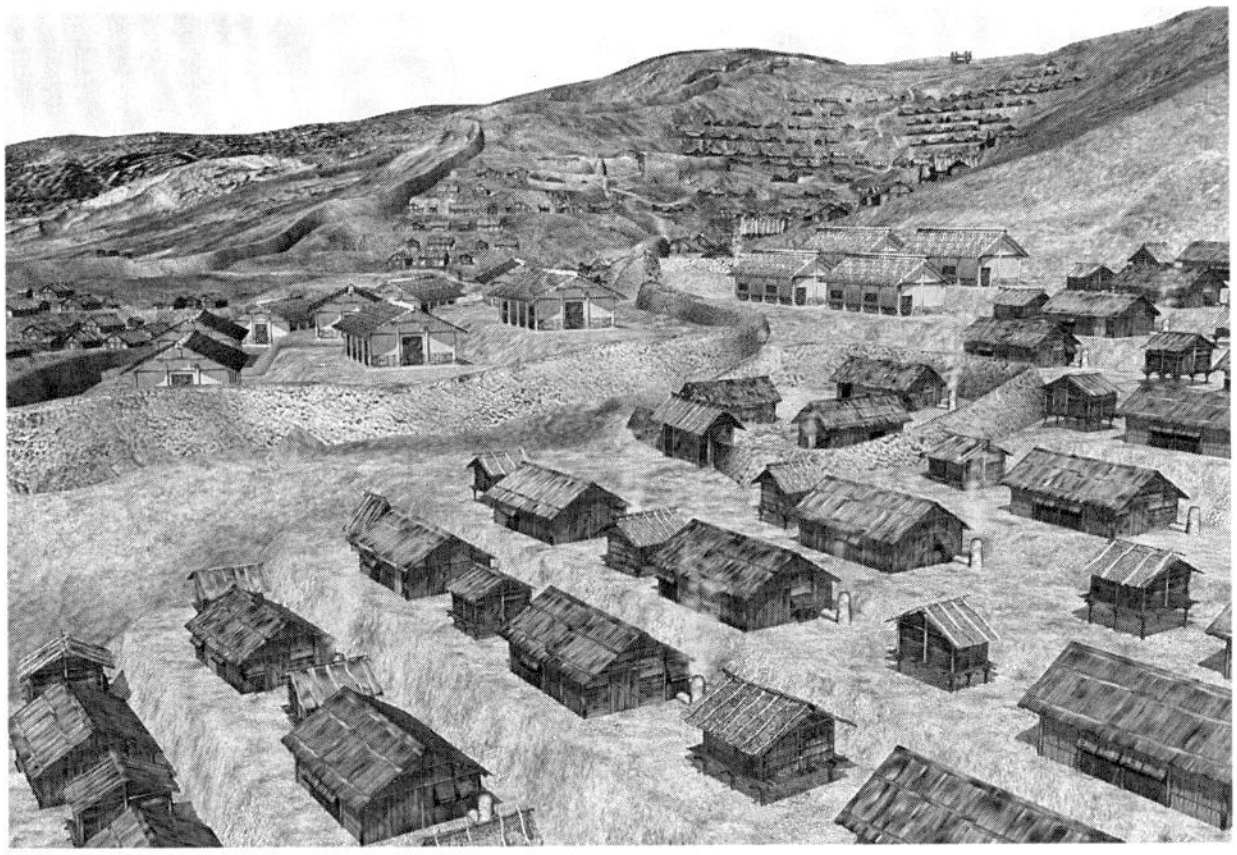

図3　城郭内の区画と建物復元：シャイガ城址

た、政治空間であろう。瓦を用いた例もみられる。また、倉庫群もいくつかの城郭で確認されており、備蓄や収税にかかわるものと考えられる。鉄生産に関連する区画は小型城郭でも、多数確認されている。

女真城郭には当然防御的な機能を持つ施設が付設される。そのもっとも重要なものは外周にめぐらした堀と土塁（城壁）である。城壁は、大型城郭では幅約二〇メートル以上、高さ約一〇メートル程度に達するものもあり、石積の城壁を持つものも少数ある。城壁には、通常馬面と呼ばれる突出部を作り出し、平城では全体に一定の間隔をおいて設置する。これは攻城側の側面にも矢を射かけるための工夫である。馬面の部分はやや高くなり、櫓状の高楼が置かれた場合もあったらしい。特に方形城郭の四隅には大型の隅楼が置かれていたと思われる。山城では、横矢掛けに主に城壁の屈曲を利用しており、意図的に屈曲を強くした部分もある。特に防御を強化する部分では、城壁を二重・三重にする場合もある。山城の場合には必ずしも堀を全体にめぐらせるわけではなく、丘陵の傾斜が弱い部分などにのみ堀をうがち、部分的に防御性を高めている。段丘上や谷に面して城郭を設置する際には、前面を掘削し急傾斜として、防御力を高めている。城壁には門が設置され、主要な門には甕城《おうじょう》と呼ばれる施設が付属した。門の外側に、鍵手状の城壁を付設させたもので、日本の城郭の外枡形に近い。鍵手が片側からのみ取り付くものと、左右から伸びるものがある。門が二重になり防御力が向上することに加え、馬面同様に横矢を掛ける機能と、内部の空間に兵を置く機能がある。甕城とは逆に、門の部分を内側に屈曲させ、さらに土塁をめぐらして防御空間を作り出した、内桝形に近いものもある。さらに、門の前面に補足的に短い城壁を築き二重とするもの、城壁の先端部をずらして重ねたくい違い虎口などがある。おそらく城壁上には、防御しつつ射撃を加える狭間を持つ女墻《ひめがき》や、大型の矢を射る弩台が置かれていただろう。さらに、守城兵器として、てこの原理を利用した砲（投石器）が置かれていた。発射する石弾の集積場所が門の傍や、場外を見おろせる高所で発見されており、その近辺に砲が設置されていたと思われる。

しかし、このような防御用施設の存在にも関わらず、女真城郭の防御性はさほど高くなかったと考えられる。それは、独立した郭を連続させて何重にも防御網を重ねていくという設計がなされていないためである。おそらく、城門や城壁を突破された場合、その後の防御線を構築することが困難となり、一気に陥落したものと思われる。地形などの点から山城の方が防御性は高かったとしても、この点では平城も山城も同様である。これは、両者とも基本設計思想が、都市・集落全体の防御にあり、純粋に軍事的な目的で長期的に戦線を維持することを目指してはいないからであろう。

二、ロシア沿海地方の城郭都市

以下では、筆者が現地調査を実施したロシア沿海地方の代表的な女真の城郭都市を取り上げ、具体的にそれらの特徴を解説する。沿海地方の城郭都市は、他地域に比較して保存状況が良好で内部調査例も多いことから、城郭都市の内容を詳細に把握することができる事例が多い。そのため、女真城郭の実態を理解することが容易になると考える。

ロシア沿海地方は、上京路の下級路の一つである恤品路にほぼ相当する。ここはハンカ湖周辺に平原地帯が拡がり、さらに日本海沿岸からウスリー川流域にシホテ=アリン山脈の山地が発達している。そこにウスリー川、綏芬河などの大河と、その他の中小河川が縦横に走る。そしてそれぞれの水系には大小の城郭群が、比較的規則的に配置されている。以下では、それらの中から代表的な例を選び、解説する。

(1)ウスリースク周辺城址群

中心地は、綏芬河《すいふん》下流域の平原地帯、現在のウスリースク市周辺で、大型城郭が置かれている。金代には恤品路の治所が置かれていたと考えられ、西ウスリースク城址と南ウスリースク城址がその遺跡に相当すると考えられる。

現在は破壊が進み、その全容をしることはできないが、十九世紀までの記録によれば、西ウスリースク城址は一辺約七〇〇メートルの正方形に近い形状で、東西北の三面は二重の城壁とされた。南ウスリースク城址は川沿いに立地し、台形に近い平面形で、周長約三キロ。三面に甕城門があり、馬面も各面に持っていた。残存する城壁は、基底幅が一一メートル、現存高四メートル。やはり版築で構築されている。いずれも沿海地方では最大級の平地城であり、恤品路治址にふさわしい規模となる。

西ウスリースク城址・南ウスリースク城址の対岸に位置して、綏芬河沿いの丘陵に設けた上に立地するクラスノヤロフスコエ城址が存在する。沿海地方最大の規模を持つ周長約七キロの特大型山城であり、丘陵全体に高さ約二〜六メートルの外城壁が扇形に巡る。北東部と西南部には城壁が二重にめぐる。城内中央の高地には別に大型の内郭が二ヶ所並んでいた。南東隅は、内部をさらに城壁で囲んで内城を設け、ここに平場を階段状に造成しそこに大型建物を設置した。また、内城の西側は平坦部がひろがり、この部分が城内で最も高い部分となる。そこに高さ約一メートルの低い土塁で複数の区画を造成し、大型建物を配置し、行政や城の運営に関わる政務空間としたらしい。一部が発掘され、三期の遺構変遷が知られた。最上層で、礎石建物二基、中層では炕《カン》付き住居、最下層では大型貯蔵穴が検出された。礎石建物では、分銅、様々な鉄器片、るつぼなどが出土し、鉄器の加工工房と考えられる。北側には階段状のテラスが造成され、倉庫群と推定されている。また内城西側の斜面部には、土塁で囲んだ方形区画が置かれ、内部には二基の住居址が置かれていた。防御指揮官の居所と想定されている。この他に、外城北東部の高所では住居址が約二十基発掘されているが、いずれも通常の平地住居である。ここで東夏の年代が刻まれた「耶懶猛安之印」や分銅が発見されており、官人の居住区と考えられる。この銅印により、この城郭と金建国時に功績のあった耶懶《ヤラン》完顔氏との関わりも明らかになった（井黒二〇〇九）。

外城の北東側は川に面し断崖となるため、城へのアクセスは、まず南西部の谷、続いて北東部の谷を中心に行うことになる。そのため、外城南西の門は、城壁を二重にし、さらに内桝形状に内側にも城壁を置き、北東部は谷奥を門とし、城壁を大きく内側に屈曲させ、侵入者を両側から挟撃できるようにして、防御力を高めている。

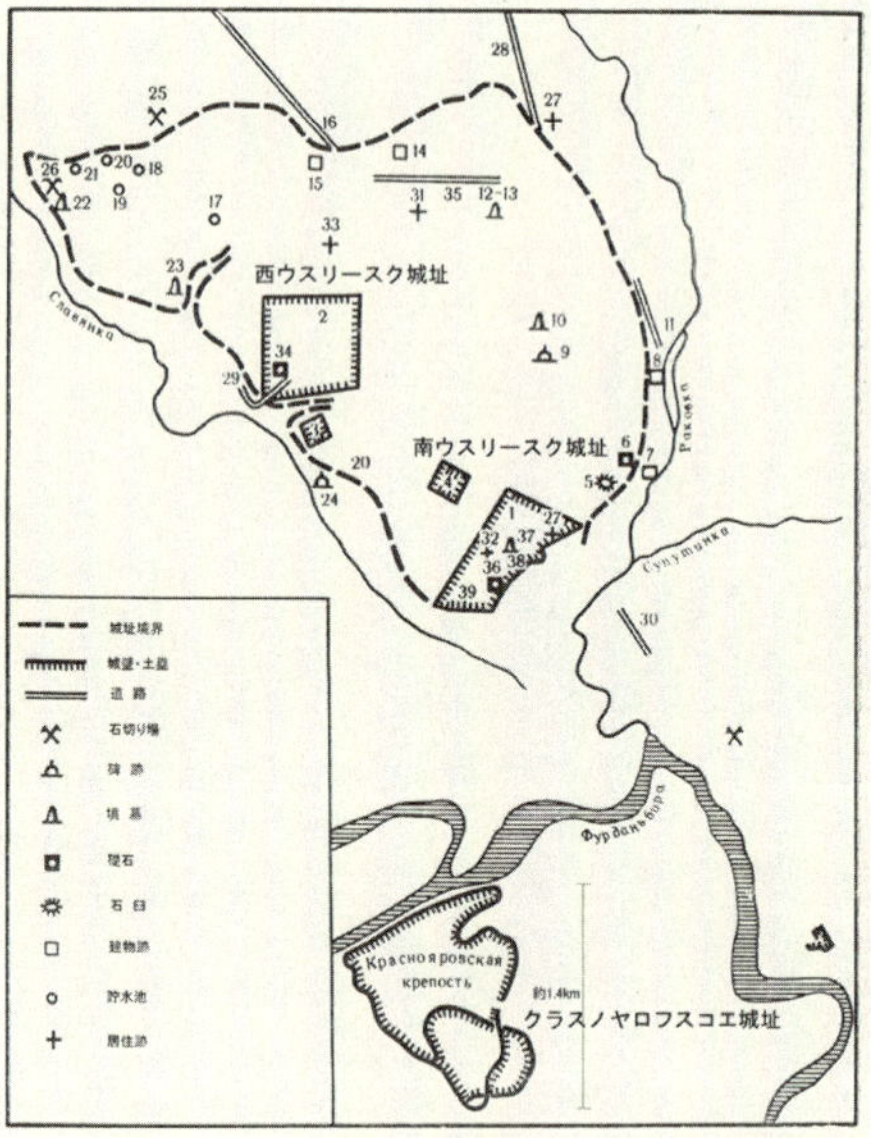

図4　ウスリースク周辺城址群（Воробьев1983より）

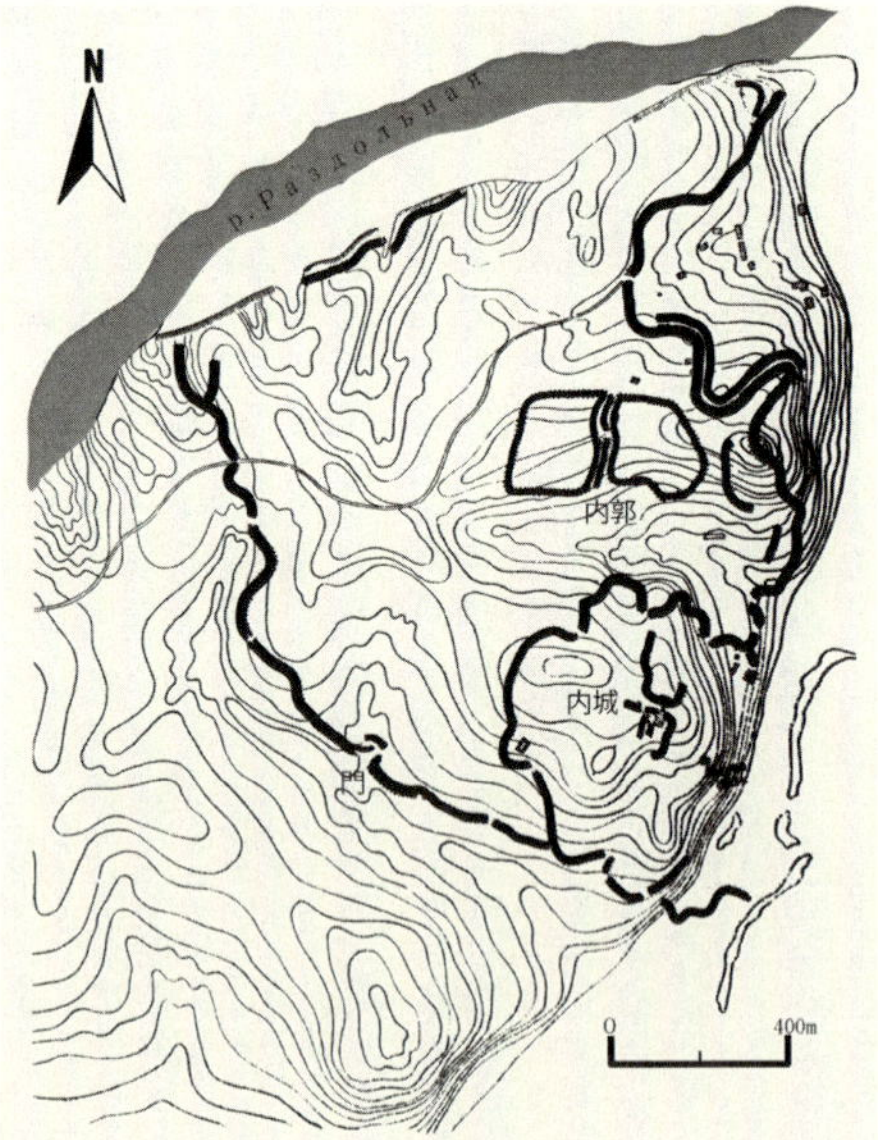

図5　クラスノヤロフスコエ城址

城壁・建物の変遷から、城郭に大きく三段階の変遷があったことが明らかになった。まず内城部分が建造され、その後で外城壁が付加され現在の規模に増築され、さらに建物の改築が行われたという。第一期は金代、第二期以降が金末〜東夏段階とされている。東夏の段階で、城内から出土する分銅の多くに東夏の年号が刻まれており、この推定は妥当である。金末から東夏にかけて防御性が高められ、さらに政務空間・都市空間の拡充も行われたと推定できる。モンゴルとの戦争に備え、都市機能を平城から山城に移動させたと考えられる。

推定される東夏の領域内で本城に匹敵する規模を持つ城郭は、曷懶路内にあたる吉林省延吉市東郊の城子山山城のみである。城子山山城は東夏の南京とする見解が有力であり、そうするとクラスノヤロフスコエ城址が東夏の首都開元の城郭である可能性は高くなる。東夏の勢力基盤が金の恤品路であった地域であり、その治所を首都としたと考えられる。

(2) アナニエフカ城址

ヴェネヴィチノヴォ村西方約二キロ、ラズドリナヤ川の支流、アナニエフカ川に接する丘陵上に位置する。南北がアナニエフカ川とその支流に挟まれており、西側以外は急峻な崖となる舌状段丘上に位置する。中心部（東側出丸状の郭部分を除く）の土塁周長は約一〇〇六メートル、面積約一一・五ヘクタールである。北側に川縁に続く深い谷が入り込む包谷式の山城である。谷からやや南側に、斜面の変換点があり、この部分に両側から土塁が伸びている。谷の狭隘部と重なり、ここが水門として機能したと思われる。城門は他に東側と西側でも確認できる。いずれも平入りである。南北側は段丘縁を城壁として利用しており、低い土塁が巡らせたのみである。西側、東側の城壁は周辺と高低差を付け、西側門周辺で現高四〜五メートル、下面幅一〇〜一五メートル、上面幅一〜二メートル、東側門周辺で現高三〜五メートル、下面幅約一〇メートル、上面幅一〜二メートルを測る。また西門側には外郭を設け、その先端には馬面がある。甕城のような機能を持たせたものと思われる。さらに馬面基部には、段丘面を横断する堀切状の溝が作られている。城址西側は段丘面が続いており、外郭や馬面、堀切の設置により、丘陵稜線側からの攻撃に対する防御性を強化していると見られる。東側城門の両側には馬面が付されている。また城門を出て段丘先端部に至るまで南側の段丘尾根に沿って断続的に土塁が築かれている。段丘先端部には、北を開いたコの字の土塁に囲まれた郭と南・東に開いたL字の土手を持つ郭が二基並ぶ。両郭の土手は低いが、郭間に溝が切られている為、この部分の土手の比高は強い。東側先端の郭からは、段丘両袖を流れるアナニ

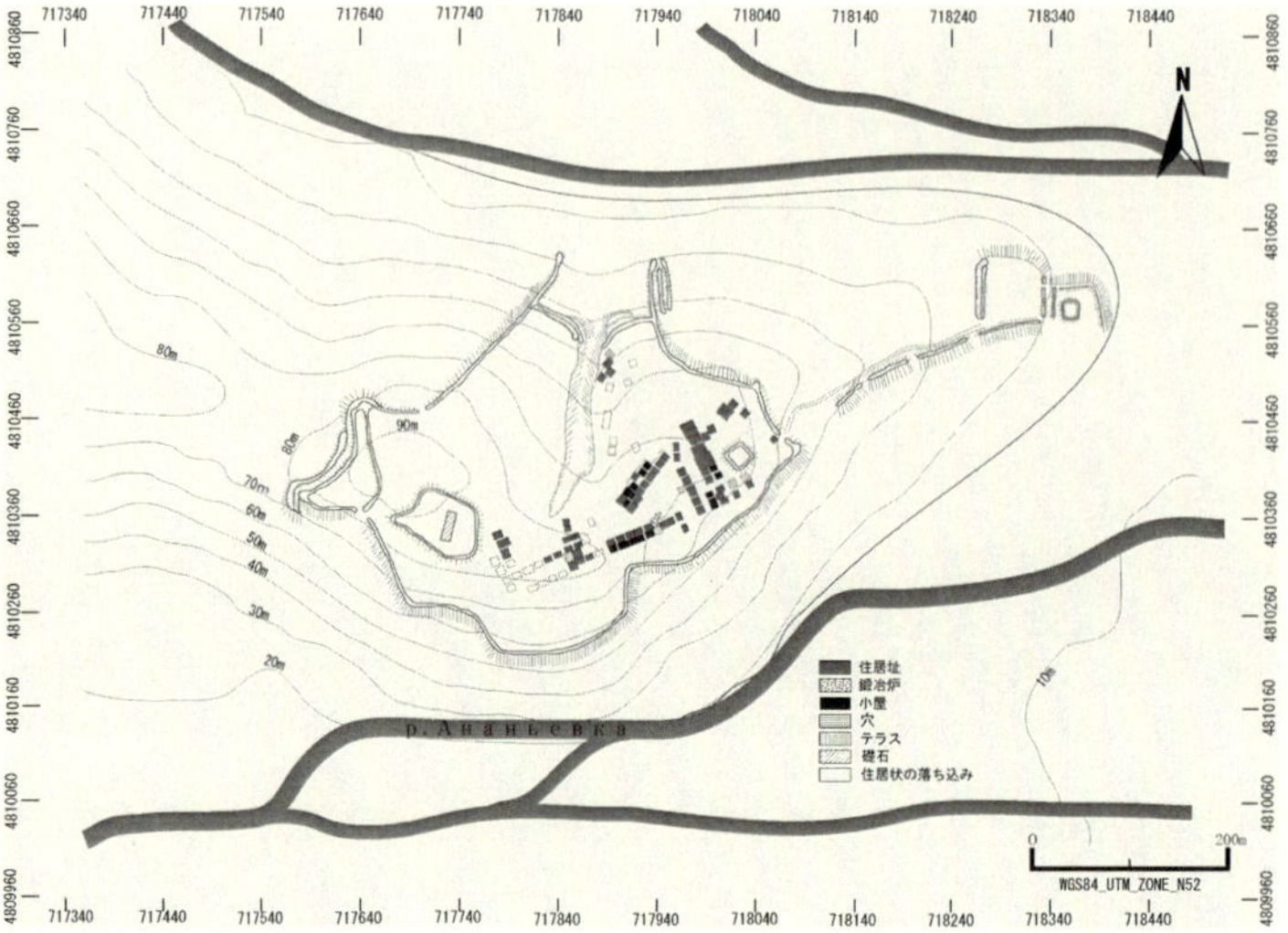

図6　アナニエフカ城址

エフカ川とともに、ラズドリナヤ川流域の低地まで眺望でき、戦時には警戒や連絡の機能を有していたと思われる。

城内には北側の谷周辺以外は平坦面が広がり、建物跡が確認されている。東側城門付近に一辺約一九メートルの堡塁がある。住居の配列には一定の規則性がある。堡塁背後の住居群は、殆どが門側に入り口を持つ住居列を形成し、中央谷側の住居群は、谷側に入り口と小型倉庫が付き、列を成す。中央南城壁よりの住居群では、段丘側に入り口を向け、前に倉庫を持つ住居が列を成している。尚、この住居群の中には鍛冶工房もある。住居には炕が設けられ、П字形とL字形の煙道の双方がみられるが、前者が多い。城内は西側に行くにつれ徐々に高くなり、ここに不整楕円形に土塁を巡らした内郭を置いている。この内部では総柱礎石建物跡が検出されており、倉庫群や政庁が置かれたと考えられる。

北側の谷周辺は、急勾配の斜面であるが、谷を取り囲むように所々に細い階段状の平坦面が造られ、そこに住居が並んでいる。また門を形成する東西の土塁に並行して階段状の平坦面が続き、ここにも住居が列を成す。

調査・確認された住居址数から、一基に五〜六人が居住し、城址全体には約五百人程が居住したと考えられている（Артемьева 1998）。小型城郭の人口規模を示す好例であり、謀克あるいは女真の村落の実態を示していると考えられる。

（3）ニコラエフカ城址

ナホトカ市の北方、ニコラエフカ村郊外のスウチャン川とその支流の合流点にある段丘上に位置する。城址の北側に北西—南東に横断する線路がある以外は、遺存状況は良好である。沿海地方ではウスリースクの二城に次ぐ規模を持つ平城である。北西側はスウチャン川（パルチザンスク川）に面し、段丘崖に「コ」の字状に土塁と堀を巡らしている。また、城址北西側に水辺に続くスロープが設けられ、明らかに河川からの物資運搬用と思われる。城壁高一〇メートル、下面幅二五メートル、城址全体の周長は二三五〇メートル。城壁外の堀幅は二〇～二五メートル、深さ三～四メートル、底面は平らで箱掘状を呈する。北東側と南側に門があり、いずれも土塁が鉤手状に迫り出す甕城となっている。城内東半に、長方形の内郭が置かれる。内郭からは、鬼面軒丸瓦、龍頭形の鴟尾等の飾り瓦、迦稜頻伽像などが出土しており、残存基壇から、内部に基壇建物が南北に数棟並んでいることが確認されていた。内郭南面に門があり、基壇を磚敷きにし通道を三本持つ三孔門である事が判明している。塼による区割も確認され、その一画で瓦窯址群が検出された。構造が上京会寧府の皇城と類似することから、高橋学而も指摘するように、この内城は官衙的な機能を持った施設と推定される（高橋一九八四）。確認されてはいないが、二門と内郭をつなぐように道路が設置されたと考えられる。以上の施設群と規模は、この城郭都市の重要性を示している。ウスリースク周辺城址群に想定される恤品路治は、耶懶完顔氏の拠点であった耶懶路治が改称・移動されたものである。井黒忍は、スウチャン川流域に耶懶路治が存在したと推定している。ニコラエフカ城址の存在は、この地域が恤品路内で特別な地域とされたこと

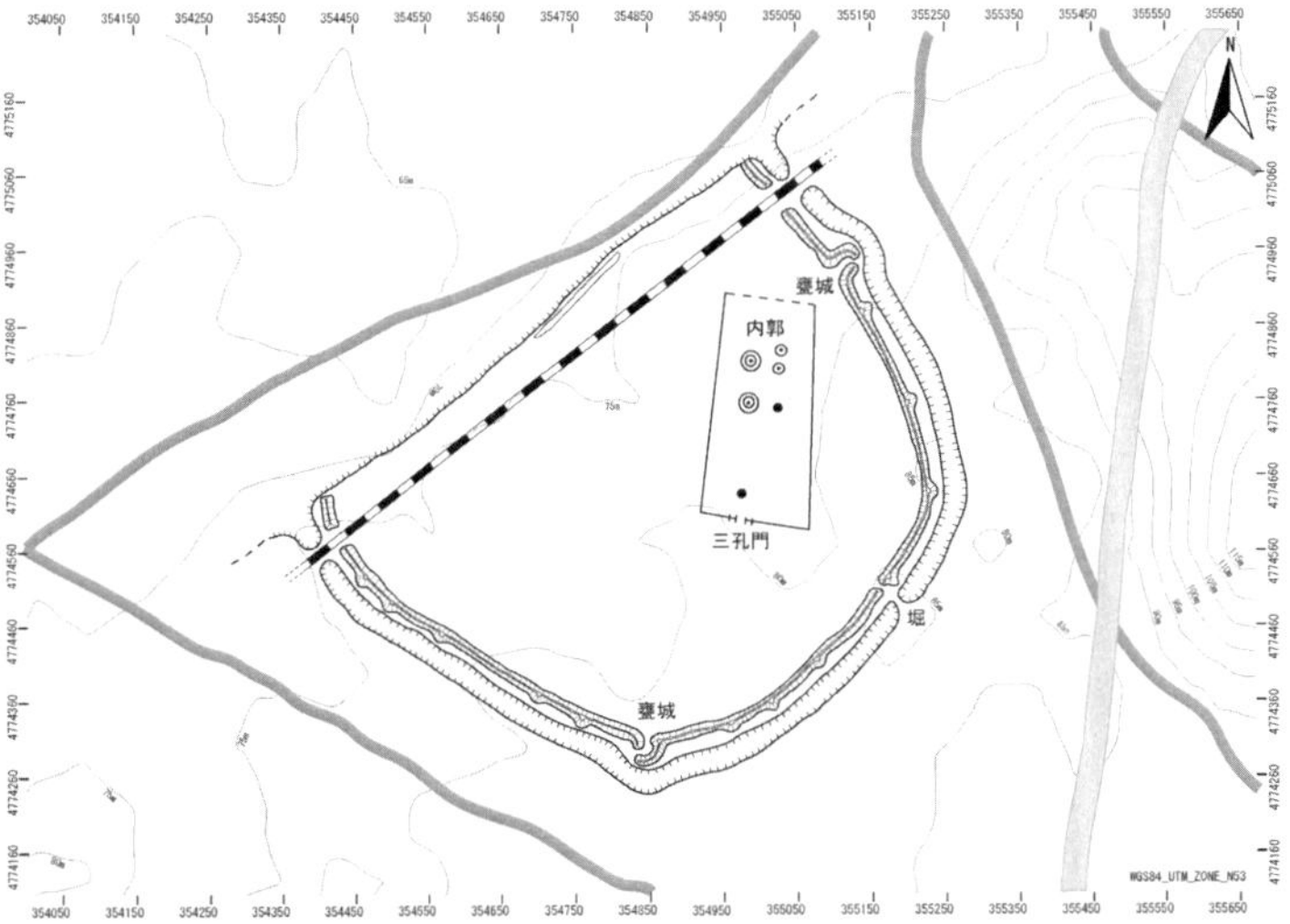

図7　ニコラエフカ城址

は間違いない。また、本城址から約三〇キロ上流に位置するセルゲエフカ村では、同時期の瓦窯が発見されており、その瓦は、流域に所在するニコラエフカ城址・シャイガ城址などで使用されたと推定されている。城郭の運営に流域全体が関わったことを示している。瓦の運搬にはスウチャン川が利用され、この門から城内に運ばれたのであろう。また、陶磁器などの流通品は、河口に位置するナホトカ周辺の港から、水路でもたらされたと思われる。

(4)シャイガ城址

シャイガ城址もニコラエフカ城址と同じスウチャン川流域に所在する。ニコラエフカ城址より上流の左岸の丘陵に立地する山城である。ここでは継続的に発掘調査が実施され、城内の構造が最も良く把握されている。これまでに多数の住居址、門、礎石建物、工房址などが発掘調査された。しかも建物の建て替え・重複や文化層の重なりが見られないことから、主に東夏代に機能した城郭都市と考えられている。

城址は北東—南西方向に延びる谷を囲む丘陵全体を範囲としており、長軸方向に谷が入り込み、谷を取り囲む丘の稜線に城壁をめぐらす。周長約三六〇〇メートル、土塁の高さは一〇・五〜四メートルを測る。やや傾斜の緩い北面・東面の城壁には楕円形の馬面が付され、その他の部分では、城壁を屈曲させる。門は四ヶ所に認められ、北門を甕城とする。北東側にも平入りの門が一ヶ所あり、その近くに、くい違いに城壁を重ねた門がある。谷の入り口には両側斜面から土塁が迫り、そこに門を築いていた。谷には小河川が流れており、水門としての役割も果たした。ここでは瓦の集積が検出され、上屋は瓦葺であったと考えられる。低地部からの火攻めに対する、防御力を高めたものと思われる。

城址内は谷筋の両側斜面に、幅の狭い平坦面を多数削りだし階段状に並べ、それぞれの平坦面に建物・住居を配置する。南側には東西に隣接する二ヶ所の内郭と、小型方形区画が存在する。東の内郭内部には、階段状に礎石建物が並ぶ。武器類などが集中して出土しており、倉庫群などが存在したらしい。西側の内郭には、階段状の平坦面が整然と十数段並び、住居が配置される。統治機関の構成員の居住区と考えられる。東西両郭への入口には、門衛と思われる小区画がある。両郭の間に一辺約二〇メートルの方形土塁に囲まれた小郭があり、内部には「コ」の字状に三基の住居が置かれる。この方形区画周辺では、紀年銘のある銅製分銅・銅印が出土しており、政務空間のような公的な施設が存在したと思われる。この他に、北側斜面の高位に位置する内郭では炕が付く礎石建物が置かれ、一般の住居とは異なる様相を呈していた。地位の高い人物の居館ないしは、門に近いところから客館と推定できよう。

一方、谷筋に面した低位の平坦面には製鉄工房址が置かれた。ここでは製鉄炉が検出され、鉄滓《てっさい》、鉄鉗《かなはし》・鉄鑢《やすり》・鏨《のみ》・鉄鎚等の鍛冶具が出土し、製鉄から精錬・製品の生産加工が行われていたことがわかる。

一般的な住居は、小河川の両側の斜面に立ち並び、いずれも石敷きの炕が付く平地式の住居址である。平面形は方形で、五三パーセントが四〇～五〇平米、二二パーセントが三〇～四〇平米と、一様な面積を持つ。多くの住居に、総柱の小型倉庫が付設されている。床に脱穀用の石臼が設けられた住居も多い。生活物資はそれぞれの世帯が所有・管理していたのであろう。形態や面積が規格化された住居群であり、総数は四〇〇基以上で数千人が居住していた。

　住居群内には小規模なガラスや銅製品の工房も存在し、職人も居住していた。城内からは農具、漁具、雑穀、家畜の骨などが出土し、農業を中心とする生活をし

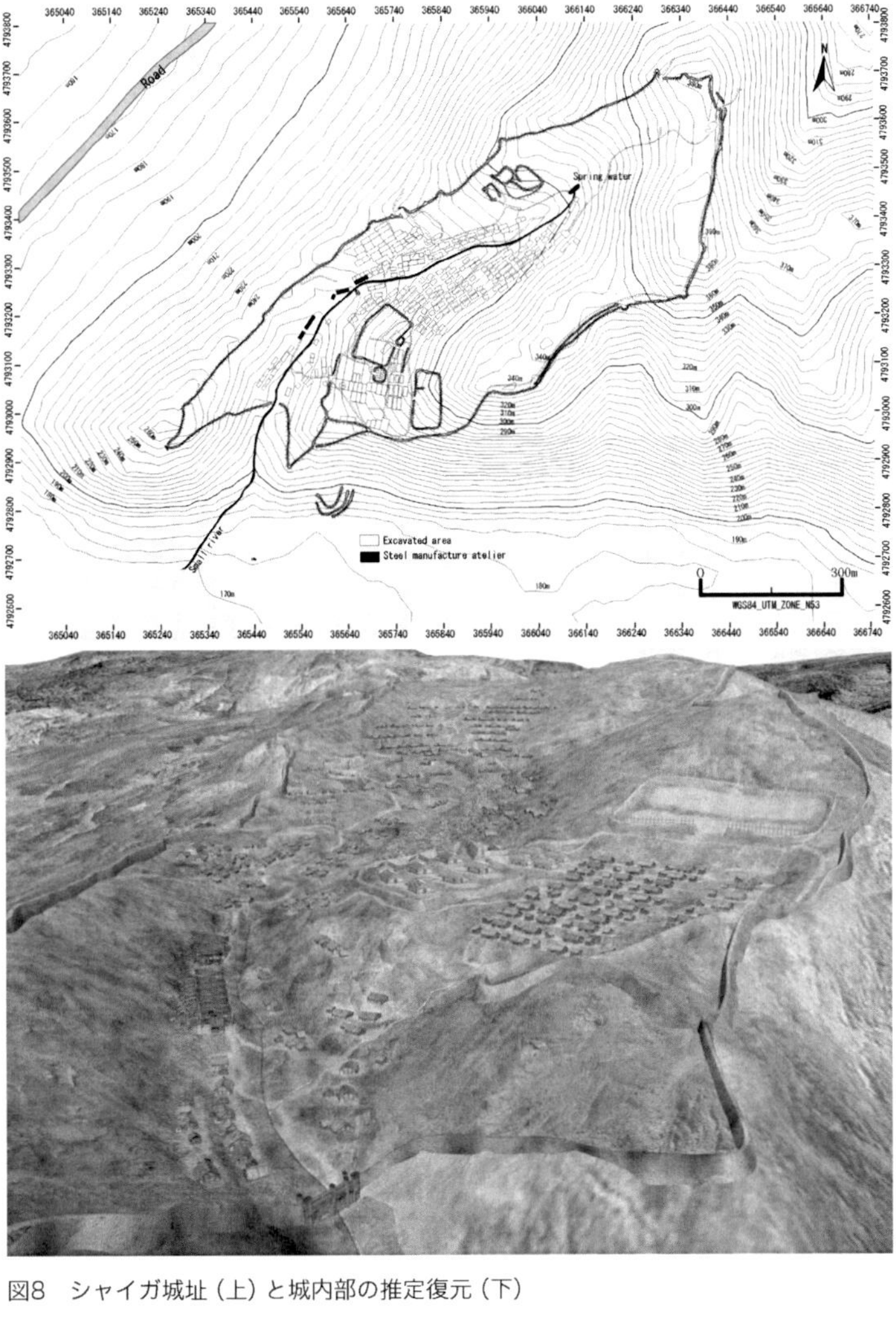

図8　シャイガ城址（上）と城内部の推定復元（下）

ていた。城址の近辺に家畜の飼養場所や畑地が近接して存在しただろう。貨幣や磁器などの搬入品の存在からは、市も近隣にあり、各地の製品が運ばれ売買されていたと考えられる。

以上の点から、軍事的な施設のみではなく、一般住民も生活する空間であったと考えられる。また、内郭内の住居と一般住居区の建物に規模や構造で顕著な差異はなく、構成員間の階層差はさほど大きくない社会であったと考えられる。

この城郭は金末・東夏代におけるこの流域の行政・経済・軍事の重要拠点の一つであったと推定できる。この点を裏付けするのが、一五五号住居址出土の銀牌である。銀牌は、駅伝利用・地方統治の為の身分証の役割を持つ。『金史』には、「銀牌は猛安に授く」とあり、シャイガ城址が猛安クラスの治所であることが分かる。さらに、内郭内の一七四号住居址では「治中之印」銅印が出土した。治中とは、金末において府の副長官をさしており、東夏の官制においてその官職を持つ人物が城内に居住していたものと思われる。流域において治所と推定されるニコラエフカ城址に次ぐ位置を占めていたと推定される。

(5) ノヴォパクロフカ二城址

沿海地方北部を流れるウスリー川支流のイマン川南岸の段丘上に位置する山城である。北側と東側はイマン川に接する断崖に面している。この河川側の段丘面縁は、東側の水門址以外の地点に極めて低い土塁が設けられている。南側と西側には「L」字状に城壁が設けられており、総長は約九八〇メートルを測る。城址全周は約二キロである。城壁は版築により、高さ五〜八メートル、下面幅一〇〜一二メートルの規模で築かれている。城壁には計十五基の馬面が四〇〜五五メートル間隔で付設されている。馬面の上面形は台形で、六×五メートル程の平坦面を形成している。

南側と西側の城壁の前面には堀が巡る。断面は逆台形を呈する箱堀状である。堀の外側には幅三〜四メートル、高さ〇・五〜〇・七メートルの低い土塁が築かれ、城壁と堀の間には犬走り状の平坦面が築かれている。城門は二ヶ所あり、南側の門址は、最高所にあり、両方の城壁から鉤手状の土塁が伸び、虎口を包む甕城となる。ここが正門であろう。

城内北側と東側の中央部にはイマン川に繋がる谷が入り込んでいる。東の谷の出口には中央が開く土塁が築かれており、城門として機能したと推定される。またこの谷の上がり口には平場が形成されている。この門と平場は水運を利用した物資搬入口や管理施設であると思われる。この谷の北側は、低い丘陵となりそのために城内は南北に二分される。そして、やや規模が小さいが、平場は北半の小谷の上部にも作られており、北半部のイマン川からの上り口の一つであったと思われる。

北東隅には小高い丘があり、「L」字状に堀と土塁が三重に巡っている。いずれも低いものであるが、交互に作られている為、高低差が強調されている。内部には平坦面が階段状に作出されている。この丘に立つと、イマン川の流れや周辺を一望することができ、見張りや連絡のための施設がおかれていたと思われる。

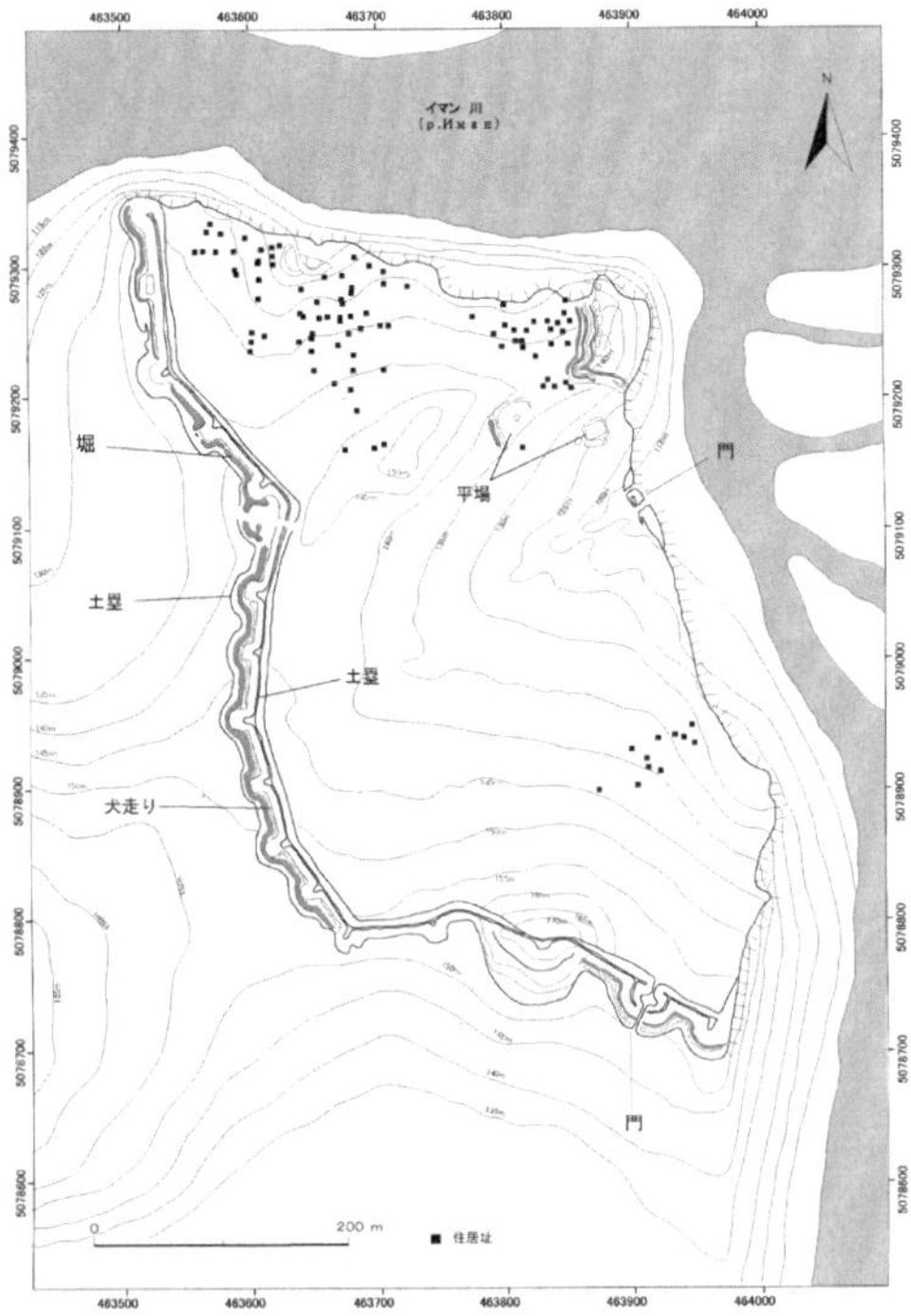

図9　ノヴォパクロフカ二城址

城内は、丘陵や谷が存在するため緩やかな傾斜があるものの、比較的平坦な場所が多い。場内には、特に北半部に径五メートル程度の長方形の浅い落ち込みが多数認められる。このうちの一基が発掘調査され、炕付の住居址が検出された。これは、北半部が主に居住区として使用されたことを示している。しかし、現在城内の南半は畑地として利用され、耕作により地表がならされているため、遺構が確認できないことも影響している。遺物の散布は広く認められるので、住居は城内全域に広がっていたと推定できる。ただし、中央の平坦部分は大型建物が存在した可能性があり、南門周辺では、他の城址で認められるように小型の独立囲郭等の施設が設けられていたであろう。

なお、城内では、パクロフカ文化の陶質土器片、北宋銭（太平通宝、祥符元宝等）、鉄鏃、三足羽釜、鉾、犁といった鉄製品が採集されている。上記の発掘された住居址からも同文化の陶質土器が出土している。パクロフカ文化の陶質土器と三足羽釜のセット関係は中国黒龍江省にある中興古城付近の墓でも出土している。同遺跡では大定通宝（初鋳：一一六一年）も出土している。本城址の年代も十二世紀後半以降と考えられる。

本城址の規模は、沿海地方北部で最大である。イマン川流域以北にもビキン川、ホル川流域に同時期の城址があるが、規模は小さい。これは沿海地方からアムール流域に北上するに従い、認められる傾向である。沿海地方南部を中心とする恤品路（旧：耶懶路）と沿海地方北部やアムール流域を含む胡里改路との厳密な境は不明であるが、ビキン川流域周辺がその候補と考えられる。ノヴォパクロフカ市街には、現在は壊滅しているノヴォパクロフカ一城址（平城）があり、同時期に利用されていたと推定されている。城址の分布密度、規模から見て、本城址や同一城址が恤品路の北辺統治における中心地であったと考えられる。恤品路に含まれる本城内で、アムール川流域に分布の中心を持つパクロフカ文化の土器が出土している点は興味深い。金代にはアムール川流域にも城郭が築造され、金の統治が始まり、金属器・陶磁器・平地住居なども流入するが、一方で、金以前からの地域的な生産品も保持されている。パクロフカ文化は十世紀ころから沿海地方にも領域を広げているが、出土品からは、金・東夏が北辺の在地集団を取りこみ統治を進めた様子がうかがえる。

三、女真城郭都市の検討課題

以上のように、女真の城郭都市の内容を紹介し、生女真の地域社会の様相を述べた。軍事・行政以外に、鉄・農業・窯業などの生産や、鉄製品・銭貨・陶磁器などの流通についても遺構や出土品などから多くの情報が得られている。特に鉄素材・鉄器については、小型の城郭においても工房が確認されることが多く、武器・農工具の生産と分配に各城郭が関わっていたことが明らかである。また、大型城郭以外にも、小型山城である沿海地方北部のクナレイ城址では、城内に倉庫群が確認された。これは、各謀克に置かれた貯蔵倉と考えられ、金以前からあった氏族の共同倉庫に由来すると考えられる（三上一九七二、二一四―二一五頁）。以上のように、女真の城郭都市の調査成果は、生女真の生活・社会の具体像を明らかにする格好の資料であり、金・東夏の歴史研究の重要な資料といえる。

ただし、女真の城郭都市には、人口の集住、政治・経済上の機能などが見てとれ、「都市」という言葉で述べることは可能であると考えるが、いくつかの点で「都市」という概念でくくれるか疑問点もある。例えば、都出比呂志は、都市を食料生産地を持たず農村とは切り離されたものとしている（都出二〇一一）。しかし、女真城郭の場合は、農業従事者が成員の多くをしめ、農耕地も近隣にあったと考えられる。また、人口規模でいえば、数百人という規模を都市に含めるべきかという意見もあろう。大型村落というとらえ方も可能である。また、都市の条件となる、生産・流通の規模や実態も、さらに検討する必要があろう。

一方で、城郭都市の設置に金と東夏の政治権力が関わっていることは確実である。金以前にも以後にも、城郭都市が広範に展開しないことを考慮すると、金国では、軍事の主体となる猛安謀克統治を地方にまで徹底させたことうかがえる。この権力による設定という点では、藤田広夫による都市の定義と整合的である（藤田一九九一）。

一方、金国の集権化と階層化という視点から見ると、多くの山城で確認できる連郭構造の欠如や、建物・施設の等質性から見て、階層性の希薄さ、地方官であ城主層の権力基盤の脆弱さもうかがえる。それがさほど強力なものではなかったことが想起される。

いずれにしても、都市・権力という視点から女真の城郭を詳細に検討していくことが、今後必要であろう。

参考文献

井黒忍「耶懶完顔部の軌跡——大女真金国から大真国へといたる沿海地方一女真集団の歩み」（『中世東アジアの周縁世界』同成社、二〇〇九年）
臼杵勲「女真の考古学」（『北東アジアの歴史と文化』北海道大学出版会、二〇一〇年）
臼杵勲『東アジアの中世城郭　女真の山城と平城』（吉川弘文館、二〇一五年）
臼杵勲、N・アルテミエヴァ編『北東アジア中世城郭集成Ⅰ　ロシア沿海地方金・東夏代1』（札幌学院大学総合研究所、二〇一〇年）
臼杵勲他『北東アジアの中世考古学』（アジア遊学一〇七、勉誠出版、二〇〇八年）
高橋学而「ソ連領沿海州に於ける金代城郭についての若干の考察」（『古文化談叢』、一九八四年）
都出比呂志『古代国家はいつ成立したか』（岩波新書（新赤版）一三二五、二〇一一年）
中澤寛将『北東アジア中世考古学の研究』（六一書房、二〇一二年）
藤田広夫『都市と権力——飢餓と飽食の歴史社会学』（創文社、一九九一年）
古松崇志「女真開国伝説の形成——『金史』世記の研究」（『論集古典の世界像　研究成果報告集V』神戸、二〇〇三年）
三上次男『金史研究1　金代女真社会の研究』（中央公論美術出版、一九七二年）
Артемьева, Н.Г. 1998 Домостроительство чжурчженей Приморья (XII-XIII вв.), Владивосток
Воробьев, М.В. 1983 Культура чжурчжэней и государства Цзинь, Москва

附記　本稿はMEXT科研費15068212による成果の一部である。また、シャイガ城址復元図は、調査データからアートアンドサイエンス社が作成した。

◎コラム◎

ロシア沿海地方の女真遺跡

中澤寛将

なかさわ・ひろまさ——青森県企画政策部世界文化遺産登録推進室・主査。専門は北東アジア考古学。主な著書・論文に『北東アジア中世考古学の研究』（六一書房、二〇一二年）、「北東アジアの葬墓制」（小口雅史『古代国家と北方世界』同成社、二〇一七年）、「北東アジアの都市からみた平泉の特質」（『平泉文化研究年報』第一八号、岩手県教育委員会、二〇一八年）などがある。

一、ロシア沿海地方の女真遺跡

日本海を挟んで対岸地域にあたるロシア沿海地方は、南北にのびるシホテアリン山脈を中軸として、西側の内陸部と東部の日本海沿岸部に区分できる（**図1**）。

内陸部では、中国黒龍江省東寧付近からウスリースク市を経由して日本海に注ぐラズドリナヤ河（綏芬《すいふん》河）、オホーツク海に注ぐアムール河（黒龍江）の支流であるウスリー河、イマン河、ビキン河流域で多くの女真遺跡が確認されている。

日本海沿岸地域では、シホテアリン山脈に水源を持つ小中規模河川が東流し、ルドナヤ湾、ゼルカリナヤ湾、ウラジーミル湾、オリガ湾、ピョートル大帝湾（ナホトカ湾）等の内湾に注ぐ。女真遺跡は、それらの河川流域や湾岸に分布する。

ロシア沿海地方は、金代の行政区分では広義の上京路に属し、その下級路として設置された恤品路に相当する。

二、内陸部の女真遺跡

金代恤品路の中心的な地域は、ラズドリナヤ河中流域、現在のウスリースク市周辺である。ユジノ=ウスリースク城址やザパド=ウスリースク城址等の平地城、クラスノヤロフスコエ城址に代表される山城、完顔阿骨打《ワンヤンアグダ》の挙兵に従った迪古乃《ディグナイ》（完顔忠）の神道碑のほか、ダボラポーレ遺跡群、ザガラドナエ遺跡群をはじめとする集落跡や寺院跡が分布する（拙稿二〇一三）。当該地域では、金代以降に集落数が急増する。集落は政治・行政拠点となる平地城や山城を支える機能を持っていたと推察される。

クラスノヤロフスコエ城址（**図2**）

本城址は、ラズドリナヤ河右岸の丘陵に立地する大規模な山城である。一二一五年に蒲鮮万奴が建国した東夏国の上京に比定されている。

城址規模は面積一八〇万平方メートル、

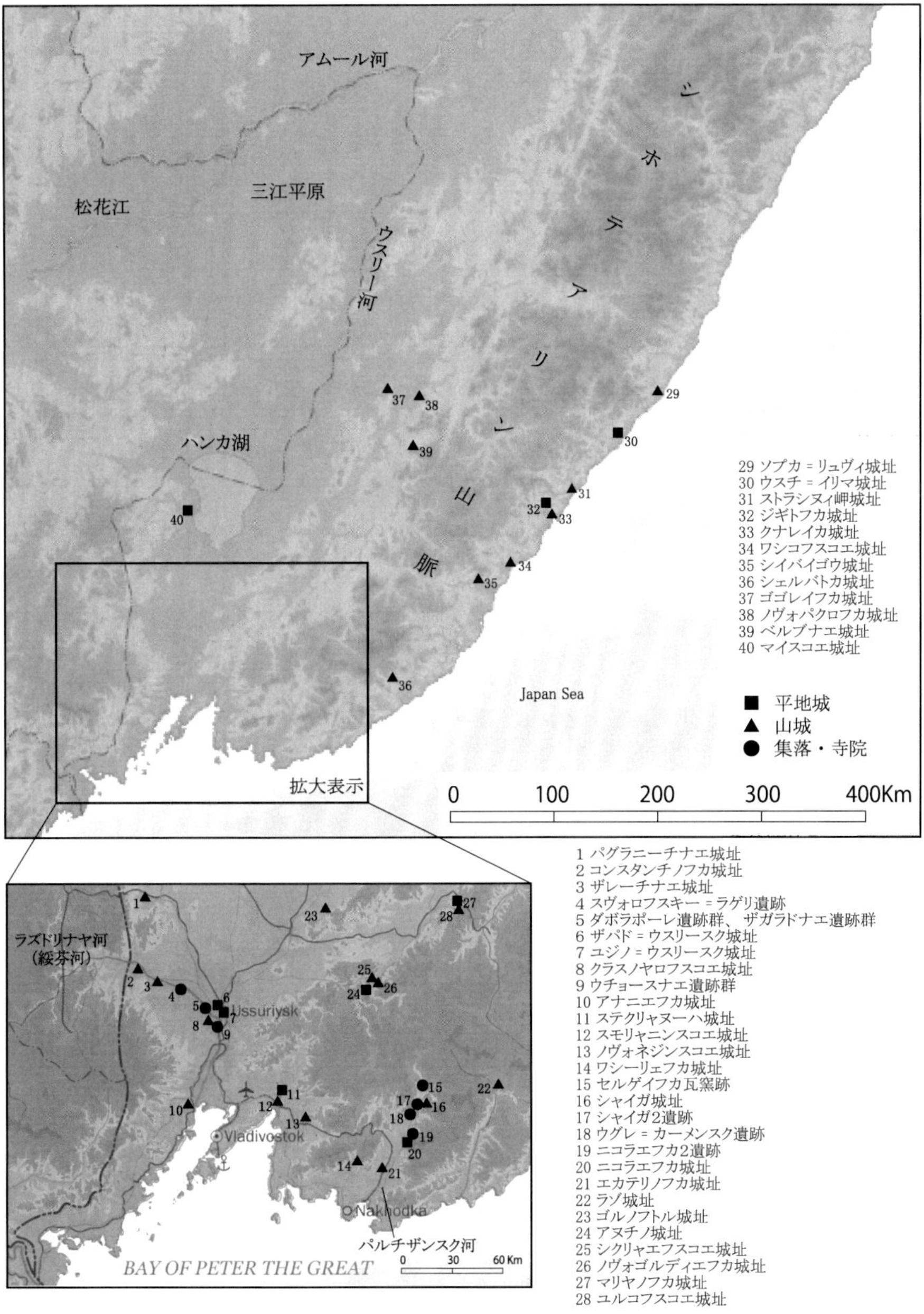

図1　ロシア沿海地方の女真（金・東夏代）遺跡
　出典：国土地理院識別標高図を加工して作成。海域部は海上保安庁海洋情報部の資料を使用して作成。

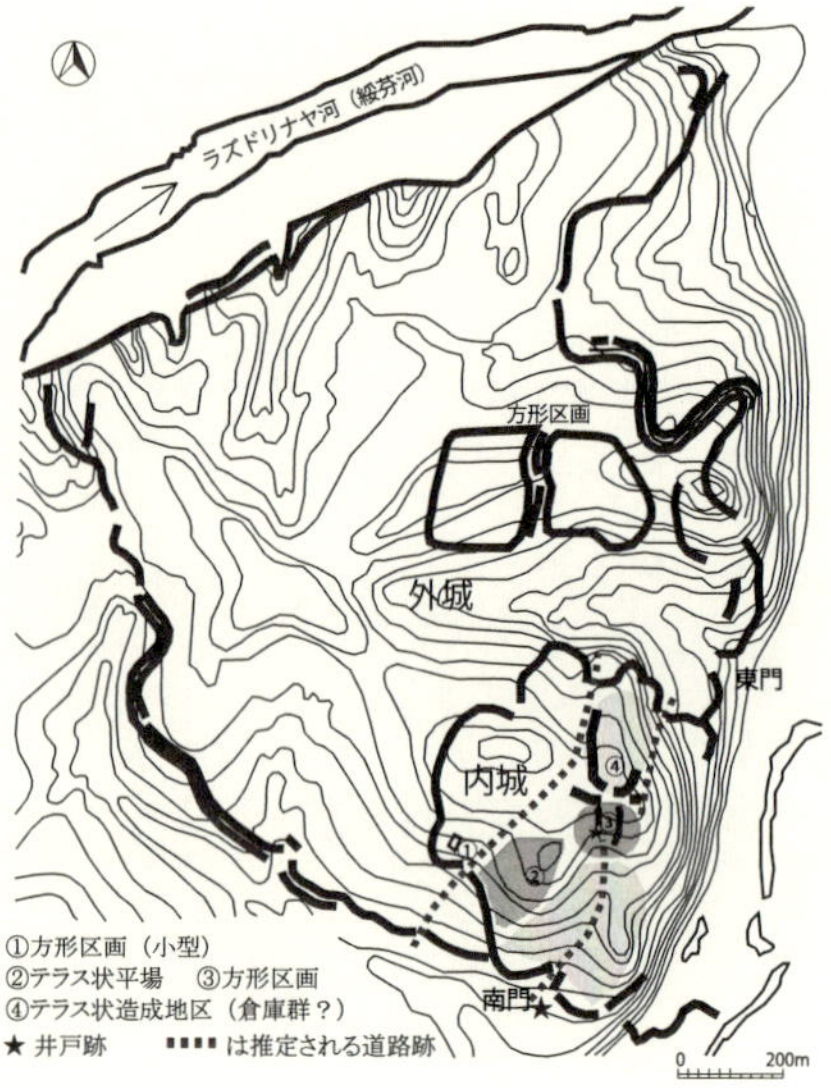

図2　クラスノヤロフスコエ城址

城壁周長は約七キロメートル。城内は、外城・内城から構成される（拙稿二〇一二）。外城には、「方形区画（内郭）」が存在したが、現状では判然としない。

外城には、丘陵全体を囲むように高さ二～六メートルの城壁が巡る。東門から外城中央部に続く緩斜面に居住域が広がる。暖房施設の炕《カン》を伴う建物跡が多数確認されている。そのうち、第一号建物跡から「天泰七年十二月」（一二二一年）の刻字のある「耶懶猛安之印」が出土している。

外城の南東部には内城が設けられている。南門から城内に入ると、谷を挟んだ両側に金属生産工房がある。内城の頂部の平坦面には方形区画があり、礎石建物跡が検出された（**図2③**）。その北側は斜面をテラス状に造成して平場を形成している（**図2④**）。この場所では礎石建物跡が検出され、三鈷杵が出土した。また、周辺には倉庫域や居住域も広がる（**図2②**）。また、内城の西門付近には、高さ一～二メートルの版築土塁で方形状に囲まれた区画（堡塁）がある（**図2①**）。その内部から炕付き建物跡が三棟確認されている。

ザガラドナエ遺跡群

ラズドリナヤ河左岸の微高地に立地する集落群である。クラスノヤロフスコエ城址の北西約二～六キロメートルに位置する。ザガラドナエ14遺跡では、渤海代から金代にかけての陶質土器壺、甕類をはじめ、金代の鈞窯系青磁碗、定窯系白磁碗・皿、黒釉陶器、敵水瓦等が出土している。また、近接するザガラドナエ37遺跡では、金代の陶質土器（壺・甕類）や黒釉陶器、瓦片等が散布している。

ダボラポーレ遺跡群

ラズドリナヤ河左岸の微高地に立地する。クラスノヤロフスコエ城址の北西八～一二キロメートルに位置する。ダボラポーレ1遺跡では、陶質土器（壺・甕類）、施釉陶磁器（黒釉・褐釉陶器壺類、白磁碗・皿類、青白磁碗類）、瓦（草花文瓦当含む）、鴟尾、金属製品、銭貨等が出土している。官衙あるいは寺院跡が存在した可能性が示唆される。

ダボラポーレ8遺跡では、陶質土器のみならず、鈞窯系磁器・定窯系白磁・黒釉陶器が出土している。器種構成は、ユジノ=ウスリースク城址やアナニエフカ城址、シャイガ城址等の金・東夏代の城郭遺跡と類似する。

スヴォロフスキー・ラゲリ遺跡

ウスリースク平野及びラズドリナヤ河を望む、河川右岸の丘陵先端部に立地する。クラスノヤロフスコエ城址の北西約一五キロメートルに位置する。現地踏査の際、丘陵先端をテラス状に造成した平場に平瓦片が散布することを確認した。このほか、獣面瓦・人面瓦、仏像片と推定される土製品、鴟尾と推定される遺物も存在することから、寺院跡が存在した可能性が高い。

三、日本海沿岸部の女真遺跡

女真遺跡は、湾岸や湾に流入する河川流域の谷底平野に分布する（拙稿二〇一五）。河川流域毎に大・中・小規模城郭が配置され、水系の掌握が城郭設置の基準になったと考えられる。特に、内湾から河川を数キロメートル遡った場所に城郭が配置されるという特徴がある。

筆者らは、ナホトカ湾に注ぐパルチザンスク河（蘇城《スウチャン》河）流域で女真遺跡の踏査を実施した（拙稿二〇一三）。この地域は、耶懶《ヤラン》完顔部に比定され、按出虎《アルチュカ》水完顔部とともに女真統一と金建国に功績を残した女真集団が居住した地域とされる（井黒二〇〇九）。『金史』地理志によれば、一一二四年（天會二年）に耶懶路完顔部の集団は「蘇濱水（現在のラズドリナヤ河）」流域に移住したことが記されている。

日本海沿岸南部

パルチザンスク河流域には、シャイガ城址、シャイガ2遺跡、ウグレカーメンスク遺跡（寺院）、ニコラエフカ2遺跡（瓦窯）、ニコラエフカ城址、エカチェリーナ城址等がある。

シャイガ城址は面積約四五万平方メートルで、パルチザンスク河流域最大の山城である。城内では方形状の区画（内郭・堡塁）や炕付き建物跡、鉄生産に関連する工房跡等が確認されている。本城址は当該地域の行政・流通経済上の拠点であり、城内から「治中之印」や銀牌が出土している。

本城址では、桁行六間×梁行五間の切妻式の建物が確認されている。壁面に沿って「コ」の字状に炕が巡り、その焚口は二箇所設置されている。炕付き建物の付近には、倉庫跡と推定される二間×二間の総柱建物が付属する。

このほか、ピョートル大帝湾に注ぐスホドル河流域に面積約五〇万平方メートルのノヴォネジンスコエ城址、シコトフカ河流域にステクリャヌーハ城址や面積約七五万平方メートルのスモリャニンスコエ城址が所在する。日本海沿岸南部には面積四五万平方メートルを超える山城が多く分布し、日本海沿岸部でも重要な地域であったことが示唆される。

日本海沿岸中部

日本海沿岸中部では、マルガリトフカ河流域に面積約六・二万平方メートルのシェルバトカ城址、チョールナヤ河流域に面積約二五万平方メートルのラゾ城址が立地する。また、河川流域の谷底平野を中心に城郭や集落が形成される。

日本海沿岸北部

日本海沿岸北部は居住可能な平野は少なく、湾岸に女真遺跡が存在する。テルネイ湾岸にストラシヌィ岬遺跡、ジギトフカ河流域にジギトフカ城址やクナレイカ城址（図3）、ルドナヤ湾に注ぐルドナヤ河・マナスティルカ河流域にワシコフスコエ城址、ゼルカリナヤ河流域にシイバイゴウ城址、アムグ河の河口付近にソプカ=リュヴィ城址（図4）、ケマ河河口にウスチ=イリマ城址が存在する。

これらの遺跡は河川流域や河口付近に立地する。特に河口からやや内陸に入った場所や、湾を取り囲むように蟹の手状に突き出た半島・岬の先端部に遺跡が立地する。なかでも、面積三万平方メートルのクナレイカ城址、面積約一〇万平方メートルのシイバイゴウ城址は当該地域を代表する金・東夏代の山城である。両城址が立地する場所は、ゼルカリナヤ河を西に進むと内陸のウスリー河流域に繋がることから、ゼルカリナヤ湾岸は日本海沿岸北部の拠点のひとつと推定される。

アムグ村のチョープリー岬遺跡は、海に突き出た岬状丘陵端部に立地する遺跡である。集落は堀（溝）や土塁によって区画されている。内部には住居等が存在するものの、水上交通等の監視施設や高潮・暴風等を避けるための避難所として機能したと考えられる。

図3　クナレイカ城址

図4　ソプカ=リュヴィ遺跡

四、ロシア沿海地方の女真遺跡の特徴

平地城・山城

金・東夏代には平地城や山城が造営される。その建設は、行政機能や人口密度等を考慮して計画的に行われた。

平地城の多くが平面方形を基調とする

が、ニコラエフカ城址のように、河川の流れに沿って城壁が築かれたものもある。

山城は、十二世紀後葉頃から増加する。この時期の山城の多くは、城郭の立地やその構造において共通性を持つ（拙稿二〇一二）。河川流域に立地し、頂上部から城外及び城内を見渡すことが可能な、谷を包み囲むような丘陵・台地の端部に所在する。軍事、生産・流通、住民管理といった各種機能を担保できる選地である。城郭には高さは四〜五メートル、六メートルを超える城壁が巡り、その外側に一〜数条の箱堀（濠）がある。防御性を高めるために馬面・角楼・甕城を伴うものも多い。

城内は、城内頂上部付近の平場に方形区画、主要な門や方形区画付近に約二〇メートル四方の小区画（堡塁）、門付近や水辺のある沢付近に手工業生産関連施設を設ける等、計画的に建物・倉庫等が配置される。さらに、狭隘な谷間を最大限有効利用するため、斜面を削平して階段状に平場を造成し、居住域を確保するという工夫もみられる。

集落・寺院

金・東夏代の集落は、河川流域の沖積地や微高地（ダボラポーレ遺跡群、ザガラドナエ遺跡群、シャイガ2遺跡等）、丘陵先端部や河岸段丘・台地（スヴォロフスキー・ラゲリ遺跡等）に立地する。集落は、城郭を中心に約一〇キロメートル圏内に多数分布し、陸上交通と水上交通の結節点では特に顕著である。

集落規模は、面積一万〜二万平方メートル程度が多いが、ダボラポーレ1遺跡のように七万平方メートルを超える遺跡もある。内部は「コ」の字状に炕を巡らした平地建物や倉庫、土坑等から構成される。瓦葺き建物や土器・瓦・金属生産に関わる工房が設けられることもある。

集落では、城郭と同様に陶質土器主体である。短頸壺・甕・盆を基本器種とする。ウスリースク市周辺では集落でも陶磁器が一定量消費されている。

ラズドリナヤ河中流域のダボラポーレ8遺跡やスヴォロフスキー・ラゲリ遺跡、パルチザンスク河流域のウグレカーメンスク遺跡群のように、獣面瓦・人面瓦や平瓦、鴟尾等を伴う遺跡が存在する。ウグレカーメンスク遺跡では、基壇状の遺構や礎石と思われる大型の石材も確認されている。

金が遼・北宋征伐で中原文化に接触すると、仏教・道教・儒教が浸透する。沿海地方では、金・東夏代に属する寺院跡は発掘調査されていないが、アナニエフカ城址出土の「泰州主簿記」銘を持つ菩薩像、クラスノヤロフスコエ城址出土の「臨潢《りんこう》」の刻字がある三鈷杵等に代表される仏教系遺物は、当該地域でも仏教が受容されていたことを示す。

おわりに

金・東夏代の女真集落の様相については、『三朝北盟会編』や『大金国志』に記されている。それによると、女真は山谷に居住し、集落の周りには板や樺皮で覆われた柵が巡っていたこと。住居は高さ数尺で、屋根は木板・樺皮・草、壁は樹皮等で構築され、住居東側あるいは東南側に門扉があること。住居内部は土床で、床下を掘って暖房施設の炕が設けられ、人々は炕の上で生活していたことなどを伝える。

　この記述は、山間部の女真の暮らしを伝えている。一方、平野部の集落では、発掘調査によって炕付き建物のほか、瓦の散布もみられるなど、記述内容について検証を要する。現状では、城郭に比べ、集落の調査研究は十分でなく、実態がつかみにくい。今後の調査を期待したい。

参考文献

井黒忍「耶懶完顔部の軌跡——大女真金国から大真国へと至る沿海地方一女真集団の歩み」（天野哲也・池田栄史・臼杵勲編『中世東アジアの周縁世界』同成社、二〇〇九年）三一三—三二五頁

臼杵勲『東アジアの中世城郭——女真の山城と平城』（吉川弘文館、二〇一五年）

中澤寛将『北東アジア中世考古学の研究——靺鞨・渤海・女真』（六一書房、二〇一二年）

中澤寛将「金・東夏代女真の集落構造とその特質」『白門考古論叢Ⅲ』（中央考古会・中央大学考古学研究会、二〇一三年）二四一—二五七頁

中澤寛将「中世十三湊の歴史的景観」（中央大学人文科学研究所『島と港の歴史学』中央大学出版部、二〇一五年）一二六—一九七頁

◎コラム◎

金代の界壕——長城

高橋学而

はじめに

王国維氏によって始められた金代の界壕についての研究は、特に前世紀九〇年代以降急速に進展している。現在、多くの研究成果が示され、また、ほとんど定着した感のあった界壕との学術用語に、疑義を呈し長城の呼称を用いるべきだとする理解が示される等、次々に新たな視点が提起されている。二〇〇四年八月、吉林省松原市で開かれた「第三回全国金史女真史学術シンポジウム」では、界壕の定義、構造上の特徴などに大きな注目が集まり、活発な討議が進められた。今回、本稿は、名称の定義に関わる論考には深く立ち入らず、界壕とは金代に築かれた長城、長大な軍事的構造物であるという原則的理解に基づいて整理しておきたい。

一、調査

王国維氏の『金界壕考』公刊以降、金代当時の臨潢路一帯に所在する界壕については、李文信氏が実地に調査を行い、次いで、一九五九～一九六〇年に黒龍江省博物館が東北路の界壕の調査を行っている。また、賈《か》洲《しゅう》傑《けつ》氏は、界壕との名称に疑義を示しつつ、金代の長城線全体の位置、構造上の特徴について総観を試みている。これらの基礎的成果の上に、前世紀後半から、各地域に於ける長城（界壕）の報告が蓄積されるようになって来た。

一方、我が国では金界壕についての専考の論考は多くはない。フルンブイル市の上庫力からモンゴル国へ走行する界壕線沿いの、現在のハイラル北方に所在する古城址、通称チンギス＝カン長城について、ハルピンの東省文物研究会が一九三四年七月に発掘を進めたことを受けて、東亜考古学会が調査を意図したこともあるようであるが、実施されていない。その後、長谷川兼太郎氏が、現在の内モンゴル自治区興安盟ホルチン右翼前旗のソロン近郊の遺構について報告し、次いで、島田正郎氏が巴林左旗に残る界壕の調査を進めている。近年では、今野春樹氏が、一九九九年、二〇〇二年の両年、ハイラル北方の上庫力を起点とする長城とハイラル以南の界壕のそれぞれについて踏査を進めており、その構造上の比較を行っている。

　この他、特筆されるのは、ロシア革命後、ハルピンに拠点を置きつつ研究を進めた東省文物研究所ロシア人研究者の研究である。一九三四年、同所のポノソフ氏は、チンギス=カン長城の調査を行い、一九三九年には、現在の黒龍江省龍興県龍興鎮付近に走行する界壕の調査を進め、金代の遺構であることを指摘している。また、近郊の辺堡の発掘を行い、炉または炕を有する建築址を発見している。

二、界壕の現況

　金代の界壕は、大興安嶺の南面に東北、西南方向に延伸するものが著名であるが、ハイラル北方の上庫力から始まる山脈北方に走行する遺跡についても前世紀七〇年代からは広く知られるようになってきている。馮永謙氏は、前者を嶺南長城、後者を嶺北長城と名付けているが、後者の全長は七〇〇キロメートルを越え、内モンゴル自治区フルンブイル市からロシア共和国に抜けた後、再び中国満洲里市に進入し、次いでモンゴル国ウランバートルの東、オンドルハンの北ケンティ山に伸びている。この長城の造営の時期については、遼、金のいずれか今なお定論がない。本節では主に、金代の遺構として広く理解される、嶺南長城について述べたい。

　金代の界壕として一般に理解されている嶺南長城は、その位置によって、王国維の研究以来、大きく東北路、臨潢《りんこう》路、西北路、西南路の四つの主要な路線に分かたれてきた。以下、簡単に整理する。

（1）東北路

　研究は、他の路線に比べ進捗している。その東端は、嫩江西岸のモリダワ・ダフール族自治旗七家子付近に位置し、西端は霍林河に至る、東北から南西方向に全長約五〇〇キロメートルを測る長城線で、大興安嶺に沿いつつ南麓に築かれている。その北半を現在は嶺東長城、その南半を嶺南長城と称するが、その嶺東長城は、七家子付近から扎蘭屯哈多河郷までの約二五〇キロメートルを指している。城壁の走行線は、北線と南線の二つに分かれるが、馬面も副壕も確認されない簡陋な構造を示す北線に比較し、南線は、現高最高所四メートル、基底部の幅約一五メートル、二重の城墻の内側に位置する内墻には馬面が設けられている。また、その外面には壕が掘られ、更にその前面には外墻が築かれ、外墻前面に壕が掘られている。馬面は、直径一〇メートル前後の半円形を示し、馬面間の距離は、開豁な平原部と自然地形を障害物として活用できる場所とでは相互の間に距離は異なるが、その平均距離は一〇九メートルである。その他、諾敏河右岸と扎蘭屯の大水泉子では、界壕の内外を通じる門口に墻壁を二重に重ね、軍事機能を高めた関隘が発見されている。また、吉林省に於ける東北路の界壕では、ジェリム盟文物普査隊が、一九七五年の四月から六月にかけて調査しているが、その際、全長四八〇キロメートルに及ぶ長城線とともに、六四カ所の辺堡と関隘一カ所が調査されている。また、界壕線の城壁では版築が確認されている。

図1　金界壕走行線

(2) 臨潢路

『金史』地理志の泰州の条には、大定二十一年(一一八二)のこととして臨潢路にはもと二四の堡障が存し、鶴五堡河子から撒里乃までを示すことが記されている。これは、現在の霍林河から巴林右旗一帯に及ぶとされるが、その中央付近に位置する巴林左旗の界壕については、一九三〇年代後半から数次にわたり李文信氏が調査し、その後、項春松氏が調査を進めている。項氏によれば、同地の界壕線は、双壕双墻であり、特に遺構の残りの良好な新浩特の周辺では、外壕の幅は六~八メートル、深さ一メートル余り、外墻は幅一二~一五メートル、現在は隆起が見られるだけであるが、当初は、六メートルを下回ることはなかったと思われる。内壕は、幅一五~二〇メートル、現在の深さは〇・三~一メートルである。内部が平坦であるのは、車両の通行についての配慮と思われる。内墻は、幅八~一〇メートルで、現高二~五メートルであるが、外墻と同じく版築で築かれている。外壕の外縁から内墻内側の基底部まではおおよそ四五~五〇メートルである。

(3) 西北路

西北路の界壕は、現在、河北省の北部に残されている。一九七八、一九八二年の両次の調査によれば、沽源県、豊寧県、康保県を横に貫いて全長八八キロメートルを測るが、界壕は、墻壁、壕、馬面から構成され、その墻壁は、現高一メートル前後、基底部の幅は四~一〇メートル、頂部の幅は、二~七メートルである。ただ、外壕、副墻、内壕、主墻という双壕双墻の構造はまだ確認されていない。その他、東北路の界壕に比較し、版築の様相がより一層明瞭に看取できると特徴付ける理解も示されている。

(4)西南路

内モンゴル中央部から山西省に延びる西南路一帯の界壕の調査は東北路や臨潢路に比べ、やや遅れている状況にある。ウランチャブ市に所在する界壕については、八〇年代初めに報告されたことがあったが、近年、ウランチャブ市から西方に延伸する包頭市のダルハン=ムミンガン連合旗に所在する界壕が調査されている。同地に所在する界壕の基本的構造は、双墻双壕である。外壕は、現在、幅一三メートル、深さ一メートル前後、外墻を挟んだ内壕は、調査地によって幅四二〜一六メートルの相違が見られるように、平坦地では深く幅が広いが、丘陵地では構築規模がより小さい傾向が指摘される。次に、墻壁であるが、外墻は基底部の幅一六〜一七メートル、現高一・五メートル、内墻は一二〜一六メートル、現高二・五〜三メートル、版築で築かれており、内墻外側に平面円形、或いは台形状の馬面が設けられている。一般にその基底部の直径は二〇〜二五メートルである。

本節では、従来の区分に従い、四路に分けて各路の界壕の現況の一部を紹介して来たが、臨潢路の界壕として従来理解されていた界壕については、史料解釈の上で、また、招討司の設置の有無から、臨潢路の界壕として独立したものではなく、東北路を構成する一部分とする理解も示されるようになってきている。

これらの界壕の築造の時期についても大きな研究の対象であるが、僅か一〇〇年余りの金朝の各種の遺物の編年研究が進んでいないことを大きな要因の一つとして、目下の研究は、出土遺物を援用することはあっても発掘資料に立脚して時期を求める考察は見られない。現在示されている見解は、『金史』に散見される関係記事の分析の積み重ねの上に築かれている。それら諸見解は、西北路、西南路については、おおよそ章宗の承安二、三年(一一九七、九八)頃の竣工とする立場で共通するが、東北路については、理解の幅は大きい。その下限は、泰和年間(一二〇一〜一二〇九)から貞祐三年(一二一五)までに完工、或いは造営中というように一三世紀初頭に求めるものが大半である。しかし、起工については、太宗期、熙宗期に求めるものから世宗の大定年間(一一六一〜一一八九)に当てる理解までさまざまである。また、本文、冒頭で挙げた、フルンブイルの辺壕、いわゆる嶺北の長城については、近年、金天会六年(一一二九)、遼の復興を図る耶律大石らを防ぐために遼代の辺壕の上に築いたとする理解が示されている。

三、界壕線内側の構造

各地に残る界壕に関する研究、報告は、各路に見られる構造上の共通点、或いはその相違点に重点を置く理解の二つに分けることが出来るが、これは、調査によって得られた情報の質・量、調査の進捗状況に拠るところが大きいと考える。そのような中でも、やはり共通して注目されるのは、界壕線内側の軍事的構築物の段階的な配置である。

哨戒線的な機能が期待される一部の、界壕線外方の施設を除けば、第一線である界壕線内側には、一辺が二〇〇メートルに及ばない城郭がおおよそ一キロメートル以内に設けられている。それは、単独に設置される場合と、吉林省に於ける調査の事例で明らかなように二箇所でセットを構成する場合がある。これは、水・草を得やすく且つ軍事的な要害の地に築かれると『金史』の説明する辺堡と一般的に理解されているが、要道を抱える関隘のような外方への出入り口近くに設けられることが多い。更に、その辺堡の後方にはより大きな構造を持つ城郭が築かれている。

東北路の界壕を構成する吉林省ホルチン右翼前旗アルダル郷のハイリセンでは、界壕線外方に開く甕城《おうじょう》を有する関隘が設けられているが、その内側に辺堡を設け、更にその後方七・五キロメートルには、好田古城が残されている。好田古城は、南北の二城が存在するが、一号古城は、一辺三〇〇メートルの方形プランを呈し、甕城、馬面、角楼の痕跡が確認されている。二号古城は、その南面一・五キロメートルに所在している。

筆者は、以前、内モンゴル自治区ホルチン右翼中旗に所在する東北路の界壕を訪れ、更にその東に位置する吐列毛杜古城を踏査することができた。古城の西七キロメートルには界壕が走り、霍林河の流れる隘部には甕城が設けられている。その隘部は界壕の内外を通じる幹線をおさえる要衝であるが、その開口部から界壕内側には、二〇〇メートルの間隔を置いて、一辺二〇〇メートルの方形の堡塁が二カ所位置しているが、筆者の訪れた吐列毛杜古城は、更に、その後方に位置している。吐列毛杜古城は、南北に縦長の平面を示す一号古城と、その東に位置する正方形に近い平面の二号古城に分かれるが、図に示すのは、東壁七〇三メートル、南壁五〇四メートル、西壁六八二メートル、北壁四九三メートル、外周二三八二メートルを測る一号古城の東壁である。古城は、極めて軍事的色彩が濃厚で、城壁上には、馬面が設けられる他、四隅には角楼の存在を推測させる基台が明瞭に残されていた。また、城門は、界壕線からは反対に向く東壁と、南壁のそれぞれ中央に開かれ、いずれも甕城が設けられている。更に界壕を背にする方向、東門は南に、南門は東に開いている。また、城内から、金代に時期が求められる鉄刀、鉄蒺藜《まきびし》、鉄矛、鉄鏃など大量の兵器に加え、馬鐙、鞍など多様な生活用具、生産工具が出土したことが注目される。更に、城内中央の区画の中では、整然と配置されている食糧貯蔵穴と推測される窖が六十基以上発見されている。その他、三本の煙道からなる火炕《オンドル》を持つ住居址も確認されている。報告者は、烏古

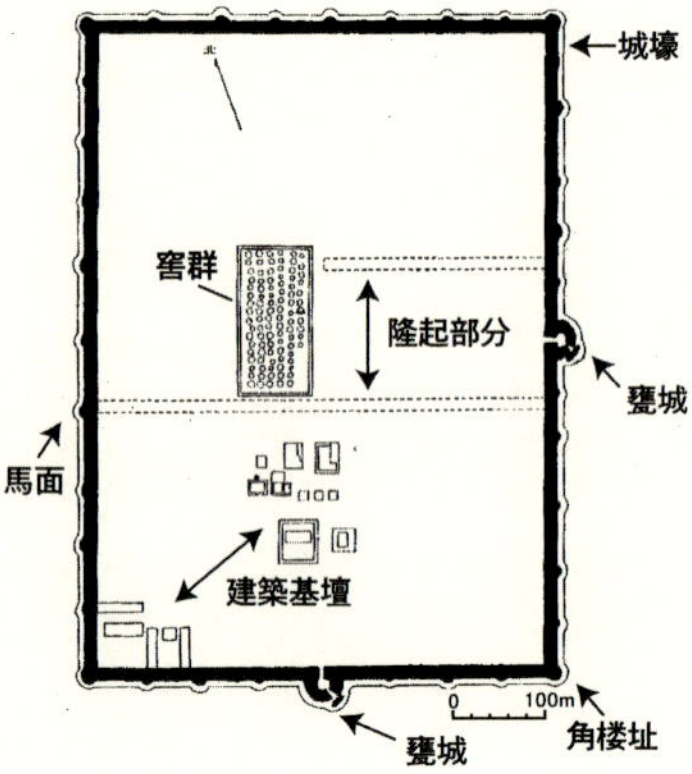

図2　吐列毛杜一号古城平面（張柏忠1982の図に一部加筆）

図4　吐列毛杜付近の界壕墻壁

図3　吐列毛杜一号古城東壁

敵烈統軍司の治所と推測するが、本古城が、界壕に付属する辺堡とともに防衛機構の一端を担った、辺堡の上級機構の所在地であることが推測される。

今、吐列毛杜一号古城について紹介したが、これら、界壕本体に加えて辺堡、城郭群からなる防衛機構全体の在り方については、今後の進捗の期待される研究分野である。界壕管理を招討司の職掌から捉える理解は早くから示され、近年では、孫文政氏が、東北路、西北路、西南路の界壕については、それぞれの招討司が管理を担い、臨潢府管轄下に位置する界壕については、臨潢府路総管府が管理に当たったと理解している。しかし、界壕を中心とする具体的な防衛構想の分析については、多くの研究成果を示すことができない。ただ、上京会寧府を国都とした時期、或いは中都大興府に都に定めた時期と、移動した国都の防衛の観点から防御正面の変化に焦点を当て、界壕の造営・管理を捉える解丹氏の一連の理解は注目される。また、吉野正史氏は、界壕、堡の整備を金帝の巡幸との関係から理解を試みている。金世宗が大定六年（一一六六）以降、頻繁に金蓮川に巡幸するのは西北路招討司から西南路招討司方面に通じる金蓮川の地政学的重要性を踏まえた上で北辺防衛体制の強化・維持を図ったものであるとしている。その他、丹達爾氏は、辺堡の形態から辺堡の機能差に着目し、その防衛機構上の位置付けを試みている。
本節では、大興安嶺に沿いつつ走行する界壕について整理して来た。紙幅の関係上触れることはできなかったが、この界壕とは別に、渤海代に造営の時期を求める理解が呈される一方では、金代、或いは東夏にあっても機能したことが推測される牡丹江辺墻、延辺地区の古長城、或いは、ロシア共和国沿海州でかつて報告されたチャジリムズンの防壁、モンゴル国南ゴビ県に残るチンギス=カン長城等、東北アジアの他の地域にも長城は構築されている。これらもまた、金代の巨大な軍事施設理解のために貴重な資料を提供している。

おわりに

以上、金代の界壕について簡単に紹介を試みてきたが、最後に、その性格に関して付記しておきたい。

まず、指摘されねばならないのは、縦深性に対する配慮である。長大な防御線を構築する場合、撃退するに足る膨大な人員・物資の展開ができなければ俗に言う水際作戦で侵攻する敵軍を阻止することは困難である。加えて、数百キロメートルに及ぶ防衛線上に、撃退に足る人員を配置するなどは非現実的である。実際的且つ効率的な防御構想は、侵攻する敵軍にその防衛線の突破を許しても、防衛線内部に包み込みつつ侵攻側の戦闘力の漸減を図ることである。長大な防衛線に多くの兵士を貼りつかせても、その侵攻軍による突破を許せば、防衛体制の全面的な崩壊を生じかねない。しかし、侵攻推定路を中心として縦深陣地を構成することで、一部の突破はやむを得ないものとしても、侵攻軍による一点突破・全面展開の危険性は排除され、防衛ラインが全面的にその機能を失う恐れは生じない。この意味で、本文中に述べた金朝の界壕線内側の防御構想は、理に適ったものと言える。更に言えば、この防御構想の機能的な運営を考える時、長大な防御線に駐屯する部隊とは別に、侵攻する敵側の勢力、方向、意図に応じて柔軟に対応し得る機動性の高い野戦軍とでも言うべき部隊の存在が推定可能であると考える。そこには、防衛側の兵士集団間の錬度、騎兵の多寡も含めた編制、専門性に於ける相違も想定される。界壕を起点に、戍堡、辺堡、軍事的機能が濃厚な城郭、ついで招討司、更には国都に至る極めて段階的な軍事拠点の配置、或いはそれらを運用する階梯的な機構の存在は、界壕線防衛上の縦深性に対する金朝の深い理解を端的に示す証左と捉えることが可能である。それは、長大な防御正面を持てば持つほど縦深性は確保されねばならないという原則に対する理解である。同時に、その理解は、複数の情報源から逓伝される情報の縦深性への配慮にも支えられていると考える。

次に、述べたいのは、界壕の持つ攻勢的な機能についてである。界壕に設けられた甕城《おうじょう》が内側に設けられるだけでなく、稀に外側に開くものが存するのは、本文でも述べているが、このような攻勢的な機能を個々の関隘というような局所的な一拠点としてではなく、状況によっては、界壕全体の一つの機能として捉えることができるのではないかと考える。防衛側の金軍が迎撃し、反転攻勢に移る際には、界壕線は長大であるがゆえに、作戦行動地域のどこからでも到達し得る点、即ち、人員・物資の補給可能な兵站線ともなり得るという意味に於いて、界壕は極めて攻勢的な存在に転化し得ると考える。界壕の理解を進める際には、以上に述べた二つの観点からも理解が求められることを本稿の末尾にあたり指摘しておきたい。

参考文献

馮永謙「第三届全国金史女真史学術研討会」(『松原日報』二〇〇四年八月二四日)

今野春樹「遼金代の長城について——その目的と機能の比較」(文部科学省科学研究費補助金特定領域研究:中世考古学の総合的研究——学融合を目指した新領域創生——空間動態論研究部門計画研究〇一—二『北東アジア中世遺跡の考古学的研究　平成一五・一六年度研究成果報告書』二〇〇五年)四八—六二頁

張柏忠「吐列毛杜古城調査試掘報告——兼論金東北路界壕」(『文物』一九八二—七)三五—四三頁

解丹「論金長城的整体空間布局与京都位置的関係」(『城市規劃』二〇一四—四)七〇—七三頁

吉野正史「巡幸と界壕——金世宗、章宗時代の北辺防衛体制」(『歴史学研究』二〇一八—七)一三—二五頁

丹達爾「金界壕沿線辺堡的類型学研究」(『内蒙古師範大学碩士学位論文』二〇一三年)本文全五〇頁

Gongchig Batbold「南戈壁省〝成吉思汗界壕〟歴史時期考」(『中世紀都城和草原絲路与契丹遼文化国際学術研討会——紀念遼上京建城一一〇〇周年会議手冊』二〇一八年)三一—三六頁

金代の在地土器と遺跡の諸相

中澤寛将

金代の土器は、陶質土器と瓦質土器に区分できる。陶質土器が主体を占め、壺・甕・盆が基本器種となる。煮炊きに用いる深鉢はない。また、当該期には陶質土器・陶磁器・金属器が相互し合いながら使用される。中原産の陶磁器の広域流通や金属製煮炊具の普及等が、在地土器の生産のあり方に影響を与えたと推察される。

はじめに

一一一五年、現在の中国黒龍江省阿城市付近に拠点を置いた完顔阿骨打は、女真の統一を進め、金を建国した。その後、金は遼を滅ぼし、さらに北宋の都・開封を占領し、華北に進出した。

女真は、現在の中国東北部及びロシア沿海地方に居住していたツングース系民族である。女真は、旧渤海国管下の靺鞨《まっかつ》の系譜を引くと考えられている。遼代の女真は、遼（契丹）に服属した「熟女真《じゅくじょしん》（係遼籍女真）」、遼の直接支配が及ばず、伝統的な生活を維持した「生女真《せいじょしん》」に区別されていた。前者は現在の第二松花江以西や遼寧省周辺、後者は松花江やアムール河流域、沿海地方に居住していた。

遼代から金代にかけての女真の生活については、『三朝北盟会編』や『大金国志』等の文献史料に描かれている。さらに、中国・ロシアで行われている女真遺跡の発掘調査成果等も、女真社会の実態を知る手がかりとなる（**図1**）。

本稿では、金代（一一一五～一二三四）及び東夏代（一二一一

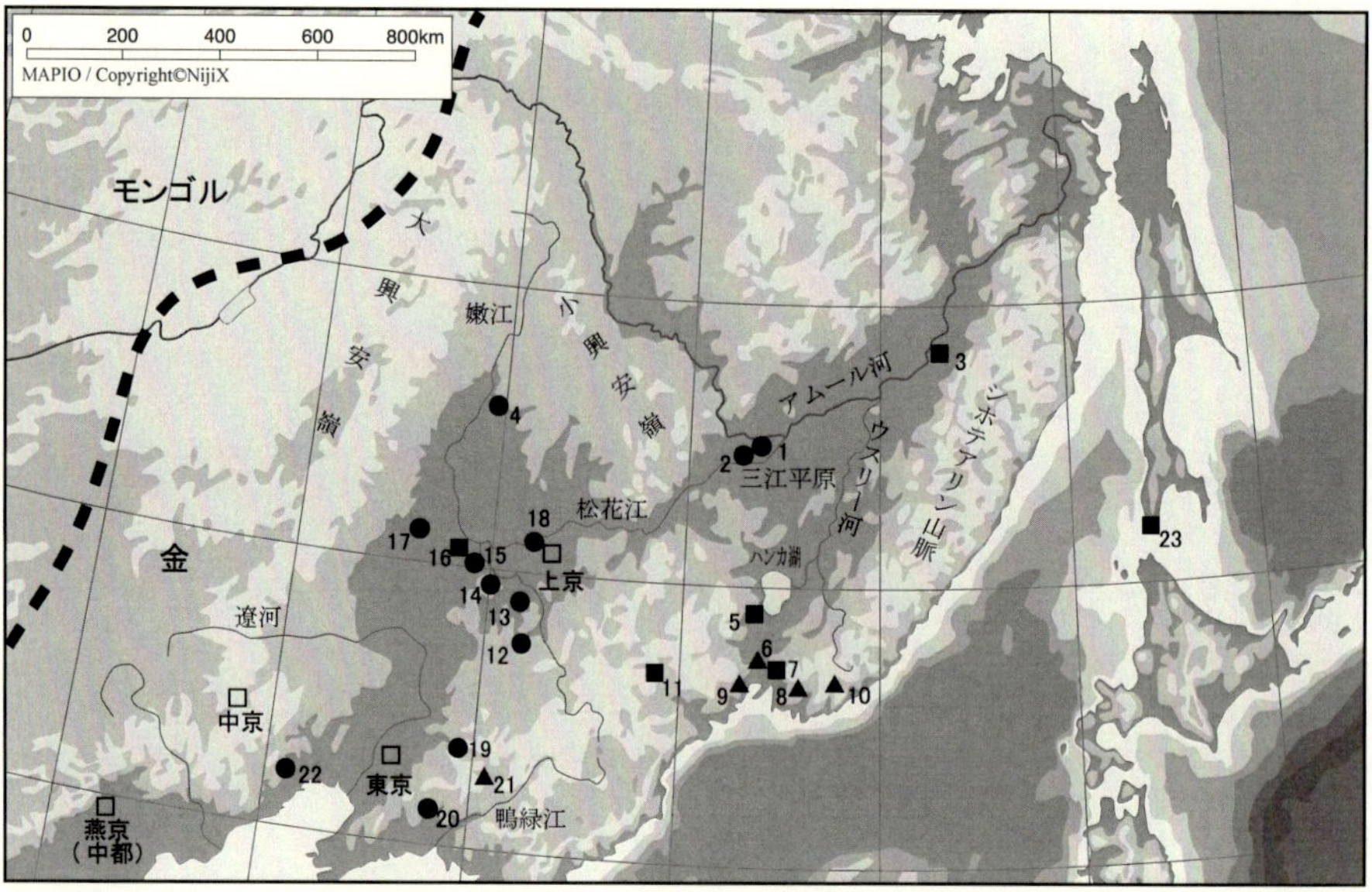

図1　本稿で対象とする女真遺跡（金・東夏代）の分布図
1　中興墓地　2 十二連墓地　3 ジャリ城址　4 斉斉哈爾東門沁遺跡　5 マイスコエ城址　6　クラスノヤロフスコエ城址　7 ユジノ=ウスリースク城址　8 シャイガ城址　9 アナニエフカ城址　10 ラゾ城址　11敖東城遺跡　12 前坡林子遺跡　13 攬頭窩堡遺跡　14 農安金代窖蔵、草房王遺跡　15大安后套木嘎遺跡　16 塔虎城跡　17 白城永平遺跡　18 新香坊墓地　19 撫順唐力村金代遺跡　20岫岩長興遺跡　21 五女山城　22 朝陽召都巴金墓　23 白主土城

五～一二三三）代の遺跡から出土した土器を対象とし、女真社会の一端について考察する。

一、金・東夏代遺跡出土の在地土器

（1）金建国以前

女真の前身とされる靺鞨は、海や河川に面した丘陵や台地に集落を構築し、竪穴建物で生活を営んだ。彼らは、深鉢形・壺形を呈した土器（靺鞨罐《まっかつかん》）を使用した。この土器は低温度で焼成された軟質土器である。

六九八年に渤海が建国されると、各地に平地城が造営された。平地城では陶質土器や黒色土器が使用された。器種は短頸壺・短頸瓶・長頸瓶・甕・鉢・浅盆・盤・甑《こしき》・碗・坏《つき》・皿・蓋・三足器・硯、橋状または板状の把手をもつ壺・鉢・盆等多様である。

八世紀末葉以降、都城や一部の平地城に邢窯系白磁や越州窯系の青磁などの中原産陶磁器が流入する。また、渤海領内では三彩も生産される。それと連動するように、施釉陶器を模倣したと推定される黒色土器が登場する（**図2**）。その表面は丁寧に磨かれた後に黒色処理され、光沢を有する。器種は高台付き埦・皿、浅盤等供膳に関わるものが多い。金属器・陶磁器・黒

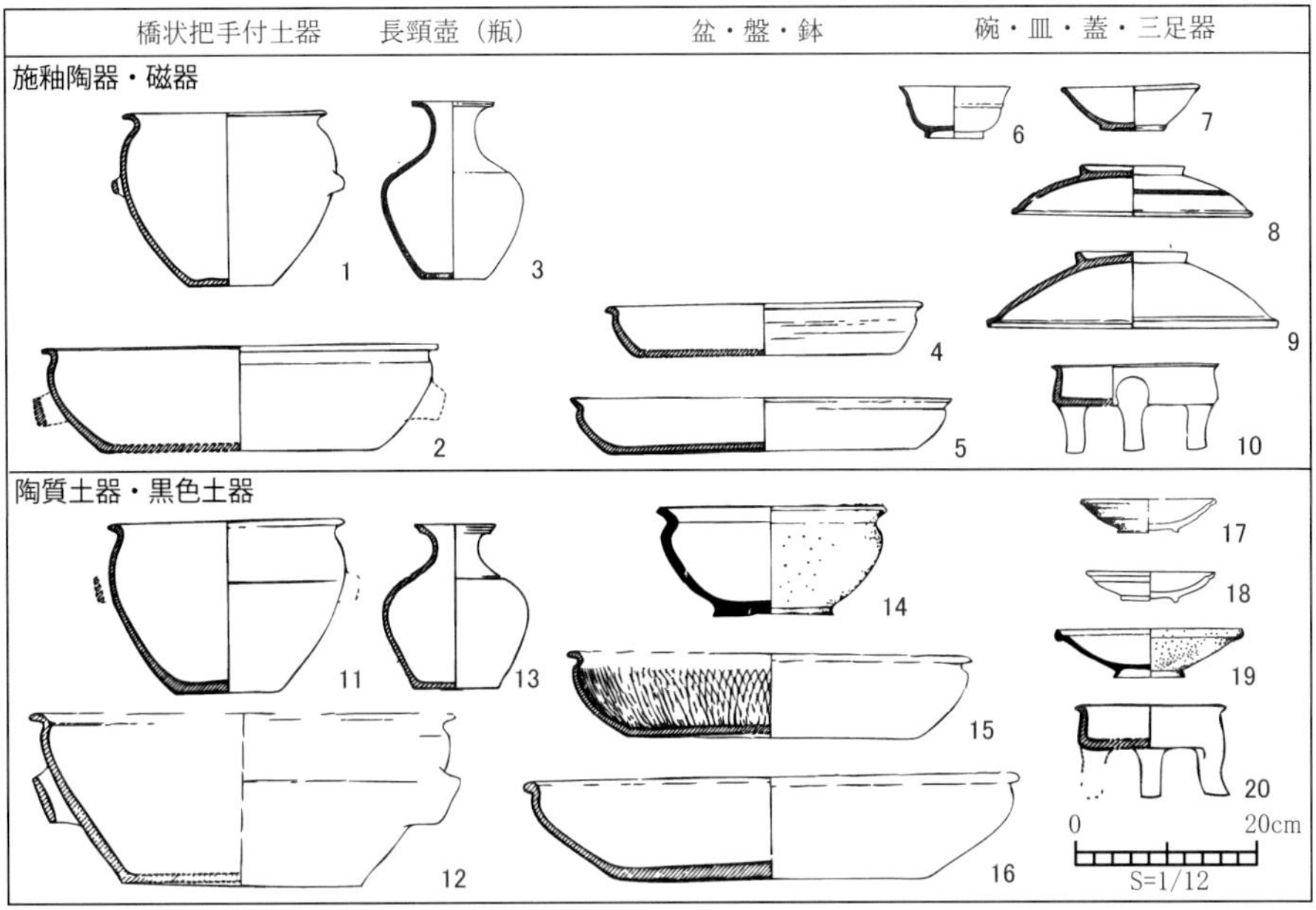

図2　渤海の施釉陶器・磁器（上段）・陶質土器・黒色土器（下段）（拙稿2012改変）
1 三彩（橋状把手付壺）　2 黄釉陶器（橋状把手付盆）　3三彩（長頸瓶）　4 黄緑釉陶器（浅盆）
5 浅緑釉陶器（盆）　6 絞胎器（碗）　7 邢窯白磁（碗）　8 黄釉陶器（器蓋）　9 黄緑釉陶器（器蓋）
10 三彩（三足器）　11-14, 16, 19, 20 陶質土器
15, 17, 18 黒色土器（1-2, 4, 5, 8-10, 11, 12, 15, 16：上京龍泉府「堆房」遺址　7：上京龍泉府系里坊遺址　14, 19：上京龍泉府第三号門西T1　3, 6：北大墓地M7　13：羊草溝墓地M110　17：クラスキノ城址第34調査区　18：クラスキノ城址井戸跡）

色土器・木器・漆器等食器の素材・色に応じて、容器の階層差が存在した可能性がある（拙稿二〇一二）。一方、集落では、靺鞨罐やロクロ製の深鉢を主体とし、陶質土器が客体的な遺跡も多い。

渤海衰退期の十世紀前葉には渤海領域内に契丹系の土器が流入する。また、アムール河中流域ではパクロフカ文化（九～十一世紀）、沿海地方ではニコラエフカ文化（十一世紀）、松花江以南では契丹文化が展開する（図3）。

（2）金・東夏代

金・東夏代の土器は、陶質土器と瓦質土器に区分できる。

陶質土器は、ロクロを用いて形を整え、釉薬をかけず還元焼成されたものである。器面の色は灰色あるいは灰褐色を呈する。胎土に礫がほとんど含まれず、きわめて堅緻である。ロクロの回転力を用いて表面を調整しているものも多い。

瓦質土器は、陶質土器と同様にロクロを使って形を整え、焼成の最終段階に窯を密閉して燻し焼きをし、器面に炭素を付着させたものである。器面の色は黒色を呈する。ヘラ状工具を用いて器面

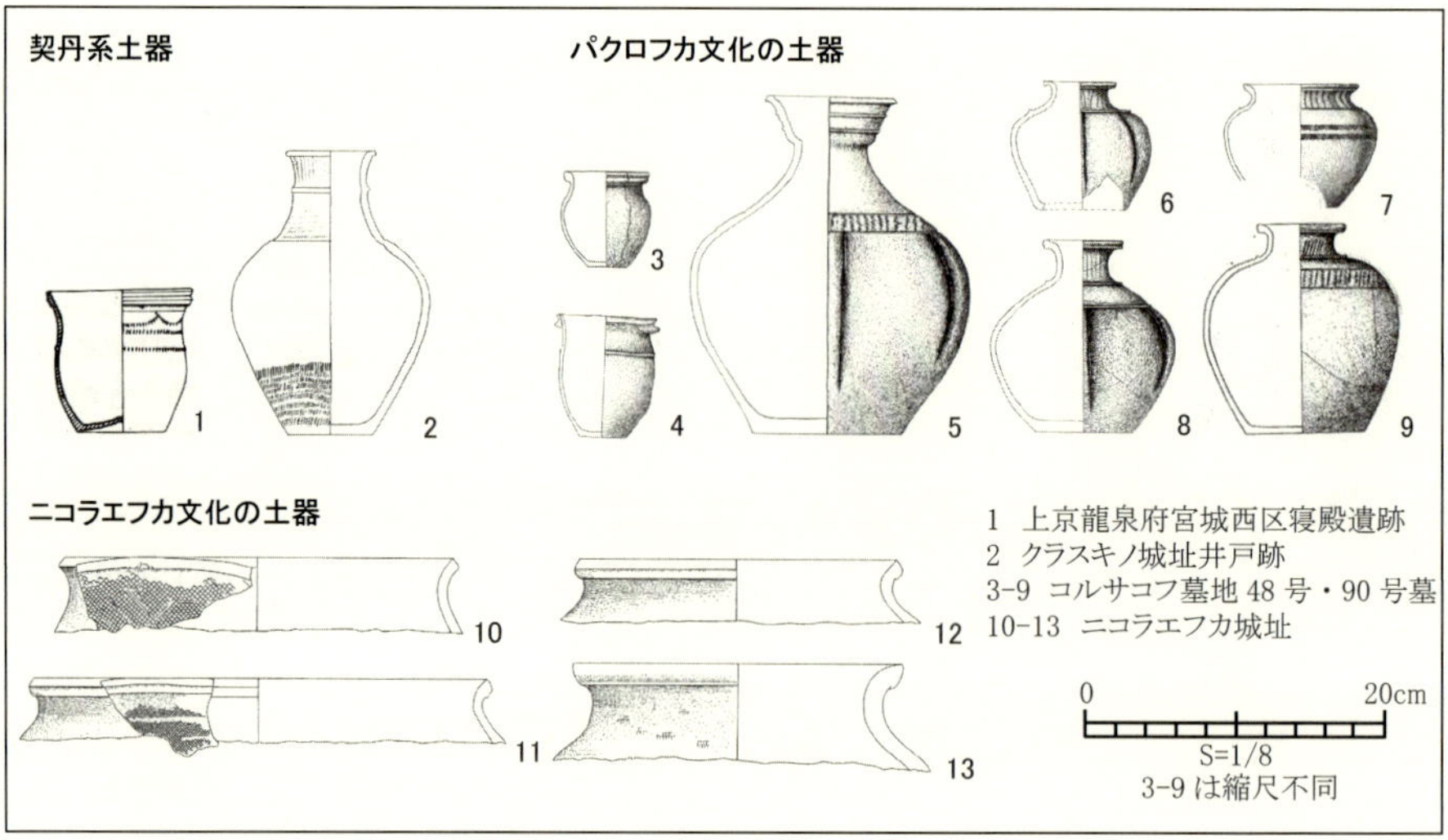

図3　金建国以前の土器（10～11世紀）

が磨かれたものは黒く光沢を有する。胎土には礫がほとんど含まれず、緻密である。陶質土器に比べて軟質気味であるため、低温で焼成されたと考えられる。

器種は、壺、甕、瓶、盆（鉢）、甑（蒸し器）、碗、皿等がある。壺・甕・盆が基本器種である。金建国以前に普遍的にみられた煮炊き用の深鉢（靺鞨罐）はない。主体となる壺は、頸部の長さを基準にすると、長頸壺・短頸壺・無頸壺に区分できる。また、壺の肩部に縦位の把手を持つ双耳壺もある。

金領域内でみられる甕や盆は、口縁端部が外側に折り返され、断面形が「の」字状を呈する「巻き口縁」が多い。このような口縁形態は遼代に萌芽があり、金代に浸透する。

土器表面の頸部や胴部に文様を施したものもある。棒状工具による沈線文［横走沈線、波状沈線］、ヘラ状工具による暗文風のミガキ、粘土紐を貼り付けた隆帯文［隆帯上に連続的に指頭又はヘラ状工具で押圧、隆帯上に連続的に縄を押圧］のほか、円筒状又は棒状の型に文様を付け、それを土器表面に押し付けて回転させて連続的に文様を施す技法もみられる。回転施文と呼ばれ、篦《へら》点文、三角文、方角文、短線文等がある。文様には地域差や時期差もある。

金代以降、土器に加え、陶磁器が広く普及する。中国河北省の定窯産白磁を中心に、陝西省の耀州窯系青磁、河北省の磁州窯系陶器、河南省を中心に各地で生産された鈞窯系青磁（天藍釉・天青釉）、在地生産の白磁や白釉陶器、黒釉陶器、褐釉陶器等がみられる。特に、金代には定窯及びその系譜を引く白磁碗・皿、褐釉・黒釉陶器の壺・甕が普及する。

二、金代の遺跡と在地土器

金は、遼の制度を踏襲し、領域内に上京をはじめとする五京を設置し、上京路・咸平路・東京路等の十九の行政区域に分けて支配した。特に、女真族の統治にあたっては軍事組織と行政組織を兼ねた猛安・謀克制を採用した。これは、三〇〇戸を一謀克とし、十謀克を一猛安として、女真族を編成するシステムである。現在までに、都城や城郭（平地城・山城）、集落、寺院、手工業生産関連施設等で発掘調査が行われている。以下、特徴的な遺跡を取り上げる（図4）。

（1）都城・城郭（平地城・山城）

金代の城郭遺跡は、平地城と山城に大別される。前者は沖積地や河岸段丘、台地等の平地に立地し、方形・不整方形に城壁がめぐる。後者は丘陵や段丘、独立丘に立地し、谷を包み込むように尾根に沿って城壁がめぐる。特に、山城は吉林省南部、黒龍江省東部、ロシア沿海地方を中心に多く分布し、金代後半に増加する。

金上京

中国黒龍江省哈爾濱《ハルビン》市阿城区に所在する。松花江中流域に注ぐ阿什河左岸の河岸段丘に立地する。この地域は、金を建国した生女真完顔氏の本拠地であり、阿什河は「按出虎水《アルチュカ》」と呼ばれた。金上京は、南城と北城で構成され、平面形がL字形を呈する。その規模は、城壁周長が約十一キロメートル、総面積が六・二八平方キロメートルである。南城が女真貴族の居住域、北城が商工業域と考えられている（秦二〇〇四）。城壁には馬面・角楼を伴い、門は甕城《おうじょう》構造となる。

近年、皇城西区中央部で発掘調査が行われ、墻壁によって方形あるいは長方形に区画され、その内部から基壇建物跡が三棟（一号〜三号台基址）確認された（黒龍江省文物考古研究所二〇一七）。調査区内から出土した土器・陶磁器はわずかであるが、陶質土器は壺・盆の破片、陶磁器は碗・盒子《ごうす》（蓋付きの容器）、短頸壺・双耳壺が出土した。

遼上京

遼上京は、契丹が草原地帯に造営した遼の都城である。中国内蒙古自治区巴林左旗に所在する。北側の皇城と南側の漢城から構成される。皇城内にある宮城二号殿院落遺址の発掘調査において、遼代の建築遺構を壊して金代の建物や陶器窯を構築したことが確認されている（中国社会科学院考古研究所

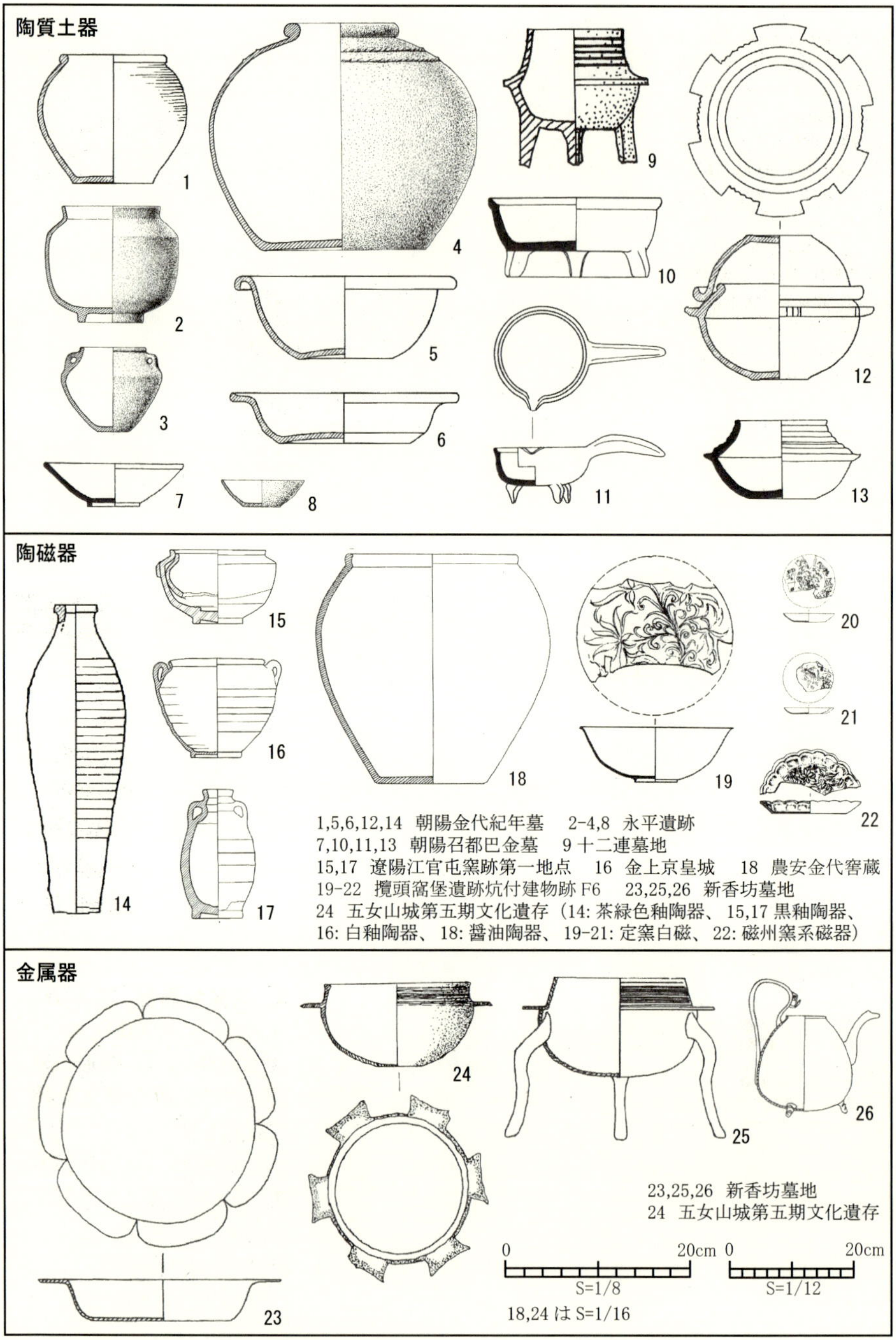

図4　陶質土器・陶磁器・金属器の器形

内内蒙古第二工作隊・内蒙古文物考古研究所二〇一七）。宮城南門付近からは、金代に属する暗文風のミガキ文様のある陶質土器短頸壺、黒釉陶器双耳壺等が出土している。

塔虎城跡

吉林省松原市前ゴルロス・モンゴル族自治県に所在する。松花江と嫩江により形成された松嫩平原に立地する平地城である。平面正方形を呈し、その規模は周長五二一三メートルを測る。城壁には半円形状に突き出た馬面、城壁四隅に角楼を伴う。城内からは炕を伴う平地建物跡、土坑、窯跡、道路跡等が確認されている（吉林省文物考古研究所二〇一七）。陶質土器は短頸壺・長頸壺・甕・盆・甑、陶磁器は定窯・仿定窯の白磁碗・皿・鉢、鈞窯系青磁碗、黒釉陶器双耳壺、白釉陶器の長壺（鶏腿壜《けいたいびん》）等が出土している。

ユジノ＝ウスリースク城址

ロシア沿海地方ウスリースク市に所在する平地城である。金代恤品路の治所と推定されている。発掘調査の結果、陶質土器壺・瓶類をはじめ、定窯系・仿定窯白磁、鈞窯系青磁碗・皿、磁州窯系白釉陶器、褐釉陶器の大甕、龍泉窯系青磁、象嵌高麗青磁等が出土した。青磁主体であり、器種構成は哈爾濱市郊外元代窖蔵と類似する。年代については、金代晩期の遺物は少なく、龍泉窯系青磁や象嵌高麗青磁が伴うことから元代以降のものも含まれると推定している（拙稿二〇一二）。

マイスコエ城址

ロシア沿海地方と中国黒龍江省との国境地帯にあるハンカ湖（興凱湖）の南西に位置する平地城である。恤品路管轄に相当する。井戸跡から陶質土器の短頸壺・長頸壺が出土した。瓶類は丁寧にヘラミガキがされている（拙稿二〇一二）。

（２）集落

金代の集落は、河川や湖沼沿岸の沖積地、河川流域の丘陵に立地する。その規模は大小さまざまで、五〇〇〇平方メートル程度の比較的小規模のもの、一五万平方メートルを超えるものもある。当該期の集落の全体像が判明した事例はなく、遼代から継続するものも多いため、「遼金遺跡」と一括して報告される場合が多い。

集落の周りには土塁や堀はなく、内部は建物、土坑、カマド状遺構、墓等から構成される。建物は平地式の掘立柱建物が主体である。平地建物は、平面長方形を呈し、壁に沿って「L」・「コ」の字形に暖房施設の炕《カン》がめぐる。建物面積は二〇～三〇平方メートル、四〇～六〇平方メートルのものが多く、吉林省攬頭《らんとう》窩堡《かほ》遺跡建物跡F６のように一五〇平方メートルを超えるものもある。

カマド状遺構は、径〇・五メートル程度の平面円形・楕円形を呈した焚口と、それに接続する長さ〇・五～一メートル程度の煙道から構成される。このような遺構は、吉林省西部、内モンゴル自治区や遼寧省の遼河流域等でみられ、遊牧民の習俗である屋外炊事を示す指標として認識されている（遼寧省文物考古研究所二〇一二）。

このほか、集落内に生産関連施設が伴うこともある。吉林省四平市前坡林子遺跡では、炕付きの平地建物とともに陶質土器の窯跡が一基確認された（吉林省文物考古研究所他二〇〇六）。窯跡内から壺・甕・盆・甑等が出土し、器表面に草花や鳥、魚等の文様を施したものもある。吉林省大安市尹家窩堡遺跡では塩を精製したと推定される遺構が確認されている（吉林大学辺疆考古研究中心他二〇一七）。

攬頭窩堡遺跡

吉林省徳恵市に所在し、第二松花江支流である伊通河と飲馬河に挟まれた緩やかな丘陵地に立地する集落跡である（吉林省攬頭窩堡遺跡考古隊二〇〇三）。発掘調査の結果、炕が壁面に沿って「コ」の字状にめぐる平地建物が十二棟確認された。特に、建物跡F６は面積約一六〇平方メートルで、屋根に瓦が葺かれたていたと推定されている。建物内からは、翠藍釉（孔雀藍釉）印花磁器盤をはじめ、陶磁器が多く出土した。このほか、定窯・仿定窯の白磁碗・皿、白磁水注、河北省で生産された黒釉陶器碗（天目）、陶質土器の短頸壺、長頸壺、玉壺春瓶、甕、胴部にアーチ状の把手が一対ある広口壺、頸部に半円形の板状の把手が一対ある無頸壺、盆、甑、香炉等が出土した。なかでも、玉壺春瓶は銅器を模倣したもので、頸部から体部にかけて雷文や雲形文が施されている。また、同遺跡では雷文が施された陶質土器香炉も出土している。

永平遼金遺跡

吉林省白城市に所在する複合遺跡である。二〇〇九～二〇一〇年の発掘調査の結果、大型の基壇建築遺構や炕付きの竪穴建物跡、屋外炉、土坑等が確認されている（吉林省文物考古研究所編二〇一五）。層位関係により、第一期（寺廟建築群）、第二期（村落建築群）、第三期（近代墓葬）に区分されている。第一期は南北方向を中軸として南門・正殿・後殿が配置され、それらの東西にも基壇建物がある。遼代に造営され、金代まで継続した仏教寺院と考えられている。第二期には炕付きの建物跡や土坑、屋外炉等が確認され、金代の村落跡と推定されている。

陶質土器は、壺（罐）・双耳壺・甕・盆・碗・皿・硯等があり、壺・盆主体である。壺には装飾がみられるものもあり、肩部に隆帯を貼り付けてヘラ状工具や指頭、縄で連続的に押圧したものや回転施文具を用いたものがある。陶磁器は仿定窯白磁が多く、白釉・乳黄釉の白磁碗・鉢、「礼三艾」・「廿三」と刻文のある緑釉長壺（鶏腿壜）が出土している。

草房王遺跡

吉林省農安県に所在する集落跡である（吉林省文物考古研究所・農安県他二〇〇九）。当該地は済州（後の隆州）の管轄下である。陶質土器は双耳壺、長頸壺、甕、盆、甑、白磁の碗、皿、盆が出土した。陶質土器の口縁部は巻き口縁で、表面にはヘラ状工具で暗文風の装飾を施したものもある。陶磁器は玉縁口縁白磁碗・醤釉陶器壺類が出土した。

八棵樹金代遺跡

吉林省梨樹県に所在する集落跡である（吉林省文物考古研究所・四平市文管辦他二〇〇九）。器種構成は、陶質土器短頸壺・甕・盆・甑、定窯・仿定窯白磁碗・皿である。

唐力村金代遺跡

遼寧省撫順市に所在する（王維臣・温秀栄二〇〇〇）。L字状に炕がめぐる建物跡が検出された。陶質土器は短頸壺・双耳壺・盆・橋状把手付土器（甑）・長壺（鶏腿壜）等からなるが、壺・盆が主体を占める。陶磁器は白磁を中心に、黒釉・醤釉陶器がみられる。磁州窯系の製品が多く、仿定窯白磁は少ない。器種は碗・皿を主体とする。

（3）墓地

金代の墓地は、城郭や集落に近接する場所、平野を望むことができる丘陵や台地等に立地する。前者は共同墓地、後者は特定個人やその家族を埋葬する傾向がある。金代の埋葬施設は、土坑墓、石室墓、磚室墓、甕棺墓等があり、地域・時期により異なる。

松花江・アムール河（黒龍江）・ウスリー河に挟まれた三江平原では、城郭や集落に近接する場所に共同墓地が営まれ、土坑墓を主体とするのが特徴である。代表的な墓地が黒龍江省綏濱県に位置する中興墓地である。胡里改路の管轄下に相当する。十二基の墓葬が発掘調査された。いずれも地面を掘り下げて遺体を埋葬した土坑墓である。M3・M4・M5（第一組墓葬）とM6・M7・M8（第二組墓葬）がそれぞれ同一のマウンド（封土）内で検出された（黒龍江省文物考古工作隊一九七七）。副葬品の器種組成を見ると、陶質土器瓶・壺類が四割弱、陶磁器碗・皿が四割弱、三足羽釜が二割弱を占める。陶磁器は定窯・仿定窯白磁が七割弱を占める。ほかに耀州窯青磁・磁州窯・磁州窯系陶磁器がある。

松花江中・上流域では、金上京が置かれた阿城市双城子村墓地や哈爾濱市新香坊墓地のように、平民や女真貴族を埋葬主体とした共同墓地が確認されている。このほか、墓前に石人・石虎・石羊等の石像を配置した特定個人や家族を埋葬した墓地（完顔希尹墓地、完顔婁室墓地等）も造営される。

松花江支流の嫩江流域に所在する黒龍江省斉斉哈爾《チチハル》市東門沁遺跡では、直径〇・五メートル、深さ〇・三メートル程度の円形の土坑に蓋付きの陶質土器短頸壺を蔵骨器として埋設した墓が三基確認されている（黒龍江省文物考古研究所二〇一二）。

大凌河流域の遼寧省朝陽市に所在する翟李幹《てきりかん》墓は墓室の平面六角形で、アーチ状天井をもつ磚室墓である。金代の皇統九年（一一四九）に遷葬されたことを示す銘文磚を伴う。墓室内からは、陶質土器の短頸壺、双耳壺、盆、洗、蓋付きの六耳釜、茶緑色釉の長壺（鶏腿壜）、白釉の碗・皿、醤紫釉の陶枕が出土した（朝陽博物館二〇一二）。また、朝陽市召都巴金墓の墓室内から陶質土器長頸壺、水注、盆、双耳壺、托、碗のほか、金属器を模倣したと推定される羽釜、三足盆、器や火熨斗等が出土した。

三、東夏代の遺跡と在地土器

十二世紀後半以降、金の国内外情勢が緊迫すると、遼東路宣撫使の蒲鮮万奴が遼東で自立し、一二一五年（貞祐三）に大真国（後に東夏と改める）を建国した。その後、モンゴルの勢力が希薄な沿海地方方面へ移り、現在のロシア沿海地方及び中国黒龍江省・吉林省、北朝鮮咸鏡南道以北を治めた。

東夏国では、上京・北京・南京の三京を設置し、領内を路・府・州の行政区域に分けた。この動きと連動するように山城が増加する。城内には政治・行政、手工業生産、軍事に関わる施設のほか、大型の鉄鏃・鉄矛・鉄槍、投石等軍事的機能を持つ資料もみられる。金代の猛安・謀克をそのまま東夏の府州制度に取り込んで階層化し、それぞれの拠点に山城を築いた可能性もある（臼杵二〇〇八）。

シャイガ城址

ロシア沿海地方南部のパルチザンスク河左岸に所在するシャイガ城址は、面積は四五万平方メートル、周長約三六〇〇メートルの土塁で囲郭された、日本海沿岸部を代表する山城である。城内は、方形区画、小区画（堡塁）、生産関連工房、谷側の斜面を階段状に造成した居住域から構成される。土器は、陶質土器（瓦質土器を含む）が主体を占める。器種は、瓶、甕、壺、碗等がある（**図5**）。陶磁器は、定窯・仿定窯白磁を主体とし、鈞窯系青磁、景徳鎮青白磁、茶褐釉陶器、黒釉陶器等がある。器種は、白磁の碗・皿、黒釉・茶褐釉の小壺や瓶が主体を占め、盤・香炉等もある。

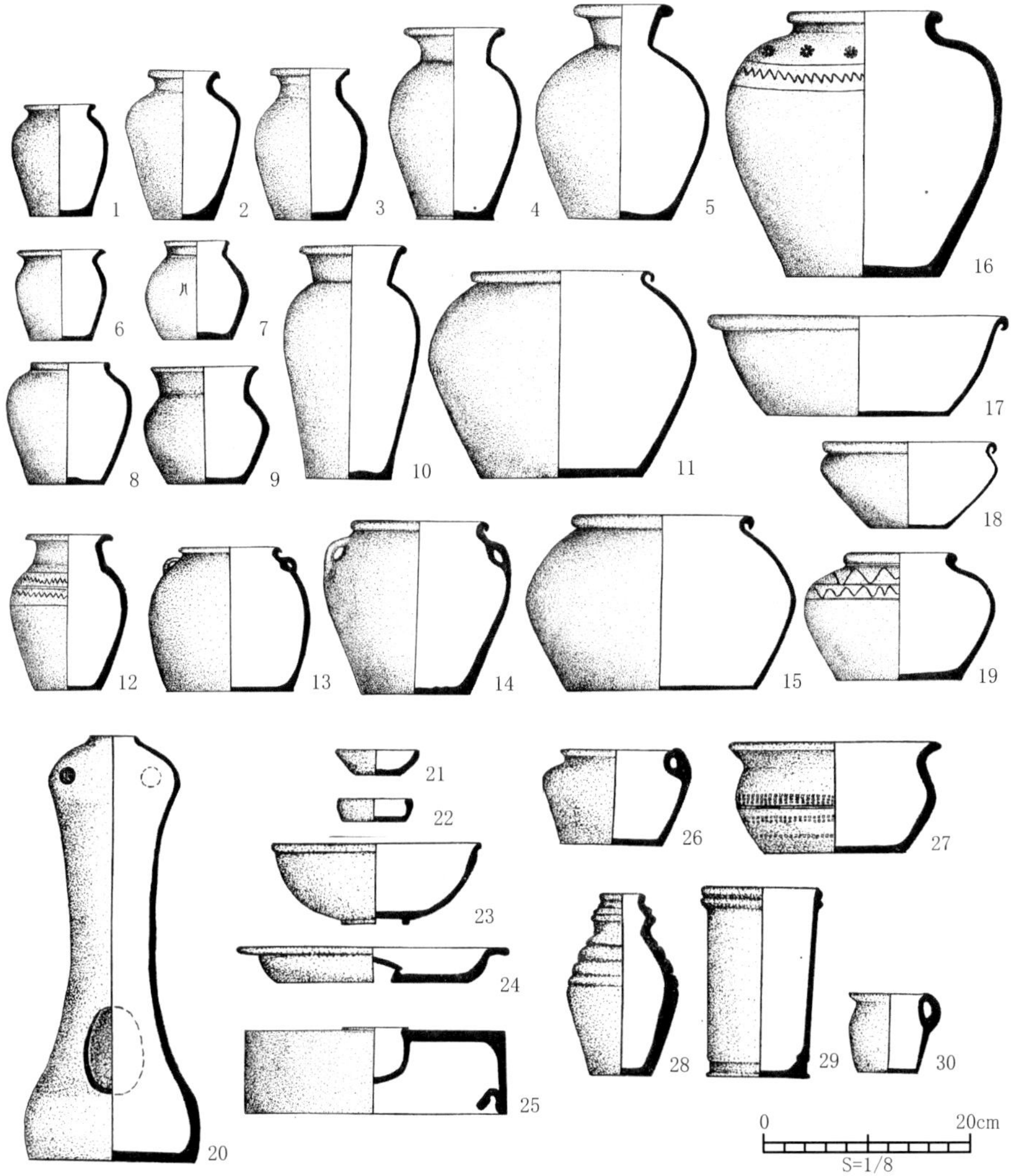

図5　シャイガ城址出土の土器（陶質土器・瓦質土器）
1-16,19 壺・甕・瓶類　17-18,27 盆類　20 灯明具　21-22 皿類　23 碗類　24 盤類　25 台形土器
28 小型瓶　29 筒形土器　26,30 把手付土器（Тупикина С.М. 1996а Керамика чжурчжэней Приморья XII -начала XIII в.. をもとに作成）

アナニエフカ城址

綏芬《すいふん》河下流に所在するアナニエフカ城址は、面積一〇・五万平方メートルを測る。陶質土器は、壺・甕・瓶、小瓶、盆、碗から構成される。貯蔵具が全体の七割以上を占め、盆・小型球状壺・碗がそれぞれ五パーセント程度を占める。陶磁器は、定窯白磁碗・皿・盤、鈞窯系青磁小壺、黒釉陶器小壺等が出土している。なかでも、第三〇号建物跡から十二世紀後半代の定窯白磁中碗・大碗・盤、鈞窯青磁中碗、壺蓋等がまとまって出土した。ここからは、内廷事務を執り行う「尚食局」と刻書された定窯白磁碗が出土している。

四、土器からみた金・東夏代の地域社会

金代以降、土器は陶質土器が主体を占め、壺・甕・盆が基本的な器種となる。遼代まで煮炊きに使われた深鉢はみられないが、蒸し調理に使われた甑はある。供膳具となる土器の碗・皿もきわめて少ない。特に、土器碗・皿は灯明皿として用いられたものも多い。

深鉢消滅の背景には、熱効率の良い鉄製の三足羽釜や六耳鉄鍋に代表される金属製煮炊具の普及がある。金代の金属製煮炊具は、三足羽釜が主体となる地域（松花江中流域〜アムール河流域、沿海地方）、六耳鉄鍋をはじめとする耳鍋が主体となる地域（松花江中・上流域、吉林省西部、内モンゴル自治区、遼寧省）がある。この地域差は調理の空間や方法の違いを反映している。建物の外にあるカマド状遺構の分布範囲が六耳鉄鍋の広がりとある程度重なると推察される。

宋の徐夢莘《じょぼうしん》（一一二六〜一二〇七）が著した『三朝北盟会編』巻三には、「食器は瓠陶がなく、匙・筯もない。皆木を盤とする。春夏の間は、木盆を使用しないで鮮粥を食す。人の多寡に応じて盛り付け、長柄小木の杓子を用いて食事をした。」と記されている。遺跡出土の陶質土器の碗・皿の少なさは、木器の使用が一般的であったことを示唆する。また、金代以降に陶磁器の碗・皿が普及するため、陶質土器ではなく陶磁器が供膳具として使用されたと推定される。

また、陶質土器・陶磁器・金属器のなかには、器形が類似するものがある。短頸壺・広口壺・無頸壺・長頸壺・双耳壺は、陶質土器のみならず、施釉陶器・磁器でもみられる。しかし、橋状把手付き土器や盆、甑、羽釜は陶質土器のみで、陶磁器の器種としては存在しない。また、金属製の三足羽釜や六耳鍋釜と類似する陶質土器もある。特に、河北省朝陽市付近の墓葬では三足器・羽釜・六耳鍋・火熨斗等が出土している。墓出土の金属器模倣の鍋や羽釜は、実用品というよりもむしろ、副葬品として遺体とともに埋葬するために生産さ

れた明器の可能性がある。

以上を踏まえると、金・東夏代の陶質土器・陶磁器・金属器の間には、次のような補完関係が見出せる。

供膳具＝陶磁器（白磁・青磁）の碗・皿、木器

調理具＝陶質土器の盆・甑（橋状把手付土器？）

煮炊具＝金属製の鍋・羽釜

貯蔵具＝陶質土器・施釉陶器・陶磁器の壺・甕・瓶等

このようなあり方は、構成や質・量に違いがあるものの、基本的に城郭・集落をはじめ各種遺跡において普遍的に認められる。陶質土器の三器種（壺・甕・盆）に特化した背景には、陶磁器の広域流通、金属器の普及・浸透等が金領域で生じ、貯蔵具や調理具以外の器種を陶質土器で生産する必要性がなくなったためと推察される。

おわりに

本稿では、中国東北部・ロシア沿海地方を中心として、金・東夏代の遺跡出土の土器について概観してきた。当該時期は、深鉢形土器の消滅、壺・甕・盆主体の生産体制、陶磁器・金属器との相互補完関係の成立によって特徴づけられる。陶質土器生産を行なった窯跡や工房跡の調査事例は少なく、在地土器の生産・流通体制を復元するのは容易ではない。

同時期の日本列島に目を向けると、金・東夏代と同様に、常滑や珠洲等の陶器は壺・甕・擂鉢を基本器種とする。また、貯蔵具（壺・甕・瓶類）は国産陶器や中国製の施釉陶器・磁器、調理具（こね鉢・擂鉢）は陶器、煮炊具は鉄製・土製の鍋・釜、石鍋といった器種相互の補完関係がある。十二世紀は、広域・中域・狭域の生産・流通システムが重層的に絡み合っていた時代である。金・東夏代の在地土器生産もまた、東アジアの社会動向とは無関係ではないことが示唆される。

引用・参考文献

井黒忍「耶懶完顔部の軌跡――大女真金国から大真国へと至る沿海地方一女真集団の歩み」（天野哲也・池田栄史・臼杵勲編『中世東アジアの周縁世界』同成社、二〇〇九年）三一三―三二五頁

臼杵勲『東アジアの中世城郭――女真の山城と平城』（吉川弘文館、二〇一五年）

中澤寛将『北東アジア中世考古学の研究――靺鞨・渤海・女真』（六一書房、二〇一二年）

黒龍江省文物考古工作隊「黒龍江畔綏濱中興古城和金代墓群」（『文物』一九七七年第四期、一九七七年）四〇―四九頁

黒龍江省文物考古研究所「黒龍江省斉斉哈爾市東門氵心遺址発掘簡報」（『北方文物』二〇一二年第三期、二〇一二年）五〇―五四頁

黒龍江省文物考古研究所「哈爾濱市阿城地区金上京皇城西部建築址二〇一五年発掘簡報」（『考古』二〇一七年第六期、二〇一七

年）四四―六五頁
遼寧省文物考古研究所・鉄嶺市博物館「遼寧鉄嶺市歪石磖子遼金遺址発掘簡報」（『考古』二〇一二年第二期、二〇一二年）四四―六〇頁
吉林省文物考古研究所・四平市文物管理委員会辦公室「四平市前坡林子遺址発掘簡報」（『北方文物』二〇〇六年第三期、二〇〇六年）三五―四二頁
吉林省文物考古研究所・農安県・徳恵市文物管理所「吉林省農安草房王遺址発掘簡報」（『北方文物』二〇〇九年第四期、二〇〇九年）二三―三〇頁
吉林省文物考古研究所・四平市文管辦・梨樹県文管所「吉林省梨樹県八棵樹金代遺址発掘簡報」（『北方文物』二〇〇九年第四期、二〇〇九年）三一―三五頁
吉林省文物考古研究所『白城永平遼金遺址二〇〇九～二〇一〇年度発掘報告』（科学出版社、二〇一五年）
吉林省文物考古研究所・吉林大学辺疆考古研究中心『前郭塔虎城――二〇〇〇年考古発掘報告』（科学出版社、二〇一七年）
吉林大学辺疆考古研究中心・吉林省文物考古研究所「吉林大安市后套木嘎遺址AⅣ区発掘簡報」（『考古』二〇一七年第八期、二〇一七年）三―三〇頁
吉林省攬頭窩堡遺址考古隊「吉林徳恵市攬頭窩堡遺址六号房址的発掘」（『考古』二〇〇三年第八期）六七―七八頁。
朝陽博物館「遼寧朝陽市金代紀年墓葬的発掘」（『考古』二〇一二年第三期、二〇一二年）五一―五八頁
秦大樹『宋元明考古』（文物出版社、二〇〇四年）
中国社会科学院考古研究所内蒙古第二工作隊・内蒙古文物考古研究所「内蒙古巴林左旗遼上京遺址的考古新発現」（『考古』二〇一七年第一期、二〇一七年）三―八頁

金代の陶磁器生産と流通

町田吉隆

中国陶磁史において、十世紀から十三世紀にかけての北宋・南宋の時代は一つのピークを形成した。時間的には、その後半期、十二世紀第二四半世紀から十三世紀第一四半世紀まで、空間的には、その北半にあたる華北、マンチュリア（現在の中国東北地方およびロシア沿海州地方）では金朝の支配下にあった。本稿では、この時代、この地域で生産、流通していた施釉陶磁器について概観する。

一、金代の陶磁器とは

金代の陶磁器とは「十二世紀第二四半世紀から十三世紀第一四半世紀までのおよそ一〇〇年の間に華北、マンチュリア（現在の中国東北地方およびロシア沿海州地方）で生産・流通した施釉陶磁器」と定義することができるだろう。

ここでの地域区分としての華北には現在の河北、山東、河南、陝西、山西の諸省と北京市、そして内蒙古自治区東部や安徽省北端などを含む。マンチュリアにおいては現在の遼寧省を除くと施釉陶磁器を焼成していた陶磁器窯は今のところ見いだされていない。同地域における土器、陶器の様相については中澤寛将氏の論考を参照されたい。つまり、空間的には淮河―秦嶺線、ほぼ北緯三五度以北、以東の中国、時間的には十二世紀を中心とするほぼ一世紀という限定された陶磁器の様相について語ることになる。

まちだ・よしたか――神戸市立工業高等専門学校一般科教授。専門は中国手工業史。主な編著・論文に『契丹陶磁――遼代陶磁の資料と研究』（共編著、朋友書店、二〇〇八年）、「契丹陶磁の「周縁性」に関する検討（5）――北京龍泉務窯の発展をめぐって」（『神戸市立工業高等専門学校研究紀要』五六、二〇一八年）などがある。

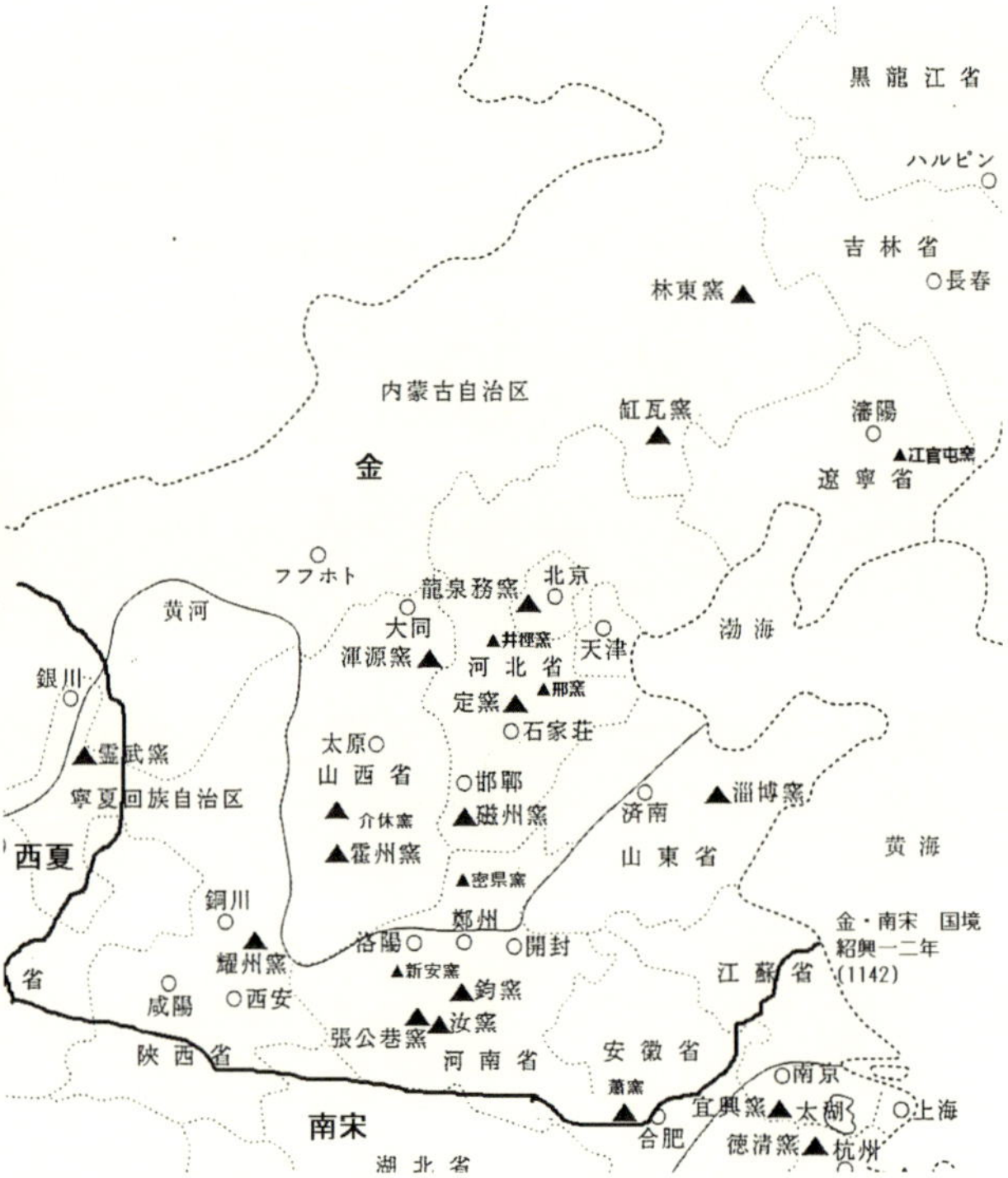

図1　主要窯址地図（大阪市立東洋陶磁美術館『定窯・優雅なる白の世界——窯址発掘成果展』アサヒワールド、2013年、267頁を修正・転載）

二、金代陶磁の施釉技法

時間的に十世紀後半から十二世紀第一四半世紀までの北宋の様相を引き継ぎ、空間的には一三世紀第三四半世紀まで続く南宋の陶磁器に対置される金代の陶磁器の様相をまず釉色により概観してみることにする。

(1) 白釉陶磁

定窯をはじめ各陶磁窯において最も生産量が多い。瓷土（カオリン）を用い、胎土が白色の定窯を除き、磁州窯系などでは鉄分を多く含む胎土に白化粧土（スリップ）を施し、その上から灰釉をかけて焼成される。器面には線彫り（剔花《てきか》）や型押し（印花）で文様が描かれる例が北宋では見られたが、この時期には型押し（印花）技法が多用される。

(2) 白釉陶磁の加飾技法

白化粧土を胎土にかぶせた上で、白化粧土を削り、茶褐色を呈する胎土とのコントラストで文様を描く技法を掻き落とし（劃花《かくか》）と呼ぶ。白化粧土の上から器全体に鉄釉をかけて、それを削ると、より白黒のコントラストが鮮明になるが、簡便に同じ効果を白化粧土の上から鉄絵具で描くことが可能になる。白地鉄絵（白釉釉下黒彩）は十二世紀以降の華北において主流の加飾技法となった。

(3) 黒釉陶磁

鉄分を灰釉に混ぜて器表面に施した黒釉陶磁は宋代に盛行した。鉄釉を削って、器表面に胎土や白化粧土を見せることで文様を描く掻き落とし（劃花）や器表面に刻線（削って沈線とする場合、盛り上げて陽刻する場合あり）で文様を描く場合がある。焼成の状態により、器表面に陰影効果が与えられる場合もある。南方の福建を中心とした陶磁器窯で作られた「天《てん》目《もく》」も黒釉陶磁であり、北方のそれを「河南天目《かなんてんもく》」と呼ぶことがある。白釉陶磁と共に白と黒のツートーンを強調する加飾技法は「磁州窯系」とも称され、十世紀以降の華北で生産された陶磁器の主流の一つである。

(4) 三彩陶磁

鉄（黄色）や銅（緑色）を呈色剤とする絵具で文様を描いた後に施釉、焼成する三彩の技法は七～八世紀を頂点とする唐三彩が有名であるが、十世紀以降も華北では存続した技法である。唐三彩のようにコバルト（青色）を用いることはなく、地味で暖かい印象を与える。また器表面に緑色や朱色（ベンガラを使う）で文様を描き、低温で焼き付ける釉上彩を「赤絵」（白釉加彩）などと呼ぶこともある。かつて「宋三彩」と呼ばれた低下度鉛釉陶器の多くが近年では十二世紀以降、金の時代に生産されたものであることが判明している。

(5) 青磁

灰釉を高温で焼成する青磁は中国陶磁の主流であり続けた。器表面に片刃彫りで文様を刻む技法（剔花）を用いて、深い緑色の釉薬の下に文様を浮かび上がらせる耀州窯系の技法や北宋時代に完成の域に達した深い青色の汝系の青磁が十二世紀以降も一つの理想型であった思われるが、還元焔《かんげんえん》焼成が十分でなく、釉中の鉄分が酸化した場合、これらの陶磁器はオリーブ色や黄味を帯びた褐色を呈する。また珪酸を多く含む灰釉が失透した青色に現れる釉（月白釉《げっぱくゆう》・澱青釉《でんせいゆう》）、その釉下の器表面に酸化銅を塗って、焼成時の還元の程度により赤や紫に発色させる鈞窯青磁が北宋末期に現れ、金代に盛行した。鈞窯青磁は十三世紀元代にも続く。このように金代の青磁には耀州窯系、汝窯系、鈞窯系と異なる技法が含まれる。

三、金代の陶磁に対する評価

金代の陶磁器をどのようにとらえるかについて、美術史の方面から先学に見解を尋ねてみることにしよう。

佐藤雅彦氏は「硬質の赤絵陶としては世界で最も早い」とする金時代の赤絵について、「渋く深い釉調の器を尊んだ宋の好みと、この宋赤絵のそれとの懸絶」を「朔北の草原をかけめぐる蒙古族や女真族の単純明快な意匠が、伝統的な磁州窯の作品を染めた」とするのが理解しやすくなると述べる。[1]

長谷部楽爾氏は「北宋、金、元の陶磁を、どのような点で判別することができるか、どのようなところに差異をとらえ

図2　鈞窯碗（朝陽市博物館所蔵、筆者撮影）

るかという、きわめて深刻な課題」とした上で、たとえば耀州窯系の「鋭い片刃彫の文様をもった作品は、北宋来の作風をそのまま維持しているようにみえ、金代北方青磁が必ずしも北宋のそれに劣らないものであることが、推測されるわけである。」と述べる。長谷部氏は一九八一年の論考執筆の意図について、「当時の私としては、文中にもあるように、「金の侵略による華北諸窯の廃滅」という歴史の概念的な把握が、実際にあり得るものであるかどうか、具体的な遺品の上で確かめたいという意図」があったと二十五年後に述べられている。[2]

一方、矢部良明氏は、「北宋陶磁を受け継いだ金と南宋の陶磁を比較し、その後の展開を追うこと」を試みたが、「強いて特性をみとめるとすれば、北宋陶磁が下降線を歩むところに金代陶磁が位置づけられ、女真族が文化リーダーとしての大役を果たさなかったという結論になる。」と述べる。またいわゆる「宋赤絵」について、「宋・金代の主役である士大夫の趣味は青磁に象徴される内省的な美しさであったから、その価値観からすれば、色絵の創始は全く次元のちがった、いわば皮相的な華美を目標においていた」とし、「この創造主は民間雑窯の旗頭であった磁州窯であり（中略）庶民の窯である磁州窯が庶民の焼・色絵を創造した。」と述べている。[3]

支配者であった女真族の役割・影響についての見解は異なるが、十一世紀北宋代の陶磁器の様相と十二世紀金代のそれとの隔絶・差異をどのように理解するか、という点には共通点が認められる。

四、金代の陶磁器窯

表1に金代に生産活動を行っていた陶磁器窯について所在地（現在の省・自治区・特別　表1金代の窯址　市別）と発掘も

しくは表面採集で確認された施釉技法の種類をまとめた。確認できる範囲で北宋と金の交替期に生産活動を停めた陶磁器窯は存在しない。交替期に生産活動や陶磁器の流通が影響を受けたことは考えられるが、数年におよぶような長期間にわたる生産活動の停止はなかったということであろう。

井徑窯、磁州窯、臨汝窯、鈞台窯、懐仁窯など現在の河北、河南、山西に立地する各陶磁器窯では複数の窯場が同時に稼働していた。また張公巷窯と汝窯（清涼寺窯）や立地坡窯、上店窯と耀州窯（黄堡窯）など、北宋代に先行して生産を開始し、後世にも高名になった陶磁器窯に対し、十二世紀前半には生産の中心が移動したと思われる陶磁器窯も存在する。移動の原因には原料である陶土や燃料である柴薪あるいは石炭の枯渇が考えられる。あるいは施釉や絵具に必要なアルカリ灰、鉄分を多く含む土、触媒としての緑礬《りょくばん》などの原料の入手なども関係していたかもしれない。同時期に稼働していた場合よりも、その窯場間の距離は一〇キロメートルを超え、異なる陶磁器窯と認識されよう。

同時期に稼働していた場合も、中心が移動した場合もそこには陶工集団の移動がともなっていたと考えられる。陶工集団の移動は陶磁器窯間の技術移転をもたらしたであろう。磁州窯や磁州窯系とされる河南の魯山窯では鈞窯系の青磁を生産していたし、北宋代の青磁窯であった宝豊窯でも黒釉や三彩を生産している。鈞窯青磁についても金代においては長谷部楽爾氏がすでに指摘しているように現在の河南省の陶磁器窯を中心に多くの窯場で生産しており、「鈞窯系」と呼べる状況を呈していた。(4) 各陶磁器窯、各時期において中心となる施釉技法は存在するが、各陶磁器窯とも複数の施釉技法で生産していたことがわかる。

金代から生産を開始した陶磁器窯がある一方、宋朝南遷（宋金交替期）にともなう廃窯の例はないということは、十一世紀北宋代に比べ、十二世紀中葉以降の窯数は変わらないか、もしくは増えていたことになる。十三世紀元代以降は陶磁器窯数が金朝支配地域にあたる華北地方でも、南宋が支配していた江南地方でも減少することになる。また陶磁器窯の発掘調査において、窯炉および周辺部分（生産した陶磁器など廃棄する「ものはら」）の堆積層が調査される例がある。たとえば河北・定窯では北宋代に生産の中心であった北鎮村、澗磁村、南鎮村の各窯場から西側の野北村、東燕川村、西燕川村へと生産の中心が移動するが、全体としてみれば、金代が「製瓷業が繁栄した時期で、これは産量の大幅な増大に表れている。」という。(5) また河北・磁州窯の観台鎮窯においても、四期に分類される三番目にあたる金代堆積層が生産された陶

表1　金代の窯址一覧（筆者作成）

省・自治区	名称	所在地	出土陶磁器の施釉技法	補足
内蒙古自治区	缸瓦窯	赤峰市松山区	白釉、白釉鉄絵、黒釉、緑褐釉、三彩	
	林東窯	赤峰市巴林左旗	白釉	
遼寧省	江官屯窯	遼陽市文聖区	白釉、黒釉	
北京市	龍泉務窯	北京市門頭溝区	白釉、白釉鉄絵、緑褐釉、三彩	
河北省	井徑窯	石家荘市井徑県	白釉、黒釉	北徑、北防口、城関、東窯坡など窯場十二箇所。隆化窯は元代以降に生産を開始。
	邢窯	邢台市臨城県	白釉、白釉鉄絵	内丘県の窯場は金代の陶磁器片は出土せず
	定窯	保定市曲陽県	白釉、白釉鉄絵、黒釉、褐釉	北鎮村、澗磁村、南鎮村の各窯場から西側の野北村、東燕川村、西燕川村へと窯場が展開。
	磁州窯	邯鄲市磁県、峰峰鉱区	白釉、白釉鉄絵、褐釉、緑釉、三彩、鈞釉青磁	観台鎮、彭城鎮、富田、塩店などの各窯場址。
河南省	密県窯	鄭州市新密市	白釉、白釉鉄絵、黒釉、三彩	窯場は窯溝窯。西関窯は宋代に珍珠地白地劃花の技法が盛んであった。
	魯山窯	平頂山市魯山県	白釉鉄絵、黒釉、緑釉、三彩、鈞釉青磁	唐代から黒釉陶磁を生産
	登封窯	鄭州市登封市告成鎮	緑釉、三彩、黄釉	告成鎮・曲河窯。
	張公巷窯	平頂山市汝州市	白釉、黒釉、青磁、鈞釉青磁	金代が最盛期。清涼寺窯を継承。
	宝豊窯	平頂山市宝豊県	黒釉、緑釉、三彩	北宋代汝窯青磁を生産した清涼寺窯
	臨汝窯	平頂山市汝州市	黒釉、黄釉、鈞釉青磁	厳和店窯など十余の窯場
	鶴壁窯	鶴壁市山城区	黒釉	唐代から白釉陶磁を生産、北宋時代には白地劃花の技法が盛ん
	新安窯	洛陽市新安県	白釉、黒釉、三彩	十余の窯場が確認され、北宋代には白地劃花、元代には鈞窯青磁を生産した。
	宜陽窯	洛陽市宜陽県	白釉鉄絵、耀州窯系青磁	北宋代には黒釉、三彩、白地劃花も生産
	安陽窯	安陽市安陽県	鈞釉青磁	西善応、装貨口、楼上坡の三窯場が金代から元代にかけて生産
	扒村窯	許昌市禹州市浅井鎮	白釉、白釉鉄絵、黒釉、三彩、鈞釉青磁	

河南省	鈞台八卦洞窯	許昌市禹州市鈞台	鈞釉青磁	庄窯、劉家庄窯、劉家閘窯、黄庄窯、磨街窯、野猪溝窯、王家門窯、萇庄窯などあり。劉家庄窯や劉家門窯では白地鉄絵、磨街窯では黒釉も作る、神垕鎮地区に窯場多し。
	内郷窯	南陽市内郷県	白釉、白地鉄絵、褐釉、緑釉	鄧州窯、北宋代には耀州窯系青磁も生産。
山西省	大同窯	大同市左雲県	黒釉、褐釉、白釉	剔花技法が多い。
	懐仁窯	朔州市懐仁県	白釉、黒釉、褐釉、青磁、	小峪、張瓦溝、呉家窯など3窯場
	渾源窯	大同市渾源県	白釉、白釉鉄絵、黒釉、褐釉、青磁	窯場三箇所、元代には鈞窯青磁も生産。
	楡次窯	太原市迎沢区	白釉、白釉鉄絵、黒釉、褐釉、青磁	孟家井瓷窯址
	盂県	陽泉市盂県	白釉、白釉鉄絵、黒釉	粗製品には白化粧土を施さない
	河曲窯	忻州市河曲	白釉、黒釉	
	平定窯	陽泉市平定県	白釉、黒釉	
	陽城窯	晋城市陽城県	白釉	
	交城窯	呂梁市交城県	白釉、黒釉	釉上赤彩
	介休窯	晋中市介休市	白釉、白釉鉄絵、黒釉、黄釉	洪山鎮瓷窯址
	晋城窯	晋城市沢州県	白釉、黒釉、鈞窯青磁	柳樹口鎮
	長治窯	長治市上党区	白釉、白釉赤彩緑彩	八義鎮窯址
	霍県窯	臨汾市霍州窯	白釉	
	臨汾窯	臨汾市堯都区	白釉、黒釉	龍祠窯址。元代が最盛期。
陝西省	耀州窯	銅川市王益区	青磁、黒釉、鈞窯青磁	黄堡鎮窯、金代には生産量が低下した。
	立地坡窯	銅川市印台区	青磁、黒釉	金代に生産を開始。
	上店窯	銅川市印台区	青磁	金代に生産を開始。元代が最盛期。
	旬邑窯	咸陽市旬邑県	青磁	安仁村窯址
	玉華窯	銅川市印台区	青磁	玉華鎮窯
山東省	淄博窯	淄博市淄川区、博山区	白釉、白釉鉄絵、黒釉、黄釉	窯場二十余箇所、金代には磁村窯址、博山大街窯址などで生産。
	寧陽窯	泰安市寧陽県	白釉、白釉鉄絵、白釉緑彩、黒釉	華豊鎮西磁窰村窯。
安徽省	蕭窯	宿州市蕭県	白釉、白釉鉄絵、黒釉、黄釉	白土鎮窯。欧盤村、夏村にも窯址

磁器の器種（form）、型式（type）が増加し、生産量も最も多かったとされる。(6) 北京・龍泉務窯では契丹（遼）中期十一世紀前半の堆積層が最も厚いが、契丹（遼）末期十一世紀第四四半期から十二世紀第一四半期よりも、金代十二世紀第二四半期以降の堆積層が多く、出土品の量および器種、型式の豊富さも契丹（遼）中期に次ぐ。龍泉務窯は十三世紀以降の堆積層は持たず、元代には廃窯になったことを考えれば、金代の陶磁器生産が安定していたことが推測される。

金代の陶磁器生産の活況は現在の河南省と山西省における生産活動を行っていた陶磁器窯の数と密度においても顕著である。河北省南部に位置する磁州窯、山東省の淄博窯、寧陽窯、安徽の蕭窯、山西東南部の晋城窯、長治窯をも含む地域の陶磁器窯数は二十に近い。

陶磁器窯の数と密度において、南宋の支配領域であった福建路（現在の福建省）も建窯系の黒釉陶磁を生産する陶磁器窯が集中していた点で、金代の西京路、河東北路・南路（現在の山西省）の状況と類似している。陶磁器の市場に共通する地域性が存在していたのかもしれない。

また山西、河南、諸窯には同じ傾向が見られる。隣接する陶磁器窯と同じ様式（style）の陶磁器を生産する一方で、異なる施釉技法を導入していた例が存在することである。直線距離にして約五〇キロメートルの晋城窯と長治窯では鈞窯青磁と釉上赤彩緑彩、約二〇キロメートルの河南・新安窯と宜陽窯では宜陽窯が十一世紀に生産していた三彩に代わり、耀州窯系青磁を生産するようになった。これらの事象は活発な生産活動の一方で、地域市場をめぐる日常的な流通における競争が存在したことを窺わせる。

一方、現在の遼寧省、河北省、山東省、陝西省にあたる地域では同時代に生産活動していた陶磁器窯は一〜三箇所にとどまる。今後の調査により、これらの地域で新たな陶磁器窯が発見される可能性もあるが、陶磁器窯の分布密度には供給側（原材料、燃料、陶工の生産組織など）の事情と共に需要側（地域市場、流通）などの相違が存在していた可能性を考慮する必要があるだろう。

五、窯炉の形態と燃料

金代に使用されていた工房や窯炉が各陶磁器窯で発掘、調査されている。磁州窯の観台鎮窯、北京龍泉務窯、耀州窯の立地坡窯、上店窯などの窯炉に共通するのは饅頭窯の形態が宋代以前の長方形、馬蹄形に対し、より円形に近い形態に変化していることである。同様の形態は二十世紀初めの磁州窯彭城鎮窯で撮影された窯炉の外形写真にも見られ、熱効率や陶磁器の装窯量などの点で、饅頭窯の形態として完成形になったと考えられる。

十二世紀には杭州・修内司官窯のように饅頭窯と龍窯を併用する例が南宋の支配領域には見られるが、金の支配領域にあった陶磁器窯では龍窯の使用例は見られない（内蒙古の缸瓦窯に残る龍窯は元代に比定される）。龍窯と饅頭窯の立地には年間降水量との関係が見られ、龍窯卓越地域は年間降水量一〇〇〇ミリメートルの等雨量線以南、ほぼ長江以南の地域が該当するという。[7] 龍窯では柴薪燃料を、饅頭窯では石炭を燃料として用いることが多かったが、観台鎮窯では石炭を、立地坡窯では柴を使用していたとされる。宝豊窯（汝窯、清涼寺窯を指す）の「草創期にはまだ石炭を燃料として使用して

図3　北京・龍泉務窯　金代6号窯炉址（北京市文物研究所『北京龍泉務窯発掘報告』文物出版社、2002年、52、53頁より転載）

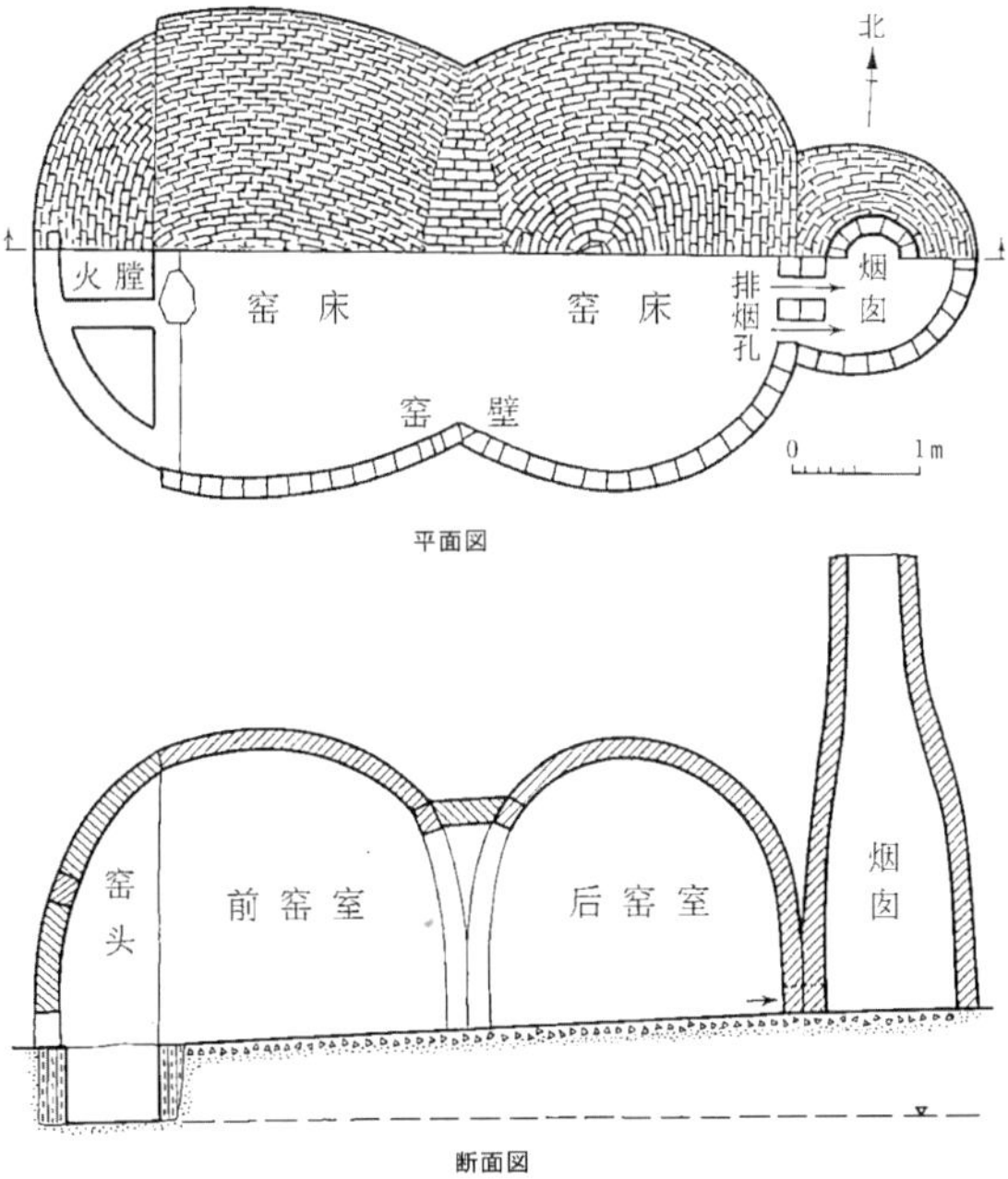

図4　龍泉務窯　金代6号窯炉址　平面・断面　復元図（北京市文物研究所『北京龍泉務窯発掘報告』文物出版社、2002年、471頁、図150を修正、転載）

いたが、成熟期に至って、木材あるいは木炭を使用するようになった。張公巷窯は汝窯が使用する匣鉢と変わらないので、張公巷窯もまた木材あるいは木炭を使用していたことが明らかである。」(8)とあり、金代に生産していた張公巷窯でも石炭ではなく木材を燃料として用いていた。同時期に鈞窯青磁を焼成していた神垕鎮《しんこうちん》劉《りゅう》家閑窯《かけいよう》でも柴薪を燃料として用いている。鈞窯青磁では釉中のアルカリ灰を還元焼成することにより、失透性を帯びた乳白色の混ざる青灰色の色調を作り出す。それ以外の青磁釉も石炭焼成では酸化焼成の影響により、黄緑色や黄褐色なりがちなため、柴薪燃料を用いることが多かったと思われる。また宝豊窯と同じく、北京龍泉務窯でも第三期にあたる契丹国（遼朝）時代の後期十一世紀後半から十二世紀第四半期の窯炉では石炭を燃料として用いながら、第四期にあたる十二世紀第二四半期以降の金代には柴薪を燃料として用いたことが窯炉遺跡に残る草木灰から判明している。

金代の陶磁器窯は饅頭窯の形態についてはより円形に近づけつつ、燃料については各陶磁器窯により石炭と柴薪を使い分けていた。この使用燃料の違いをめぐる背景には燃料の供給上の課題（価格や搬送、必要量の確保など）と生産志向上の課題（市場の需要に応えてどのような陶磁器を作るか）の二つが関係していたと思われる。ここに金代陶磁器諸窯の競争とその結果としての多様性に満ちた発展を見ることができる。と同時に十三世紀以降、青磁・青白磁・青花など長江以南の陶磁器窯で生産される施釉技法が主流となり、華北では青磁を生産する陶磁器窯が姿を消すことになるのも、柴薪燃料を用いることが難しくなったことが関係していると思われる。十二世紀金代の陶磁器窯は中国陶磁史の転換期に活動していたことになる。また等雨量線一〇〇〇ミリメートル以下の淮河以北地域での森林資源の枯渇という環境史の面からも十二世紀金代の社会には注目する必要があるだろう。

六、金代陶磁の流通と行用

今日、日本を含め国内外の美術館で見ることができる伝世品の多くは墓葬出土品であったと考えられる。宮廷などで使用、保存されていた北宋代汝窯青磁の優品を除き、陶磁器窯址からの出土品や都市遺跡からの出土品に完形品が得られることは稀である。沈没船からの引き上げ品など流通過程の一端を知ることができる例も少なく、日本では福井県の一乗谷朝倉氏遺跡から十二世紀前半と比定される定窯の白磁劃花蓮花文輪花鉢の破片が出土しているが伝世品が輸入されたものと考えられている。

年代が判明する金代の遺跡出土品からは白釉、白釉鉄絵、黒釉陶磁、耀州窯青磁、鈞窯青磁など陶磁器窯で生産されていた施釉技法で作られた陶磁器は網羅的に出土している。[9]
点数はわずかではあるが、三彩や白釉緑彩赤彩などの舎利塔や陶俑も出土している。白釉緑彩や赤彩の陶磁器は山西・長治窯や山東・寧陽窯で生産されていたが、山東・菏沢市成武の住宅遺跡から白釉緑彩赤彩の陶俑が、山西・臨汾市侯馬市の墓葬から碗が出土している。陶磁器窯のある泰安市と菏沢市はともに山東西部に位置し、長治市と臨汾市は隣市であるから、各々の陶磁器窯で生産された商品とし地域市場内で流通していたことを示す例と考えてもよいかもしれない。興味深い例としては大定二十四年（一一八四）の遼寧省朝陽出土の馬令夫婦合葬墓から緑釉の鶏腿瓶と長頸瓶が出土していることである。鶏腿瓶《けいたいへい》と長頸瓶も共に、十〜十一世紀の現在の遼寧省を含む契丹（遼）時代の墓葬から多く出土する器種であり、その使用が十二世紀後半まで地域文化として残存していたと言えよう。

図5　長治窯址で採集された紅緑彩色花卉文碗破片（故宮博物院編『故宮博物院蔵中国古代窯址標本 山西・甘粛・内蒙古・』故宮出版社、2013年、252頁、図238を修正・転載）

ただ、年代が確定できる遺跡・遺物と墓葬出土品と陶磁器窯遺跡出土品では相違点も大きい。たとえば窯址出土品の圧倒的多数を占めるのは白釉陶磁の碗、皿であるが、墓葬出土品の点数とは当然のことながら比例しない。また唐代には明器、副葬専用品ではないかと言われた三彩であるが、各所蔵機関で見られる十二世紀金代とされる伝世品に比べ、墓葬からの出土例は少ないように思われる。また墓葬被葬者の出身、身分による副葬品の相違を考察する材料にも乏しい。金中都（現在の北京市）など都市遺跡からの数量的なデータが望まれるところであるが、吉林省北部の松原市前郭爾羅斯《ゴルロス》蒙古族自治県で発掘・調査が行われた金代の城郭遺跡、塔虎城からは無釉陶器と共に、施釉陶器が多く出土している。吉林省など現在の東北地方では陶磁器窯址が見いだされていないので、地域外からもたらされたと考えられる。[10]緑釉陶器五点、三彩陶器二点、白釉鉄絵（褐彩）陶器六十九点、黒釉陶器三十八点、醤釉・茶葉抹釉陶器二十六点、耀州窯系青磁三点、汝窯系青磁二点、鈞窯青磁七点と金代の陶磁器窯で生産された施釉技法を網羅している。点数が報告されず、多量と記載されているのは定窯白磁と白化粧土を施した白磁（いわゆる磁州窯系白磁）であった。南宋支配地域にあった龍泉窯青磁六点と景徳鎮窯産と思われる青白釉磁（影青《インチン》）一点も含まれる。この出土構成比は墓葬出土品や伝世された美術館などの所蔵品の構成とは大きく異なるが、実際に使用された陶磁器の構成を一定程度、反映しているものと考えられる。

塔虎城は女真族が興起した地域ではあるが、十二世紀金代には地域の人口密度は低く、この都城の例をもつて、金代における陶磁器流通の全体像を示すものとは言えないが、今後、現在の北京市、河北省以南の地域においても、このような調査報告が増加すれば陶磁器の使用と流通を把握することも可能になると思われる。

七、陶磁器生産と金代社会

劉濤氏の研究によれば、定窯白磁の「尚食局」と印字される印花白磁（スタンプ、印模で文様を型押する装飾技法）は金代に比定されるという。(11) 金朝も北宋朝と同じく、各陶磁器窯に陶磁器の生産を命じて、上供させていた。神戸市・白鶴美術館所蔵の三彩詩文枕には詞牌（曲名）が「七娘子」、楽調が「中呂宮」の詞が陰刻されている（**巻頭口絵4**）。村上哲見氏は詞牌から考えて、北宋代の陶磁器ではないかと推測される。(12) ただし金代の扒村窯などから類似した三彩陶枕片が出土しており、金代の磁州窯系の陶磁器窯で作られた点は動かないところであろう。十一世紀の詞牌、楽調が華北では長く流行したと考えるよりほかないが、村上氏はこの陶枕は特定の読書人が詞牌を指定して注文したものではなく、「おそらく色里の備品であったに違いない。」という。北宋・南宋を通じて、都市文化を新興の商人・地主を主体とする読書人層が支えたことは周知に属するが、金代の社会もその範疇にあって、大きく異なるものではなかったことが窺える。また各陶磁器窯の生産指向（施釉技法の異化）や北宋代の華北における陶磁器出土例、窯址遺跡での標本採集例、各所蔵機関における伝世品などから見るかぎり、女真族支配層の文化的影響を看取することは難しい。一方で同時代の読書人層が特定の施釉技法のみを好んだという証拠も見いだされないので、十一世紀北宋代と十二世紀金代の陶磁器生産と流通の隔絶・差異の原因を、支配層における志向の乖離に結びつけることも難しいように思われる。今後の研究の進展が待たれる。

同じ十二世紀の陶磁器窯にあって、南宋支配地域からは両浙東路・龍泉窯系、福建路の建窯系、江南西路・景徳鎮窯など諸窯の陶磁器が日本を含む海外に貿易陶磁として広く流通した。金代陶磁は北宋代よりも鉄絵や印花など大量生産を志向し、実際に生産量も増えたのに対し、地域市場内での需要にとどまった。流通面で南宋における陶磁器生産と金代の陶磁器生産の間には大きな懸隔が存在したと言えよう。

注

(1) 佐藤雅彦『中国陶磁史』(平凡社、一九七八年)一三三―一三四頁。
(2) 長谷部楽爾「金代の陶磁」『世界陶磁全集13 遼・金・元』(小学館、一九八一年、一七四頁。長谷部楽爾『東洋陶磁史研究』中央公論美術出版社、二〇〇六年、三二四頁)。
(3) 矢部良明『中国陶磁の八千年』(平凡社、一九九二年)二五一、二六二、二六三頁。
(4) 前掲注2、一七九頁。
(5) 大阪市立東洋陶磁美術館『定窯・優雅なる白の世界――窯址発掘成果展』(アサヒワールド、二〇一三年)四六頁。
(6) 北京大学考古学系、河北省文物研究所、邯鄲地区文物保管所『観台磁州窯址』(文物出版社、一九九七年)五〇九―五一〇頁。
(7) 加藤瑛二『日本・中国陶磁器業の立地と環境』(古今書院、一九九七年)一八一―一八四頁。
(8) 大阪市立東洋陶磁美術館『北宋汝窯青磁――考古発掘成果展図録』(大阪市美術振興協会、二〇〇九年)二七頁。
(9) 劉濤『宋遼金紀年瓷器』(文物出版社、二〇〇四年)。
(10) 吉林省文物考古研究所、吉林大学辺疆考古研究中心『前郭塔虎城 二〇〇〇年考古発掘報告』(科学出版社、二〇一七年)。
(11) 劉濤「尚薬局、尚食局出土定窯瓷器再考」(前掲注9)一三六―一三九頁。
(12) 村上哲見「陶枕詞考――『全宋詞』補遺三首」(『奈良女子大学文学部研究年報』二八、一九八五年、のち『宋詞研究 南宋篇』創文社、二〇〇六年)。
(13) 前掲注9、二三八頁。

附記 **表1**の作成に当たっては、各陶磁器窯の発掘報告、図録類の他、故宮博物院編『故宮博物院蔵中国古代窯址標本 巻一 河南巻』(紫禁城出版社、二〇〇五年)、故宮博物院編『故宮博物院蔵中国古代窯址標本 巻二 河北巻』(紫禁城出版社、二〇〇六年)、故宮博物院編『故宮博物院蔵中国古代窯址標本 北京・山東・陝西・寧夏・遼寧』(故宮出版社、二〇一三年)、故宮博物院編『故宮博物院蔵中国古代窯址標本 山西・甘粛・内蒙古・』(故宮出版社、二〇一三年)を参照した。

金代の金属遺物――銅鏡と官印について

高橋学而

銅鏡、官印に限らず金代の遺物一般、長い間注目されることがなかったが、近年、資料の集積が進み、急速に研究が展開している。本稿は、銅鏡の研究が、官制、歴史地理、社会史、芸術史を始め多岐にわたる研究の地平を繋ぐ重要な結節点となっていること、また、官印については、官署が発給する性格の故に、金朝の統治体制の動向に直結する資料となりうる点に注目する。

序

本稿では、金代の金属遺物の中でも、伝世品、或いは出土遺物とともに、近年、特に注目されることの多い銅鏡と官印について整理を試みたい。

一、銅鏡

その紋様の特徴が際立つ双魚紋鏡をはじめとして、金代の銅鏡は、近年、注目され、数多くの論考、報告が次々に発表されている。しかし、そのような傾向は比較的最近のことであり、宋代以来多くの鏡譜が編録されることがあっても、以前は、金代の銅鏡についてほとんど顧慮されることはなかった。梁上椿の『巖窟蔵鏡』[1]が金代の十数点の銅鏡を収録していたのは例外である。王宇、劉広堂両氏は、「金代銅鏡研究述評」の中で、一九七四年に出版された『阿城県出土銅鏡』が金代の銅鏡研究の上で大きな契機となったことを述べている。[2]

同書は内部刊行ではあったものの、四〇点の金鏡を収め、

たかはし・がくじ――博多女子中学・高等学校教諭。専門は遼金代考古学。主な著書に『草原の王朝――契丹国（遼朝）の遺跡と文物』（共著、勉誠出版、二〇〇六年）、『東アジア考古学辞典』（共著、東京堂出版、二〇〇七年）、『契丹陶磁――遼代陶磁の資料と研究』（共著、朋友書店、二〇〇八年）などがある。

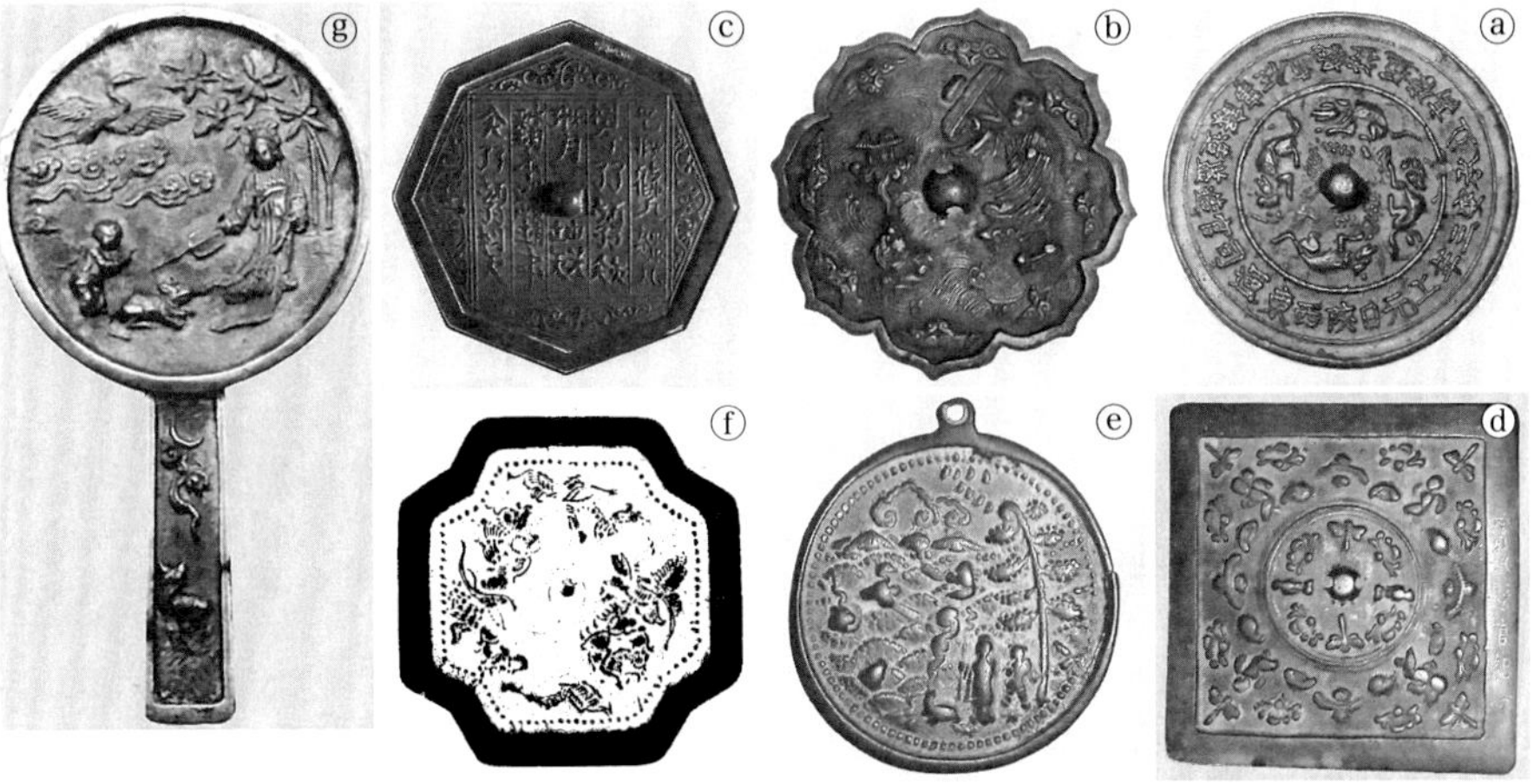

図1　金代の銅鏡に見られる様々な形状
ⓐ四獣“承安”銘文鏡（直径9センチメートル）ⓑ菱花形仙人渡海鏡（直径15センチメートル）ⓒ八角形契丹文鏡（直径26.0センチメートル）ⓓ方形童子花蜓鏡（一辺11センチメートル）ⓔ仙人故事鏡（直径6.7センチメートル）ⓕ亜形蝴蝶紋鏡拓本（直径15.0センチメートル）ⓖ手柄月宮仙人鏡（全長16.1センチメートル）

いずれも出土地を明確に示している点が、それ以前の著録とは大いに異なっていた。[3]同書の刊行以降、金上京出土銅鏡を中心に数多くの論考が発表されるようになり、[4]同書は、金代の銅鏡について従来の評価を覆す大きな契機となった。その後、出版された『吉林出土銅鏡』には一一四点、[5]『歴代銅鏡紋飾』には一六〇点の金代の銅鏡が収められている。[6]これら金代の銅鏡を総観する考察も八〇年代から始まり、その中でも、金上京出土の遺物に限定したものではあったが、景愛氏の「金上京出土銅鏡研究」は初期の研究に属する。[7]続いて、形式、銘文、芸術的特徴、私鋳鏡と銅禁政策の項目に分けて、王禹浪、李陳奇両氏が、[8]また、続いて伊葆力、王禹浪両氏が総観を試みている。[9]その後、九〇年代以降、多くの論考が発表されるようになってきた。[10]一方、我が国では、早く高橋健自氏が明治四十二年（一九〇九）新たに帝室博物館に収蔵されるに至った承安四年鏡について言及し、[11]また同年、白鳥庫吉氏が金の上京会寧府故城を訪れ、宝厳大師塔銘誌を発見した際、後の関東大震災で大半は失われたもののようであるが、一五〇点に及ぶ銅鏡を収集している。[12]その後、鳥山喜一氏も白城を訪れ、同地よりの出土が推測される、「上京警巡院匠（?・）」との刻款のある半截の双鳳紋白銅鏡に注目している。[13]

（1）整理

①形式

一九七〇年代後半から中国では発掘調査が進み、金代の銅鏡の出土、発見の報告は数多く、現在では、ロシア共和国、朝鮮半島出土例、或いは伝世品も含め、その総数は少なくとも一〇〇〇点は越え、[14]また、二〇〇〇点を上回るとも報告されている。[15]これら金鏡を総観した論考も数多いが、その形式については、早く王禹浪、李陳奇両氏は、おおよそ円形、菱形、八角形、亜字形（入隅方形）、方形、柄鏡、耳を持つ鏡と七つに大別しており、[16]そのうち、円形鏡は全体の三分の二を占めると述べている。

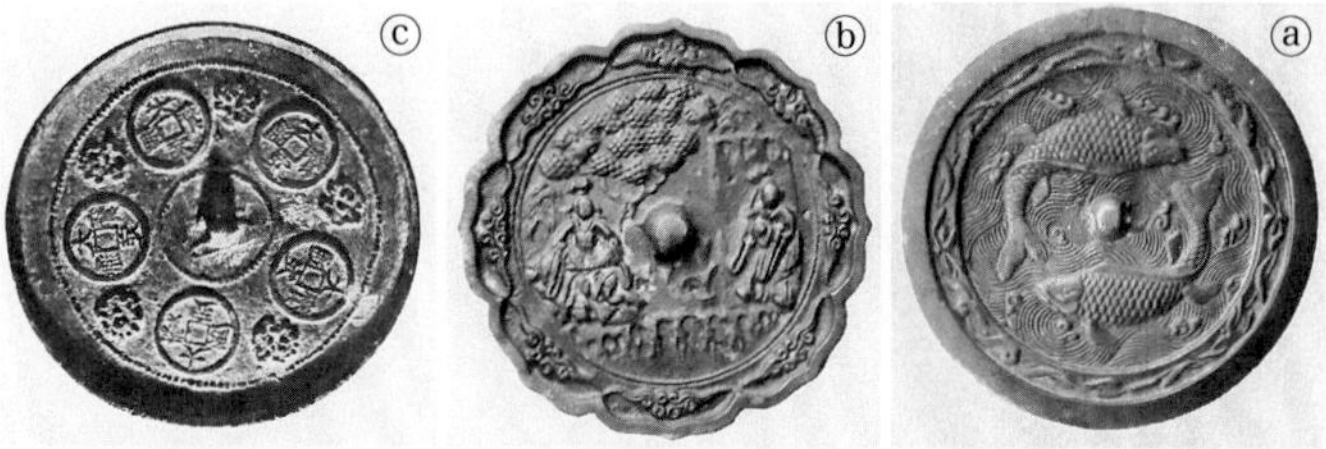

図2　金代の銅鏡に見られる様々な紋様
ⓐ双魚紋鏡（直径15.5センチメートル）ⓑ許由巣父故事紋鏡（直径13センチメートル）ⓒ大定通宝紋鏡（直径11.8センチメートル）

②紋様

双魚紋と人物故事紋が金代の銅鏡を代表するとは早くから指摘されているが、[17]その他、童子紋も金代の銅鏡を特徴づける紋様と理解されている。[18]また、龍紋も見られるが、これを漢族文化の系譜を引き継ぐとする理解も呈されている。[19]双魚紋については、魚を鯉と理解する観点が多く、そのような理解に従うと紋様の解釈も異なってくることとなる。双魚紋鏡の点数は極めて多く、金上京博物館の所蔵する金代の銅鏡についていえば、二〇〇〇年当時、所蔵する二四〇点を越える銅鏡の、そのほとんど半数が魚紋銅鏡で、その大半は双魚紋であった。[20]これら魚紋に対する解釈は、一般的に説かれる女真人の漁撈生活に根差したとする理解以外に、[21]魚類の産卵数にあやかり、生殖崇拝、多子多福を願うとする理解[22]など様々である。また、人物故事鏡は、代表的なものとして、柳毅伝書鏡、[23]許由巣父鏡[24]がある。その他、渡海する船舶を描写した海船鏡、その紀年銘から研究の早い時期に金代の鏡として取り上げられていた「承安」鏡、また、大定通宝を地紋とする銭紋鏡、更には閨房に用いられたことも推測される春宮人物鏡なども金代に特徴的な画題である。[25]それらの題材は多岐に渉り、様々な情景を、時には山水画のような、或いは写実的な表現で描写している。以上のように、金鏡の紋様は、一般に、漢・唐鏡にしばしば見られる、荘重で重厚な印象を与えるものから、活動的で柔軟な印象を与えるものへと大きく変化していることが指摘される。紋様の題材選択の幅は広く、同一内容であっても多様な表現が見られ、また表現技法の上でも巧みに遠近法が用いられている。[26]

③編年

金朝の興起から滅亡に到るまで、僅か一〇〇年余りの間の

図3　下吐京村金墓墓室雕塼

形式の変遷については不明瞭である。孔祥星、劉一曼両氏が早くに金鏡の一つの特色に挙げているように、[27]円形鏡以外に菱形鏡、葵花形鏡、亜字形（入隅方形）鏡、柄鏡等と多様な鏡式が金鏡には見られる。多様な鏡式は遼・宋鏡の影響から早くから見られたとする理解がある一方では、[28]また、製作が盛んとなった金世宗大定年間から承安年間（一一六一～一二〇八）を含む章宗の時期に鏡式が増加したとする観点も示されている。[29]著名な大定通宝銭紋鏡の出現もこの時期のこととなる。また、同じ主題の故事であっても描かれた人物が女真の服装をまとった故事鏡も後半期の出現と理解されている。[30]

④用途

日用の器物として、姿を映すことを目的に用いられるのはその型式の如何に関わらず共通するが、しかし、面径四三センチメートル、重量一二・四キログラムに達する銅鏡から、面径が一〇センチメートルに満たない銅鏡まで様々な銅鏡が存在する中、姿を映す目的についても多様な用途を確認できるのではないかと考える。**図3**は、山西省の孝義県下吐京村で発見された金代の墓葬に用いられていた雕塼《ちょうせん》の一部である。[31]この画像では、その髪型から女性と思われる人物が右手に円形の鏡らしきものを持って、鏡面を見つつ左手で櫛を用いている様子が見てとれる。足下に異様に大きな猫がうずく

まるが、鏡はそれを持つ掌の大きさから考えても面径一〇センチメートル内外かと考えられる。このように片手で持ちつつ鏡面に自身の姿を映して一定時間何らかの作業をなす場合、やはり鏡体が一定の大きさ、厚みに限定されるのは言うまでもない。宋代、都市経済の繁栄が人々の物質的な要求水準を押し上げ、それが女性の化粧法にも及んだと、楊海霞氏は指摘し、その例として遼代に於ける仏粧、或いは、金代の上層の階層の女性の間に大いに流行した眉を描く化粧法などを挙げている。[32] 化粧という行為の随意性に鑑みれば、携帯に便利な面径一〇センチメートル内外の小型鏡は化粧道具として大きな有用性を示したことと思われる。

金代の銅鏡は、様々な遺跡、遺構から出土するが、やはり墓葬出土の銅鏡も一定程度存在している。遼寧省瀋陽市の小北街の、塼で墓壙を築いた未盗掘の墓葬から発見された銅鏡は、女性の遺骸の右手の側に、内側がおそらく赤く塗られていた漆製の盒子の中に収められていたと推測されている。[33] これに対して、同じように墓葬出土の銅鏡であっても、銅鏡を副葬するというのではなく、墓葬の構成要素の一つして用いられていたと看做すべき事例が認められる。その一例が、一九九六年に河北省の遷安市の開発区で発見された塼築単室墓出土例である。[34] 報告によれば、未盗掘と推定される第三号墓中からは二点の銅鏡が出土しているのであるが、そのうちの柄鏡の母子戯獣鏡は、二人の被葬者の頭部の間に置かれ、他の一点、秦王瑞獣鏡は、墓室に堆積した土砂の中から発見されている。その土砂は、穹窿《きゅうりゅう》状の頂部が崩落した結果、その崩落部分から流れ込んだとされている。報告は、元来、本銅鏡が、墓室内部の頂部に掛けられていたことを推測している。これについては、現在の山西省一帯の墓葬に興味深い事例が確認できる。二〇〇七年に山西省の繁峙県杏園郷南関村で発見された穹窿の単室塼室墓は、既に大きく盗掘され、その時期も金代中後期からモンゴル・元代初期に求められるなど、出土資料の乏しい遺構ではあるものの、その穹窿状の頂部の中心には下に向いて長方形の塼が突き出しており、そこには穿孔が認められる。報告は、この穿孔に銅鏡を掛けたことを推測している。[35] この点、前述した下吐京村で調査された塼築単室墓出土の銅鏡は、その中央の長方形の鈕に、吊るして掛けるための鉄製の環が残されており興味深い。報告は簡略に過ぎるが、銅鏡は八角形の単室墓の中央近くで発見されている。これらは、出土状況に明瞭さを欠くが、このように、銅鏡を、墓室内部に掛けるという事例は、銅鏡が墓葬を構成する一要素として用いられていたことを示している。これらについて、王鋒鈞、楊宏毅両氏は、辟邪の機能を果たすことが期待されていたと推測している。[36] その他、李秀蓮氏や我が国の枡本哲氏はシャーマン鏡として用いられる事例に注目している。[37]

（2）金代の銅鏡の特徴

①刻款

金代の銅鏡を特色付けるものの一つが鏡縁に刻まれた文字である。金代の銅鏡には、わが国では早く高橋健自氏が雑誌『考古界』誌上に報じた承安四年鏡のように文字を鋳出す事例と鏡縁に文字を刻む事例が存する。後者は辺款、特に刻《こく》款《かん》と呼ばれる場合が多い。本稿でも刻款との呼称に従う。図1ⓓの方形鏡の鏡縁に見られるものが、刻款であり、本鏡は「定抵官記」と読めるが、この刻款については、早く馮雲鵬が『金石索』中に、銅資源の欠乏に起因する金朝の銅禁政策との関連を説き、[38] 現在、共通の理解になっている。[39] 大定八年（一一六八）のことと記される「銷銭作銅、旧有禁令、然民間猶有鋳鏡者、非銷銭而何、遂幷禁止。」、或いは、「国家銅禁久矣、尚聞民私造腰帯及鏡、託為旧物、公然市之、宜加禁約。」[40] などを拠りどころに、銅銭を融解して銅材として用いる私鋳鏡を防ぐために銅鏡上に官署の確認を必要としたとする理解である。この刻款に示された情報は官署名、州県名、重量銘等多岐にわたっている。

②成分組成

金代の銅鏡の特徴として、次に上げるのは鉛成分比の高さである。我が国では早くから成分組成について研究が進められているが、[41] 以前、何堂坤氏は、宋・金鏡十二面を分析し、錫と鉛の割合に大きなばらつきが見られることを述べ、[42] 二〇〇八年吉林省徳恵市の迎新遺跡で出土した双魚鏡について、張玉春、王志剛両氏が電子顕微鏡などを用いて行った分析でも、鉛の成分が高く、銅や錫の成分が低い結果が示されている。[43] 両氏は、これを宋金時代の銅鏡の特徴に符合すると理解するのだが、その成分組成の原因の一つにまず考えられるのは、銅銭を融解した銅鏡の存在である。既に、前節で述べたように、刻款は、私鋳鏡が市中に数多く流通していることへの対応策であった。銅資源の不足から、金代に銅器の買い入れが官署によって行われたことは『金史』に記されるが、大定初年の規定では、「銅鏡可賣三百十四文」であり、[44] 王、李両氏によれば、小平銭四五～五〇枚から、面径一〇～一四センチメートル、厚さ〇・二～〇・三センチメートルの銅鏡の鋳造が可能であり、従って、銅銭を鋳つぶし、官署に購入させることによって、五～六倍の利益を生みだせると指摘している。[45] 以前、沿海州に残るシャイガ山城出土の零細な鋳造工房址で、坩堝《るつぼ》とその周囲に散らばる銅銭が発見されたことがあり、報告者は、銅器から銅銭を鋳造したと理解したことがあった。[46]しかし、それはむしろ「銷銭鋳鏡」を裏付ける痕跡であると筆者もイフリェフ氏も指摘したことがある。[47]一方で、鉛の成分比の高い理由を直接的には宋・金両代の銅資源の欠乏に求めず、芸術工芸上の多様化など社会習俗の変化に求める理解もなされている。鉛成分の一定程度の高さが鋳造を容易にし、微細な表現を可能にするという積極的な評価である。前掲の何堂坤氏の主張がその代表であるが、それ以前の銅鏡には見られない、金代の銅鏡上の写実、具体的な表現は、この成分比によって可能になるという理解である。

(3) 小結

以上、本稿では金代の銅鏡の諸研究について簡単な整理を行ってきたのであるが、その銅鏡の理解の鍵として、鏡の大衆化という観点から注目したいと考える。様々な紋様・鏡種の流行は、言うまでもなく社会の要請に応えるものであり、それは鏡の用途の多様化とも連動するものであると考える。本稿中に紹介した河北省遷安市の開発区から出土した柄鏡は、川の字に並んだ二体の遺骸の頭部の間で発見されているが、報告に拠れば、骨格、歯などから、その二体の遺骸はともに女性で親子関係が、そして、両者ともに、非正常の、突然の死を迎えたことが推測されている。そして、その両者の頭部の間に置かれていた銅鏡の鏡背の紋様は、母親らしきふくよかな女性と、男子と推測される幼子を主題とし、鶴、動物、花卉を配するものであった。被葬者の二人に対する埋葬に関わった側の哀悼、或いは憐憫の思いを直接に汲みとることは必ずしも難しいことではない。金代における、紋様の多様化、その一つの方向として、成分組成も大きく関わってくるが、豊かな画題を写実的な描写で表現する傾向は、鏡背の紋様に意味を求める際、選択の自由の幅が広がる一方では、その使用、在り方に一定の枠組みが設けられる可能性が推測される。墓葬の天井部に迦陵頻伽《かりょうびんが》鏡を使用するなどは、その端的な事例であると考える。

二、官印

金代の官印については、先秦、或いは漢代の官印研究が比較的早く進められていたのに対し、長い間単独で考察の対象となることはなく、中国の印章史中の一節として触れられることが多かった。[48]一九八一年、主に新中国成立以降の出土情報を整理した黒龍江省文物考古工作隊による『黒龍江古代官印集』は、収録した八十九点の官印中、金代の官印が五十九点と全体の七割を越え、金代の官印の研究に際し、初めてまとまった資料を提供することとなった。[49]編者の一人である林秀貞氏は、これらの資料を基礎に黒龍江省出土の金代の官印について総合的に考察を行っている。[50]その後、金代の官印の出土事例が相次いで報告され、それらは、一九九一年、景愛氏によって刊行された『金代官印集』に収められることとなった。同書に収録された官印は、総数五五四点を数え、景氏は末尾で、使用、製作、形式等を基礎に、金代の官印研究に於ける意義を説いている。[51]既に九〇年代、前述の林氏は、金代の官印が六〇〇点を超えることを記しているが、[52]一九九六年には、陝西省西安市の鐘鼓楼前広場の古い井戸の中から九点の銅板とともに軍官印を中心に二七九点の金代の官印が一括して発見された。[53]その後、前述した景愛氏らが編録し、二〇〇七年に刊行された印譜『金代官印』には九一五点の官印が収録されている。[54]西安市の鐘鼓楼前広場の出土例は、特殊であるが、今後も更に多くの出土例を加えて行くことと思われる。現在、金代の官印について総合的に考察したものには、景愛氏の他に任万平氏が、[55]また、特に金代の印制に力点を置いた葉其峰氏の研究が挙げられる。[56]一方、我が国では、明治四十二年（一九〇九）、現在の吉林省延吉市近郊から出土した、印章を収める方形の函に内藤湖南氏が注目したことがあった。蓋には、「天泰八年二月分四品印二寸三分二厘五毫」と、規格とともに金末の蒲鮮万奴の樹立した東夏政権の年号も刻まれており、東夏国の研究の上でも貴重な資料を提供している。[57]その後、現在の中国東北部で出土した個々の事例について紹介・報告がなされることはあったものの、[58]総合的に金代の官印を考察の対象として捉える段階には立ち入らないでいる。しかし、今世紀に入り、井黒忍氏が、十〜十四世紀を中心にした北東アジア出土の官印のデータベースの作成に取り組み、その成果の一部は二〇〇五年に発表されることとなった。[59]その後、片岡一忠氏は、中国歴代王朝の官印制度を考察する中で金朝の印制についても整理を加えている。[60]本稿は、これら先行の業績に拠りつつ、近年の出土情報も加え、金代の官印について特徴を整理したいと考える。

（1）整理

①印制

金代の官印の鋳造については、『金史』・百官志に「天会六年、始詔給諸司、其前所帯印記無問有無新給、悉上送官、敢匿者国有常憲。」と記されているように、[61]新たに鋳造した官印と、前代の官印、おそらくは遼、宋代の旧官印とが引き換えられていることが知られる。しかし、全く前代の官印が用いられなくなったわけではなく、正隆元年（一一五六）のこととして「至正隆元年、以内外官印新旧名及階品大小不一、有用遼、宋旧及契丹字者、遂定制、命礼部更造焉。」との記

図4　来遠軍印　ⓐ外形・背款拓本　ⓑ印文

載がやはり百官志に見られる。[62] これら、『金史』百官志に記す印制の記載に従い、金代の官印制度は、正隆元年以降に整備されていくと理解されている。

②材質

『金史』百官志は、官印の材質について、金材、塗金を施した銀材、塗金を施した銅材、銅材の計四種を記している。[63] このうち、現在確認されるのは、圧倒的に多くが銅材を用いた銅印であって、その僅かな例外が、任万平氏によれば、塗金を施した銅印である、「中書門下之印」、「誅王之印」、「兵馬安撫使印」の三点の官印である。これらは、一品印、一字王印は塗金の銀印とする『金史』に記された正隆印制に合わないところから、氏は、前二者は正隆年間以前のもので、「兵馬安撫使印」は、金末蒲鮮万奴の東夏政権の年号である天泰を刻しているところから、必ずしも金朝の印制によるものではないと理解している。[64] なお、銅印の成分組成についての考察は、管見の範囲で見出せない。

③形式

金代の官印は、遼・宋代の官印の形式に従ったと一般に理解され、現在確認される官印は、ほとんど青銅製で、**図4**の来遠軍印に示すように印面は方形、直方体の長辺を横にした形状の鈕を有している。印背の上部には「上」の字を刻むものも見られる。ただ、片岡氏は、印制に西夏に同じく重量の規定が示されていることに加え、西夏印同様、印面が正方形であることに注目し、金代の官印に西夏の官印の影響が見られる可能性を示している。[65]

④印文

金代の官印の印面に記された文字は陽文（朱文）で示され、一字を構成するそれぞれの筆画を何度も重ねる畳篆《じょうてん》、一般に九畳篆と称される書体で記されている。その文字数は、時に「之」字を入れつつ調整して四、六、八、九、或いは十二字からなり、字数に応じて二行、三行に縦に排列している。陸錫興氏は、金代の官印の印文について、その特徴を大きく三点に整理している。[66]第一に、金代の官印は、例外なく九畳篆をその書体に用いていること、第二に、同一の官印の印面にあっても、印面に記された文字全てが九畳篆を用いる訳ではなく、畳篆しない通常の篆書体が含まれる場合があること、第三に、同一の文字であっても、個々の印によりその畳篆の形式が違うことである。また、金代に限らず宋代の畳篆にも共通することであるが、畳篆する場合、直線を曲線に変化させること、単線を複線にすること、畳篆させやすいように文字の構造を変化させること、畳篆させるために、画数の多い文字を使わず、画数の少ない異体字を使う場合があることなどにも言及している。

⑤刻款

官印の背面、或いは側面に刻款を施すのは隋代にその萌芽が見られるが、宋代には一般化し始め、印背の鈕の左側に鋳造機構を記し、右側にその年月日を記している。また、鈕の上部先端、もしくは印背の鈕の上面に「上」の字を刻み、押捺の方向を指し示している。しかし、宋代に異なるのは、刻款に記された情報量が一段と増えることである。これには、九畳篆で記された文字が、直ちに認識できる性格のものではないことが大きく関係していると思われる。その他、猛安謀克印の場合は、側面に女真文字を刻むことが多く、さらに謀克印の場合は、更に側面に上部機構である猛安名を漢字で記している。

⑥編号

同一の職務を示す官印を区別するために一種の整理番号として付されるものが編号であるが、これは既に述べたように官印の背面、もしくは側面に示されるものと、印面に直接印文として刻まれるものとの二つが見られる。更に、その編号には五行の木、火、土、金、水を記すものと、千字文に従うものとが確認される。

（2）考察の方向

①尺度

出土した官印から、金代の尺度を追究する試みとして、比較的早い時期のものとして挙げられるのは、高青山、王暁斌両氏の研究である。[67]両氏は、『金史』百官志に載せる官印に関する尺寸の記載を基に、[68]正隆年間以降の刻款を有する八十九点に注目し、金代の一尺を四三センチメートルと推測している。これに対し、筆者高橋は、金末に至るほど、特に軍官印は規定を逸脱して大きくなることを示した。[69]その他、陳根遠氏は、出土状況について情報を示さないが、「大定年六

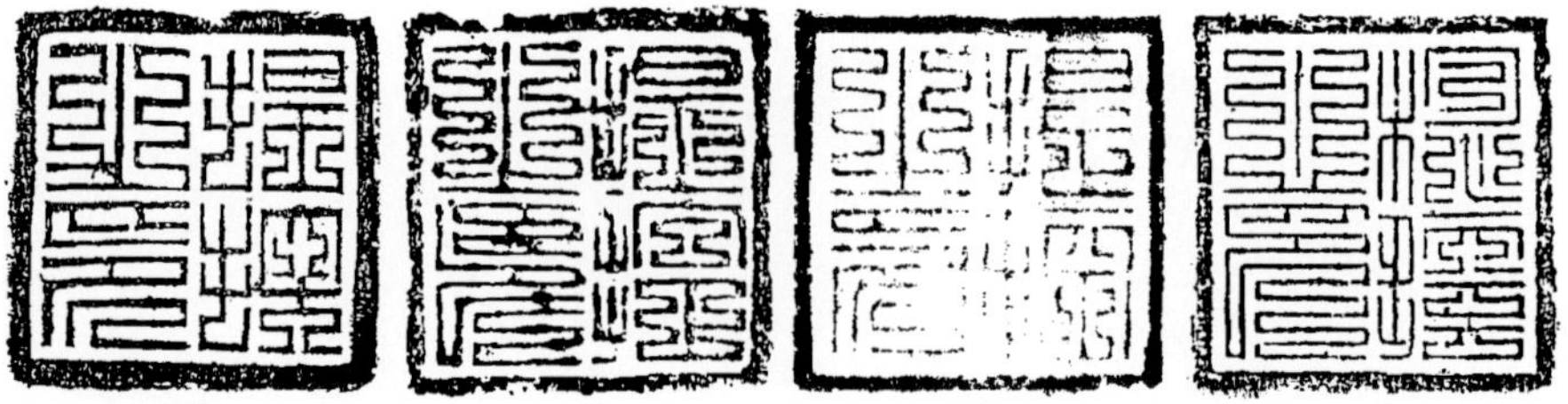
④　③　②　①

図5　都提控印
①一辺9.6センチメートル。1980年山西省石楼県出土。②一辺8センチメートル。1976年遼寧省建平県出土。
③一辺7.7センチメートル。1965年河北省満城県出土。④一辺6.6センチメートル。河南省孟津県出土。

月少府監造」を印背に刻す「環州刺史之印」から、[70]また、王暁静氏は、猛安・謀克印は、その時期により大きな変化が見られないとし、考察を進めている。[71]

②印文

先ず歴史地理資料として捉える理解が注目される。著名な事例では従来、蒲与路の治所に当てられていた黒龍江省克東県の克東古城が、城内から蒲峪路印が出土したによって裏付けられたとされる事例である。[72]また、印面に記された地名と出土地から金朝の四至を考察する理解も示されている。[73]更には、猛安謀克名を記す印の出土から、猛安謀克の事例の確認とともに、出土地一帯を猛安謀克の所在地に比定するなどである。[74]また、印文に示される官職について考察を進めるものも見られる。提控職に注目した馬洪路氏の理解はその一例である。[75]また、印文の文字そのものについてであるが、前代の遼朝にあっては契丹文の官印は確認されているが、目下、女真字を刻す官印は確認できない。印文を漢字に記し、刻款に女真字を刻む事例は数点知られる。

③刻款

i．干支、十二支紀年官印

官印の背面、側面に刻まれた文字もまた多くの情報を我々に与えてくれる。先ず、紀年に年号ではなく干支、或いは十二支を刻むものが確認される。干支を刻す官印について整理した陳春霞、劉暁東両氏は、その多くが軍官印であり、また、その時期については金代の後半期、特に宣宗の南遷から金の滅亡までの時期に限定している。また、その製造監督機関については、中央の官署ではなく、金廷の出先機関、或いは地方政府であるとしている。[76]また、十二支については、早くに瞿中溶《くちゅうよう》が『集古官印考証』に載せた猪児年十月造「行軍万戸所印」があり、[77]彼はこれを太祖十年（一二一五）のモンゴルの官印と理解している。一方、張泰湘、柳成棟両氏は、これを金末の蒲鮮万奴が一時的に元に下った時期の官印と理解しており、[78]共通して金末に推定されている。筆者は、以前、遼寧省本渓市で出土した「総領提控所印」に注目し、改元されたため本来は存在しない年号である興定七年を刻む理由を金廷中央と金末の東北地方の交通の途絶に求めた。[79]これら干支、十二支を刻す官印もその金末東北に於ける政治的混乱の中に事由を見出すことができる。[80]また、年号に関して述べれば同じく金末の、東夏や張致の政権[81]についても刻款は貴重な資料を提供している。

ii．女真文字

金代の官印には、側面に女真文字を記すものが見られるが、賈敬顔氏は、側面に女真文字を刻す五点の謀克印に着目し、いずれも大定十八～十九年に集中していることから、世宗・章宗朝に於ける女真文化復古運動の一例として理解している。[82]その後、山東省高密市で側面に女真文字を刻す「割木罕山謀克之印」が出土したが、背款の年号は大定十八年であった。[83]

iii．鋳印機構

金は宋朝に従い、官印の製作は、少府監が担っていたが、『金史』によれば正隆元年（一一五六）、礼部により官印を製作することが定められている。[84]しかし、早くに景愛氏が指摘するように、[85]それ以降も少なくとも大定十年（一一七〇）の少府監造の刻款までは確認されている。その後、製作機関は、礼部で安定するが、貞祐二年（一二一四）宣宗の南遷以後は、官印には「行宮礼部造」が見られ始め、更には、行尚書省の略称である「行部」、「行六部」、地方では、路、府、州、臨時の官署ですら製作するように変化している。

(3) 小結

以上、まず先行の諸研究の成果に基づけば、金代の印制は、正隆年間（一一五六～一一六一）に整備され、この時期の官印そのものの作りも精緻で、外観も篆書も極めて整ったものとなること、次に、記述内容による刻款の配置の規則性が確立し、更に規格と印面に記された品階の相関性がうかがわれること、その後、モンゴルの侵攻、金朝の政治的動揺の見られる時期に、定められた規格から逸脱し、製作機関も行宮、或いは金廷中央から離れるなどの過程を辿り、同時に官印に占める軍官印の比率が高くなること等である。更に言えば、軍官印は、従来と同じ職名であっても実質的な権限が小さくなることが指摘される。[86]即ち、指揮する兵員の数が減り、そして、おそらくはこれら急募の兵員の錬度が低くなる一方では、軍官の所持する印面の一辺は大きくなり、重量も増し、従って、印面を埋める九畳篆も曲折する回数が増えて行くこととなる。かつて、羅福頤《らふくい》氏は、現存する官印について、その残された事由を①陣没した将士が生前に佩帯していたもの、②

墓中の副葬品に納められたもの、③亡国の際の混乱に散失したものとの三点に整理したことがあった。[87]金代の官印が、橋鈕・瓦鈕ではなく、拡大した印面を支え、片手で握り押捺する直方鈕であることを考えれば、まず将士が佩帯していた可能性は排除されると考える。また、冥印も想定は可能であるが、目下管見の範囲では発掘例を知らない。軍官印、また、時期的には金代中後期から末期の官印の多さからは、金末の混乱で散失した可能性が残される。現在確認される金代の官印の多くは、出土遺構が明瞭ではない。西安鐘鼓楼広場の事例に端的に示されると考えるが、或いは切迫した状況の中で、その管理を失ったのではないかと考える。

結語

本稿で、今回採り上げた銅鏡、銅印はともに、黒龍江省のほぼ中央を貫流する松花江及びその支流の流域一帯、いわゆる金源内地を中心とする一帯から出土し、それらが一九七〇年代後半から八〇年代初頭にかけて集成されたことから研究が進められてきた。以来、銅鏡について言えば、かつて沈従文氏が金鏡には芸術的な創見が見られないとしたような従来[88]の評価は覆され、また、官印については、中国の印章史の中で短文で触れられる一節に過ぎなかったものが、その特徴に注目され、両者ともに再評価が始まり、また、現在もなお多くの出土例を加えつつある。

前節までに述べて来たように、銅鏡については、金朝の隆盛期、特に大定年間に様々な紋様の鏡が鋳造され始め、同時に、この時期に私鋳鏡が見られるようになること、一方、官印は正隆年間に印制が定まり、以降大定年間までの官印は作りも精巧であるが、宣宗の南遷、貞祐二年（一二一四）以降、軍官印を中心に濫造が始まることなどを総括的に示すことができる。この点、今回採り上げた銅鏡、官印ともに、制度、工芸上の充実が正隆・大定年間に見られた後に弛緩するという流れは共通している。ただ、官印とは異なり、民間で用いられる銅鏡については、作りの粗くなるものが指摘される一方では、元代に流行する人物故事鏡、童子戯花鏡などに繋が[89]る精緻な工芸技術を必要とする系統が併存する傾向が確認される。金代の銅器は、銅禁政策下に鋳造される性質上、銅鈸等、他の銅器にも刻款を認めることができるが、これら今回取り上げなかった銅器も含め、金代に顕著な銅銭の退蔵の現象の理解を進める中で、金代の銅鏡、官印の理解はより正確さを増していくと考える。

注

(1) 梁上椿『巖窟蔵鏡』(一九四〇年)。後、田中琢、岡村秀典訳『巖窟蔵鏡』(同朋舎出版、一九八九年)。

(2) 王宇、劉広堂「金代銅鏡研究述評」(『中原文物』二〇〇〇—三)五二—五六、八〇頁。

(3) 阿城県文物管理所編『阿城県出土銅鏡』(阿城県文物管理所、一九七四年)。

(4) 閻景全「金上京出土的銅鏡」(『学習与探索』一九八〇—二)二頁、等。

(5) 張英『吉林出土銅鏡』(文物出版社、一九九〇年)。

(6) 河北省文物考古研究所『歴代銅鏡紋飾』(河北美術出版社、一九九六年)。

(7) 景愛「金上京出土銅鏡研究」(『社会科学戦線』一九八〇—二)二〇九—二一四頁。

(8) 王禹浪、李陳奇「金代銅鏡初歩研究」(『遼金史論集』第三輯、書目文献出版社、一九八七年)三六五—三八〇頁。

(9) 伊葆力、王禹浪『金代銅鏡』(哈爾濱出版社、二〇〇一年)。

(10) 張麗萍「金代銅鏡略考」(『春草集：吉林省博物館協会第一届学術研討会論文集』吉林人民出版社、二〇一一年)七一二—七一七頁。王崇「金代銅鏡初歩分析」(『黒龍江史志』二〇一二—一一)六六—六七頁。関燕妮「金代銅鏡主要特徴管窺」(『大慶社会科学』二〇一六—四)八二—八五頁、等。

(11) 高橋健自「金承安の古鏡」(『考古界』八—一二、一九〇九年)一一一頁。

(12) 彙報「白鳥博士の満洲蒙古踏査」(『歴史地理』十四—四、一九〇九年)九六—九七頁。口絵「白鳥博士新発見の金時代の古鏡」(『歴史地理』十四—六、一九〇九年)等。

(13) 鳥山喜一「金の上京址の出土品に就いて」(『青丘学叢』第十九号、一九三五年)一四八—一五六頁。

(14) 前掲注9に同じ。

(15) 楊衛東、方清「金代魚紋鏡」(『文物春秋』二〇〇七—三)八五—八六頁。

(16) 前掲注8に同じ。

(17) 前掲注7等。

(18) 前掲注8等。

(19) 馬爾開「金代銅鏡的工芸与題材」(『芸術市場』二〇一二—一二)八四—八六頁等。

(20) 李秀蓮「浅談金代魚紋銅鏡」(『黒龍江農墾師専学報』二〇〇〇—二)七—九頁。

(21) 張帆「金代魚紋銅鏡与女真人社会生活」(『哈爾濱学院学報』二〇〇九—九)一—四頁。陳紅波「甘粛省天水市博物館蔵両面金代双魚紋鏡——金代双魚紋鏡解読」(『中国信息化』二〇一二—二〇)三八四—三八五頁、等。

(22) 李興玉「新津県出土金代双魚銅鏡」(『四川文物』一九九四—一二)三五頁。張占東「浅談上京会寧府出土的金代銅鏡」(『北方文物』一九九五—一)四六—四七頁。彭芊芊「金上京会寧府出土銅鏡考証」(『黒龍江档案』二〇〇九—一二)一一六、九頁。董晶晶、宋魁彦「浅談金代銅鏡紋飾造型的形成」(『美与時代(上)』二〇一〇—一〇)四五—四七頁、等。

(23) 楊玉彬「仙郷伝書成佳話　悲歓情縁映鑑中——宋金柳毅伝書故事鏡解析」(『東方収蔵』二〇一二—七)四九—五一頁、等。

(24) 許子栄「許由巣父故事鏡」(『黒龍江文物叢刊』一九八一—一)七八頁。楊玉彬「宋、金許由巣父故事鏡的初歩研究」(『文物鑑定与鑑賞』二〇一二—九)五二—五九頁、等。

(25) 于力凡「談金代童子鏡」(『首都博物館論叢』総第二四輯、二〇一〇年)一五〇—一五九頁。

(26) 王春雷「金上京博物館蔵宋金人物紋飾銅鏡」（『北方文物』二〇〇三—一）四五—四七頁。

(27) 孔祥星、劉一曼『中国古代銅鏡』（文物出版社、一九八四年、全二一二頁）。後、高倉洋彰・田崎博之・渡辺芳郎訳『図説中国古代銅鏡史』（中国書店、一九九一年）三〇三頁。

(28) 崔暁晨「対宋遼金時期銅鏡形制分類比較分析」（『黒龍江史志』二〇一四—一）五一—六頁。

(29) 尤洪才「金代銅鏡両箇問題的探討」（『黒龍江史志』二〇一三）五三—五四頁。

(30) 丹薇「綏棱県出土的一件金代銅鏡」（『求是学刊』一九八一—二）一二九頁。

(31) 山西省文物管理委員会、山西省考古研究所（解希恭）「山西孝義下吐京和梁家庄金、元墓発掘簡報」（『考古』一九六〇—七）五七—六一頁。

(32) 楊海霞「宋遼金時期銅鏡発展状況初探」（『美与時代（上）』二〇〇九—一一）三九—四一頁。

(33) 沈陽市文物考古研究所（李暁鐘）「沈陽市小北街金代墓葬発掘簡報」（『考古』二〇〇六—一一）五〇—五四頁。

(34) 唐山市文物管理処、遷安市文物管理所「河北省遷安市開発区金代墓葬発掘清理報告」（『北方文物』二〇〇二—四）二一—二七頁。

(35) 劉岩、商彤流、李培林、張所廷、袁泉、尚珩、張志偉、厲晋春「山西繁峙南関村金代壁画墓発掘簡報」（『考古与文物』二〇一五—一）三—八頁。

(36) 王鋒鈞、楊宏毅「銅鏡出土状態研究」（『中原文物』二〇一三—六）二二—三〇頁。

(37) 李秀蓮「浅談金代魚紋銅鏡」（『黒龍江農墾師専学報』二〇〇〇—二）七—九頁。張杰、李秀蓮「金源銅鏡的宗教文化意蘊初探」（『佳木斯大学社会科学学報』二〇一二—二）一〇八—一一〇頁。枡本哲「シベリアのシャーマン鏡についての覚書」（『考古学論究』第七号、二〇〇〇年）三一〇—三二七頁。

(38) 馮雲鵬『金石索』巻六下・鏡鑑類。

(39) 孔祥星、李雪梅「関于金代銅鏡上的検験刻記」（『考古』一九九二—二）一七〇—一七四頁。田華「金代銅鏡刻款及相関問題」（『北方文物』一九九五—三）八七—九三頁、等。

(40) 『金史』巻四八・志第二十九・食貨三。

(41) 近重真澄「東洋古銅器の化学的研究」（『史林』三—二、一九一八年）一—三五頁。小松茂、山内淑人「古鏡の化学的研究」（『東方学報・京都』第八冊、一九三七年）一一—三一頁、等。

(42) 阿城市文管所、中国科学院自然科学史研究所（執筆何堂坤）「幾件金代銅鏡的科学分析」（『北方文物』一九九〇—三）三一—三九頁。

(43) 張玉春、王志剛「徳恵市迎新遺址金代双魚鏡的検測与研究」（『北方文物』二〇〇九—四）四八—五二頁。

(44) シャフクノフ「シャイギン山城址の研究」（『一九七一年度の考古発見』）三〇四—三〇五頁。

(45) 前掲注8に同じ。

(46) 前掲注44に同じ。

(47) A・Л・伊夫里耶夫著、陳玉璇訳「関于中世紀銅鏡辺沿上的刻記」（『北方文物』一九九六—四）一〇六—一〇九頁。高橋学而「ロシア共和国沿海州パルチザン区フロロフカ村シャイガ山城出土の金代銅鏡について——金代東北流通史理解の一資料として」（『九州と東アジアの考古学——九州大学考古学研究室五〇周年記念論文集・下巻』、二〇〇八年）九三一—九四八頁。

(48) 羅福頤・王人聡『印章概述』（三聯書店、一九六三年）全一五六頁、安藤更生訳『中国の印章』（二玄社、一九六五年）全一九八頁、等。
(49) 黒龍江省文物考古工作隊『黒龍江古代官印集』（黒龍江人民出版社、一九八一年）全二一〇頁。
(50) 林秀貞「黒龍江出土的金代官印」（『学習与探索』一九八〇―一）一二八―一三六頁。
(51) 景愛『金代官印集』（文物出版社、一九九一年）。
(52) 林秀貞「金代官印分期」（『北方文物』一九九六―三）二七―三三頁。
(53) 西安市文物局「西安市鐘鼓楼広場発現一批金代官印」（『考古与文物』一九九九―三）六―一九頁。
(54) 景愛、孫文政、王永成編著『金代官印』（中国書店、二〇〇七年）上・下函全十冊。
(55) 任万平「金代官印制度初論」（『遼金史論集』第八輯、吉林文史出版社、一九九四年）二一七―二三四頁。任万平「金代官印制度述論」（『故宮博物院院刊』一九九八―二）八〇―九一頁。
(56) 葉其峰『古璽印通論』（紫禁城出版社、二〇〇三年）。
(57) 箭内亘「第四篇・東真国の疆域」（『満洲歴史地理』第二巻、丸善株式会社、一九一三年）二六四頁。
(58) 三上次男「畏罕湼謀克印」（『考古学雑誌』二八―七、一九三八年）七〇頁。白井長助「金安撫副使印」（『考古学雑誌』三一―二、一九四一年）六三頁、等。
(59) 井黒忍「北東アジア出土官印集成表（稿）」（文部科学省科学研究費補助金特定領域研究：中世考古学の総合的研究――学融合を目指した新領域創生――空間動態論研究部門計画研究C01-2『北東アジア中世遺跡の考古学的研究　平成十五・十六年度研究成果報告書』二〇〇五年）八〇―九六頁。
(60) 片岡一忠『中国官印制度研究』（東方書店、二〇〇八年）。
(61) 『金史』巻五十八・志第三十九・百官四。
(62) 前掲注61に同じ。
(63) 前掲注61に同じ。
(64) 前掲注55に同じ。
(65) 前掲注60に同じ。
(66) 陸錫興「九畳篆的来龍去脈」（『南方文物』二〇〇九―一）一四三―一四八、一三四頁。
(67) 高青山、王暁斌「従金代的官印考察金代的尺度」（『遼寧大学学報』一九八六―四）七五―七六、七四頁。
(68) 前掲注61に同じ。
(69) 高橋学而「遼寧省本渓市出土金総領提控所印について―出土官印より見た金末東北の混乱」（『古代文化』五〇―四、一九九八年）三一―四一頁。
(70) 陳根遠「記両方隋、金官印」（『考古与文物』一九九六―二）九一―九三頁。
(71) 王暁静「従猛安、謀克官印看金代的尺度」（『西南交通大学学報』社会科学版二〇一五―六）一三一―一三五頁
(72) 景愛「関于金代蒲与路的考察」（『文史』第十輯、一九八〇年）八九―一〇〇頁。
(73) 林文「従出土官印看金朝疆界」（『北方文物』一九九五―四）二九―三四頁。
(74) 王禹浪、寇博文「金代猛安謀克官印研究述評」（『黒龍江民族叢刊』二〇一五―五）九二―九五頁。
(75) 馬洪路「金代提控官印考略」（『考古与文物』一九八七―三）一〇三―一〇七、一〇二頁。馬洪路「金代提控官印続考」（『考古与文物』一九九三―一）一〇五―一一〇頁。
(76) 陳春霞、劉暁東「金代干支紀年官印研究」（『北方文物』二

〇〇〇—二）三〇—三六頁。
(77) 瞿中溶『集古官印考証』巻十七（但し、筆者未見。注78文献による）。
(78) 張泰湘、柳成棟「猪児年〝副統之印〟」（『北方文物』一九八五—三）三九—四〇頁。
(79) 前掲注69に同じ。
(80) 張紹維、李蓮「東夏年号的研究」（『史学集刊』一九八三—三）二〇—二九頁。王慎栄「論東夏的年号」（『東疆学刊』哲学社会科学版一九八八—一、二）六二—六九頁、等。
(81) 景愛「論金代官印的学術価値」（『北方文物』一九九二—三）二九—三三頁。
(82) 賈敬顔「女真文官印考略」（『中央民族学院学報』哲学社会科学版一九八二—四）三五—三七頁。
(83) 張暁光、葛培謙「山東高密出土金代銅印」（『文物』二〇〇三—五）九五—九六頁。
(84) 前掲注61に同じ。
(85) 前掲注51に同じ。
(86) 韓鋒「金代都統所印」（『北方文物』二〇〇一—三）九七頁、等。
(87) 前掲注48に同じ。
(88) 沈従文『唐宋銅鏡』（中国古典芸術出版社、一九五八年）。
(89) 楊桂栄「館蔵銅鏡選輯（九）」（『中国歴史博物館館刊』一九九六—一）一二六—一三一頁。

補注 **図1**ⓐ・ⓖ、**図2**ⓐ・ⓑは、それぞれ注9文献中の彩図二三、彩図三六、彩図七、彩図三一。**図1**ⓑ・ⓒ・ⓓ・ⓔは、いずれも『金源文物図集』（哈爾浜出版社、二〇〇一年）全四一八頁中の、番号四二二、番号三八〇、番号三九七、番号四二一。**図1**ⓕ、**図2**ⓒは、張英『吉林出土銅鏡』（文物出版社、一九九〇年）全一七一頁中の番号一一九：拓本、番号一三四。**図3**は、注31文献中の図［玖］。**図4**は、王綿厚、郭守信主編『遼海印信図録』（遼海出版社、二〇〇〇年）全五六二頁中の七一頁の図［九一］（一辺六・三×六・三センチメートル、遼寧省博物館蔵）。**図5**は、いずれも注51文献中から採録。①は同書中の番号四三九、②は同じく番号四四五、③は番号四四三、④は番号四四六。

元・明時代の女真(直)とアムール河流域

中村和之

なかむら・かずゆき——函館工業高等専門学校特任教授。専門は北東アジア史・アイヌ史。主な著書・論文に『中世の北東アジアとアイヌ——奴児干永寧寺碑文とアイヌの北方世界』(共編、高志書院、二〇〇八年)、「『北からの蒙古襲来』について——モンゴル帝国の北東アジア政策との関連で」(『歴史と地理』第六七七号、二〇一四年)、「中世・近世アイヌ論」(『岩波講座 日本歴史』第二〇巻、岩波書店、二〇一四年)などがある。

刀伊の入寇以来の東女真の海の活動は、金末まで引き継がれていた。日本の大陸に対する地理認識では、モンゴル帝国が金を滅ぼした後でも、刀伊の名称が使われていた。これは女真の海の活動が続いていたからであろう。しかし元・明代になると女真の海の活動は姿を消し、アムール川・ウスリー川流域における女真の活動が記録されるようになる。

はじめに

本稿では、元代および明代の前期の女真について概観する。金が一二三四年に滅亡した後の、北東アジアの女真の状況についてはわかっていないことが多い。この時代は金代から東《とう》夏《か》の時代までとは違い、大規模な遺跡が姿を消し、考古学的な情報から見れば空白の時代となる。したがって、どうしても文献史料に基づいた記述にならざるを得ない。では、金末に現在の中国東北部からロシア連邦の沿海地方を中心に建国された、東夏のことから論を始めたいと思う。

一、東夏国と東女真の海の活動

(1)北東アジアにおける金の境界

元代の地誌である『元一統志』巻二によれば、遅くとも金の時代にはアムール河の下流域、現在のティル村に奴児干(ヌルガン、あるいはヌルゲン)城が置かれたという記録がある。さらに金の勢力圏はサハリン島にまで及んでいたらしい。

『金史』巻二四、地理志上に「金の壌地封疆《じょうちふうきょう》は、東は吉里迷《ギレミ》と兀的改《ウデカイ》などの諸《もろもろの》野人《やじん》の領域に及ぶ」という記述から推定できる。吉里迷は、吉列迷、吉烈迷および乞列迷とも書くが、gillemiを漢字の音で宛てたものであり、ニヴフの祖先の系譜につながる。兀的改は元代には兀者《ウェジ》（あるいはウジェ）と呼ばれ、ツングース系のウデヘ民族の名称につながることから、ツングース系の集団と思われる。十九世紀後半には、ニヴフはサハリン島北部と、アムール河の河口部に居住していた。もしニヴフの居住域があまり大きく変化していないとすれば、金の勢力はアムール河下流域・サハリン島にまで伸びていたことになる。

また『高麗史』巻三〇の一二八七年の記事には、「東真《とうしん》の骨嵬《クイ》の国」に駐屯していたモンゴルの将軍が元に戻る途中で高麗に立ち寄り、公主《こうしゅ》に拝謁したという記録がある。当時の高麗王妃は、斉国大長公主《せいこくだいちょうこうしゅ》ともいわれるクビライ＝カアンの娘のクトゥルク＝ガイミシュだったからである。東真は東夏とも呼ばれ、一二一五年に金の武将であった蒲鮮万奴《ほせんばんど》が、金から自立して建てた地方政権である。正式には大真という国号を名乗った。一二三三年にモンゴル帝国のグユクが率いる軍に滅ぼされたが、領域に山城・平地城を数多く築造した(1)。さきの『高麗史』の記事は、東真が骨嵬の国を従わせていたように読むことができる。骨嵬とはアイヌのことであり、ウリチ語などのツングース諸語やニヴフ語などで、アイヌを意味するkuyi～kuyi～kuiを漢字の音で宛てたものである。したがって骨嵬の国とは、サハリン島を意味しているのであろう。モンゴル帝国の軍事的圧迫に直面し、僅か十八年間しか続かなかった東夏が、新たにサハリン島にまで勢力を伸ばす余力があったとは思えない。金の時代の領域がサハリン島にまで伸びていて、東夏がそれを一時的に継承したと考えるのが自然である。このように考えると、金の勢力はアムール河の下流域から間宮海峡を越え、サハリン島にまで到達していたと考えるのが自然な解釈であろう。

(2) 東夏国のパイザ

九二六年に、遼が渤海を滅ぼすと、遼はツングース系の女真の海上交易に圧迫を加えた。しかし、女真の海上活動はその後も継続した。寛仁三年（一〇一九）に対馬・壱岐を襲った、刀伊《とい》という集団は東女真の一派を主体にした海賊の集団とされている。また、女真が金を建てた後も、日本海沿岸の海の移動ルートは使われていたことがわかる。鎌倉幕府が編纂した『吾妻鑑《あづまかがみ》』巻二六、貞応三年（一二二四）二月二十九日の条には、一二二三～一二二四年の冬に、高麗人の船が新潟県の寺泊《てらどまり》に漂着したという記事がある。この船の乗員は見つからず、遺留品が鎌倉に届けられ、鎌倉幕府の要人がこれらを閲覧した。その中に細ひもで組んだ帯があり、その帯の中央に銀の札が付けられていた。札には四つの文字が刻まれていたが、誰も読むことができなかったとして、刻まれた書体が写されている。『吾妻鏡』には二つの写本がある。ひとつは北条本、もう一つは吉川本である。二つの写本の文字の形は、少し異なっている。この文字の意味は長い間謎であった。ところが一九七六年に、ソヴィエト連邦の考古学者エルンスト・V・シャフクノーフ氏が、沿海地方のシャイガ土城址から銀のタブレットを発見したことによって、解読が一気に進んだ。[2] 一文字目は花押というサイン、二文字目以下は女真文字で"qürün-ni qadayun"と読むことができる。[3] これは「国への誠」という意味である。これによって、この銀の札は女真の武官が携行した牌子（パイザ）という通行手形であることがわかった。したがって、『吾妻鏡』に高麗人と書かれた人たちは、実際には女真人だったのである。なおこの牌子は、年代から考えて金ではなく東夏のものと考えなければならない。

図1　シャイガ土城址から発見された銀のパイザおよび『吾妻鏡』の北条本（左）と吉川本（右）

（3）東女真の海の活動

金から東夏の時代には、ロシアの沿海地方のウスリー川水系に多くの山城・平地城が築かれた。臼杵勲氏は、女真が河川交通と海上交通を組み合わせた水運を利用していたことを指摘している。[4] 木山克彦氏も、日本海に注ぐ河川沿いに城址がある例がよく認められることから、シホテ＝アリン山脈の間宮海峡側では、磯回りの海上交通と河川を利用した物資の運搬が重要な役割を担っていたと指摘している。[5] さきにあげた銀の牌子は、女真の海上交通路の存在を示すものであり、金と東夏の時代には、河川交通と海上交通が組み合わされて利用されていたことがわかる。

さて女真の海上活動は、金末から東夏の時代に急に盛んになったものではない。北宋の時代から女真の船が山東半島に来航したことが知られている。また最近、井黒忍氏が紹介している事例であるが、南宋の熊克《ゆうこく》『中興小紀』巻三、建炎二年（一一二八）六月五日の条にはつぎのように記されている。

同年三月、南宋の楊応誠《ようおうせい》は杭州から海路で高麗に赴いた。その目的は高麗を経由して金に赴き、靖難の変のおりに拉致された徽宗《きそう》と欽宗《きんそう》の二人の前皇帝の返還を求めるという自らの発案を実現するためである。しかし高麗にとって、自国を経由して南宋と金が通交することは、紛争に巻き込まれる危険が予想された。そのため高麗は、楊応誠の提案を拒否するのだが、その際に高麗は東女真とそれを継承する金の水軍の強力さをことさらに強調した。さらに高麗は、金が江南沿岸部への攻撃を目的として造船を行っているとの情報を伝え、海戦を得意とする金の海軍が南宋を襲う危険性を指摘したのである。(6) このように、女真の海上の活動は、宋代から東夏の時代までは活発に行われていたことがわかる。

二、中世の日本図に見える大陸と刀伊

(1) 金澤文庫本「日本図」の東アジア

さきにのべたような、金から東夏にかけての女真の海の活動は、日本海の対岸に位置する日本ではどのように知られていたのであろうか。

ここで鎌倉時代の日本地図を手がかりに、この問題を考えてみたい。まず、金澤文庫本の「日本図」を見よう。この図は、行基図と通称される日本全図のなかでも最古のものであるが、西半分しか残っておらず、遠江・越後以東は欠落している。日本列島を囲むように蛇の体が描かれ、その外側に大陸諸国が配置される。以下、黒田日出男《ひでお》氏の研究に従いつつ考察してみよう。(7) まず、図に記された文字を以下にあげる。

a　羅刹《らせつ》国、女人萃《にょにんあつ》まり、来《きた》る人還《かえ》らず
b　龍及《りゅうきゅう》国宇嶋《ウーシマ》、身は人、頭は鳥。雨見《あまみ》嶋、私領郡《しりょうのぐん》
c　唐土三百六十六ヶ国
d　高麗ヨリ蒙古国之自日平トヨ国云　唐土ヨリハ多々国々一称八百国
e　雁道、城有りと雖《いえど》も、人にあらず
f　新羅国五百六十六ヶ国
g　シカノ嶋
h　竹嶋

では、本稿に関係がある部分について検討する。まずcの唐土とは、南宋のことである。dの蒙古国と並列されていることによってそれがわかる。したがってこの地図は、一二三四年の金の滅亡から、一二七九年の南宋の滅亡までの間の状況を描いていると言える。なお黒田氏が指摘するように、gシカノ嶋（志賀《しか》島）、h竹嶋（鷹《たか》島）など、一二八一年の弘安

の役の戦場の名が見えることから、この図は原図ではなく後世の写図であろうと考えられる。さて、本稿にとって最も注目すべき北東アジアの状況に触れていると思われるdは、蒙古国に続く部分の意味がほとんど不明である。そこで、黒田氏が新たに紹介している千葉県妙本寺本「日本図」の検討に進もう。

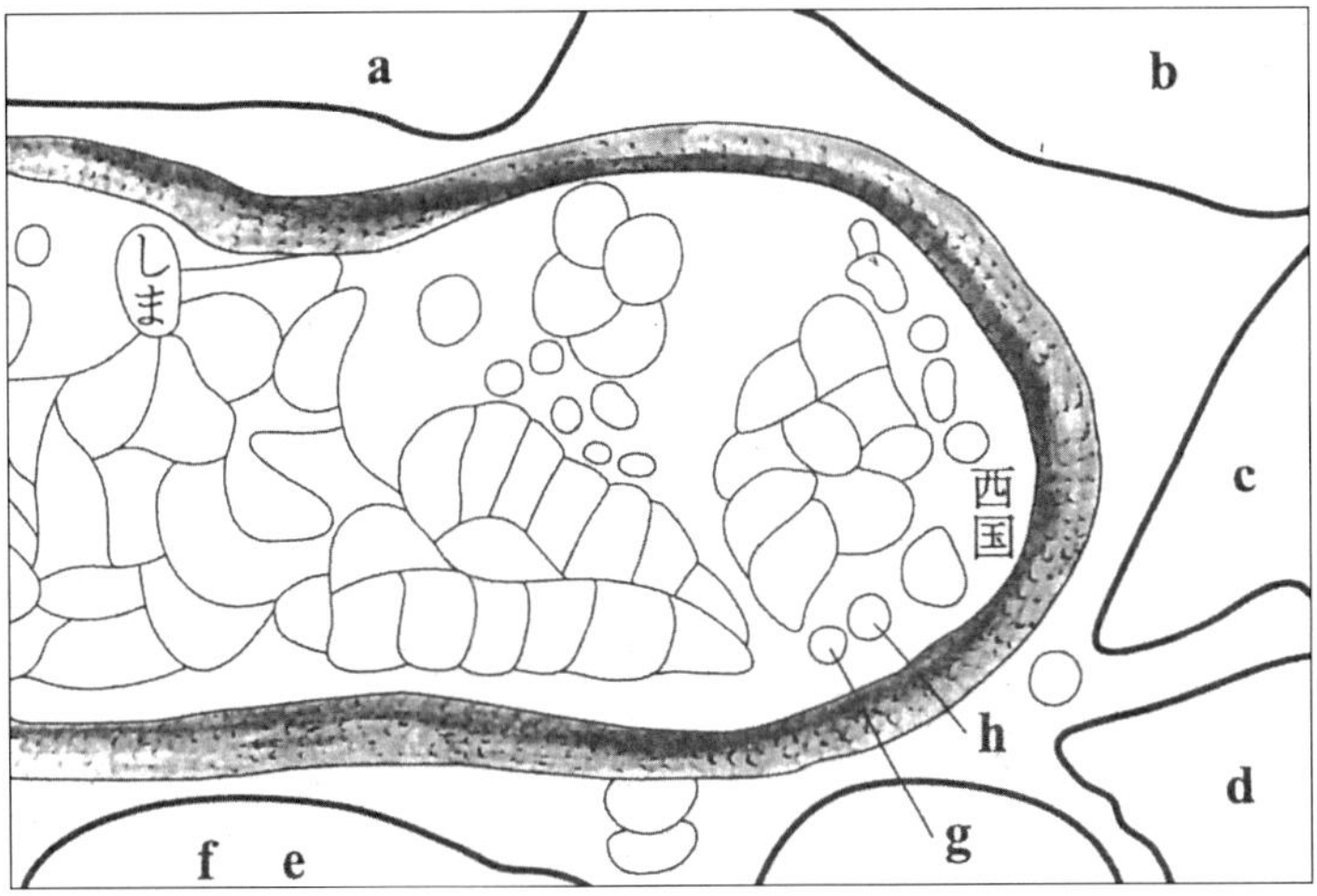

図2　金澤文庫本の「日本図」の記述[7]

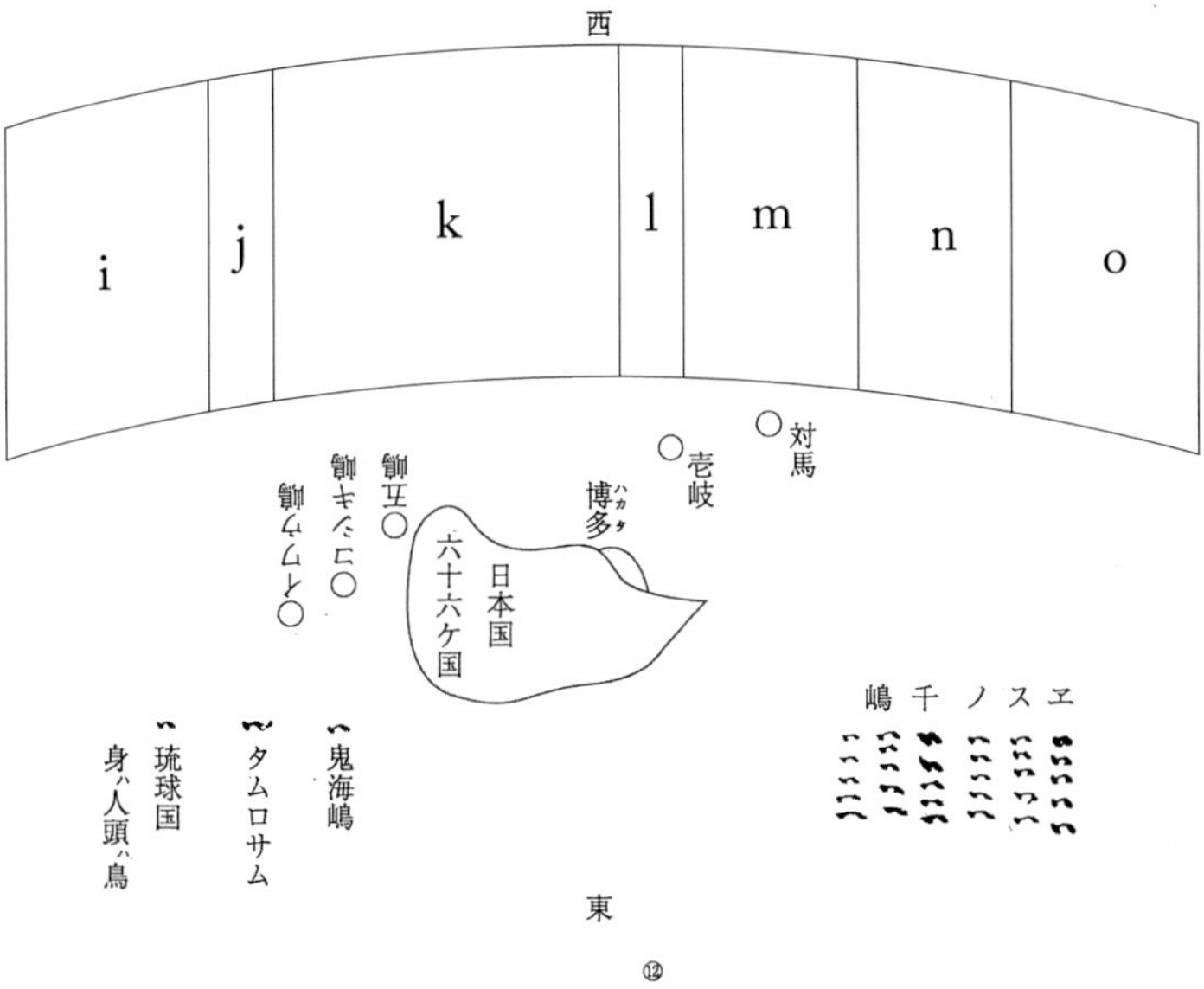

図3　千葉県妙本寺本「日本図」の記述[8]

（2）千葉県妙本寺本「日本図」に見える刀伊《とい》国

千葉県妙本寺本「日本図」は、図の中心に九州島が描かれ、

博多の位置が示される。(8)

i　唐土三百六十六ヶ国

j　境河広《さかいかわひろ》 卅《さんじゅう》 里

k　高麗ヨリハ蒙古国ト云《いい》、日本ヨリハ刀伊《とい》国ト云、唐土ヨリハ多湛《だったん》国ト云《いう》、一千八ヶ国ナリ

l　境河広 廿《にじゅう》 里

m　高麗国 七百六十六ヶ国

n　新羅国 五百六十六ヶ国

o　百済国 四百六十六ヶ国

iの唐土とは、南宋のことである。モンゴル帝国と南宋との境となっているjとは、この当時、南流して淮水と合流していた黄河のことであろう。(9) またkはモンゴル帝国（一二七一年からは元）のことであるが、高麗からは蒙古国と呼ばれ、日本からは刀伊国と呼ばれ、唐土（漢地）からは多湛国と呼ばれているとしている。このことを基にdの文言を検討すると、kと同じ内容のことを書いていることがわかる。すなわちdのトヨ国はkの刀伊《とい》国に、dの多々国はkの多湛《だったん》国にあたるのであろう。

このように妙本寺本「日本図」は、金澤文庫本「日本図」とともに金滅亡から南宋滅亡までの間の状況を描いていることになる。dとkの記載は、モンゴル帝国が沿海地方に進出した後も、刀伊ということばが、この地域の呼び名として使い続けられていたことを示している。それは、刀伊の入寇の後も、東女真による海の活動が続いていたからであろう。

三、元代の女直と水達達

(1) モンゴル帝国・元による女直の支配

高等学校の「世界史」の教科書の記述で知られていることであるが、モンゴル帝国時代には、人びとは四つの階級に分けられていた。モンゴル人と色目人が支配者と位置づけられ、かつて金の治下にいた漢人と、南宋の治下にいた南人が被支配者側であった。陶宗儀《とうそうぎ》『南村輟耕録《なんそんてっこうろく》』巻一、氏族、には蒙古、色目に続いて漢人八種があげられ、契丹、高麗に続いて女直が三番目に登場する。ちなみに漢人の最後に登場するのが渤海で「女直と同じ」という注記がある。以上のように女直は漢人のなかに位置づけられ、支配される側にいた。このことは、モンゴル帝国初期の重要な行政官であるダルガチの任用についての規定で、明確に現れる。『元史』巻十三、至元二一年八月丁未の条には、「軍官の格例《きてい》を定擬《さだ》めるについては、河西《かせい》、回回《かいかい》、畏吾児《ウイグル》等に以《つい》ては、各《おのおの》の官品《かんぴん》に依《よ》り万《ばん》戸府《こふ》の達魯花赤《ダルガチ》に充《にんめい》し、蒙古人と同じとする。女直と契丹は、漢人と同じとする。若《ただ》し女直と契丹が西北で生《せいちょう》し、漢

語に通《つう》じない者は蒙古人と同じとする。女直が漢地で生《せいちょう》したら、漢人と同じとする」とある。このように、女直と契丹は、漢人と同じでダルガチには任用しないが、漢語を解さない場合はモンゴル人と同様に任用すると記されている。漢地で成長した女直を漢人と同じにすると明記しているのは、漢語を解するようになっていると想定されたからであろう。このように、漢地の女真人たちが漢語を習得し漢文化に同化していたことがわかる。このことは、漢人の姓を名乗る女真人の存在によっても確認することができる。元寇の時に、クビライ＝カアンの命令によって、日本に二度使いをした趙良《ちょうりょう》弼《ひつ》は女真人で、もとの姓は朮要甲《じゅつようこう》であった。(10)

(2) モンゴル帝国・元によるアムール河流域の支配

一二〇六年にモンゴル帝国が成立した時、チンギス＝カンは自らが統括する中央ウルスの西方に、ジョチ・チャガタイ・オゴタイら諸子の分封地を置き、東方にはカサル・カチウン・オッチギンら諸弟らの分封地をおいた。(11) 諸弟の領地はモンゴリアの東方、興安嶺の西麓一帯に連なって置かれたが、後にはマンチュリアに拡大していった。一方、チンギス＝カンの四駿に数えられるムカリ国王は、金に対する攻撃を率い、一二一八年には十個の女直人の千戸を編成した。以後、松花江・アムール河流域には、チンギス＝カンの諸弟の子孫である東方三王家の筆頭であるオッチギン家の領地が置かれるとともに、(12) モンゴル中央政府の支配体制も併存する形を取っていたと考えられる。

元代のアムール河中・下流域に居住していた諸集団については、いくつかの統轄機関が設置されていた。統轄する機関と統轄対象の集団については、つぎのような関係になっていた。合蘭府《ごうらんふ》が南方の統治の拠点として女真を統轄し、松花江流域からアムール河中・下流域に設置された五万戸府《ばんこふ》が北方の水達達《すいたつたつ》を統轄していた。五万戸府とは、桃温《とうおん》・胡里改《こりかい》・斡《あつ》朶憐《だりん》・脱斡憐《だつあつりん》・孛苦江《ぼつくこう》という五つの軍民万戸府のことである。もっとも北に位置する集団を統轄していたのは管兀者吉列迷《かんウェジギレミ》万戸府《ばんこふ》であり、兀者《ウェジ》と吉列迷《ギレミ》（乞列迷《ギレミ》）を統轄していた。水達達という語は、元代になって用いられるようになったもので、『元史』には「女直・水達達」あるいは「水達達・女直」と記されることが多い。その初出は彭大雅《ほうたいが》『黒韃事略《こくたつじりゃく》』とされる。同書は、一二三三年に著者が南宋からモンゴル帝国の宮廷に派遣された時の記録で、徐霆《じょてい》が一二三七年に編纂した。同書には「斛速益律于《こくそくえきりつう》」という語が見え、これに「水韃《すいだっ》靼《たん》」の注がつけられている。「斛速益律于」は「斛速益律干《かん》」の誤りとされ、モンゴル語で“**usu irgen**”つまり水の民という意味である。(13)

（3）クビライ政権の政策とナヤンの反乱

クビライ＝カアンの即位によって、アムール河下流域からサハリン島へ至る領域は大きな変化を余儀なくされた。クビライが大カアンになるにあたっては、オッチギンの孫にあたるタガチャルの功績が大きかった。そのためクビライ政権ではタガチャルの発言力が大きかった。元軍は一二六四年に骨嵬を攻撃しているが、これはタガチャルをはじめとする東方三王家への論功行賞であり、アムール河下流域からサハリン島に至る交易路の再構築を中央政府の力で行い、交易の利益は東方三王家が得た可能性が高い。しかし、一二八〇年代になると状況は変化していた。元軍は、一二八四・八五・八六年の三年連続して、骨嵬を攻撃している。また設置の年代は不詳であるが、アムール河の下流域のティル村に東征元帥府《とうせいげんすいふ》を置き、この地域を支配するための中心とした。また元はアムール河下流域を流刑地とし、犬を用いた駅伝をアムール河下流域まで敷いて囚人の食料を運搬した。この時代には、重罪人はアムール河の最下流のヌルガンへ流し、罪の軽い者は松花江沿いの肇州《ちょうしゅう》に流した。なお、ヌルガンへの流刑は元統年間（一三三三～一三三五年）までは続けられており、長期間にわたるものであったことがわかっている。東征元帥府は、『元一統志』に見える金代のヌルガン城を引き継いだものではないか思われるが、その機能は先住民集団の統率のほかに流刑囚の管理や屯田の経営などを含む多岐にわたるものであったと推定される。元は、この東征元帥府を拠点にしてサハリン島にも兵を出した。筆者はかつて、サハリン島の最南端にあるクリリオン岬から約二キロ北に位置する白主土城《しらぬしどじょう》が、元軍の前進基地の果夥《クオフオ》であるとの見解を発表したことがある。(14) もしこの考えが正しければ、元の勢力はサハリン島にまで達していたことになる。

このようなクビライ政権によるアムール河下流域・サハリン島への進出は、中央政府がこの地域の交易ネットワークを直接管理することに結びつく。既得権を脅かされる形となった東方三王家は、当然これに反発したであろう。その現れが一二八七年に起きたナヤンの反乱である。ナヤンはタガチャルの孫にあたる。東方三王家の筆頭であるオッチギン家の反乱に驚いたクビライ＝カアンは、自ら軍勢を率いて出陣したため、反乱は短期間に鎮圧された。なおナヤンは、ネストリウス派のキリスト教徒であったため、マルコ＝ポーロのいわゆる『東方見聞録』に詳しく記録されている。マルコ＝ポーロは、その存在が疑われている人物であるが、フランス語やイタリア語などで残された諸本の対校訳には、ナヤンの支配下にいた人びとについて、(15)

生き残ったナイアム〔ナヤンのこと〕の兵士たちはクブライ〔クビライのこと〕に降伏と忠誠を誓うに至ったが、彼らは四つの高貴の地方、すなわちチョルザ、カルリ、バルスコル、シティングィからであった。

と記されている。このうちチョルザは女真、カルリは高麗のこととされており、オッチギン家の領地が女真の居住域に置かれていたことがわかる。

ナヤンの反乱を鎮圧した後、元は一二八七年に遼陽等処行中書省を設置しその下に遼陽路、広寧府路、大寧路、瀋陽路、東寧路、開元路、合蘭府水達達等路の七路を置いた。合蘭府水達達等路は朝鮮半島東北部に治所を置き、松花江・黒龍江流域までの広大な地域を管轄していた。『元史』巻五九、地理志二、には、合蘭府水達達等路について「其の居民は皆《みな》水達達・女直の人で、各《おのおの》旧《ふる》くからの俗《しゅうぞく》に仍《したが》い、市井《まち》や城郭《じょうかく》は無《な》く、水と草を遂《お》って居《じゅうきょ》と為《な》す。射猟《しゃりょう》を以て業《せいぎょう》と為す」とある。

（4）『混一疆理歴代国都之図』に見えるアムール河流域の諸集団

モンゴル時代の世界地図として有名な『混一疆理歴代国《こんいつきょうりれきだいこく》都之図《とのず》』という地図がある。またの名を『疆理図《きょうりず》』といい、一四〇二年に朝鮮王朝で作られた。龍谷大学大宮図書館が収蔵する資料が有名であるが、近年長崎県本光寺蔵の資料の存在が紹介された。また京都大学には、龍谷大学本の模写版が所蔵されている。また同系統の地図は韓国にも存在しており、李燦《りさん》氏による研究が発表されている。[16]

これまで筆者は、北東アジアにおけるアイヌの動向を探るなかで、『混一疆理歴代国都之図』の記載に注目してきた。以下、『混一疆理歴代国都之図』を手がかりにして、モンゴル時代のアムール河中・下流域に居住する集団について考察してみたい。

『混一疆理歴代国都之図』の北東アジアの部分には、二本の大河が描かれている。これらは、アムール河（黒龍江）とウスリー川を示すと思われる。その周辺に以下の地名が見える。

①「水達忽／賜？／設萬／下千戸□／壽」

意味不明である。書写の際に書き誤りが生じたのであろうか。「水達忽」は②の「水達々」のことであろう。また「萬／下千戸」の部分は、④の「萬戸下／千戸」と同じ表現で、「萬戸のもとの下千戸」ということであろう。千戸には、上中下の差があった。なお本光寺本では、この部分は「水達々忽昌改萬戸下千戸福水達達」となっている。[17] 本光寺本の「忽昌改」は、五万戸府のひとつとしてあげられている「胡里改

（フリカイ）」のことであろう。本光寺本の最後の「水達達」は、龍谷大学本では少し離れたところに書かれている②の「水達達」が一緒にされてしまったものであろう。[18]

②「水達々」

さきにあげた「水達達」のことである。

③「合蘭府」

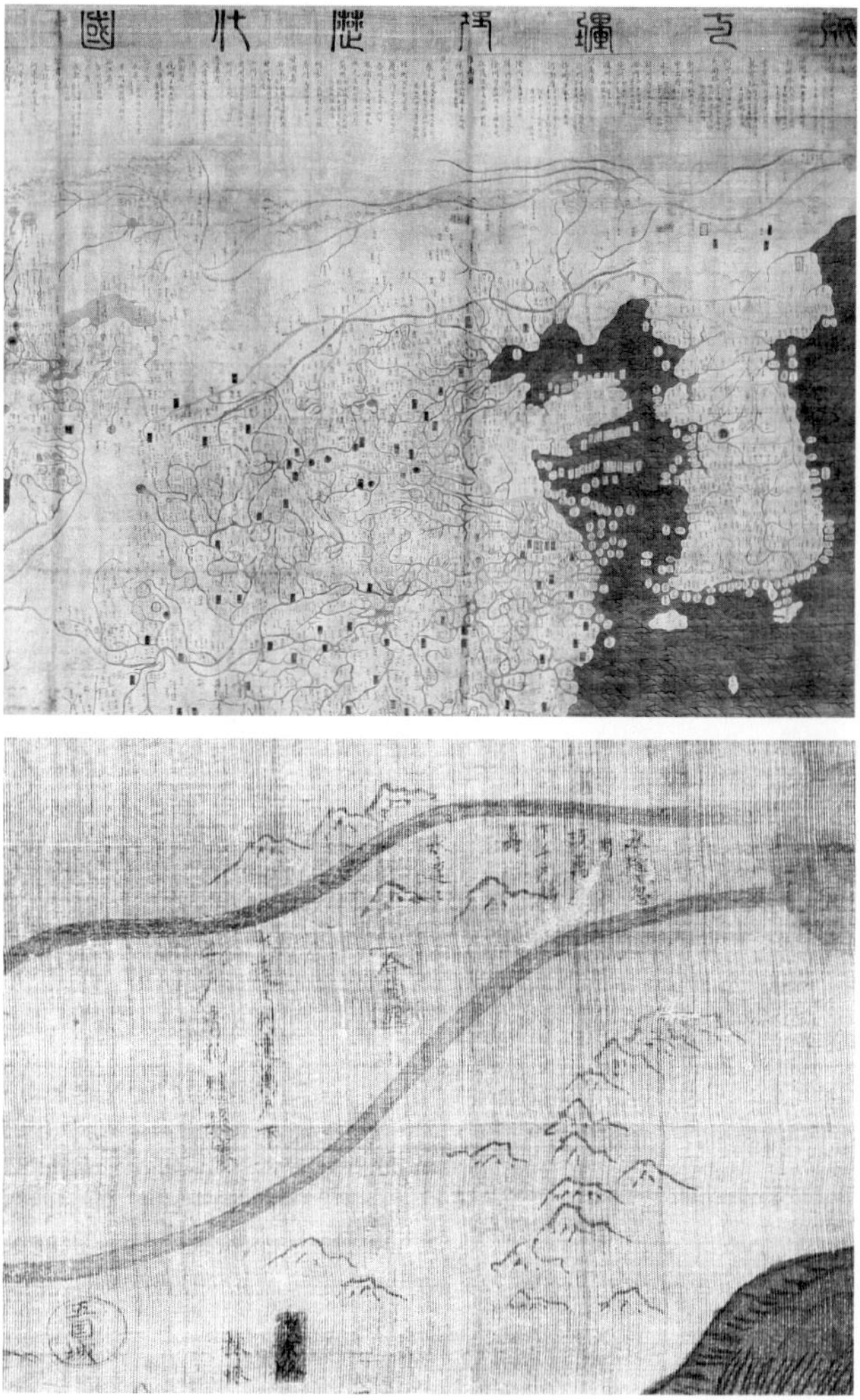

図4　『混一疆理歴代国都之図』の北東アジアの部分

さきに記したように、『元史』には「合蘭府水達達路」という官署の名が見える。

④「水達々列速萬戸下／千戸青狗魁孫賽」

「列速」は書き誤りであり、正しくは「吉《ギ》列《レ》迷《ミ》」である。さきにものべたように、吉列迷はニヴフの祖先の系譜につながる。したがってこの部分は、「水達達・吉列迷萬戸の下千戸の…」と読むべきではないか。これに続く「青狗魁孫賽《せいくかいそんさい》」のうち、青狗は『元史』巻一四九、耶律留哥伝にその名が見える金の将軍の名であるが、ほかの意味は不明である。なお『元史』その他の史料には、「水達達・吉列迷萬戸府」という官署は見あたらない。

⑤「採珠」

『元史』巻九四、食貨志二、歳課に「珠を産する所は、曰《いわ》く大都、曰く南京、曰く羅羅《らら》、曰く水達達、曰く廣州」とある。水達達で産する珠とは、川真珠のことであろう。また、『遼東志』巻九、外志、乞列迷、には「男は耳に珠を垂《た》らす」とある。これも川真珠のことを示しているのかもしれない。

⑥「五国城」

形のゆがんだ円のなかに五国城と記されている。これは五国部ともいう。『遼史』巻三三、営衛志下、部族下、に「五国部。剖阿里《ぼうあり》国・盆奴里《ぼんどり》国・奥里米《おうりべい》国・越里篤《えつりとく》国・越里吉《えつりきち》国である。聖宗の時に来附《つきしたが》ったが、本《もと》の土《とち》に居《きょじゅう》し、以《もっ》て東北の境《さかい》を鎮《しず》めよと命じられた。黄龍府《こうりゅうふ》の都部の署司に属《ぞく》している」とある。五国部の名は、『宋会要』などにも見える。

以上のように、『混一疆理歴代国都之図』の記載は、おおむね元がアムール河流域に展開した支配体制と、そのもとでの諸集団の位置を反映した記載になっている。

四、明代の女真(直)

(1)建州女直、海西女直と野人女直

さきにものべたように、元のアムール河中・下流域の支配体制は、合蘭府が南方を、五万戸府が北方を統轄し、もっとも北には管兀者吉列迷万戸府が置かれていた。元は一三五五年に吾者《ウェジ》野人・乞列迷《ギレミ》等処諸軍万戸府を置いたが、これは一三四〇～五〇年代に起きた反乱の後に、ウェジ諸勢力を再編成するために置いたものである。

元末から明初の混乱期に、この地域は大きな変動を経験した。以下、杉山清彦氏の研究にしたがって概観する。[19] 元末の混乱期に、アムール河下流域に居住していたウェジ諸勢力は、南進して東流松花江とフルン(呼蘭《フルン》)河の流域に展開した。彼らは河の名にちなんでフルン(忽剌温)とも呼ばれ、あるいは金代からの古い呼び名で、ウディゲ(兀狄哈)とも称された。後にこの集団は、フルン地方の漢称である海西によって海西女直と称されるようになった。ウェジ諸集団の南下の過程で、元代以来の五万戸府は解体に追い込まれ、最終的にはフリカイ(胡里改)、オドリ(斡朶憐)、トゥオン(桃温)の三つが残り、これらはイラン=トゥメン(三万戸)と呼ばれるようになった。この内のオドリとフリカイは松花江中流域を離れて松花江上流域とトゥメン(図們・豆満)江流域へと移動し、居住地のひとつである建州(現在の吉林)にちなんで、建州女直と呼ばれることとなった。

さて明代の女直といえば、建州女直、海西女直と野人女直の三つの区分をあげることが多い。しかしこの三区分は、明初から明確にあったものではない。野人女直は明代中期以降に、明の勢力後退によって朝貢が不定期となった遠方の集団

の呼称として、それまでの女直集団の呼称から分かれて成立したものなのである。(20)

(2) 永楽帝の政策とヌルガン都司の経営

永楽帝が即位すると、積極的に朝貢の勧誘を計り、女直の有力者がつぎつぎと入朝した。明は彼らに対して衛所制の武官職の地位を与えた。これは名目的に官職を授けたに過ぎず、明の直接支配が及んだわけではないので、羈縻《きび》衛所と呼ぶ。女直の有力者は、朝貢交易の利益を求めて従ったため、明は彼らを容易に服属させることができた。永楽帝は、南の長白山から日本海方面と、北の松花江からアムール河下流域の双方で服属を勧誘し、羈縻衛所を置いていった。

一四一一年に、海西女直出身の宦官イシハが率いる将兵一〇〇〇名が船二五隻に乗って、アムール河の河口近くのティル村にヌルガン都司を立てた。イシハは再度の命令を受けて、一四一三年にティルの丘に永寧寺を建立し、さらに「勅修奴児干永寧寺記」を刻んだ石碑(永楽碑)を立てた。永楽帝の死後、洪熙帝《こうきてい》の短い治世を継いだ宣徳帝《せんとくてい》は、祖父の積極政策を引き継いだ。イシハは宣徳帝の命を受けて一四三二年にヌルガン都司と永寧寺を再建し、さらに翌三三年に「重建永寧寺記」(宣徳碑)を刻んだ石碑を立てて帰還した。永楽碑と宣徳碑には、朝貢交易の様子が記されている。なおイシハの遠征については、永楽年間に五回、宣徳年間に二回の計七回とする見解が一般的である。(21) 一四三五年の宣徳帝の死によって、明の影響力はアムール河下流域から後退し始めた。さらに一四四九年の土木《どぼく》の変《へん》によって、明の勢力はこの地域から後退した。

(3) 北サハリンで見つかったニヴフの帽子

イシハによるヌルガン都司での朝貢交易に係わる興味深い資料が、ロシア連邦ユジノサハリンスク市のサハリン州立郷土誌博物館にある。これは毛皮製のニヴフの帽子で、青地の錦が縫いつけられている。一九六六年にサハリン島北西岸のルポロヴォで採集され、修復のために青地の錦を外した結果、赤地の牡丹文と龍文の錦を接ぎ合わせた帽子が出てきた。赤地の帽子には何枚かの錦の端切《はぎ》れが魚の皮を細く割いたものではぎ合わせてあった。

筆者らは、補修の過程で出てきた端切れ七点の提供を受け、^{14}C年代測定を行った。(22) 七点のうち六点までの年代は、十七世紀から十八世紀の間を示していた。しかし一点だけ、①一三二四年から一三四六年の間、②一三九三年から一四三二年の間、そのなかでも一四一一年の可能性が高いという結果が求められた。この年代は、元代から明代の初期に当たる。年代測定の結果が信じうるものとすれば、この資料は明初のイシハの遠征によってアムール河下流域・サハリン島にもたらされた可能性が高いということができる。ヌルガン都司は十五世紀の半ばには機能を停止したと考えられるので、この錦が十五世紀後半以降にアムール川下流域に持ち込まれた可能性は高くはない。したがって、この錦はイシハの遠征によって先住ティル村まで運ばれ、そこで朝貢交易の下賜品として、先住民に与えられたものと考えるべきである。もしこの仮定が正しいとすれば、この錦は、サハリン島の北部で六〇〇年近くも伝世したことになる。

以上のような錦の伝世は、中国製品が先住民の社会で威信財としての価値を持っていたことを示すものと考えられる。このような中国製品に対する高い評価が、のちに清の進出による山丹交易の隆盛をもたらした。ひとつの要因だったと考えることもできる。

（4）アムール河流域の女直と野人

『開元新志』と『遼東志』は、元明交代期の後のアムール河流域の状況を記した貴重な記録である。元代あるいは明初の成立とされる『開元新志』はすでに失われており、『大明一統志』巻八九、外夷、女直、に引用された部分が残っている。『遼東志』は一五二九年の重修本である。『遼東志』に比べて『開元新志』は簡略であるが、この両書の記述には共通する部分が多く、『開元新志』に新しい情報を補足して『遼東志』が成立したか、あるいは共通する祖本からそれぞれに成立したと思われる。二つの史料には解釈が難しいところがあるが、ここでは増井寛也氏の研究にしたがい、両書の内容を紹介する。(a) から (j) の段落分けは、増井氏による。

(a) は、建州（吉林）より下流の松花江に沿って三姓ま

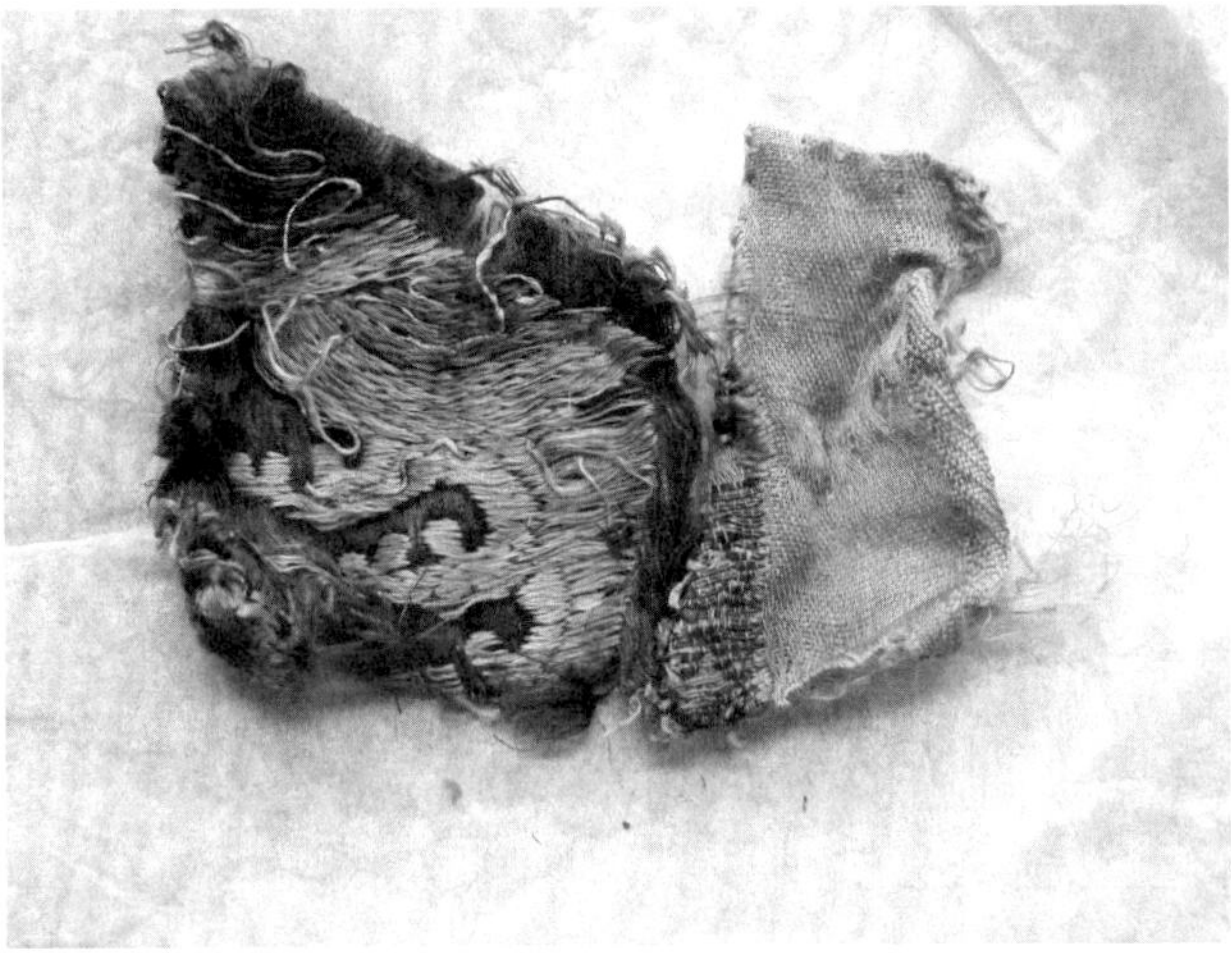

図5 ニヴフの帽子から取った端切れ（向かって右側が元代から明初のもの）

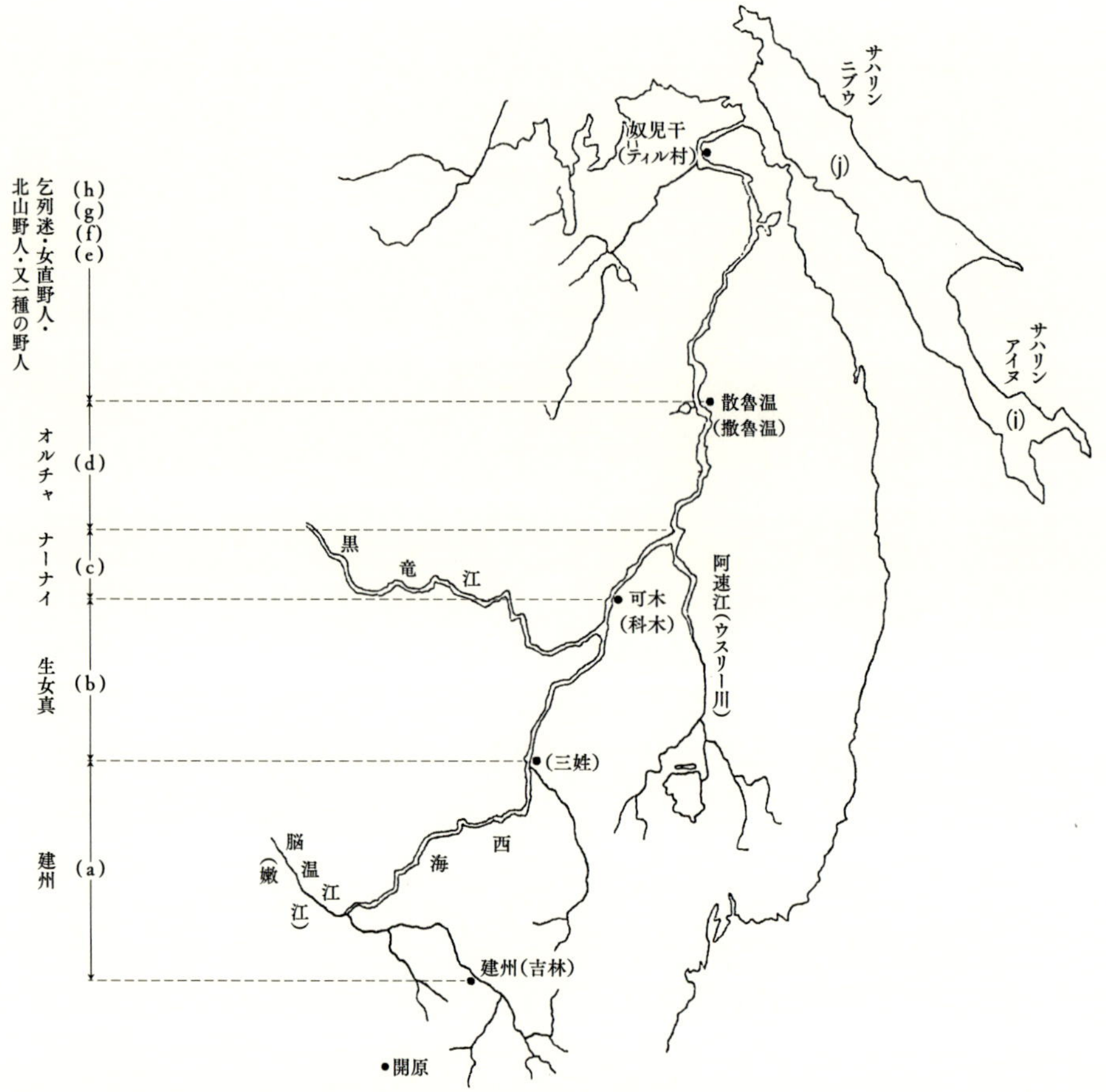

図6　『開元新志』・『遼東志』に見えるアムール河下流域の諸集団[24]

で居住する、漢文化と接触した女直である。『遼東志』にはヌルガンを征する際にここで船を造ったことや、兀者《ウェジ》衛《えい》指揮の瑣勝哥《ソシェンゲ》の名前があげられている。

（b）は、生女直で、脳温江《のうおんこう》（今の嫩江《のんこう》、アムール河に合流するまでの東流松花江をも含む）に沿って、海西地方とその東辺にあたる三姓あたりまで居住するナーナイをさす。農耕を行い、集会をする際には阿刺吉《アルヒ》という焼酒《しょうしゅ》（蒸留酒か？）と魚を持ち寄り、地面に座って歌い飲む。争いがあれば、互いに弓で射《う》ちあうと記されている。

（c）は、可木より下流に居住するナーナイで、樺の皮で屋根を葺《ふ》く。『開元新志』では移動生活を送り、馬の飼育と狩猟が生業とされているが、『遼東志』では移動生活を送るとしながら、農耕を行うこと、丸木舟を作り、毛皮を交易し、貂の毛皮を貢ぎものとすることなどが記されている。

（d）は、ウスリー江の河口から散魯温《さんろおん》（撤魯温《てつろおん》）にいたるアムール河沿いに居住するオルチャである。『開元新志』では五板船《ごばんせん》に乗るとあるが、『遼東志』では農耕や狩猟の様子は可木に似るとされ、農耕についての記述が現れる。さらに五板船を広窟魯《カングル》といい、両方の舷側で櫂《かい》を漕ぐと記している。

（e）は、乞列迷《ギレミ》で、アムール河下流域に居住するニヴフである。魚を食料とし、夏は魚の皮、冬は狗《いぬ》の皮で作った筒袖の衣服を着る。狗を多く飼育し、死者は火葬する。『遼東志』には狗に扒犁《はいり》（満洲語のfara：そりの意味）を牽《ひ》かせるとある。また「若《も》し其《そ》の姉を娶《めと》れば、則《すなわ》ち姉以下《よりした》は皆これに随《したが》って妾と為《な》る」とあり、これはニヴフの婚姻形態として知られる姉妹型一夫多妻婚を示すものと思われる。

（f）は、女直野人《じょちょくやじん》で、アムール河下流域に居住するオロチあるいはウデへである。狩猟を生業とし、顔に入れ墨をし、槌《つち》型の髷《まげ》を結う。帽子《ぼうし》に紅《あか》い纓《ひも》を綴《つけ》るなど服装についての詳しい記述がある。

（g）は、北山野人《ほくさんやじん》で、鹿を養いこれに乗るとあることから、ツングース系のトナカイ飼育民であると考えられる。アムール河下流域およびその北方域に居住する、エヴェンキ・エヴェンなどがあげられる。『遼東志』には、海獣の皮などを貢納していたが、今は通交しないと記されている。

（h）は、又一種の野人で、アムール河の西方、ウダ川に至るまでのオホーツク海沿岸に居住するニヴフである。地下式の住居に住み、屋根に出入り口を設け、梯《はしご》で出入りすると記されている。『遼東志』には乞列迷の隣に居住するとある。

（i）は、苦兀《クイ》でサハリン島（樺太）のアイヌである。ヌルガンから海を隔てた東方に居住し、矢が短く毒矢を使用することや、ミイラを作ることなどが記述されている。アイヌが毒矢を用いることはよく知られているが、近世の日本語史料では、アイヌのなかでも樺太のアイヌのみに、ミイラを作る風習があったことが記されている。

（j）は、吉里迷《ギレミ》でサハリン島のニヴフである。苦兀に隣接して居住し、男が少なく女が多いこと、女は十歳で婚姻し一夫多妻であることなどが記されている。

それぞれの比定範囲は図6をご覧いただきたい。さきにあげた『元史』巻五九、地理志二、の合蘭府水達達等路についての記述に比べると格段に詳細である。ヌルガン都司の経営によって、アムール河下流域の情報が明にも知られるようになったことがわかる。

おわりに

金代末から明代の中期にいたる女真の歩みを概観してきた。金から東夏については、海上の活動が活発に行われていたことがわかった。それに対して元代以降の史料には、女真の海上の活動をうかがい知ることができる記述は見えない。せいぜい『元史』巻八、世祖本紀五、至元十一年三月庚寅の条に蒙古襲来に際して「屯田軍及《およ》び女直軍に水軍を并《あわ》せて、合《ごうけい》で万《いちまん》五千人、戦船が大小合《ごうけい》で九百艘を将《もっ》て、日本を征《せいばつ》」したという記録が見え、そのほかに、蒙古襲来のための船を女真に作らせたという記録が『元史』に見えるくらいである。これはなぜであろうか。あるいは東夏が滅びた後、元によって女真の海の活動は制限が加えられたのかもしれないが、その検討は今後の課題としたい。なお藤田明良《あきよし》氏は、十五世紀以降のポシェット湾を中心とした女真の海の活動を紹介しているが、[25] それは沿岸の活動にとどまり、かつてのような長距離の航海をうかがわせるような記録はない。その後は、近世初期の一六四四年の『韃靼漂流記《だったんひょうりゅうき》』のように、散発的な漂流の記録が残るに過ぎない。[26] ただし『韃靼漂流記』は漂流の形を取ってはいるが、おそらく密貿易を意図した渡航だったのではないかと思われる。このことは、日本海沿岸の女真を含むツングース系の集団の海の活動が、元代以降も続いていたことを示唆するものといえる。

注

（1）臼杵勲『東アジアの中世城郭――女真の山城と平城』（吉川弘文館、二〇一五年）。
（2）A・Л・イブリエフ（川崎保・川崎輝美訳）「日本の文献史料から見たシャイギンのパイザ」（『古代学研究』第一七五号、二〇〇六年）二一―二六頁。
（3）清瀬義三郎則府「契丹女真新資料の言語学的寄与」（『日本語学とアルタイ語学』明治書院、一九九一年）三五九―三七七頁。
（4）臼杵勲「女真の水運」（天野哲也・池田榮史・臼杵勲編『中世東アジアの周縁世界』同成社、二〇〇九年）二三一―二四一頁。
（5）木山克彦「ロシア沿海州における金・東夏代の城郭遺跡」『アジア遊学』No.一〇七、二〇〇八年）二四―三四頁。
（6）井黒忍「官印資料に見る金代北東アジアの『周辺』――『南船北馬』と女真の水軍」（『アジア遊学』No.一〇七、二〇〇八年）八八―九七頁。
（7）黒田日出男『龍の棲む日本』（岩波書店、二〇〇三年）六一―八九頁。
（8）坂井法曄「日蓮の対外認識を伝える新出資料――安房妙本寺本『日本図』とその周辺」（『金澤文庫研究』三一一号、二〇〇三年）一―二七頁。
（9）松田孝一「黄河南流」（白石典之編『チンギス・カンとその時代』勉誠出版、二〇一五年）四五―五二頁。

(10) 孫進己ほか『女真史』（吉林文史出版社、一九八七年）一四二―一五六頁。

(11) 杉山正明「モンゴル帝国の原像――チンギス・カン王国の出現」（杉山正明『モンゴル帝国と大元ウルス』京都大学学術出版会、二〇〇四年）二八―六一頁。

(12) 堀江雅明「モンゴル＝元朝時代の東方三ウルス研究序説」（小野勝年博士頌寿記念会編『東方学論集：小野勝年博士頌寿記念』龍谷大学東洋史学研究会、一九八二年）三七七―四一〇頁。

(13) 薛磊「〝女直水達達〟釈名」（薛磊『元代東北統治研究』社会科学文献出版社、二〇一二年）一一五―一二〇頁。

(14) 中村和之「中世における北方からの人の流れとその変動――白主土城をめぐって」（『歴史と地理』第五八〇号、二〇〇四年）一―一四頁。

(15) マルコ・ポーロ／ルスティケッロ・ダ・ピーサ（高田英樹訳）『世界の記』（名古屋大学出版会、二〇一三年）一八二頁。

(16) 李燦著・楊普景監修（山田正浩・佐々木史郎・渋谷鎮明共訳）『韓国の古地図』（汎友社、二〇〇五年）。

(17) この地図の文字の判読については、村岡倫氏と四日市康博氏のご教示を受けた。

(18) 劉迎勝「《混一疆理歴代国都之図》中的五国城等地」劉迎勝主編『《大明混一図》与《混一疆理図》研究――中古時代后期東亜的寰宇図与世界地理知識』（鳳凰出版社、二〇一〇年）五一―七五頁。

(19) 杉山清彦「明代女真人氏族から清代満洲旗人へ」（菊池俊彦編『北東アジアの歴史と文化』北海道大学出版会、二〇一〇年）四五七―四七六頁。

(20) 増井寛也「明代の野人女直と海西女直（上）」（『大垣女子短期大学研究紀要』第三七号、一九九六年）五五―六六頁。

(21) 江嶋壽雄「亦失哈の奴児干招撫」（江嶋壽雄『明代清初の女直史研究』中国書房、一九九九年、初出一九五三年）七三―九六頁。

(22) 小田寛貴・中村和之「加速器質量分析法による蝦夷錦の放射性炭素年代測定――『北東アジアのシルクロード』の起源を求めて」（『考古学と自然科学』第七五号、二〇一八年）四一―五八頁。

(23) 松浦茂『清朝のアムール政策と少数民族』（京都大学学術出版会、二〇〇六年）。

(24) 増井寛也「『乞列迷四種』試論――元明時代のアムールランド」（『立命館文学』第四四四・四四五号、一九八二年）九六―一三〇頁。

(25) 藤田明良「文献資料から見た日本海交流と女真」（前川要編『北東アジア交流史研究――古代と中世』塙書房、二〇〇七年）四三三―四五六頁。

(26) 園田一亀『韃靼漂流記』（平凡社、一九九一年）。

ジュシェンからマンジュへ
――明代のマンチュリアと後金国の興起

杉山清彦

すぎやま・きよひこ――東京大学教養学部准教授・放送大学客員准教授。専門は大清帝国史。主な著書に『清朝とは何か』（共編著、藤原書店、二〇〇九年）、『海から見た歴史』（共編著、東京大学出版会、二〇一三年）、『大清帝国の形成と八旗制』（名古屋大学出版会、二〇一五年、第五回三島海雲学術賞受賞）などがある。

金の滅亡後、女真の諸集団はモンゴル帝国・明《みん》朝の支配下におかれた。十七世紀のヌルハチによる後金《こうきん》国の建設は、四〇〇年ぶりの女真の大統合であり、続くホンタイジの大《だい》清《しん》建国によって、女真の歴史は満洲《マンジュ》に引き継がれることになる。ここでは、明代から大清の興起に至る過程を概観する。

一六一六年、女真（女直）諸部をほぼ平らげたヌルハチ（一五五九～一六二六）は、「天が諸々のくにたみ《グルン》を養うようにと任じた英明《ゲンギェン》なるハン」との尊号を奉られてハン位に即いた。一二三四年の金の滅亡以来、四世紀ぶりの女真人自身のハンの出現であった。

三年後、ヌルハチは宿敵イェヘ国を滅ぼして全女真の統合を果す。著名な満文《まんぶん》史書『満文老檔《ろうとう》』の原資料である『満文原檔《げんとう》』（現存しているのは一六〇七～一六三六年分）は、これを寿いで、

> 漢人の国《ニカン＝グルン》から東のかた日の浮かぶ海（日本海）に至るまでの、高麗国《ソルホ＝グルン》以北、モンゴル国《モンゴ＝グルン》以南の、ジュシェン語の国《グルン》をみな討ち従え尽した。

と誇らしげに記す（天命四〈一六一九〉年八月条）。このグルン（gurun）という語は、モンゴル語のウルスと同じく、領域としての国家というよりも国家を構成する国人、くにたみという意味をもち、人間集団のまとまりをさす概念である。彼らは自分たちの世界を、「漢人の国」すなわち明、「高麗国」すなわち朝鮮、それにモンゴルと接し、言語によってそれら諸

国人と区別される、一つのまとまりをなすものと認識してきたのである。彼らは、その自らのまとまりを〝ジュシェン国〟と呼んでいた。

彼らの観念では、漢人に皇帝、朝鮮人に国王、モンゴル人に大ハーンがいるように、自分たちもハンを戴くべきものであるが、現実には金の滅亡以来自分たち自身のハンは不在で、他国の君主の支配や干渉を受けているものと考えていた。ヌルハチの覇業とは、このジュシェン国の政治的統合を実現したものであったのである。では、「ジュシェン国」はどのような歩みをたどって後金による統合に至ったのだろうか。本稿では、十四世紀後半から十七世紀初めに至る時期――ほぼ明代に相当する――のマンチュリアの情勢と統合過程を概観したい。

この時代になると、満洲語・モンゴル語などの一次史料から原語・原綴が明らかになっている。女真・女直はジュシェン（jušen）、またモンゴル人からはジュルチン・ジュルチト（jürčen / jürčid）と呼ばれ、これに代えて名乗るようになったのが「満洲」すなわちマンジュ（manju）である。以下では、女真、満洲はそれぞれ原語でジュシェン、マンジュと表記する。また、紀年は西暦によるが、月日は陰暦で示した。

一、ポスト＝モンゴル時代のジュシェン世界

（1）元明交替期のマンチュリア

歴史上ジュシェン、マンジュと称される人びとは、他と区別される「ジュシェン国」というまとまりの意識をもつ一方で、その内実はきわめて多様であった。そもそも遼・金代の「女真（女直）」と元・明代の「女直」、さらに清代の「満洲」は、広義には前身・後身の関係にあるが、厳密には同一の集団の先世・後裔というわけではなかった。

さかのぼれば、かつてジュシェン人が建設した金帝国は、中都《ちゅうと》すなわち現在の北京への遷都によって華北に中心を移し、かわって故地マンチュリアには、中核となった完顔部《ワンヤン》とは系統を異にすると認識されるフリカイ（胡里改）・ウディゲ（兀的改《ウディカイ》）諸集団が展開した。十三世紀に金がモンゴル帝国によって滅ぼされると、ジュシェン人のうち華北に移っていた人びとはそのままそこで土着化し、他方、マンチュリアに残っていた集団は、モンゴルの軍事・行政体系下に組み入れられた。

モンゴル帝国の軍事組織は千人隊《ミンガン》を基幹とする十進法体系をとったが、その最大のものが万人隊《トゥメン》すなわち万戸《ばんこ》であり、彼らジュシェン人も、万戸《トゥメン》を長とする万戸府《トゥメン》という軍事・行

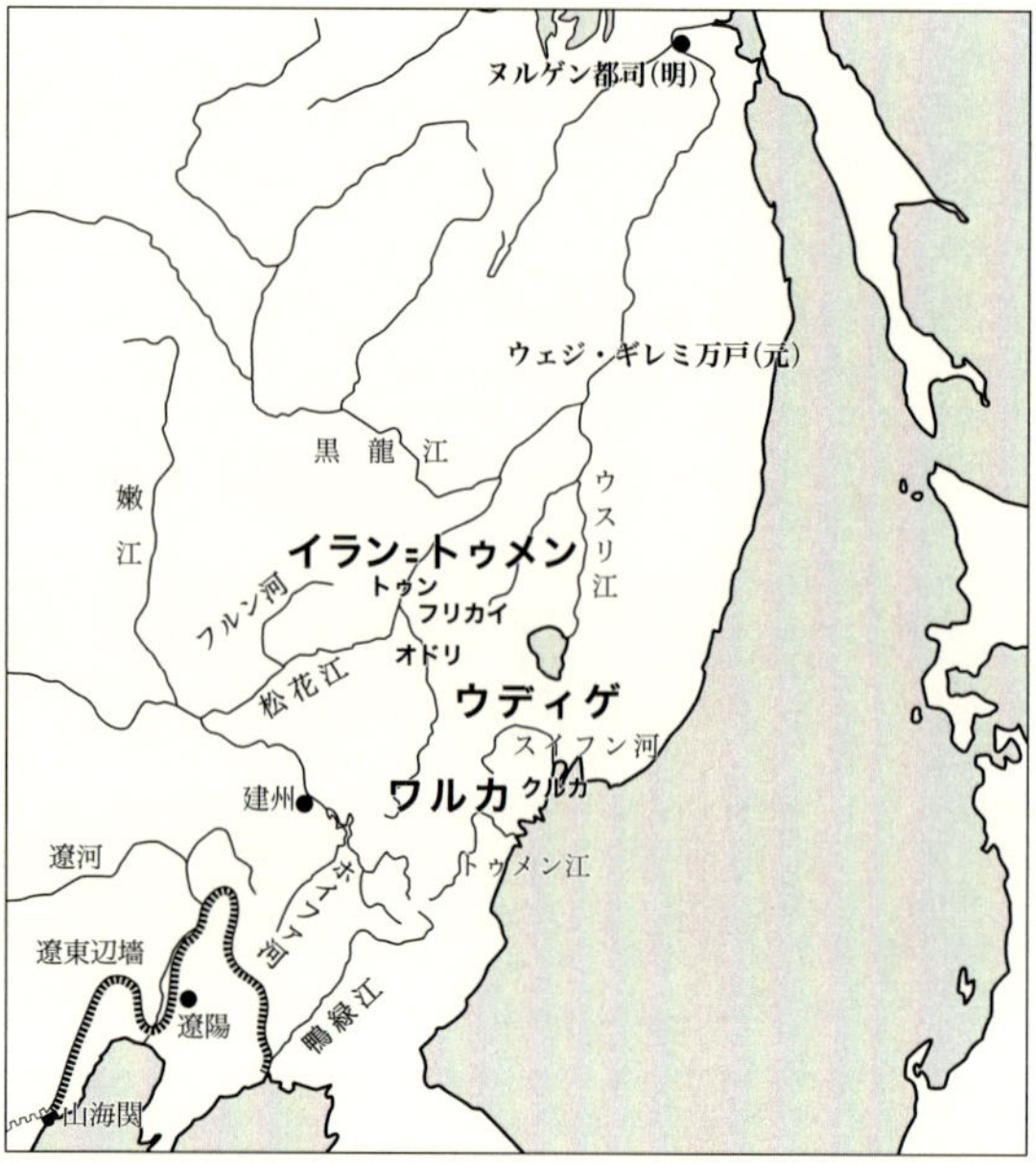

図1　元明交替期のマンチュリア

政単位に編成された。松花江《しょうかこう》流域では、フリカイ諸集団がオドリ（斡朶里）・フリカイなど五つの万戸府に組織され、北方の黒龍江《こくりゅうこう》下流域では、ウディゲすなわちウェジ（ウジェ）諸集団が、ギレミすなわちニヴフ（ギリヤーク）系の人びととともに、吾者野人《ウェジやじん》・乞列迷《ギレミ》等処《とうしょ》諸軍万戸府に編成された。

十四世紀後半、元明交替の動乱によってこの秩序が動揺すると、ウェジ万戸ソシェンゲら率いる北方のウェジ集団が南進し、五万戸府を解体に追い込んだ。東流松花江・フルン河（呼蘭河《フルン》）流域一帯に展開したウェジ集団は、河名にちなんでフルン（忽剌温）とも呼ばれる。のちの海西女直《かいせい》の称は、このフルン地方の漢称海西に由来するものである。

他方、これに逐われた五万戸府のオドリ・フリカイ諸集団は松花江上流域・トゥメン（図們、豆満）江流域へと南下し、やがて寄住地の一つ・建州《けんしゅう》（現在の吉林）に因んで建州女直と呼ばれるようになる。その首長は、松花江支流域の鳳州（房州）にいたフリカイ万戸のアハチュ（オクチュ、阿哈出）と、トゥメン江上流のオモホイ（会寧《かいねい》）に南遷していたオドリ万戸のモンケ＝テムル（猛哥帖木児、一三七〇頃～一四三三）であった。五万戸府の後身であるオドリ・フリカイ・トゥンは、三万戸すなわちイラン＝トゥメン（イランはジュシェン語で三の意）と呼ばれ、トゥンは姿を消すものの、この語はのちのちまでジュシェン人の代名詞となる。

（２）明のマンチュリア進出と羈縻衛所の展開

十四世紀末の趨勢は、モンゴル大元帝国の北遷（北元《ほくげん》）による影響力の後退を背景とした、ジュシェン諸集団の南下と高麗・朝鮮（一三九二～）の北進とであり、モンケ＝テムルも当初朝鮮に入朝していた。しかし、十五世紀に入り明で永楽政権が成立（一四〇二）すると、状況は一変する。永楽帝が朝貢勧誘の使節を各地に送って服属を促すと、これに応じてジュシェン諸集団が次々と入貢したのである。

明朝は、来朝したジュシェン人首長たちに明の兵制である衛所制の武官職を与え、その集団を衛として把握した。かくてフリカイのアハチュが建州衛、オドリのモンケ＝テムルが建州左衛《さえい》、またウェジのジュシェンのソシェンゲらは兀者衛《ウェジえい》に編成された。

十五、六世紀頃のジュシェン人の社会は、ベイレやアンバンと呼ばれる領主層と、ジュシェン（民族名と同じ語）あるいはハランガといわれるその属下・領民とから構成され、それぞれの領主のもと、数戸から数十戸程度の集落をつくって労働や交易、さらには外敵との戦闘・防衛に従事した。これらのうち大規模な集落、あるいは複数の集落を統率する有力領主が明に入貢して公認を受け、内にあっては部族長、明に対しては都督・都指揮使などの武官職を有する朝貢者となったのである。

このような、明の直接支配の及ばない地域の勢力を衛所制に準えて把握したものを、羈縻《きび》衛所と呼ぶ。これらは、独立的な在地勢力に「〇〇衛」という名称を与え、その長に名目的に職官を授けたものにすぎないが、北元との軍事的緊張の続く明にとっては、ジュシェン勢力を自陣営につなぎ止めるための戦略であった。羈縻衛には臣属の確認として定期的な入貢が義務づけられ、欠貢に対しては補貢さえ命じられた。しかし、反対給付としての賜与、および入貢時の私貿易の利益が約束されたため、物産・物資に乏しいジュシェン諸勢力はこれを目当てに競って入貢したので、明にとって有効な統御策であった。

建州として把握されたオドリ・フリカイ諸集団は、一四四〇年代までに、明とジュシェン世界とを分つ土塁線である遼東辺牆《へんしょう》の東方辺外に南遷した。この過程で、左衛のモンケ＝テムルの弟ファンチャを長とする右衛が分設され、アハチュ家の建州衛とともに、この三衛が明側から建州女直として把握された。これに対し、松花江・黒龍江水系および日本海方面に散居したウェジ系諸勢力は、次々と新たな衛所に設定されていき、全て海西諸衛に区分された。ジュシェン羈縻衛は永楽年間に約一八〇、十六世紀末には三八〇を超えたが、そのほとんどは海西衛分に属するものであり、いきおい把握の度合いは区々にならざるをえなかった。

二、ジュシェン氏族と金帝国の記憶

(1)ジュシェン諸集団と「大金」の伝統意識

明代のジュシェン人は、一般に建州・海西・野人女直という三区分で知られるが、その区別は、右のように明が設定した衛所の区分に依拠するものにすぎない。そもそも「野人」

にいたっては、本来特定の集団を指すものではなく、ジュシェン人に対する差別的な汎称であった。

ジュシェン人自身は、自分たちの集団をオドリ・フリカイとウェジ、それにワルカ（兀良哈）として捉えていた。このうちウェジ系諸集団は金代以来の古称を引くウディゲ（兀狄哈）とも汎称され、フルンとクルカ、およびそれ以外のニマチャ・ナムドゥルなどに大別される。これに対し、ワルカはトゥメン江流域にいた別系統の集団で、南遷してきたオドリ集団と混住し、一半はこれと行動をともにした。明側が建州女直に数える毛憐《ムレン》衛が、これに当る。

これら系統を異にする集団間には共通の族祖伝説や始祖伝承はみられず、血縁的紐帯を重んじる意識も稀薄であった。しかし同時に、「兀良哈《ワルカ》は乃ち野人中の平民、幹朶里《（ママ）オドリ》は乃ち大金《だいきん》の支裔なり」（朝鮮『燕山君日記《えんざんくんにっき》』九〈一五〇三〉年九月辛巳条、日記とは廃位された国王の実録）と記されるように、部族の違いとその序列は強く意識されていた。

ここに「大金」とみえるように、かつての金の記憶は連綿と伝えられていた。フリカイ建州衛のアハチュ家は完顔氏の正系、オドリの建州左衛は「支裔」との伝承をそれぞれ有しており、またウェジでも、フルンから出た大国ハダの首長家は「金の完顔氏の正派なり」（明・馮瑗《ふうえん》『開原図説《かいげんずせつ》』下）と称されている。

もとより彼らの先世は、金・元代にははるか北方の東流松花江・黒龍江方面にいたのであり、いずれも伝承にすぎない。しかし、アハチュ家が元来称した漢姓金・ジュシェン姓古論《グルン》（明代には永楽帝から賜姓された李姓で現れる）は金代の賜姓完顔氏の姓ともいわれ、元代から有力な家系であったので、全くの新興勢力とは考えにくい。この一族は明末以降はワンギヤ（完顔）姓として知られるが、これは「夷は完顔を呼びて王と為す」（『開原図説』下）といわれるように「王家《ワンギヤ》」の意であり、「王の部」の意識から、ほかならぬ「完顔」の表記が当てられたと考えられている。また、オドリのモンケ＝テムルの漢姓童《どう》・ジュシェン姓夾温《ギャオン》は、金代の仝《どう》＝夾谷《ギャグ》姓に由来し、のちのギョロ（覚羅）姓に当るとされている。

これら建州三衛は、十五世紀半ばのアハチュの孫李《り》満住《マンジュ》（一三九〇頃？〜一四六七）の時代以降、建州衛を盟主としてギョロ氏の建州左右衛が連合し、防衛などで連携行動をとった。彼ら自身の間では、この連合体を「大金」と呼び、李満住の孫ダルハン（オルジェイトゥ）を「金皇帝」、左右衛の長を「大王」を称していたという。そしてその下には、オドリ・フリカイの氏族群とトゥメン江流域で混住・加入したワルカ系氏族とが列していた。ワルカは、部族としてはオドリの格下とされるが、漢姓浪（郎、劉）、ジュシェン姓ニュフル氏を称する首長家は金代の女奚烈氏の後身に当るとされ、オドリに互するものであった。

このように、首長クラスの姓氏は、本当に直系であるかどうかはともかく、いずれも何らかの点で金代に溯る由緒をもつものであった。そして権力体を金、その長を皇帝とひそかに称するならわしさえあったのである。金帝国の栄光の記憶と、首長の家系をそこに連ねようとする貴種意識は、時代を超えて貫流していたといえよう。

(2) ジュシェン氏族と権力構造

明代のジュシェン人の首長家系とその集団は、しばしば氏族と表現される。もとよりこれは人類学的な意味ではないが、右で述べたように、彼らの間に血縁集団に基礎を置く意識とその尊卑の観念が強くあったことは間違いない。

ジュシェン人の親族観念では、「姓」に当るものをハラ、その下位で父祖を同じくすると認識するまとまりをムクンといった。ムクンは血縁集団ではあるが、現実には、大はハラに等しいほどのものから、実際の社会行動の単位となる二、三世代程度の広がりしかもたないものまで、多様かつ重層的であった。しかし、固有の名称はハラにしかなかったため、首長・領主層の門地はあくまでハラによって示される一方、現実の勢威はムクンすなわち家系により大きな懸隔が生じた。

氏族の内部では、資産や権利・義務は一族の共有と観念されており、それに与る資格は嫡出者間において平等であった。家産は分割相続で、長じた子から順に資産を分与されて独立してゆくことが一般的だったが、指導者の地位については、父子相続が優越していたものの、長子継承や後継者指名など特定の原則・方法までは存在しなかった。このため、世代交代の進行とともに、資産分与と分居によってムクンは分岐をくり返し、また首長位の継承をめぐって紛争が絶えなかった。ギョロ氏のモンケ＝テムル家の建州左衛から、弟ファンチャの家系が右衛として分出したのは、その好例である。

首長の権力は強力で、とりわけ三衛首長は、盛時には有力氏族群を麾下に従えて強い指導力を発揮した。しかし一方で、それぞれが家臣・領民を従える在地の豪族であるという点では、規模・家格の大小上下こそあれ、三衛首長層も管下の領主たちと同列の存在であり、未だ強固な主従関係のもとには編成されていなかった。このため、状況の変化によって、統制の弛緩、結束の解体は避けられなかった。

三、マンチュリアの秩序変動と「参貂之利」

(1) 十六世紀の勢力変動の構図

十五世紀末以降、マンチュリアでは急速に勢力の再編成が進んだ。

その原因の第一は、在来首長層の動揺である。内部的な要因は、右に述べた勢力分化の進行である。ジュシェン人は元来土地そのものにはそれほど固執せず、住地・耕地の移動すなわち遷住を比較的頻繁にくり返したので、その過程で分産・分住が行なわれることも多かった。とりわけ、首長・領主層は父子や兄弟で近隣に城砦を築いて分居し、それらが個別に入貢・受職しようとするのが常であったため、勢力分裂の昂進と、それに伴う結束の弛緩や抗争の頻発が避けられなかったのである。

対外的には、明・朝鮮・モンゴルの度重なる来寇が挙げられる。明代のジュシェン諸勢力は、西方のモンゴル、南方の朝鮮の圧迫に常にさらされていたうえ、宗主国の明は朝貢貿易に応じるだけで政治的保護は与えてくれなかったため、自存自衛を図らねばならなかった。朝鮮はジュシェンに対し越境出兵をくり返したが、明がそれを制止することはなく、逆に一四六七年には、部下の掠奪行為の責任を問われて、モンケ=テムルの子チュンシャン(童倉・董山)らが逮捕・処刑されるとともに、明・朝鮮軍が侵攻して李満住らを討ち取るという大事件(成化三年の役)まで起った。また海西諸衛も、一四四〇年代にオイラト全盛期のモンゴルの侵入で蹂躙され、多くの首長が戦死するなど深刻な打撃を蒙った。

これらの結果、十五世紀末には大衛の首長家の統率力がいちじるしく低下するとともに、家系の分岐と勢力の細分化が進み、世系さえ明確にたどれないほどになっていったのである。

第二は、十五世紀後半以降の貂《ちょう》皮《ひ》および朝鮮人参の貿易の急発展と、それに伴う明の対ジュシェン政策の変化である。明は当初朝貢貿易の利によってジュシェン諸勢力を羈縻していたが、入貢者が増えすぎて財政負担が座視しえなくなったため、十五世紀半ば以降、朝貢の制限に転じた。このため、狭まった入貢すなわち交易の機会を狙って、ジュシェン勢力間の競争が激化した。ジュシェンの諸首長が明から授官される際に下付される辞令は勅書と呼ばれ、入境・朝貢の際に身分証明の役割を果したことから、事実上貿易許可書として機能するようになっていた。このため、交易の発展に伴って他人名義での入貢や名義書換えなどの不正、あるいは勅書の争奪が横行することとなったのである。

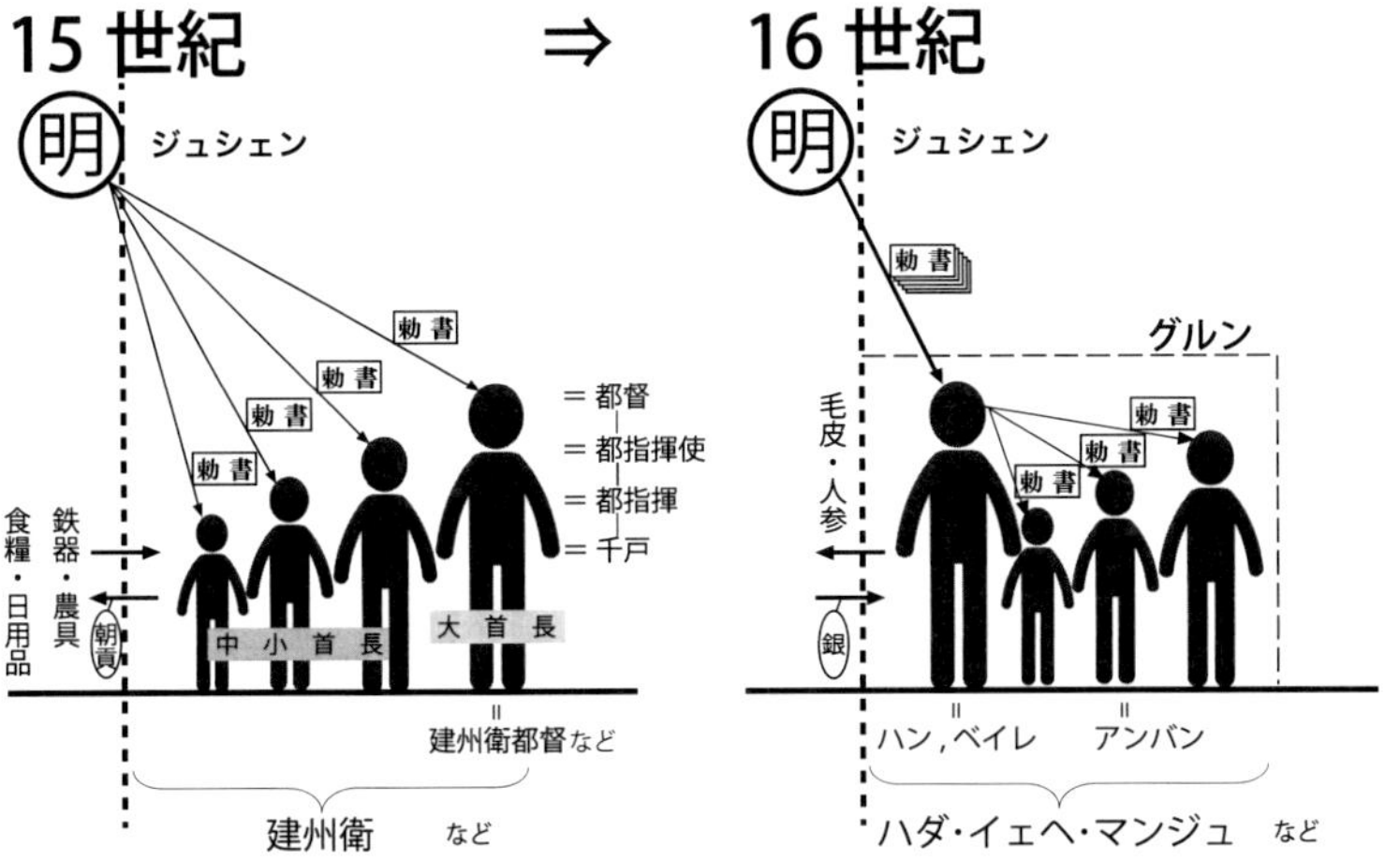

図2　明のジュシェン支配の構造と変化

さらに第4四半期以降、国際貿易の復調の中で明・朝鮮の宮廷や富裕層の間に奢侈の風が広がると、毛皮と朝鮮人参に対する需要が劇的に高まった。かくて、朝貢を通した物資入手に依存していたジュシェン勢力は、一転、花形国際商品の卸元となり、貿易上強い立場に立つとともに、内部では商利を求めて激しい競争がくり広げられることとなった。

　これらの状況を受けて、明は一四九三年に高位衛所官の授官規定を変更し、弾力化にふみきった。それまでは衛首長位の継承者を確認して叙任していたが、首長の統制力が低下して国境地帯の治安が保障できなくなってきたため、実際に部下を統制しうる実力者に授官する方針に転換したのである。これにより、管下を強力に統制する新興勢力が明から公認を得られるようになった。さらに一五四〇年頃には、衛ごとの入貢の把握を断念し、年間入貢総数を海西一〇〇〇・建州五〇〇に固定するとともに、定額に達し次第入貢を締め切ることにした。であれば、いち早く入貢できる関門附近を押えた者が優位に立てるし、海西・建州の区分さえ守っておれば、その衛分の勅書を集積して部下に再分配してもかまわない。

　かくして十六世紀初め以降、勅書の争奪・集積が劇的に進行し、交易の利を手中に収め部衆を強力に統御する新興勢力が、遼東辺牆の関門である開原・撫順《ぶじゅん》の隣接地に形成されていったのである。

(2)「参貂之利」とフルン四国の強盛

　ヌルハチの年代記『満洲実録』は、十六世紀後半のマンチュリアの状況を、以下のように伝える。
その当時、各国が乱れていて、マンジュ国のスクスフ部、フネヘ部、ワンギヤ（完顔）部、ドンゴ部、ジェチェン部、白山（長白山・白頭山）地方のネエン・鴨緑江《おうりょくこう》部、東海地方のウェジ・ワルカ・フルハ部、フルン国のウラ部、ハダ部、イェヘ部、ホイファ部では、各地に盗賊が蜜蜂のように群れをなして起り、各自がハン・ベイレ・アンバンと僭称して、村ごとに長、族《ムクン》ごとに頭となって互いに攻め戦い、兄弟でさえ殺しあい、一門が多く力の強い者が、弱く臆している者を虐げ掠奪し、大いに乱れていた。

（『満洲実録』巻一、開国記）

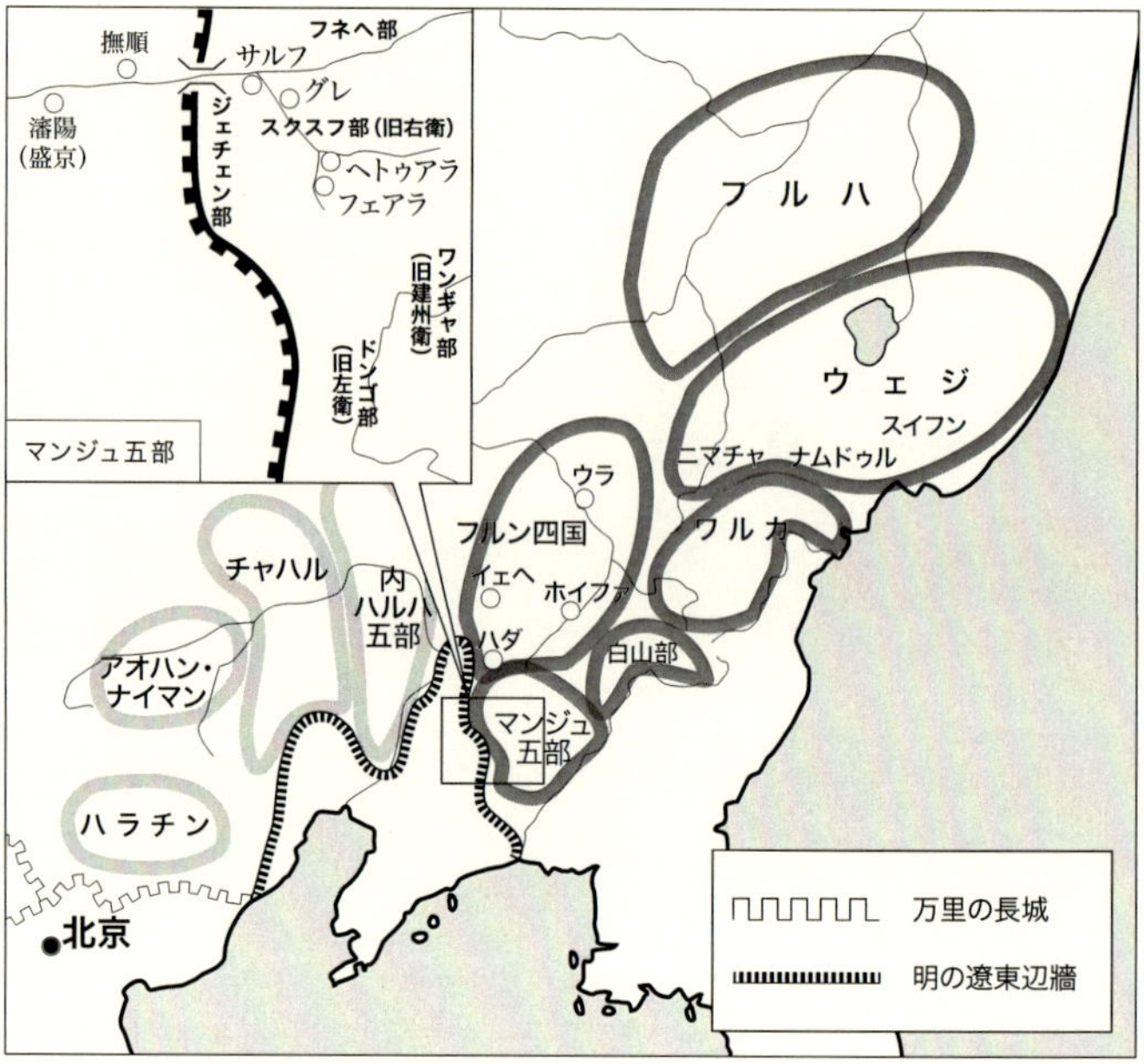

図3　マンジュ勃興期のマンチュリア

すなわち、南方の撫順辺外から鴨緑江方面では、建州三衛の後身のマンジュ五部が分立し、その北方では、ウェジ系のフルン＝ウディゲからハダ・ウラ・イェヘ・ホイファの四国が興った。それら以東の日本海沿岸～松花江下流域方面にはワルカ・ウェジ・フルハなどの諸部が散居した。

このような勢力再編をうながしたのは、「参貂之利」、すなわち毛皮と人参の商利であった。毛皮は貂・狐・ヤマネコ・リス・海獣など多種あったが、最も高価で珍重されたのは、遠くシベリア方面から中継貿易によってもたらされるクロテンであった。クロテンの毛皮は、主にフルンの手を経て開原にもたらされ、このためフルンにおいては交渉力・集荷力のある求心的な政権が形成された。入貢路を扼する開原近傍にはハダ国とイェヘ国、流通ルートを押える松花江畔の地（吉林北方の烏拉《ウラ》街）にはウラ国が成立し、これらは「居停主人」すなわち倉庫業・仲買業を兼ねる貿易商、とも形容された（『開原図説』下）。ホイファ国を含むこれらフルン四国は、そのそれぞれがマンジュ五部に匹敵するほどの勢威を誇った。なかでも明と結んで強盛を誇ったハダの国主ワン（王台）はハン号を称し、ワン=ハンと呼ばれる。

フルン四国が圧倒的な勢威を築くと、「海西」はその専称となり、それ以外の海西衛分の諸衛は別途「野人」として把握されるようになった。これが建州・海西・野人の三分法の起りであり、ようやく十六世紀末のことであった。

（3）マンジュ五部とアイシン=ギョロ氏

これに対し、近隣で個別に採集できる朝鮮人参の貿易が主体であったマンジュ五部では、在地の中小勢力がそれぞれ商利を財源として割拠し、互いに抗争した。五部のうち、鴨緑江支流域のワンギヤ部が建州衛の後身で、前述したように、首長のワンギヤ氏一族はアハチュの後裔であった。またドンゴ部は建州左衛の後身で、首長家は清代にはドンゴ氏として知られるが、その本姓はギョロ氏であり、彼らこそはモンケ=テムルの正系とされる。これに対し右衛の後身とみられるのが、撫順東方の蘇子河《そしが》上流域のスクスフ部である。その中心部のヘトゥアラ盆地（遼寧省新賓《しんぴん》満族自治県）を押えていたのがニングタのベイレと呼ばれる一族であり、その一人がヌルハチの祖父ギオチャンガ（?〜一五八三）であった。

ニングタとはギオチャンガの六人兄弟に因むものとされ（六はマンジュ語でニングン）、しばしば混同されるが、フルハ河（牡丹江《ぼたんこう》）中流域のニングタ（現在の黒龍江省寧安《ねいあん》市）とは全くの別地である。ニングタの一族はギョロ姓を称しており、おそらくは右衛首長家の後裔とみられる。後の帝室アイシン=ギョロ（愛新覚羅）氏とは、ギョロ氏諸支派のうちニングタのベイレの子孫をいい、ヌルハチの覇権に伴って、金《アイシン》を冠称してその家系を別格化したものである。

だが、ヌルハチが生を享けた一五五九年当時は、ハダ国主ワンの勢威がマンジュ五部にも及ぼうとしており、またマンジュでも、蘇子河畔の要衝グレ城に拠った梟雄・王杲《おうこう》（一五二九〜七五）が旧右衛を席捲しつつあった。

四、マンジュ国から後金国へ

（1）マンジュ国の勃興

中小豪族が乱立していたマンジュ五部では、各勢力が明・ハダ国と合従連衡しながら角逐をくり広げており、要地ヘトゥアラ盆地を押えるヌルハチの祖父ギオチャンガと父タクシは有力勢力の一つであった。ギオチャンガは大国ハダと関係を保ちながら明と貿易を行ない、一時旧右衛を圧するほどであった王杲が一五七四年に滅亡した後に、スクスフ部東半をほぼ支配下に収めた。ところが一五八三年、明軍の王杲残党討伐に協力した際、父子ともに戦場で不慮の死を遂げてしまう。かくてヌルハチは、数え二十五歳で独り立ちせざるをえなくなった。これが世にいうヌルハチの挙兵であるが、挙兵といっても明との戦争ではなく、マンジュの群雄割拠の中に一豪族として参戦したというにすぎなかった。

ギオチャンガ父子の横死の報に、一族や土豪たちはたちまち離反してしまい、ヌルハチの許に残った手勢はわずか十数騎、館《やかた》の主程度の勢力からの出発であった。しかし、ヌルハチは天賦の将才を発揮して次々と周囲を斬り従え、一五八七年までにスクスフ・フネヘ・ジェチェンの三部を平定して、最初の居城・フェアラ城を築いて本拠とした。この情勢を見て、一五八八年に南方のドンゴ部の諸勢力が来降し、同年、最後に残った名門ワンギヤ部を倒して、ついにマンジュ五部を統一した。このヌルハチ政権をマンジュ国《グルン》という。

当初のマンジュ国政権は、明から建州左衛都督・龍虎将軍の称号を授けられたヌルハチと、右衛都督を与えられた同母弟シュルガチ（一五六四〜一六一一）とがそれぞれ家臣団を従え、全体としてヌルハチの統制に服するという形で組織されていた。ヌルハチの家系は旧右衛の出であるが、左右両衛のギョロ氏の嫡流は左衛であるので、左衛の長として全体を統べたのであり、本来の左衛正系のドンゴ氏や、かつて三衛のリーダー格であった建州衛のワンギヤ氏は、臣従することとなった。

ヌルハチは、服従させた旧首長層を居城フェアラ（一六〇三年以降はヘトゥアラ）に集住させて在地から切り離し、あわせて勅書の配分権すなわち朝貢貿易の入貢権を一手に握ることで、臣下を強力に統制した。

明はハダ国を通してジュシェン諸勢力を統制する方針をとってきたが、ヌルハチが擡頭すると、ワン＝ハンの死後内紛続きのハダ国に見切りをつけてヌルハチとの提携に切りかえ、代りにマンジュ国の拡大を黙認した。そのもとで、ヌルハチはまず急速に衰えたハダ国を一五九九年に倒し、ついで一六〇七年にホイファ国を、一六一三年にはウラ国をも滅ぼし、日本海方面にも本格的に進出してワルカ・ウェジ諸部の併合を進めた。

マンジュ国の特徴は、国主ヌルハチの強力な指導力の下に、強い求心力をもって組織された点にある。ヌルハチ勢力の原点は、彼と強固な主従関係を誓った従臣《グチュ》・侍衛《ヒヤ》・家人（包衣《ボーイ》）を核とした小軍事集団であり、以後の勢力拡大は、打倒・吸収した他勢力をそのような従属関係下に組み込んでゆく過程であった。服属したあらゆる勢力は、客分のような待遇を受けることはなく、あくまで主・従の関係に位置づけられていった。これによって、それまでの首長の水平的連合の性格を克服し、国主たるヌルハチを頂点とする垂直的な権力体に組織していったのである。

　求心力の根源として注目されるのは、徹底した集住策である。従前のジュシェン社会にあっては、分割相続とそれに伴う分居のために勢力の分裂がくり返されてきたが、ヌルハチは服従した勢力を首府周辺に領民ごと強制移住させて在地から切り離し、また子弟に対しても空間的な領土分封を行なわず、君臣ともに集住させた。これによって、それまで常態であった分裂・内紛を根絶するとともに、強力かつ長期にわたる求心的政治指導を実現したのである。

　このような求心力ある権力の形成は、フルンにおいて先行したが、後発のヌルハチのマンジュ国はより徹底的であり、それによって勝ち抜くことに成功したといえよう。

（2）衛所制から八旗制へ

　ヌルハチの勢力が強大になりすぎると、明は方針を転換し、残されたイェヘ国を支援してマンジュ国の抑えこみにかかった。一六一〇年代は、これに対抗して、明の権威・権力によらない自立した体制づくりを進めていく時期であった。その核となったのが、垂直的な権力組織として創設された八旗制である。

　八旗は、旧首長層から属民・奴僕までのあらゆる成員をグサという集団すなわち旗《き》に編成した組織である。正・鑲《じょう》（軍旗に縁取りがないもの・あるもの）の黄・白・紅・藍旗によって呼号される八つの旗は、ヌルハチ自身とその子・孫・甥が旗王《きおう》として支配しており、他方、ヌルハチに服従した勢力は、ニル（漢語訳は佐領《さりょう》）という基層組織に再編成された上で、いずれかの旗に配属されて、その旗の旗王の属下《ジュシェン》と位置づけられた。かつて属下・領民を率いて割拠し衛所職官を称していた大小の領主たちは、この新体制のもと、ニルという形で所領・属民を宛行《あてがわ》れ、また衛所職官に代って八旗官に任じられて、旗人として編成されたのである。

　八旗制下では、旗すなわち集団単位数が八と固定されており、ハン自身も正黄《せいこう》・鑲黄《じょうこう》の二旗（一六五〇年代以降は正白を加えた三旗）を直率する一方、子侄《してつ》に与えられた旗では、おおむね複数の王が属下を分領していた。これは、建州三衛という固定された枠組みの下で複数の首長が並立した、羈縻衛所の形式をモデルとしたものと思われる。マンジュ国に仕えた漢人官員はこれを「八衛」と表現しており、彼らの目には衛の外被の形式に映ったことを示している。

　建州＝マンジュの中核となったオドリ・フリカイの首領た

ちは、かつて元制において万戸以下各級の官職を授かり、次いで明の冊封を受けるや都督以下各級の羈縻衛所官に任じられており、それが八旗制下においては、ニルを所領し八旗官を佩びる旗人となったのである。元の千戸制、明の衛所制、そして彼ら自身が編み出した八旗制は、ジュシェン社会の国制の形式であったということもできるであろう。

(3)「ジュシェン国」の統一と後金国

冒頭で述べたように、一六一六年、ヌルハチは臣下からハンに推戴されてゲンギェン＝ハンを称し、政治的自立の意志を明確にした。

ハン号をとなえたヌルハチ政権が、明・朝鮮に対して称したのが「金」に由来する国号であったことは確かである。一六一九年に、マンジュが「後金天命皇帝」を自称していることを朝鮮が明に通報しており（『光海君日記』十一年四月十九日条ほか）、『満文原檔』にも、「後金国のハン、朝鮮王に書を送ること…」とあって、「アマガ＝アイシン＝グルン（後の金国）」との名乗りが記されている（天命六〈一六二一〉年三月二十一日条）。ただし、「後」の自称が体例に合わないことに気がついたのか、やがて「大金」が用いられるようになる。いずれにせよ、金、後金は漢字圏の明・朝鮮に対して称えた国号で、その満訳であるアイシンも用いられることがあったが、ジュシェン語での国号はなおマンジュ国であった。

一六一八年、ヌルハチは対明関係の修復はもはや不可能と判断し、開戦にふみきった。翌年三月、討伐に侵攻してきた明軍をサルフの戦で粉砕し、八月に最後に残ったイェヘ国を滅ぼして、ついにジュシェン統合を果した。ここにヌルハチ政権たるマンジュ後金国と「ジュシェン国」とが一致をみたのであり、これを寿いだのが、冒頭に掲げた『満文原檔』の記事であった。

五、王統の並立と大清による統合

(1)トゥメンの秩序と王統の並立

では、彼らは自らの「ジュシェン国」を、どのような世界観のもとに位置づけていただろうか。モンゴル人やジュシェン人は、〈華—夷〉によって序列づけられた同心円的秩序像とは異なる多元的世界観をもっており、少なくともモンゴル時代以降、それを「万」すなわち万戸《トゥメン》によって表現される国＝ウルス、グルンの並列ととらえていた。

例えば北元最後の大ハーンであるチャハルのリンダン＝ハーン（一五九二～一六三四）は、ヌルハチに宛てた国書で「四十万モンゴル国の主バートル＝チンギス＝ハン（リンダン）の言葉。水の三万ジュシェンの主クンドゥレン＝ゲンギェン＝

ハン（ヌルハチ）はつつがなく暮らしているか」と呼びかけている（『満文原檔』天命四年十月二十二日条）。このように、モンゴルは帝国時代の「四十万」、もしくは北遷後の規模を示す「六万」を号し、ジュシェンは元末以来の「三万《イラン＝トゥメン》」で称されていた。

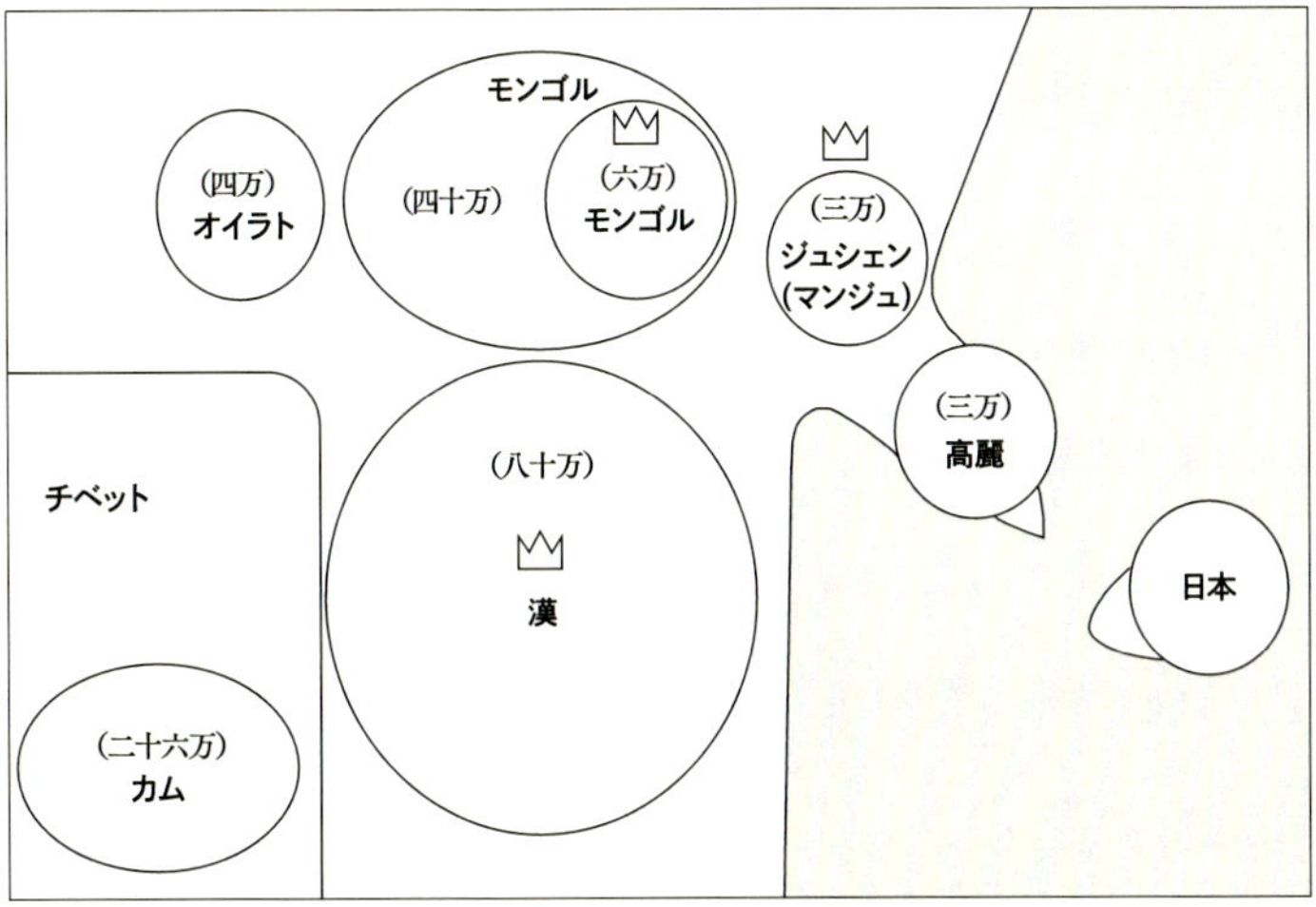

図4　マンジュ・モンゴルの世界観：万（トゥメン）と政（ドロ）の秩序

下って一六六二年にモンゴル・オルドス部で書かれたモンゴル文年代記『蒙古源流』では、前年に没したばかりの順治帝の治世を、

それなる順治皇帝は、戊寅の年（一六三八年）生れで、七歳の甲申の年（一六四四年）に漢《ヒャタド》の大明皇帝《ダイミン＝ハーン》の黄金の玉座の上に坐って、順治皇帝としてあらゆる方向に有名になって、南の八十万《トゥメン》の漢、西方の終りのカムの二十六万チベット、北の四万オイラト、東方の三万の白い高麗、中央の四省のマンジュ、六万モンゴルなどを自分の力に入れ、…きわめて大きな国人《ウルス》をはじめて治め、宝のような大きな政《まつりごと》（törü）を平和にした。

と表現している。

このように、彼らは世界の構図を、大陸東部にモンゴル・ジュシェン・漢・高麗が並び立ち、さらに西方にはチベットやオイラトなど、また東方の海上には「倭子《オーセ、オズ》」すなわち日本が並立している、ととらえており、そのそれぞれに君主がいて、支配権の授受が歴代行なわれてきた、と考えていたのである。このような王統・支配権を、モンゴル人はここにみえるように古代ウイグル語由来のtörü、またジュシェン人はそれを借用したdoro＝「政、政道」という語で呼んだ。

ヌルハチとその子孫たちの覇業とは、これら他国の「政《ドロ》」を奪い、自らのマンジュの「政」のもとに統合していく過程であった。そしてマンジュのハンが、モンゴルの大ハーン、漢《ニカン》の皇帝の「政」をも一身に受け継いだのが、大清帝国の覇業なのである。

(2) ジュシェンの金からマンジュの大清へ

その核にあったのは「ジュシェン国」の政《ドロ》であり、それが独自のハンによって統べられていたのが、完顔氏の金とマンジュの後金国《アマガ=アイシン=グルン》の時代であった。その栄光の記憶はヌルハチの時代まで受け継がれており、ヌルハチは、金を「前の金国《ネンデヘ=アイシン=グルン》」と対比的な名で呼んで、たびたび「アグダ=ハン(太祖)」「ウキマイ=ハン(太宗)」の故事を語っている。二代ホンタイジ(一五九二～一六四三)も、一六二九年に長城線を越えて華北に侵攻した際に北京近郊の金の帝陵を祀るなど、金の覇業を尊重する姿勢を示している(『満文原檔』天聡三年十二月十一日条)。

しかし、彼らはその再興を標榜していたわけではない。「太祖紀」などと呼ばれる最初期の満文実録草稿には、「金帝《アイシン=ハン》の姓は完顔《ワンヤン》、ゲンギェン=ハンの姓はアイシン=ギョロである。姓がいくら別であっても、国の源の発祥したところは同じ地」という文言がみえ、同じ国《グルン》であることを主張しつつ、王家の違いを強調している。ここに、ジュシェン金帝国の伝統意識と、一方でそれとは系譜を異にするという自負を見出すことができよう。

一六二六年にハン位を継いだホンタイジは、対明戦争を継続するかたわら朝鮮とモンゴルに対する経略を進めていった。折から、モンゴル再統一をはかっていたリンダン=ハーンが遠征途上で急死した。ホンタイジはこの機をとらえて遠征軍を送り出し、一六三五年、リンダンの遺子エジェイが「大元伝国の璽」をたずさえて後金に帰順した。かつて金を滅ぼしたモンゴルの政《ドロ》が、ジュシェンのハンの手に帰したのである。

これを受けて、ホンタイジは同年十月に、「われらがくにたみ《グルン》の名は元来マンジュ、ハダ・ウラ・イェヘ・ホイファであるぞ。それを理解しない者がジュシェンという。…これからはいずれの者もわれらの本来のマンジュという名で呼べ。ジュシェンと呼んだときは罪とする。」「くにたみ《グルン》の名をマンジュという。旗の諸王に専属させた属下《ジュシェン》を、その王の属下《ジュシェン》という」という勅令を下した(『満文原檔』天聡九年十月十三日・二十四日条)。ここにジュシェンの称が、マンジュと改められたのである。

そして翌一六三六年、ホンタイジは満・蒙・漢をそれぞれ代表する宗室旗王・モンゴル諸王・漢人藩王から推戴されて皇帝位に即き、「大清＝ダイチン（daicing）」の国号を定めた。漢語としての大清の由来は明らかではないが、ダイチンはマンジュ語・モンゴル語で勇戦・尚武を意味しており、ここに国号が満・蒙・漢で対応したものに一本化されることとなった。

かくてジュシェンと金の名を捨て、マンジュと大清を名乗ることを選んだとき、かつての金と訣別した新たな帝国建設の歩みが始まるのである。

参考文献

井黒忍「満訳正史の基礎的検討――『満文金史（aisin gurun i suduri bithe）』の事例をもとに」（『満族史研究』三号、二〇〇四年）一一二―一三〇頁

臼杵勲『東アジアの中世城郭――女真の山城と平城』（吉川弘文館、二〇一五年）

江嶋寿雄『明代清初の女直史研究』（中国書店、一九九九年）

河内良弘『明代女真史の研究』（同朋舎出版、一九九二年）

河内良弘「李満住と大金」（『松村潤先生古稀記念清代史論叢』汲古書院、一九九四年）五―一八頁

神田信夫『清朝史論考』（山川出版社、二〇〇五年）

杉山清彦「明初のマンチュリア進出と女真人羈縻衛所制――ユーラシアからみたポスト＝モンゴル時代の北方世界」菊池俊彦・中村和之編『中世の北東アジアとアイヌ――奴児干永寧寺碑文とアイヌの北方世界』（高志書院、二〇〇八年）一〇五―一三四頁

杉山清彦「明代女真氏族から清代満洲旗人へ」菊池俊彦編『北東アジアの歴史と文化』（北海道大学出版会、二〇一〇年）四五七―四七六頁

杉山清彦「女直＝満洲人の「くに」と「世界」――マンチュリアからみた「民族的世界」の姿」（佐々木史郎・加藤雄三編『東アジアの民族的世界』有志舎、二〇一一年）一四七―一七七頁

杉山清彦『大清帝国の形成と八旗制』（名古屋大学出版会、二〇一五年）

増井寛也「明代の野人女直と海西女直（上）（下）」（『大垣女子短期大学研究紀要』三七・三八号、一九九六～九七年）五五―六六頁、三七―四九頁

増井寛也「明末建州女直のワンギャ部とワンギャ・ハラ」（『東方学』九三輯、一九九七年）七二―八七頁

増井寛也「ギョロ＝ハラGioro hala再考――特に外婚規制をてがかりに」（『立命館文学』六一九号、二〇一〇年）横組九二―一一一頁

松村潤『清太祖実録の研究』（東北アジア文献研究会、二〇〇一年）

松村潤『明清史論考』（山川出版社、二〇〇八年）

三田村泰助『清朝前史の研究』（東洋史研究会、一九六五年）

『満文原檔』全十冊（国立故宮博物院、二〇〇五年）

『満文老檔』全七冊（満文老檔研究会訳註、財団法人東洋文庫、一九五五―六三年）

『旧満洲檔――天聡九年』全二冊（東洋文庫清代史研究室訳註、財団法人東洋文庫、一九七二～七五年）

『満和蒙和対訳満洲実録』（今西春秋訳、刀水書房、一九九二年）

『蒙古源流』（岡田英弘訳注、刀水書房、二〇〇四年）

◎コラム◎

マンジュ語『金史』の編纂——大金国の記憶とダイチン＝グルン

承　志

しょうし（Kicengge）——追手門学院大学教授。専門は大清帝国史、マンジュ語文献学、古地図史。主な著書・論文に「満文大遼史考」（『西域語言歴史研究集刊』一、二〇〇七年）、『ダイチン＝グルンとその時代——帝国の形成と八旗社会』（名古屋大学出版会、二〇〇九年）、「尼布楚条約相関文書探析——以満文界碑文書為中心」（中国社会科学院歴史研究所清史研究室編『清史論叢』第一輯、二〇一六年）などがある。

一、大金国の記憶

一二三四年に大金国が滅亡してから一六一六年のヌルハチの興起まで三八二年の間、女真人が自らの国家を復活させることはできなかった。しかし、その間、東北地域に「大金皇帝」「大金」と自称する大集団がいくつか現れ、後継勢力と思われる女真集団が存在していたことが確認できる。例えば、一三四八年に遼東の鎖火奴が自ら「大金子孫」と称して元朝に反旗を掲げた。彼は、しかし、水達達路の脱脱禾孫《トトカスン》（使臣の忠不忠を見分ける役人）である唐兀火魯火孫に討伐されて捕えられた。また、同年に、遼陽にいる兀顔撥魯歓が「大金子孫」と称し、玉帝から符文を授けられたとして反乱を起こすも、即座に官軍によって鎮圧された。

さらに女真人と朝鮮人が共存してきた会寧周辺地域に目を転じると、一四五三年前後に朝鮮人李澄玉が反乱を起こして、「大金皇帝」になることを企てている。彼は、鍾城（咸鏡北道の北部）に赴き、現地の教導、李善門を呼び寄せ、「鍾城はすなわち大金皇帝の奮興《ふるいたった》の地にして、時に古今有るも、英雄は未だ嘗て同じからざるにあらず。」（『李朝端宗実録』巻八）といって、即位の詔を書かせた。そして通訳の金竹を会寧に住む女真の有力者、斡朶里《オドリ》都萬戸馬仇音波のもとに派遣し、こう伝えた。「金の皇帝が即位し、斡朶里、兀良哈《ワルカ》に官職を授けようとしている。ついて、そなた仇音波が会寧に住む童速魯帖木児に伝え、童速魯帖木児が斡朶里である都万戸である童吾沙可に伝え、童吾沙可は東良北に住む浪甫兒罕に伝えて、互いに次々伝えて、およそ年配のものから年少のものまで、男子たちをみな愁州（鍾城）に住む兀良哈の副万戸である毛下呂の家に集めて、命令を待つようにし」（『李朝端宗実録』巻九）。しかし、李善門は抵抗して書かなかったため、鎮撫の黄儒にこれを書かせた。結局李澄玉は部下に暗殺されて、企ては失敗に終わった。しかし、多くの有力な女真集団が居住していた朝鮮北部で、かつての「大金国」の記憶が十五世紀にも根強く残っていたことがわかる。

また、十六世紀の初頭、建州左衛のリーダーたちが、大金国の王統を継ぐ血筋のものだと自称していたことがわかる記録が残っている。例えば『燕山君日記』一五〇三年九月の記事に「幹【正しくは斡】朶里乃大金支裔也」（斡朶里は大金の傍系末裔である）（『燕山君日記』巻五十）とある。斡朶里は建州左衛の有力集団であった。

大金国の時代に創製された女真文字は、女真大字の石刻資料として「永寧寺記碑」（永楽十一年（一四一三））、写本として四夷館の編纂した『女真訳語』（永楽五年（一四〇七））などがわずかに残っている。このことは、大金が滅亡したあとも東北アジアで女真文字が使われていたことを意味している。しかし、ほとんどの女真人は、漢文だけでなく女真文字もあまりできなかった。

例えば、十五世紀ごろの朝鮮で、三府会議において女真のことをやり取りするとき、勅諭の内容を女真文字で書いた。しかし、女真人には理解されず、通訳を介して討議を行った。一四八三年、朝鮮の成宗王が建州女真に漢文の書を送り、翌年、建州女真の有力者、達罕の長男である都指揮、李包羅多たちに問うたところ、「わたしたちは漢字が解らないので、今に至るまでその内容を知らない」と返答したという。

また、一五〇二年ごろ、朝鮮国王からの諭書が届いたが、女真文字で書かれ、それに漢文翻訳が添えられていた。しかし、その論書の内容について尋ねられた女真人の主成哥は、「漢字も女真文字もみなわからない」と返答したという。このように、十五世紀末から十六世紀の初めまでに、女真の人々は女真文字も漢文も読めなくなっていたのである。

再び「金《アイシン》」という国家名称が歴史に現れるのは、一六一六年のことである。この「金国《アイシングルン》」（後金国とも称す）は、一六三六年に国号を「ダイチン＝グルン（大清国）」と称し、一六四四年に中国に入り、旧明領からモンゴル、チベット、青海、ジューンガルへと次第に領土を広げ、広大な帝国へと発展していった。その領土拡大の影響は、今日にいたるまで強く残っている。

この国家は、初期のアイシン＝グルン建国時代からダイチン＝グルン時代、正史の中でもとりわけ『遼史』、『金史』、『元史』を優先して、これらを支配者の言語であるマンジュ語に翻訳し、刊行した。この事業は、ダイチン＝グルンの初期の国家建設にとって、重要な役割を果たしたと考えられる。ヌルハチやホンタイジの臣下への訓示にもしばしば、これらの翻訳を参照したと思われる、大金の歴史が引用されている。

ヌルハチと大金国との関係については、『内国史院檔』に割注のかたちでホンタイジ時代の考えを表す資料が残っている。そこには次のようなことが述べられている。

> 太祖アグダ=ハンから今に至るまで得た、金国《アイシングルン》に書物はなく生活していた。金の三代目の熙宗皇統ハンは、彼の祖先の住んでいた会寧府の故地を捨てて、ニカン（漢）の汴京《べんけい》城に遷った。九代目に政道が壊れたので、国の民はみなモンゴル、ニカンとなって、官民文武の道もみな途絶えた。故地に残った国の民はみな主なく、政道なく、好き勝手に暮らし、世代についても実はよく知らないで大いに疑わしい世系を語っていたぞ。会寧府とオモホイ原野（ヌルハチの始祖発祥の地、会寧一帯を指す）とは、みな白山の日が昇る方向にある。金ハンの姓はワンギヤ（完顔）で、ゲンギイェン=ハン（ヌルハチ）の姓はアイシン=ギョロ。姓がどれほど異なっても、国のもともと発祥したところはひとつの土地である。昔の聖人に及ぶか及ばないかとどうして判ろう。ほかならぬ太祖ゲンギイェン=ハンが昔の聖人にくらべてどうして大きく劣っているといえるだろうか。

大金国の皇帝の姓ワンギャとアイシン=グルンを建国したヌルハチの姓とは異なるが、両者は地理的におなじ地域で発祥したので、関係があるはずだというのである。

ところが、ホンタイジは、一六三五年、ダイチン=グルン樹立の直前に、こう宣言した。「ハンが言うには『われわれの国の名前はもともとマンジュ、ハダ、ウラ、イェヘ、ホイファであるぞ。それらを知らない者はジュシェンというが、ジュシェンというのはシベのチョウ=メルゲンの末裔であるぞ。彼らはわれらとはなんの関係もない。これからすべての人はわれらの国のもともとのマンジュという名で呼べ。ジュシェンと呼ぶものは罪を問う』」。これは自分たちの集団を、これまで女真《ジュシェン》と呼ばれていた人々と区別し、今後、すべてマンジュと呼ぶようにと宣言したのである。つまり自らを女真からマンジュへ再定義したのである。

さらに、否定されたジュシンがマンジュと同源であると宣言するのは、一七七七年の乾隆帝の上諭によって、ダイチン=グルンは大金と同源であると明言し、これについては漢籍を中心に考証が進められ、マンジュと関係があるとされた集団の歴史が、一本の線としてつなげられた。マンジュの源流の認識は、まさにこの上諭に端を発していたのである。

この翌年に、『欽定満洲源流考』二十巻という、マンジュ集団の歴史を叙述する書物が編纂された。これは当時のマンジュという集団の概念に、新しい意味を与えた。すなわち、マンジュという用語はマンジュシュリー（文殊菩薩）から来た、というのである。この説は、後世に大きな影響を与え、「マンジュ」の定義として広く信じられるようになってしまった。

二、マンジュ語『金史』の編纂

マンジュ語の『金史』については、ヒフェ=バクシ（hife baksi（希福巴克什））が翻訳事業の総裁をつとめた。彼はマンジュ語とモンゴル語が得意で、一六一九年に兄ショセ=バクシとともに、ハダ国からヌルハチに帰順した。

一六三六年に初めて文館を改めて内三院と名前を変えた後、ヒフェが大学士となり、この年五月には弘文院大学士に任じられて、主に『遼史』、『金史』、『元史』三書のマンジュ語翻訳事業の総裁に任命された。

翻訳は一六三六年から開始され、一六四四年三月にこれら三つの歴史書の翻訳が完成した。翻訳の方針は、「遼、金、元三国の歴史は煩雑で、使えないところを削除し、その善行、悪行、有益なことがらや反乱、征伐、狩猟などについて、マンジュ語に翻訳させて書を作る」というものだった。

マンジュ語の翻訳をじっさいに行なったのは、学士チャブハイ（cabuhai（査布海））、他赤哈《タチハ》筆帖式ネントゥ（nengtu＝能図）、他赤哈筆帖式イェチンゲ（yecengge（葉成格））の三人であり、学士フキオ（hūkio＝胡球）が無用と思われる部分を削除して、完成した。

上記翻訳者の三名は、いずれも内院筆帖式、内弘文院侍読、内翰林弘文院学士、副総裁官（太宗実録）などの要職を歴任した人物であった。

翻訳に当たっては、さらに、漢人学士、王文奎《おうぶんけい》と員外郎、劉弘遇が、漢文の講読や解釈を担当した。

王文奎は、沈文奎《しんぶんけい》とも記されることが多い。浙江会稽の人で、二十歳のとき、明の諸生となった。北の遵化に行った一六二九年、ホンタイジが明を攻めて遵化を下し、このとき王文奎はホンタイジに帰順した。その後、文館で勤務し、漢軍鑲白旗《じょうはっき》に属した。ホンタイジが明との和解の可否について諸大臣と相談したさい、王文奎は「幽、燕はもともと金の故地であり、陵墓も房山にある。我らは次第に我が故疆を復興させるぞ」と提言した。このことから、当時ホンタイジの身辺にいた漢人官僚たちも、マンジュ人が、かつての大金国の支配者と同じ系統であるという認識をもっていたことがうかがわれる。

劉弘遇は遼東の漢人で、一六二二年にヌルハチのもとに帰順したあと、弘文院副理事官などの要職を歴任し、漢軍正藍《せいらん》旗《き》に属した人物である。

この二人の漢人によって漢文『金史』が講読、解釈されたあと、三人のマンジュ人が翻訳を作成、その完成稿を筆帖式ブルカイ（burkai）、ケンテ（kengte）、グワルチャ（gūwalca）、コルコダイ（korkodai）、ショルゲ（šolge）が抄写し、最後にヒフェ（hife）が全文を監修した。

三史がすべて完成すると、諸王以下、ジャラン・ジャンギン、理事官以上の官僚に配布した。

一六三六年十二月九日にホン＝タイジは「各親王、郡王、ベイレら、旗主ら、都察院の官僚らを集めて、弘文院のビテヘシ（bithesi）らに、金国第五代の世宗ウル皇帝の本紀を読み上げさせる時、……重ね重ね『祖先の古い慣習を忘れるな。女直（nioi jy）の言葉を学べ。歩射騎射をことあるごとに習え。』と言った」とある。この時点でマンジュ語の『金史』巻四、世宗本紀が読まれていることから、正式に翻訳を開始する前に、すでに翻訳されたものが存在していたと推測される。その翻訳をもちいて、ホンタイジが大臣たちを集めて講読の教材として利用していたのである。

マンジュ語の『金史』に関しては、現在、稿本と刊本が残されている。稿本の内容から、はじめ、漢文『金史』の内容がどのように取捨選択されたのか、そしてどのように翻訳されたのか、さらに用語の書き換えや添削の実態から、当時の翻訳担当者たちの作業がよみがえる。それは、以下のようなものであった。

三、マンジュ語『金史』稿本

稿本は、現在以下の二冊が残されている。

1）**aisin i kooli, jai**（『金史』第二、中国第一歴史檔案館《とうあんかん》蔵、八一頁）

2）『満文本『金史』列傳殘本』（登録號167549-001 高廣：三九・五×二五センチメートル、台湾中央研究院内閣大庫蔵、三〇頁）

第一の稿本は表紙を含めて八十一枚から成り、各ページ七行で、塗抹と加筆された部分が多く見られる。内容は、漢文『金史』巻二と列伝の関連部分を組み合わせて編纂翻訳されたものである。この稿本については、神田信夫（一九九七）が、『満文内国史院檔』のなかに『金史』満文訳の稿本が存在することを初めて指摘し、その後、石橋崇雄（一九九九）は『金史』満洲文訳の稿本と思われる」とし、松村潤（二〇〇一）において「その内容は『金史』の満文訳である」と指摘している。ただし、何れも具体的なテキストについて検討はなされていない。

内容について踏み込んだかたちで検討したのが、井黒忍（二〇〇四）である。これは、『金史』巻二太祖本紀の翻訳である。巻二の冒頭より天輔四年（一一二〇）年にいたるまでを本紀そのままに訳出し、追加訂正部分は『金史』列伝中の記事を行間に細字にて挿入するという方法がとられる。また時間軸に沿って記述するという方法が用いられ、時間的に前後関係が逆転する場合には、線で囲まれ削除すべき部分とされる。『満文金史』は本紀の記載に加えて、列伝中の記事を複雑に組み込むことで成立したと考えられるが、こうした編纂作業には先行

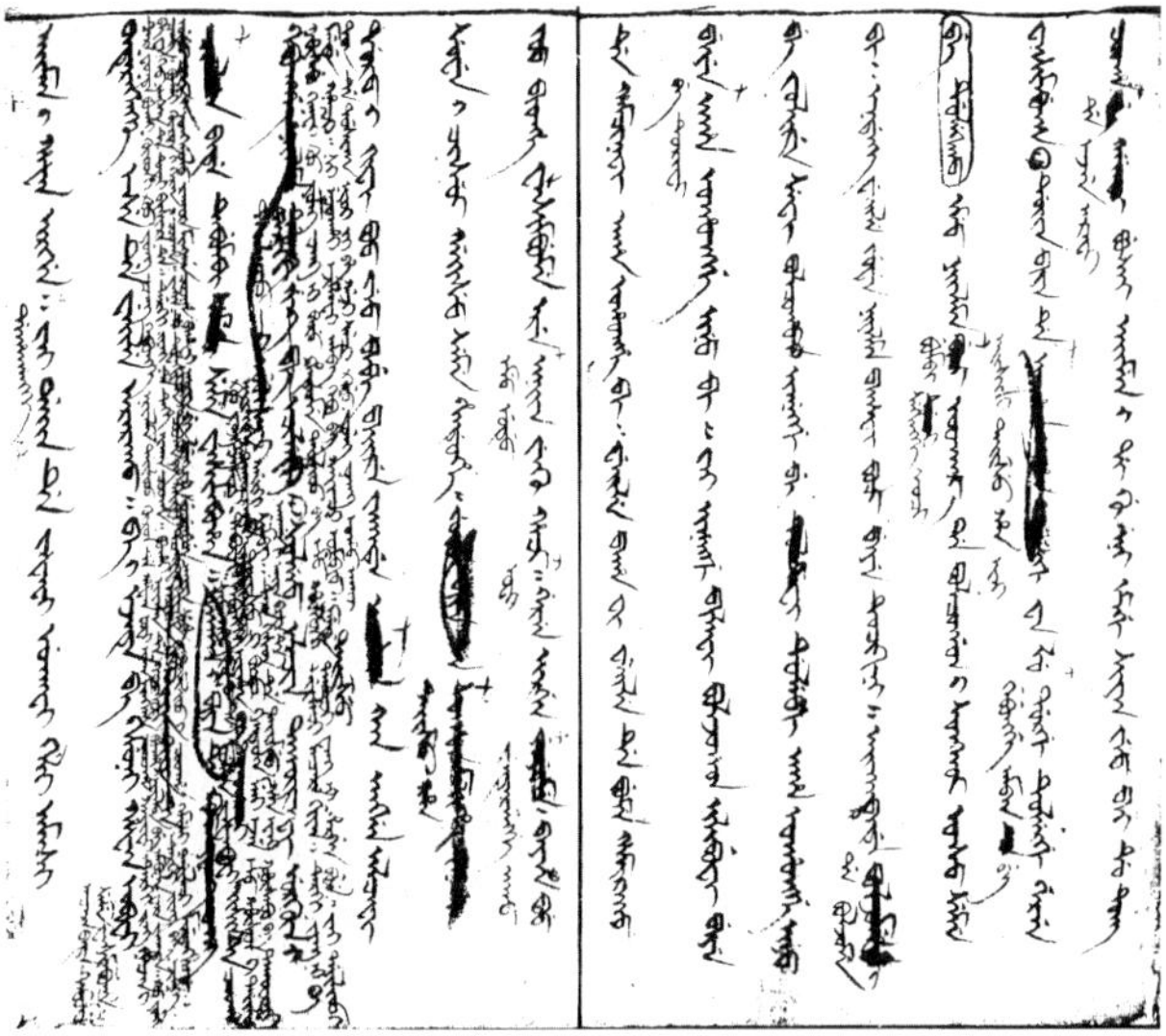

図1　『金史』(稿本)第二(中国第一歴史檔案館蔵)

する幾段階かの稿本の存在が想定される。「太祖本紀」の完全な逐条訳である「金の事例」はその最初期の段階の稿本と考えられる。」と結論付けている。ただ、この研究も、具体的な訂正記事、列伝などの部分については取り上げていない。そこで、以下、これについて簡単に紹介したい。

　この稿本は、翻訳に当たって次のような特徴を持っている。

　本文のマンジュ文は無圏点と有圏点を交えた字形で書かれているが、行間に書き込まれた細字は有圏点文字で書かれている。例えば本文の「kan」という文字に対して、細字の行間ではすべて「han」と統一していることから、この部分は、翻訳後に再度編纂し直したときに書き込んだものであると考えられる。

　その内容を検討してみると、「太祖本紀」の中に現れる人物に関連する記事を列伝の部分から集めて翻訳し、本紀の中に組みこんで再構成したものであった。例えば、達魯古城の戦いの際に、金の宗雄が右翼軍を率いて大遼の左軍を攻める部分は、稿本では細字の書き込みが施されているが、その内容は『金史』巻七十三、宗雄伝の翻訳であった。細字の筆跡は、明らかに本文とは異なる有圏点文字で書かれたもので、翻訳草稿が完成したのちに書き込まれた可能性が高い。

　また、稿本は翻訳の際、書き込み用にいくつかの記号が用いている。行間の右横にある「＋」は挿入部分を意味し、削除部分は文字を塗りつぶしている。円圏で囲んだ文字は推敲箇所を示し、その左横に別の用語が書き加えられている。年号の前に一か所「○」を加えているところがある。また、稿本は、記事の月以下の日付はほとんど削除されている。

　この稿本はマンジュ語刊本の『金史』巻二、太祖本紀の部分である。特徴としては、最初に「阿骨打」と訳したところを削除して「太祖」と書き加えた一か所以外、漢文の『金史』本紀と用語が異なる。例えば「太祖」はすべて「aguda（アグダ・阿骨打）」と訳され、横に「taidzu」（太祖）と書き加えられている。また、漢文の「太祖」に対しては同じ本名のaguda（アグダ）と訳されている。同様に、「世祖」は「helibo（劾里鉢）」、「穆宗」は「ingg'o（盈歌）」、「粛宗」は「polaso（頗剌淑）」、康宗は「u ya su（烏雅束）」と漢文とは異なり、廟号ではなく女真名を用いている。

漢文の「上」について「aisin kan 金帝」、「aisin taidzu kan」（金太祖帝）、「han（帝）」という用語を用いている。漢文の「遼」と「宋」は、それぞれすべて「dailioo（大遼）」、「sung gurun（宋国）」とする。

漢文の『金史』では、人の姓を省略した部分について、マンジュ語でこれを補う作業をしている。例えば「海里来戦（8a）」を「sioo hai li afanjifi」（蕭海里が戦いに来て）と訳し、内容が分かりやすくなるよう工夫したことがうかがわれる。また略語についても言葉を補って訳している。例えば「節度」は「jiyedusy（節度使）」と訳している。

稿本の内容には、漢文『金史』と異なる部分もみられる。例えば、漢文『金史』の「八月己丑、頒女直字。」記事については、「jakūn biya de [#sohon ihan inenggi nioji]nioji [+aisin i taidzu han ini gūrun i] bithe be geren de/ selgiyehe;（八月に［#己丑の日女直］女直［+金の太祖帝が自分の国の］書をみんなに広めた）」と訳している。

本紀に列伝の一部分を挿入することも、マンジュ語『金史』の特徴である。例えば、『金史』巻七十、撒改伝（十八葉）、巻七十三、宗雄伝（二四葉）、巻七十一、婆盧火伝（二九葉）、巻七十一、斡魯伝（二九葉）、巻七十一、斡魯傳（三〇葉）などが、太祖本紀の関連部分に挿入され、再構成されている。

このほか、稿本の天頭に割注が施されている。例えば「siyen de/ derengge wan yan liyang ni aniyai colo; sung gan i [+jacin] jui, aguda i omolo,（3b）（【天徳は完顔亮の年号で、宗幹の［次］男で、阿骨打の孫である】）」、「sio/ guwe, gurun bargiyaka sere gisun（21b）（収国は国を収めたという意味の言葉。）」、「si dzung/tai dzu i omolo/ aniyai/ colo;（熙宗は太祖の孫、年号である）というように、人物や年号について解がなされている。

第二の稿本は、字形と七行という行数が、マンジュ語の『内国史院檔』天聡七、八、九年、崇徳二年までの檔冊に類似している。マンジュ語『金史』の翻訳が開始された一六三六年から完成する一六三九年までの間に造られた稿本であると推測される。

現在、この稿本は台湾の中央研究院内閣大庫に蔵されている。その内容は、マンジュ語『金史』巻九、哀宗本紀の一部である。漢文『金史』の天興元年（一二二五）と二年（一二二六）の記事に基づいて、列伝の記事を織りまぜて翻訳、編集したものである。文中、「dai yuwan」（大元）という用語がすべて「monggo」に改められている。

その内容は、漢文『金史』巻十七、哀宗本紀に基づいて、人物の関連記事を列伝から引用して翻訳している。具体的には、漢文『金史』の以下の部分が、この順に組みこまれて、翻訳編集されている。

『金史』巻十七、哀宗本紀、天興元年二月、三月、四月、五月、七月、八月、十二月、天興二年正月、三月に、巻一百二十四、商衡伝（天興元年二月）、馮延登伝、巻一百三十、第六十八、獨吉氏、巻一百十一、撒合輦伝、巻八十五、世宗諸子伝。巻一百十三、完顔賽不伝、赤盞合喜伝、巻一百十七、国用安伝、巻一百十五、完顔奴申伝、巻一百十九、烏古論伝、巻一百十六、蒲察官奴伝、石盞女魯歓伝。

ときに、人名などについて誤訳部分も散見される。さらに『金史』本紀と列伝以外に、たとえば、『宋史』列伝、具体的には、巻四百十二、孟珙伝の一部分が含まれるといった事例もみられる。

第二の稿本の内容は、刊本『金史』巻九の内容とほぼ一致する。稿本は「daiyuwan」（大元）「daiyuwan i」（大元の）はすべて「monggo」、「monggoi」に改められ、この修正はそのまま刊本『金史』巻九に反映されている。

四、マンジュ語『金史』刻本

マンジュ語『金史』刊本は、世界中の多くの図書館に所蔵されている。今は世界各国の図書館や所蔵機関によるデジタル化が進んでいるため、比較的容易にみることができるようになった。本稿ではフランス国立図書館（Bibliothèque nationale de France）の電子図書館ガリカ（Gallica）およびドイツ国立図書館（Staatsbibliothek zu Berlin）で公開されている『金史』所蔵本のデジタルデータを用いた。

マンジュ語『金史』刊本は、内弘文院の大学士キチュンゲ（kicungge）（祁充格）の上奏によれば、一六四六年に大遼国の書三百帙、金国の書三百帙、大元国の書六百帙が発行された。かなり大量の満文『遼史』、『金史』、『元史』が印刷されていることがわかる。しかし、どのような人々に読まれていたかについては、ほとんど記録が残っていない。

マンジュ語『金史』は、巻一・太祖本紀から巻九・哀宗本紀までを含む。漢文『金史』巻一から巻十六を底本として、マンジュ語訳の稿本が作成され、いくつかの編纂段階を経て刊行されたと思われる。のちにマンジュ語訳に基づいてモンゴル語訳も作成された。

『金史』刊本の冒頭に二通の上奏文が載せられる。『遼史』、『金史』、『元史』三史翻訳の翻訳完成と刊行について報告した内容である。

本文の内容を、漢文『金史』と比較してみると、以下のように対応する。

マンジュ語『金史』巻一（漢文『金史』巻一、世紀と巻二、太祖本紀）

マンジュ語『金史』巻二（漢文『金史』巻三、太宗本紀）

マンジュ語『金史』巻三（漢文『金史』巻四、熙宗本紀と巻五、海陵本紀）
マンジュ語『金史』巻四（漢文『金史』巻六、七、世宗本紀）
マンジュ語『金史』巻五（漢文『金史』巻八、世宗本紀）
マンジュ語『金史』巻六（漢文『金史』巻九、十、十一、十二、章宗本紀）
マンジュ語『金史』巻七（漢文『金史』巻十三、衛紹王本紀、巻十四、宣宗本紀）
マンジュ語『金史』巻八（漢文『金史』巻十五、十六、宣宗本紀）
マンジュ語『金史』巻九（漢文『金史』巻十七、哀宗本紀）

巻九の最後は『金史』巻二十四、地理志と『金史』巻四十四、兵志の一部分が翻訳されている。

刊本の特徴としては、全編において本文に細字の双行注を施しており、その数は合計一四五箇所にのぼる。具体的に、巻一が三十箇所、巻二が五十六箇所、巻三が二十二箇所、巻四が六箇所、巻五が一箇所、巻六が十七箇所、巻七が十一箇所、巻八が一箇所、巻九が一箇所で本文用語に対する注釈を中心とする。このうち、とくに巻二・太宗本紀には双行注が集中している。

また、ダイチン=グルンの初期に属するマンジュ語刊本であることから、表記法は正字法確立以前の書き方が見られる。例えば、「**an, en**」の「**-n'**」の左に「点」を付けることがこれに当たる。また、語彙にも、初期の音韻的な特徴が多く残っている。例えば **debteliyen**（冊の意、後に **debtelin** と改められる）、**ekihun**（不足、後に **ekiyehun** と改められる）など、後の時代の表記法にはないものが見られる。

また、刻本の版心の表に、上から下へ[**aisin i bithe**（マンジュ語書名）○**uju**（巻一マンジュ語巻数）、**orin emu**（二十一　マンジュ語頁数）、さらに版心の裏に「金一二十一」という漢字が刻まれている。明らかに、印刷するときに版木の順がわからなくならないようにするための工夫である。

内容は、年代順に翻訳されているが、それぞれの月の記事について多くの内容が省略されている。特に日付はまったく記されていない。

一二三四年の大金国の滅亡から一六一六年の金国《アイシングルン》が出現するまで、歴史は脈々と受け継がれ、さらに後世の人々によって再解釈が施された。マンジュ語『金史』の稿本に書き残された筆跡から、新しい国家を創った人々が、その後、自分たちの歴史を掘り起こしていく姿が立ち現れてくる。そして、その書物が刻本として多く印刷されたことは、人々に広く読まれることを望んだことを示している。大金国の記憶、そしてダイチン=グルンの興亡の歴史は、これからも根強くその末裔たちの心の中に生き続けていくだろう。

参考文献

石橋崇雄「清初入関前の無圏点満洲文檔案『先ゲンゲェン=ハン賢行典例』をめぐって――清朝史を再構築するための基礎研究の一環として」（『東洋史研究』五八―三、一九九九年）

井黒忍「満訳正史の基礎的検討――『満文金史（aisin gurun i suduri bithe）』の事例をもとに」（『満族史研究』三、二〇〇四年）

河内良弘『明代女真史の研究』（同朋舎出版、一九九二年）

神田信夫「孔有徳の後金への来帰――『天聡七年檔』の検討を通して」（『東方学会創立五十周年記念東方学論集』東方学会、一九九七年）

松村潤『清太祖実録の研究』（東北アジア文献研究会、二〇〇一年）

吉本智慧子「五体合璧夜巡牌女真大字考釈」（『立命館言語文化研究』（二五）二、二〇一四年）

執筆者一覧（掲載順）

古松崇志　藤原崇人　武田和哉
高井康典行　蓑島栄紀　井黒忍
吉野正史　毛利英介　豊島悠果
飯山知保　高橋幸吉
阿南・ヴァージニア・史代
松下道信　吉池孝一　更科慎一
趙永軍　渡辺健哉　臼杵勲
中澤寛将　高橋学而　町田吉隆
中村和之　杉山清彦　承志

附記　初版第２刷発行にあたり、内容・文章の変更は行わず、
必要最低限の誤植の訂正のみ行った。

【アジア遊学233】
金《きん》・女真《じょしん》の歴史《れきし》とユーラシア東方《とうほう》

2019年4月30日　初版発行
2022年9月１日　初版第2刷発行

編　者　古松崇志《ふるまつたかし》・臼杵勲《うすきいさお》・藤原崇人《ふじわらたかと》・武田和哉《たけだかずや》
制　作　㈱勉誠社
発　売　勉誠出版㈱
〒101-0061　東京都千代田区神田三崎町 2-18-4
TEL：(03)5215-9021(代)　FAX：(03)5215-9025
〈出版詳細情報〉http://bensei.jp/

印刷・製本　㈱コーヤマ
組版　服部隆広（デザインオフィス・イメディア）
ISBN978-4-585-22699-4　C1322

アジア遊学既刊紹介

272 対馬の渡来版経—護り伝える東アジアの至宝

横内裕人　編

259 書物のなかの近世国家—東アジア「一統志」の時代

小二田章・高井康典行・吉野正史　編

256 元朝の歴史—モンゴル帝国期の東ユーラシア

櫻井智美・飯山知保・森田憲司・渡辺健哉　編

235 菜の花と人間の文化史―アブラナ科植物の栽培・利用と食文化

武田和哉・渡辺正夫　編

214 前近代の日本と東アジア―石井正敏の歴史学

荒野泰典・川越泰博・鈴木靖民・村井章介　編

160 契丹[遼]と10～12世紀の東部ユーラシア

荒川慎太郎・澤本光弘・高井康典行・渡辺健哉　編